세움
클래식
0 1

프랑스 신앙고백 해설

세움북스는 기독교 가치관으로 교회와 성도를 건강하게 세우는 바른 책을 만들어 갑니다.

프랑스 신앙고백 해설

초판 1쇄 인쇄 2017년 4월 26일
초판 1쇄 발행 2017년 5월 1일

지은이 ㅣ 장대선
펴낸이 ㅣ 강인구

펴낸곳 ㅣ 세움북스
등 록 ㅣ 제2014-000144호
주 소 ㅣ 서울시 마포구 양화로 78, 502호(서교동, 서교빌딩)
전 화 ㅣ 02-3144-3500
팩 스 ㅣ 02-6008-5712
이메일 ㅣ cdgn@daum.net

편 집 ㅣ 신현정
디자인 ㅣ 참디자인

ISBN 979-11-87025-16-0 (03230)

* 이 책은 신저작권법에 의하여 국내에서 보호를 받는 저작물입니다.
  출판사와의 협의 없는 무단 전재와 무단 복제를 엄격히 금합니다.
* 책 값은 뒷표지에 있습니다.
* 잘못된 책은 교환하여 드립니다.

세움
클래식
0 1

프랑스
신앙고백
해설

장대선 지음

THE FRENCH CONFESSION
OF FAITH 1559 & 1571

세움북스

차례

서문 · 7

제1부 · 하나님과 그분의 계시

제1조 하나님 · 15
제2조 계시 · 28
제3조 성경 · 39
제4조 믿음의 규칙 · 49
제5조 성경의 권위 · 58
제6조 삼위일체 · 68
제7조 창조, 하나님의 사역 · 77
제8조 하나님의 통치 · 86

제2부 · 사람과 그의 죄

제9조 인간의 타락 · 97
제10조 원죄 · 106
제11조 원죄의 영향 · 115

제3부 · 예수 그리스도

제12조 · 125
제13조 · 134
제14조 그리스도의 신성 · 140
제15조 그리스도의 본성의 연합과 구별 · 150

제4부 · 구원 사역

제16조 그리스도의 죽으심 · 163
제17조 그리스도의 죽으심의 효과들 · 170
제18조 우리의 의, 그리스도 · 181
제19조 우리의 중보자, 그리스도 · 189
제20조 우리 구원의 진리 · 198
제21조 변치 않는 은혜인 믿음 · 207
제22조 믿음의 효과 · 215
제23조 율법의 기원 · 223
제24조 우리의 유일한 변호자, 그리스도 · 232

THE FRENCH CONFESSION
OF FAITH 1559 & 1571

제5부 · 교회의 본질

제25조 교회에 필요한 목사 · 247
제26조 공적 예배의 유지 · 258
제27조 교회의 정의 · 268
제28조 교황주의에 대한 반대 · 278

제6부 · 교회의 기구(조직)

제29조 교회의 직원 · 291
제30조 · 299
제31조 교회 직원의 선출 · 309
제32조 교회의 법(규정) · 317
제33조 파문 · 325

제7부 · 성례

제34조 성례의 시행 · 335
제35조 세례 · 345
제36조 · 355
제37조 주의 만찬(성찬) · 363
제38조 · 369

제8부 · 세속의 권세(공권력)

제39조 관원의 권한 · 379
제40조 관원에 대한 복종 · 392

부록 : 프랑스 신앙고백 전문 · 404
미주 · 418

《일러두기》

1. 본서에 수록된 프랑스 신앙고백은 1559년판을 바탕으로 1571년 라 로셸의 것을 보강한 것입니다.
2. 본서에 수록된 프랑스 신앙고백은 저자역입니다.
3. 출처가 같은 글이 연달아 인용된 경우, 독자의 가독성을 위해 처음에 인용된 글에만 각주를 달았습니다. 이후에 큰따옴표로 되어 있으나 각주 번호가 달려 있지 않은 인용문은 앞서 달린 각주 설명을 참조해 주시기 바랍니다.

서문

프랑스 신앙고백(1559), 시대에 답하다

시대를 진단한 진리의 역사

스위스 제네바의 유명한 개혁신학자로 알려져 있으나, 원래 프랑스에서 나고 자란 장 칼뱅(Jean Calvin, 1509-1564)의 저서 『기독교강요』 초판(*Christianae religionis institutio*, 1536)에는 프랑수아 1세(François Ier, 1494-1547)에게 보내는 긴 편지 형식의 서문이 실려 있다. 그 서문을 살펴보면 칼뱅이 말년까지 조국 프랑스에 각별한 애정을 품고 있었다는 사실을 알 수 있다. 그 서문은 프랑스의 종교개혁을 간절히 염원한 단적인 증거로, 1559년 판 프랑스 신앙고백에서도 비슷한 서문을 찾아볼 수 있다. 프랑스 신앙고백은 조국을 향한 칼뱅의 지극한 사랑에서 비롯된 것이다. 이 신앙고백의 초안은 여전히 소수파로 극심한 박해를 받고 있던 개신교도(위그노[Huguenot])를 위해 작성되었다. 특히 고통을 받고 있는 프랑스 개신교 신자들이 로마 가톨릭의 교황주의에 원리적으로 대처한 신앙의 골격을 변증하는 성격을 전제하고 있다.

현재 전해지고 있는 프랑스 신앙고백은 칼뱅이 초안한 것을 그의 제자인 앙트완 드 샹듀(Antoine de Chandieu, 1534-1591)가 개편한 것이다. 1559

년 5월 26일, 샹듀는 파리에서 개최된 제1회 프랑스 개혁파 교회 전국 대회에 그 신앙고백을 제출했다. 그리고 샹듀와 함께 동역한 칼뱅의 수제자 베자(Theodore Beza, 1519-1605)가 1561년에 이 고백서를 당시 프랑스 왕 샤를 9세에게 보냈으며, 그 고백서에도 프랑스 왕에게 보내는 편지 형식의 서문을 작성하여 첨부한 것을 찾아볼 수 있다. 10년 후인 1571년, 제7회 프랑스 개신교 전국 총회(또는 "개혁교회 총회")가 프랑스 비스케이 만 연안에 위치한 라 로셀(La Rochelle)에서 열렸다. 그리고 그 총회에서 비로소 이 신앙고백이 정식으로 승인받게 되었다. 칼뱅이 초안한 1559년판은 35개조[1]였으나, 1571년판은 40개조로 늘고 형식도 조금 달라졌다. 1571년 프랑스 개신교 전국 총회가 개최된 라 로셀의 이름을 따서 이 신앙고백을 "라 로셀 신앙고백"이라고도 부른다. 그러나 일반적으로는 "프랑스 신앙고백" 또는 "갈리칸(Gallican) 신앙고백"으로 알려져 있다.

사실 이 신앙고백이 보내질 당시, 프랑스 개신교도는 극심한 박해를 당하고 있었다. 프랑스가 유럽에서 가장 강력한 가톨릭 국가 중 하나였기 때문이다. 더구나 당시 유럽의 국제 정세를 보면, 로마 가톨릭을 국교로 하는 스페인의 영향력이 증가하면서 이를 견제하기 위한 여러 왕의 저항과, 상업을 기반으로 발달하기 시작한 신흥 귀족에 대한 견제 등으로 개신교의 입지가 심하게 불안정했다. 개신교에 호의적인 왕도 있었지만, 대부분은 친 로마 가톨릭적이었다. 그러한 유럽 정세는 개신교를 동정하고 인정한 앙리 4세가 왕위에 오르고 나서야 비로소 조금 안정될 수 있었다. 이러한 박해와 핍박 가운데서도 장 칼뱅과 같은 인물들을 통해 성경의 참된 진리가 전파되고 장로교회를 표방하는 교회가 계속 늘면서 이 신앙고백이 정식으로 승인될 수 있었던 것이다.[2]

그러나 프랑스 신앙고백이 공식적으로 승인받은 기간은 지극히 짧았다. 역사적인 한 사건으로 인해 이 신앙고백의 승인은 그만 막을 내리고 말았던 것이다. 1571년 라 로셸에서 개최된 프랑스 개신교 전국 총회에는 나바라 왕국의 여왕 후아나 3세(잔 달브레)와 그녀의 어린 아들 앙리 4세, 어린 왕자 콩테, 가스파르 드 콜리니(Gaspard de Coligny, 1519-1572) 등 여러 지도자가 참여하였다. 이듬해에는 나바라의 왕 앙리와 마르그리트의 결혼식이 있었다. 그 결혼식에는 위그노들과 그들의 지도자인 콜리니도 참석하였다. 성 바르톨로메오(St. Bartholomew)의 날인 8월 24일에 이들을 학살하려는 음모가 도사리고 있는 줄도 모른 채 말이다. 이 날부터 7일 동안 루브르궁과 오를레앙, 트로이, 루앙, 리옹, 툴루즈, 보르도 등지에서 수많은 위그노가 학살당하는 사건이 일어났다. 이후 위그노와의 전쟁이 발발하여 오랜 기간에 걸쳐 많은 사람이 목숨을 잃었다. 프랑스는 장 칼뱅, 데오도르 베자와 같은 걸출한 종교개혁 인물을 배출했지만, 그러한 사건들을 겪는 동안 결국 표면적으로는 종교개혁이 실패로 끝난 것처럼 보였다.

이러한 프랑스 신앙고백의 배경과 역사는 1647년 영국에서 웨스트민스터 신앙고백이 승인되는 과정이나, 그후 역사와도 상당히 비슷하다. 웨스트민스터 총회에서도 콜리니처럼 정치적·군사적 수완을 발휘한 지도자 올리버 크롬웰(Oliver Cromwell, 1599-1658)이 상당한 역할을 감당했기 때문에 웨스트민스터 신앙고백이 승인될 수 있었다. 그러나 정작 신앙고백이 승인된 후에는 곧 정치적으로 혼란스러워지면서 제대로 자리를 잡지 못하였다. 오히려 이 신앙고백을 수용하여 공식적인 장로교회의 신앙고백으로 채택한 곳은 스코틀랜드였다.

이러한 신앙고백들의 역사를 살펴보면, 진리가 온전히 드러나는 일을 사탄이 매우 극렬하게 방해한다는 사실을 생생히 확인할 수 있다. 그런데도 신앙고백은 실패하거나 폐기되지 않고, 오히려 주변으로 퍼져나가 스위스와 네덜란드, 스코틀랜드 등에 참된 진리를 전파하는 역할을 수행했다. 비록 신앙고백을 통해 진리를 확고히 수립한 지역에서 제대로 꽃 피우지 못했을지라도, 그것은 실패한 것이 아니었다. 오히려 전혀 짐작할 수 없는 하나님의 또 다른 역사 속에 사용되어 사탄도 도저히 방해하지 못하는 상황에서 하나님의 백성에게 진리의 진수를 전달한 것이다. 그리고 그로 인해 우리에게도 웨스트민스터 신앙고백과 프랑스 신앙고백이 알려지게 되었다.

이러한 프랑스 신앙고백의 역사에서 주목할 것이 하나 있다. 바로 이 신앙고백들이 참으로 치열하고 시급한 위기에 빠진 진리의 신앙인들에게 즉각적이고 분명한 답변과 확신 있는 고백을 선언해 주었다는 사실이다. 우리나라 군사독재 시절에 보수적 신앙을 표방한 많은 교단(특히 장로교단)과 목회자들은 시대의 아픔과 불의에 대해 애써 "정교분리"라는 변명을 앞세워 침묵하였다. 그러나 프랑스 신앙고백이 승인된 역사에서는 수많은 희생을 치르면서까지 당면한 시대의 아픔과 불의에 진리로 항거하였다. 우리는 피켓과 행진처럼 진보적인 취지로 불의에 저항하기보다는, 진리를 선언하고 확고하게 붙잡아 저항하는 것이 마땅하다. 실제로 프랑스 신앙고백을 기초한 장 칼뱅과, 프랑스 신앙고백이 승인되기까지 중요한 역할을 한 베자는 진리를 선언하고 확고하게 붙잡는 방법으로 당시의 불의와 아픔에 저항했다. 1536년 「기독교강요」 초판에 기록한 헌사, 그리고 1561년 당시 프랑스 왕인 샤를 9세에게 프랑스 신앙고백을 보내면서 서문에 기록한 헌사는 바로 그처럼 진리로 항거한 생생한 역사인 것이다.

지금 우리 시대에도 많은 불의와 시대적 아픔이 자리하고 있다. 진리를 대적하며 거스르는 수많은 박해와 핍박이 여전히 현존하고 있는 것이다. 이러한 시대에 우리는 분명하게 저항하는 항거자(Protestant)여야 한다. 우리가 해야 하는 저항은 이미 우리 손에 있는 신앙고백들에 담긴 진리를 확고히 하고 분명하게 천명하는 것이다.

우리 구주 예수 그리스도의
복음의 순수성을 지키기 원한 프랑스인들은
1559년[3]에 한마음으로
이 신앙고백을 만들었다.

THE FRENCH CONFESSION
OF FAITH 1559 & 1571

1부

하나님과
그분의 계시[4]

THE FRENCH CONFESSION
OF FAITH 1559 & 1571

제1조

하나님

우리는 하나님께서 한 분이시며, 영적이시고, 영원하시며, 보이지 않으시고, 불변하시며, 무한하시고, 우리의 이해를 초월하시며, 말로 다 형용할 수 없으시고, 전능한 단 하나의 단순한 본질을 가지신 분[5]이시며, 가장 지혜로우시고, 가장 선하시고, 가장 정의로우시고, 가장 자비로우신 분이라는 믿음을 고백한다.[6]

[증거구절]

신 4:35, 39, 6:4; 사 44:6, 8; 고전 8:4, 6; 엡 4:6; 딤 2:5; 요 4:24; 출 3:15-16; 사 40:28; 롬 1:20; 딤 1:17; 말 3:6; 약 1:17; 롬 11:33; 렘 10:6-7; 롬 11:33; 눅 1:37; 대상 29:10-12; 롬 16:27; 마 19:17; 출 33:19; 렘 12:1; 출 34:6-7.[7]

프랑스에서 종교개혁의 물결이 일기 전까지 프랑스는 영국과 치른 백년 전쟁(1337-1453)으로 거의 붕괴되기 직전이었습니다. 그러나 한편으로 116년간의 그 긴 전쟁이 프랑스에 전적으로 악재인 것만은 아니었습니다. 오랜 전쟁을 치르는 동안 봉건 귀족이 몰락하여 비로소 강력한 군주제를 회복할 수 있었기 때문입니다. 이처럼 왕권이 회복되면서 프랑스 교회는 점차 왕권에 지배되기 시작했고, 1516년 볼로냐 협약(Concordat of Bologna)을 통해 성직 임명, 성직자 과세와 징세, 교회법정에 대한 왕권의 역할이 강화되었습니다. 즉 왕권을 비롯한 세속권세보다 우월한 권세를

행사하던 교황권이 저물고, 강력한 군주가 교회를 통치하는 시대를 맞이하게 된 것입니다.

이처럼 중세 유럽을 장악하던 교황의 권위가 약화되는 가운데 문화적으로는 인문주의가 번창하게 될 발판이 마련되었습니다. 네덜란드 같은 지역에서는 상인을 주축으로 하는 부르주아 세력이 점차 성장해 가면서 학교를 중심으로 인문주의 교육이 이뤄지고, 더불어 시민의식이 높아지고 종교개혁 사상도 확산되었습니다. 이러한 변화는 주로 프랑스의 스트라스부르, 스위스의 제네바와 로잔 등에서 찾아볼 수 있었습니다. 한마디로 이러한 양상은 로마 가톨릭 교황이 예전처럼 제국 전체를 아우르는 강력한 권세를 휘두를 수 없게 되고, 기독교 신앙에 대해 군주와 정부의 역할이 점차 중요하게 대두된 것을 나타내는 것이었습니다.

로마 가톨릭에서 프랑스는 주변적인 국가가 아니었습니다. 오히려 프랑스는 로마 못지않은 열정을 지닌 국가였습니다. "십자군 전쟁"에서 보여준 중추적인 역할, "아비뇽 교황청" 창건, "종교회의 운동" 등은 종교개혁 때까지 로마 가톨릭의 삶에 깊이 젖어 있던 프랑스의 모습을 단적으로 대변해 줍니다. 즉 프랑스의 종교개혁은 결코 쉽지 않은 악조건 속에서 이뤄진 것이며, 그런 만큼 어쩌면 수많은 반대와 희생이 필연적인 것이었다고 볼 수 있습니다.

중세적 신앙의 잔재를 척결하다

프랑스 신앙고백 서두에 언급되어 있듯이 종교개혁을 일으킨 프랑스 개신교도가 가장 먼저 척결하고 변증해야 할 대상은 오래전부터 굳건하게 자리를 지키고 있는 로마 가톨릭의 "교황주의"라는 우상(*idola*)이었습니다. 이것은 움직이지 않는 죽은 우상이 아니었습니다. 살아서 실질적인 해악을 가할 뿐 아니라 앞으로 더 큰 박해와 핍박을 가하게 될 우상이었습니다. 따라서 프랑스 신앙고백은 가장 먼저 "신론"(The Doctrine of God)을 정당하게 서술하며 신자에게 큰 해악을 끼치는 교황주의를 논박하고 있습니다.

오직 한 분이신 유일하신 참 하나님

로마 가톨릭의 교리에서 성경의 권위는 성경 자체가 아니라, 이를 승인하는 교회(로마 가톨릭교회)의 권위에 달려 있습니다. 이러한 교회의 권위를 최종적으로 부여받은 지위가 바로 추기경단에서 선출하는 "교황"(Papa)입니다. 로마 가톨릭의 교황주의에서 볼 때, 교황은 사도를 계승하는 자일 뿐 아니라 모든 종교 문제의 최고이자 최종 결정권을 지닌 존재입니다. 그러므로 당시 개신교 신앙이 로마 가톨릭을 개혁하고자 한 가장 기본적인 내용은 하나님 말고는 어디에도 최고, 최종의 권위를 행사할 수 있는 존재가 없다는 사실을 변증하는 것이었습니다. 바로 그러한 변증과 관련하여 우리는 프랑스 신앙고백의 "전능한 단 하나의 단순한 본질을 가지신 분"이라는 문구가 의미하는 바를 살펴봐야 합니다.

하나님이 단순한 본질을 가지셨느냐 아니냐에 따라 전자는 아우구스티누스(Sanctus Aurelius Augustinus, 354-430. 영어명 어거스틴)를 계승하는 개신교의 입장으로, 후자는 토마스 아퀴나스(Thomas Aquinas, 1224-1274)를 계승하는 로마 가톨릭의 입장으로 나뉘게 됩니다.

하나님은 전적으로 단순한 것이 아닌 것으로 생각된다.

1. 하나님께로부터 있게 되는 것들은 하나님을 모방한다. 그러므로 제일유(第一有)한테서 있게 되는 모든 것은 유(有)이며, 제일선(第一善)한테서 있게 되는 모든 것은 선이다. 그런데 하나님께로부터 있게 되는 사물계에 있어서 전적으로 단순한 것은 아무것도 없다. 그러므로 하나님은 전적으로 단순하지 않다.

2. 그 밖에도 하나님께는 모든 더 좋은 것이 귀속되어야 한다. 그런데 우리에게 있어서 합성된 것들은 단순한 것들보다 더 좋다. 예컨대 합성된 물체는 그 원소들보다 더 좋으며 원소들은 그 부분들보다 더 좋은 경우다. 그러므로 하나님은 전적으로 단순하다고 말해서는 안 된다.[8]

이처럼 아퀴나스는 사물계(또는 현상계)의 관점에서 하나님의 단순성을 유추하는 방식으로 설명하고 있습니다.[9] 이에 반해 아우구스티누스는 주로 하나님의 본질을 중심으로 피조물과의 관계를 설명합니다.

물체들을 합치면 커진다. …… 그러나 영적인 것들의 경우에는, 피조물이 창조주에게 밀착할 때와 같이, 작은 것이 큰 것에 붙을 때에 전보다 커지는 것은 작은 것이고 큰 것이 아니다. 부피에 대해서 크다고 하지 않는 것들이 더 크다는 것은 훌륭하다는 뜻이다. 피조물의 영이 창조주에게 밀착할 때에는 그러지 않을 때보다 나아진다. 즉 더 크게 된다. "주와 합하는 자는 한 영"이지만(고전 6:17), 주와 합한 자가 커지고 (즉 나아지고) 주께서 나아지시는 것은 아니다. 그러므로 하나님 자신의 경우에 동등하신 성자나, 성부, 성자와 동등하신 성령이 동등하신 성부와 합할 때에, 이 분들을 각각 따로 생각한 때보다 하나님이 더 위

대하게 되시는 것이 아니다. 하나님의 완전성이 더 완전하게 될 수 없기 때문이다.[10]

이처럼 미묘한 견해 차이에 대해, 프랑스 신앙고백은 아우구스티누스가 설명하는 대로 한 분 하나님을 "단 하나의 단순한 본질을 가지신 분"이라고 표현하고 있습니다.

칼뱅이 초안한 1559년판 신앙고백은 "그러므로 믿음은 들음에서 나며 들음은 그리스도의 말씀으로 말미암았느니라"(롬 10:17)는 말씀을 인용하여 "사도 바울이 말하였듯 신앙의 기초는 하나님의 말씀으로 말미암는다"는 고백으로 시작하고 있습니다. 이러한 배경과 신앙고백의 문구에서 무엇보다 우리는 신앙의 모든 권위가 특정한 사람이 아니라 오직 하나님께만 있다는 사실을 알 수 있습니다. "하나님께서 단 한 분만 계신다"는 제1조의 고백은 단순히 "유일신관"의 의미만 지닌 것이 아닙니다. 그 고백의 진정한 의미는 1559년 당시 프랑스가 "교회 안에 하나님 말고는 그 어떤 사람도 그처럼 권위를 행사할 수 없다"고 저항한 배경 속에서 제대로 실감할 수 있습니다.

이 신앙고백이 지닌 의미는 오늘날에도 동일하게 적용됩니다. 교회 안에서 누군가가 교황과 같은 권위, 즉 신앙의 최종 권위로서 결정권을 쥔다거나 다른 절대적 권위를 행사하는 것은 로마 가톨릭의 교황주의와 전혀 다르지 않습니다. 그러한 원리는 개인뿐 아니라 "회"(會)에도 동일하게 적용됩니다. 즉 "당회"는 교회의 의사결정에 절대적인 권한을 행사할 수 없습니다. "공동의회"도 마찬가지입니다. 장로교회 신앙에서는 철저하게 개인이 아니라 회에서 모든 권리를 지닙니다. 이처럼 회에 권위를 둔다고 해서 회 자체가 자유롭게 판단하고 결정할 수 있다는 것은 아닙니다. 오직 하나님의 권위(성경의 권위)만 행사될 수 있습니다. 그러므로 회에서 논의되는 어떤 것도 하나님의 말씀(성경의 원리)에서 벗어날 수 없으며, 벗어날 경우에는 누구라도 성경에 근거하여 교회의 회의(특히 지교회의 회의)에 항의할 수 있습니다. 이 원리는 노회와 총회에도 동일하게 적용됩니다.

오늘날에도 "하나님께서 단 한 분만 계신다"는 신앙고백의 의미를 구체적으로 알고 실천해야 합니다. 한마디로 하나님이 한 분으로 계신다는 신앙의 고백은, 실천적으로 하나님이 아닌 그 어느 누구도 최종적인 권위를 행사할 수 없으며 권위의 유일한 원천은 하나님의 말씀인 성경에 있다는 원리를 내포하는 것입니다. 그러므로 1559년판 프랑스 신앙고백은 "우리는 구·신약성경의 영감을 거슬러 말하는 것을 허락하지 않는다. …… 또한 거기에는 일체의 지혜의 완전한 규칙이 포함되어 있어서 우리들은 거기에 부가시키는 일도, 거기서 얼마를 제거하는 것도 허락하지 않으며, 전적으로 거기에 복종하지 않으면 안 된다는 것을 믿는다."[11]고 고백하고 있습니다.

모세는 광야의 백성에게 "내가 너희에게 명령하는 말을 너희는 가감하지 말고 내가 너희에게 내리는 너희 하나님 여호와의 명령을 지키라"(신 4:2)고 말합니다. 또한 솔로몬은 "너는 그의 말씀에 더하지 말라 그가 너를 책망하시겠고 너는 거짓말하는 자가 될까 두려우니라"(잠 30:6)고 했습니다. 그런데 로마 가톨릭의 교황주의는 "로마 가톨릭교회"와 "교황"이라는 우상을 만들어 특별한 권위를 부여하고는 지키고 제거하지 말아야 할 성경의 진리는 제거하고, 온갖 해괴한 거짓 교리들을 더하여 큰 거짓말과 책망거리를 만들어버렸습니다. 그러므로 하나님 앞에 바른 신앙을 갖기 위해서는 거짓 우상이 되어버린 교황주의에 단호히 저항해야 했던 것입니다. 하나님 말씀인 성경의 권위를 따라 무엇을 더하거나 빼지 않는 신앙은 에베소서 4장 6절 말씀을 그대로 실천하는 것입니다.

> 하나님도 한 분이시니 곧 만유의 아버지시라 만유 위에 계시고 만유를 통일하시고 만유 가운데 계시도다.

하나님이 한 분임을 바탕으로 우리는 하나가 되어야 합니다. 하나가 된다는 것은 우리가 함께 연합하는 것만 말하는 것이 아닙니다. 한 분 하나님께서 말씀하신 유일한 진리인 성경을 따라 실천한다는 점에서 하나가 된다는 것이기도 합니다. 다시 말해 "연합"(union)이란, 우리가 가시적으로 하나로 모이는 것이 아니라 "한 신앙"으로 모이는 것입니다.

가시적인 분이 아니라 영이신 한 분 하나님

앞서 설명했듯이 신앙에서 유일한 권위이자 최고, 최종의 권위는 어떤 사람이나 조직, 기구가 아니라 오직 하나님께 있습니다. 그러한 하나님을 믿는다는 것을 실천하기 위해 우리는 모든 신앙의 문제를 오직 성경의 권위에 최후 또는 최고로 호소합니다. 우리의 신앙이 성경의 권위에 기반을 두는 것은 교황주의와 같이 사람에게 특별한 권위를 두는 것을 배제하는 것으로, 하나님을 믿는다는 것의 실천이 가시적 권위를 향하지 않는다는 뜻이기도 합니다. 그러므로 교황주의에서는 모든 신앙의 실천이 가시적인 것에 대한 신앙 행위로 채워지는 데 반해, 참된 종교개혁의 신앙은 성경의 진리 가운데서 영이신 하나님에 대한 신앙으로 점철됩니다.

사도 바울은 "그리스도의 은혜로 너희를 부르신 이를 이같이 속히 떠나 다른 복음을 따르는 것을 내가 이상하게 여기노라"(갈 1:6)고 말합니다.

성경의 진리 외에 교황의 말을 복음으로 듣는 것, 사람의 말이자 성경의 진리에 위배되는 말이나 행위를 복음인 양 숭상하는 모든 실천이 바로 "다른 복음"을 따르는 것입니다. 이어서 사도는 "이제 내가 사람들에게 좋게 하랴 하나님께 좋게 하랴 사람들에게 기쁨을 구하랴 내가 지금까지 사람들의 기쁨을 구하였다면 그리스도의 종이 아니니라"(갈 1:10)고 말합니다. 이처럼 참된 신앙은 영이신 하나님 외에 어떤 사람이나 가시적 대상에 권위를 두지 않고, 오직 유일하신 하나님께만 권위를 두는 것입니다.[12]

한편, 일반적인 의미에서 영이신 하나님을 섬긴다는 것은 "제사"(Missa)와 같은 가시적인 방법이 아니라, 복음의 진리로 하는 것입니다. "하나님은 영이시니 예배하는 자가 영과 진리로 예배"(요 4:24)하는 것이 마땅합니다. 흔히 "영적"이라는 말을 신비적(神秘的)이거나 비가시적(非可視的)인 것으로만 생각하는 경우가 많습니다. 그러나 요한복음 4장 24절에 따르면 영적이라는 말은 진리, 곧 하나님의 말씀인 성경의 진리와 연관됩니다. 그러므로 영이신 하나님을 섬기는 예배에서 중요한 것은 성경의 진리를 온전히 드러내고 고백하며 찬양하는 태도입니다. 그런데 교황주의는 그러한 영적 예배를 "제사"로 바꾸어, 교황과 사제의 권위를 최대한 높이고 숭상하는 일종의 자연종교로 퇴화시켜버린 것입니다. 아울러 영적 예배 또는 "영과 진리"의 예배는 하나님을 높이는 어떤 마음을 바탕으로 드리는 찬양과 같은 것(감정)이 아닙니다. 그것은 하나님 말씀인 성경의 진리를 밝히고 깨달아 믿음으로 동의하며 고백하는 가운데 이뤄지는 것(진리의 지식)입니다. 그러므로 영과 진리의 예배란 감정을 자극하는 음악적 요소를 최대한 배제하고, 성경의 진리에 깊이 동의하고 고백함을 밝히 드러내는 것입니다.

한편, 말씀하시는 분이 하나님임을 식별하는 것은 인간의 이해력을 초월하는 일입니다. 1559년판 신앙고백 첫째 항 후반부는 "이 교리는 그의 권위를 인간에게서 얻은 것도 천사에게서 얻은 것도 아니며 오직 하나님께로부터 얻은 것이기 때문에, 우리들은 하나님만이 그의 선택하시는 사람들에게 그의 교리의 명확성을 주시며, 그의 성령으로 말미암아 저들의 심령 속에 이것을 인(印) 쳐주심을 믿는다."고 말합니다. 우리의 신앙에서 말하는 "신비"란, 이처럼 성령으로 말미암아 교리를 명확하게 습득하는 것을 말합니다. 영이신 하나님께서 우리에게 주시는 은총이란, 그 본질이 가시적인 데 있는 것이 아니라 진리의 교훈(이것이 진정한 의미의 "교리"입니다)을 깨우쳐주시는 성령님의 사역처럼 가시적이지 않은 것에 있습니다. 그러므로 참된 신앙은 항상 부귀영화와 같이 가시적이고 현상적인 것을 추구하지 않고, 진리의 교훈과 같이 풍성하고 충만하지만 결코 가시적으로 표현하여 드러낼 수 없는 무한한 은혜를 추구하는 것입니다. 그에 반해 로마 가톨릭의 교황주의는 철저히 모든 것을 현세적이고 가시적인 방식으로 바꾸어버렸습니다. 오늘날 물질적이고 현실적인 것을 추구하는 기독교의 모습 역시 신앙고백이 반대하는 교황주의와 같은 모습이지, 결코 영이신 하나님에 대한 진리를 추구하는 신앙의 모습은 아닌 것입니다.

영이신 하나님의 본질과 속성

하나님께서 영이시라는 고백에는 기본적으로 하나님의 본질과 속성이 함축되어 있습니다. 이것은 일반적으로 하나님의 "무한성"과 관계됩니다. 즉 하나님은 우리의 인식과 시각으로 한정할 수 없을 만큼 무한하시다는 것입니다. 아울러 하나님의 본질과 속성은 어느 부분도 부정되거나 서로 모순되는 것 없이 전체적으로 모두 인정될 수밖에 없다는 점에서 상호 유기적이기도 합니다. 따라서 어느 한 본질 또는 속성은 다른 본질과 속성을 모두 수반하며, 그 모든 것이 무한합니다. 이 사실에 근거하여 우리는 1571년에 승인된 신앙고백의 문구를 이렇게 이해할 수 있습니다.

즉 하나님께서는 "영적인 분이기 때문에 지극히 무한하십니다. 그처럼 무한한 영으로서의 하나님께서는 시간에 있어서도 무한하시기 때문에, 그는 영원하십니다. 그러니 그분의 실체는 결코 어느 한 시간 혹은 어느 한 장소에 제한될 수 없이 무한하다는 점에서 결코 보이지 않으시는 분입니다. 그러므로 그런 하나님께서 어떤 모습으로 등장하신다고 해서 그분의 실체가 다 그처럼 등장한 모습에 담기는 것이 아니라, 다만 유한한 우리에게 제시되는 차원에서 그처럼 어떤 모습을 띠는 것입니다. 따라서 그런 하나님께서는 당연히 우리의 이해를 초월하시며(우리의 이해에 한정되실 수 없이 무한하시다는 말입니다), 그런 하나님을 우리 인간의 말로는 도저히 다 형용할 수가 없는 것입니다. 바로 그런 점에서 그는 전능하시며, 무한히 복잡한 본질로서가 아니라 단 하나의 본질로서 무한하신 분입니다."

이처럼 하나님의 본질적 속성은 기본적으로 우리와 전혀 다르며, 우리는 그 실체를 결코 알 수도 확인할 수도 없습니다.

하나님만 지니시는 이러한 속성을 우리는 "비공유적 속성"(incommunicable attributes)이라고 부릅니다. 이것은 우리와 전혀 다르며 전혀 공유하지 않는 하나님만의 속성입니다. 이러한 하나님의 속성 때문에 우리는 하나님을 어떤 형상이나 그림, 상징물로 표현할 수 없습니다. 그런데 하물며 이러한 하나님의 속성을 한낱 인간(교황)에게 투영할 수 있겠습니까? 그러나 하나님께서는 비공유적 속성만 있는 것이 아닙니다. 하나님의 속성이 비공유적인 것으로만 이뤄졌다면, 우리는 하나님에 대해 어떤 개념조차 갖지 못할 것입니다.

하나님의 속성 가운데 일부는 우리와 같은 영적인 존재(인간과 천사는 유일한 영적 피조물입니다)에게도 공유됩니다. 이것을 "공유적 속성"(communicable attributes)이라고 부릅니다. 신앙고백 제1조에서 "가장 지혜로우시고, 가장 선하시고, 가장 정의로우시고, 가장 자비로우신 분"이라고 고백하는 것처럼 인간사회에서도 찾아볼 수 있는 개념(지혜, 선, 정의, 자비 등)이 바로 공유적 속성입니다.

물론 하나님의 속성 가운데 우리와 공유하는 속성이 있다고 해서 그것이 우리의 속성과 전적으로 동일하다고 생각할 수는 없습니다. 공유적 속성일지라도 하나님과 우리 사이에는 정도와 차이 면에서 무한한 간격이 있기 때문입니다. 그러므로 신앙고백에서도 하나님을 단순히 지혜로우시고, 선하시고, 정의로우시고, 자비로우신 분이라고 하지 않고, "가장" 지혜로우시고, "가장" 선하시고, "가장" 정의로우시고, "가장" 자비로우신 분이라는 표현으로 우리의 속성과 분명하게 다르다는 사실을 강조하고 있는 것입니다. 따라서 공유적 속성에서도 우리는 하나님을 어떤 형상이나 그림, 인격적 존재에 투영하여 한정할 수 없습니다.

우리가 지닌 지혜, 선, 정의, 자비, 권위 등의 원형은 모두 하나님의 속성에 속합니다. 그러므로 그러한 속성이 인간에게 속한다 할지라도 그것은 늘 그 원형이 되는 하나님의 속성에 대한 모형일 뿐입니다.

앞에서 언급했듯이 종교개혁이 무르익은 16세기에 이르기까지 프랑스와 유럽의 정세에는 많은 변화가 있었습니다. 프랑스에서는 공식적으로 여전히 로마 가톨릭을 숭상했지만 교황권이 많이 위축된 상황이었습니다. 1309년 이후에는 프랑스의 위세를 나타내는 대표적 사건인 "아비

농 유수"가 있었고, 아비뇽 유수가 끝난 후에는 이어서 로마 가톨릭교회의 대분열(Western Schism, 1378-1417)이 있었기 때문입니다.

프랑스 왕 필리프 4세(Philippe IV, 1268-1314)는 "우남상탐"(Unam Sanctam, 1302)[13]을 주창한 교황 보니파키우스 8세가 죽자 친(親) 프랑스적인 교황 클레멘스 5세를 추대하고 교황청을 프랑스 아비뇽으로 옮기게 했습니다. 이미 교황권이 급속히 추락해 있었던 것입니다. 특히 그후 1378-1417년에 일어난 로마 가톨릭교회의 대분열 때문에 막강하던 교황의 권위가 실추되어 세속군주와 대결하기에는 매우 미약해졌습니다. 이러한 변화 속에서 교황주의에 대한 저항과 항의가 더욱 유효하게 퍼져나갈 수 있었던 것입니다. 즉 군주나 관원의 물리적인 권위와 달리, 교황의 물리적인 권위는 전혀 성경에 근거할 수 없음이 분명하게 규명되고 천명된 것입니다. 이처럼 교황의 권위가 실추되어버린 상황과 함께 자본을 바탕으로 부르주아(bourgeoisie, 중산층)가 형성되고 대학이 발달하며 인문주의 분위기가 무르익으면서 교황주의에 대한 비판과 본격적인 항의가 점차 대두되었습니다. 이러한 변화를 통해 로마 가톨릭의 거짓된 교리와 미신을 거부할 수 있는, 성경적이고 실질적인 개혁의 움직임이 가능해진 것은 하나님의 섭리라고 할 수 있을 것입니다.

그러나 참된 신앙을 향한 개혁의 움직임이 무르익어 본격적으로 시작되었어도, 16세기에 곧바로 모든 신앙의 개혁이 완성된 것은 아니었습니다. 프랑스 신앙고백을 발표하며 모인 위그노들은 수많은 박해와 핍박 속에서 희생당하고 있었습니다. 프랑스 신앙고백을 천명했지만 위그노들은 현실적으로 수없는 핍박과 박해를 당하면서 참된 신앙의 흔적을 제대로 뿌리를 내리지 못한 채 이내 뽑혀져버리고 만 것입니다.

그러한 역사 가운데서도 칼뱅은 조국 프랑스를 위한 수많은 글을 남기고, 프랑스를 비롯한 유럽 전역에 프랑스 신앙고백과 같은 참된 신앙의 문서들을 전파하는 역할을 수행했습니다. 이 같은 섭리가 바로 하나님의 지혜, 선, 정의, 자비, 권위 등으로 말미암은 것입니다. 하나님의 공유적 속성으로 말미암은 섭리도 우리의 지혜와 마음으로는 온전히 이해하고 품을 수 없습니다. 공유적 속성일지라도 그만큼 하나님의 속성은 피조물인 우리와 무한한 차이가 있는 것입니다. 하나님의 속성을 인식하고 이해하는 것이야말로 하나님을 경외하고 신뢰하는 가장 큰 바탕이자 근본일 것입니다. 프랑스 신앙고백은 바로 그러한 하나님의 속성을 고백하고 있습니다.

제2조

계시

하나님께서는 사람들에게 자기 자신을 다음과 같이 계시하셨다. 첫째는 그분이 행하신 일들과 창조, 만물의 보존과 통치를 통해서, 둘째는 더 분명하게 그분의 말씀을 통해서다. 처음에는 직접 말씀하셨으나 나중에는 우리가 성경이라 부르는 책들에 (그것을) 기록하게 하셨다.

[증거구절]

시 19:2; 롬 1:20; 고전 12:6; 히 1:1; 시 19:8; 창 15:1; 벧후 1:21; 출 24:4, 31:18; 시 102:19; 히 2:2; 계1:11; 롬 1:2.

제1조에서 소개한 "하나님"에 대한 신앙고백에서 우리는 하나님의 본질과 속성을 이해하는 것뿐 아니라 이 신앙고백이 소개될 당시(공식적으로 소개된 때는 1559년이다) 프랑스와 유럽의 시대적 정황을 간략하게 살펴보면서 하나님에 대한 이해에 비추어 교황주의의 부당함을 설명했습니다. 제2조는 "계시"를 소개합니다. 여기에서도 신앙고백이 소개될 당시 프랑스와 유럽의 정황, 즉 로마 가톨릭의 교황주의에 근거한 신앙을 배격하는 개신교도의 신앙을 변증적 차원에서 해석하고 설명할 것입니다. 또한 이 신앙고백에 소개된 내용들이 오늘을 사는 우리에게 어떤 의미를 지니는지 살펴볼 것입니다.

제1조에서 우리는 하나님의 본질과 속성을 간략하게 소개한 신앙고백

이 어떻게 교회의 권세, 특별히 교황주의와 같이 신적 권위를 지니는 권세의 부당함과 연계되는지 살펴보았습니다. 제2조에서는 더 구체적으로 교황주의와 같은 무소불위의 권세가 결코 합당하지 않다는 사실과 관련하여 신앙고백 내용을 살펴볼 것입니다. 이렇게 하는 것은 기본적으로 1559년에 칼뱅이 초안한 신앙고백의 취지가 대부분 1536년에 저술된 그의 「기독교강요」 초판 서문에서 밝히는 바와 다르지 않다고 보기 때문입니다. 망명지인 스위스 바젤에서도 칼뱅이 조국 프랑스의 개신교도들에게 각별한 관심을 보이며 조국 프랑스에 대한 사랑을 포기하지 않았다는 점에 비추어볼 때, 이러한 관점으로 프랑스 신앙고백에 접근하는 것은 충분히 현실감 있는 해설의 발판이 될 것입니다.

창조세계의 "보존"과 "통치"에 대한 교회적 적용

하나님의 계시를 이해하기 전에 우리는 먼저 "교회의 권세"에 대한 개념을 정립해야 합니다.

하나님의 창조 이후, 세상의 보존과 통치와 관련하여 대부분은 "보이는 것"만을 생각합니다. 그러나 하나님의 사역과 통치를 다루는 제7조와 제8조의 고백을 살펴보면, 이 신앙고백이 단순히 자연계(自然界, 일반적으로 말하는 피조세계)만 다루는 것이 아니라 영적 세계에 더 비중을 두고 있음을 알 수 있습니다. 로마서 1장 18-25절에서 언급하는 한계, 즉 "창세로부터 그의 보이지 아니하는 것들 곧 그의 영원하신 능력과 신성이 그가 만드신 만물에 분명히 보여" 알려졌지만, "하나님을 알되 하나님을 영화롭게도 아니하며 감사하지도 아니하는" 사람들의 한계 때문에 더욱 비중을 두어 생각할 수밖에 없는 것입니다.

불의한 세상일지라도 여전히 하나님은 이 세상을 보존하시고 통치하십니다. 그러한 세상을 보존하시고 통치하시는 세속의 도구가 바로 "세속권세(위정자)"입니다. 하나님께서는 그들을 사용하셔서 자연적인 질서와 법으로 통치되게 하시는 것입니다. 그러나 불의한 세상보다 더 직접적으로 하나님의 보존과 통치가 드러나는 영역이 바로 영적 세계와 교회(우리 눈에 보이는 조직교회뿐 아니라 하나님 안의 유일한 공교회)입니다.

물질계를 보존하고 통치하기 위해 세속권세를 사용하시는 것처럼 하나님은 영적 세계를 보존하고 통치하기 위해 천사와 같은 선한 영들을 사용하십니다. 그러므로 제2조에서 말하는 보존과 통치는 일차적으로 눈에 보이는 자연계에 대한 것이지만, 근본적으로는 교회(조직교회뿐 아니라 비가시적 교회인 "공교회"도 포함)의 보존과 통치에 대한 언급으로 볼 수 있습니다. 하나님께서는 특별히 그런 교회의 보존과 통치를 위해 선한 영들과 함께 자신의 계시를 전달하는 사역자들을 사용하셨습니다. 그들이 바로 선지자, 제사장, 사도입니다. 이 사역자들은 교회의 권세로 자리하게 되는데, 로마 가톨릭과 프랑스 신앙고백은 이 권세를 전혀 다르게 이해하고 있습니다.

사실 로마 가톨릭도 초기에는 교황의 권세가 그리 크지 않았습니다. 그렇지만 처음에 로마제국의 황제가 소집하던 공의회(*Concilium*)를 점차 황제와 교황의 협력으로 소집하게 되었고, 1053년 교황 레오 9세(Leo PP. IX) 때에는 세계적 공의회의 중심에 교황을 두어 "교황 없이는 세계 공의회란 없다"고 천명하여 아무리 적은 수의 주교단일지라도 교황이 참여해야 세계 공의회가 성립된다고 주장하기까지 이르렀습니다.

그에 반해 교회의 권세에 대한 칼뱅의 견해는 「기독교강요」 초판에 잘 언급되어 있습니다. "제6장 기독교인의 자유, 교회의 권세, 정치 조직"에서 선지자, 제사장, 사도, 또는 사도의 후계자(모두 교회의 권세로 언급)에 대해 칼뱅은 "그들은 주님의 이름과 말씀으로 하는 것 이외에는, 명령하거나 가르치거나 답변할 수 있는 어떤 권위도 부여 받지 못했다."¹⁴고 하여 로마 가톨릭의 교황 레오 9세의 권세와 근본적으로 다름을 설명하고 있습니다. 더욱이 "그들은 '사도'로서 무엇이든 그들 마음대로 지껄여서는 안 되며, 그들을 보내신 분의 분부를 충성스럽게 전달해야 했다."는 표현은 칼뱅이 교회 권세의 역할과 한계를 어떻게 이해하고 있는지를 그대로 보여줍니다. 이러한 칼뱅의 이해는 그가 초안한 1559년 프랑스 신앙고백 문구에도 그대로 투영되어 있습니다.

한편, 하나님이 교회를 어떻게 보존하고 통치하시는지에 대해서는 "둘째는 더 분명하게 그분의 말씀을 통해서다. 처음에는 직접 말씀하셨으나 나중에는 우리가 성경이라 부르는 책들에 (그것을) 기록하게 하셨다."는 문구에서 더 분명하게 확신할 수 있습니다. 즉 하나님께서 보존과 통치로서 교회를 다스리실 때 사용하시는 일차적인 가까운 수단은 선지자나 제사장, 사도, 사도의 후계자이지만 그들에게 부여된 권위는 주님의 이름과 말씀으로만 한정되면서, 멀지만 더 근원적인 수단(방편)에 대해서도 이해할 수 있는 것입니다.

말씀(성경)_ 하나님이 교회를 보존하시고 통치하시는 수단

로마서 1장 18-25절에서 알 수 있듯이 하나님께서는 "그의 영원하신 능력과 신성을 그가 만드신 만물에 분명히 보여 알리셨습니다."("자연계시" 또는 "일반계시") 그러나 그러한 계시로는 하나님을 충분하게 알지 못합니다. 사람들이 부패했기 때문입니다(인간의 타락에 대해서는 제9조에서 자세하게 다릅니다). 그래서 더 특별하고 분명하게 하나님 자신을 알리셨으니 그것이 바로 "특별계시"입니다. 나중에 이것을 기록하게 하신 것이 바로 "성경"이며, 이 성경을 통해 하나님 자신을 알리셨습니다.

"특별계시"는 자연계시와 달리 하나님을 더 분명하고 직접적으로 알게 하지만, 그 대상이 "교회"에 한정된다는 점에서 일반계시 또는 자연계시와 구별됩니다. 자연계시는 질서와 법칙, 세속권세를 수단으로 자연만물을 다스리시는 하나님의 보존과 통치를 드러냅니다. 그와 달리 교회의 권세인 선지자, 제사장, 사도, 사도의 후계자가 지닌 권세는 그들에게 수여된 하나님의 특별한 계시, 무엇보다 "성경"으로 종결되는 하나님의 계시에 한정됩니다. 그러므로 세속권세가 "법과 질서"로 하나님의 보존과 통치를 대리하는 것처럼 교회의 권세는 "하나님의 말씀"으로 대리하는 사역을 감당하는 것입니다. 이와 관련하여 칼뱅은 「기독교강요」 초판 제6장에서 "여호와께서는 모세의 말이 모든 선지자들의 말 중에서도 으뜸으로 여겨지도록 하셨다. 그러나 그가 여호와께로부터 말미암은 것 말고 명령하거나 발표한 것이 대체 있었던가? …… 선지자들 가운데 어느 누구도 하나님께서 먼저 말씀하시지 않고는 자기 입을 여는 일이 없었기 때문이다."[15]라고 했습니다.

지금 우리는 창조세계에 대한 하나님의 보존과 통치를 다루면서 자연질서나 법칙으로 보존하고 통치하는 측면, 또는 비상적인 하나님의 섭리를 통해 보존하고 통치하는 측면이 아니라 교회의 권세를 통해 대리되는 하나님의 보존과 통치에 초점을 맞추어 "계시"에 대해 살펴보고 있습니다. 그러면서 하나님이 세속권세를 수단으로 세상을 보존하고 통치하실 때의 계시보다 교회의 권세를 통해 보존하고 통치하실 때의 특별한 계시(하나님의 말씀)가 얼마나 절대적인지 생각해 보았습니다. 이를 통해 우리는 교회의 권세가 하나님의 특별한 계시(나중에는 "성경"으로 기록된 것)에 철저히 종속되어 있다는 사실을 알 수 있습니다.

하나님 말씀(성경)의 권위와 교회의 권세

1571년 라 로셸에서 승인된 프랑스 신앙고백 제2조는 전체적으로 복음의 순수성을 유지하며 살아가려는 프랑스인의 신앙과 관련되어 있습니다. 동시에 그 초안(1559)과 전문(前文)은 당시 로마 가톨릭의 교황주의가 지닌 잘못을 지적하고 있으며, 이를 반대하고 극복하려는 취지가 내포되어 있습니다. 앞에서 로마 가톨릭의 교황주의와 프랑스 개신교회의 권세가 지니는 특성과 한계를 언급했습니다. 여기서는 그러한 권세가 종속되는 하나님 말씀인 성경에 대한 각각 다른 견해(로마 가톨릭의 견해와 프랑스 개신교회의 견해)를 간략하게 살펴보고자 합니다(자세한 내용은 제5조에서 다룰 것입니다).

프랑스 신앙고백이 작성되기 전까지 유럽에서 교황의 권위는 중세시대보다 훨씬 빈약해져 있었습니다. 그에 반해 프랑스의 로마 가톨릭은 아비뇽에 교황청을 세울 만큼 당시 패권을 주도하고 있었습니다. 그후 14세기 전반에는 파도바의 마르실리우스(Marsilius of Padua, Marsiglio, 1270–1342)와 영국 프란체스코 수도회 수사인 오컴의 윌리엄(William of Ockham, 1285–1349) 같은 인물들이 저술을 통해 "공의회 우위설"을 제기했고, 1415년 콘스탄츠 공의회에서는 공의회가 교황보다 우위에 있음이 천명될 만큼 교황의 권세는 상당한 타격을 입었습니다. 더구나 아비뇽 교황청의 예에서 볼 수 있듯이 로마 교황청을 중심으로 하는 교황의 권세는 분열되었기 때문에, 공의회를 통한 중재에 더 힘이 실리는 상황이었던 것입니다.[16]

그런데 트리엔트 공의회(1545-1563) 제4차 회기 제1교령 문안을 보면, "성령 안에서 합법적으로 소집되었으며, 사도좌로부터 파견된 세 분의 교황 전권 대사들이 주재하는 거룩하고 세계적이며 보편적인 본 트리엔트 공의회 …… 공의회는 구약이든 신약이든 두 가지 다 한 분이신 하나님께서 저자이시기에, 그 모든 책들을 똑같은 애정과 존경으로 받아들이고 공경한다. 마찬가지로 신앙과 행실에 관한 전승들도 그리스도 자신의 입 혹은 성령에 의해 발설되어 가톨릭교회 안에 지속적으로 보존되어오는 것으로서, 정통 신앙의 교부들의 모범을 따라 똑같은 애정과 존경으로 받아들이고 공경한다."[17]고 되어 있습니다. 이 글에서 볼 수 있듯, 공의회는 성경(물론 로마 가톨릭이 공인한 목록의 성경)과 함께 "전승"(*traditiones*)을 강조하고 있습니다. 이러한 공표에서 우리는 성경과 함께 전승까지 강조할 수 있는 로마 가톨릭교회(공의회를 포함)의 무오한 권위의 우위를 확인할 수 있습니다.[18] 즉 성령의 권위로 소집된 공의회(또한 로마 가톨릭교회)의 공표에서 성경과 전승을 보증하면서 권위가 부여된 것입니다. 아울러 1053년 교황 레오 9세가 천명한 내용에서 알 수 있듯이, 그러한 공의회와 로마 가톨릭교회의 중심에는 사도 베드로의 계승자로 불리는 "교황의 권위"가 자리하고 있습니다.

그러나 프랑스 신앙고백에서 표방하고 있는 개신교회의 신앙에서 교회의 권위 또는 권세는 로마 가톨릭교회 또는 교황주의와 정반대입니다. 우리에게 교회의 권위는 전혀 무오하지 않으며, 오히려 하나님의 말씀인 성경이 교회의 유일한 권위입니다. 즉 교회(조직교회이자 로마 가톨릭교회)가 성경의 권위를 확정하는 것이 아니라, 성경이 교회에 (특정한) 권위를 부여하는 것입니다.

프랑스 신앙고백 제2조에서 하나님의 계시에 대해 "처음에는 직접 말씀하셨으나 나중에는 우리가 성경이라 부르는 책들에 (그것을) 기록하게 하셨다."는 언급은 다분히 의도적인 것이라고 할 수 있습니다. 이 언급은 히브리서 1장 1-2절에서 말하는 계시, 즉 "옛적에 선지자들을 통하여 여러 부분과 여러 모양으로 우리 조상들에게 말씀하신 하나님이 이 모든 날 마지막에는 아들을 통하여 우리에게 말씀하셨으니"와 같은 맥락에서 고백하는 것입니다. 또한 히브리서 1장은 "이 모든 날 마지막"이라는 말씀에서 그리스도의 성육신(Incarnation)과 함께 종말의 때를 언급하고 있습니다. 이에 대해 칼뱅은 「기독교강요」 초판에서 "…… 바울은, 하나님께서 이후로는 이전처럼 간헐적으로 이 사람 저 사람을 통하여 말씀하시지 않을 것이며, 또 예언에 예언을, 계시에 계시를 더하는 일을 하시지 않을 것임을 암시하기, 아니 명백히 선포하기 때문이다."[19]라고 했습니다.

이처럼 제2조의 계시에 대한 언급은 하나님께서 "여러 부분과 여러 모양으로" 계시하신 것만 고백하는 것이 아닙니다. 그것은 최종적으로 성육신하신 예수 그리스도의 말씀으로 종결된 것, 그러므로 예수 그리스도의 말씀과 그에 관한 신약성경 말씀을 끝으로 더는 계시가 없으며, 바로 이러한 계시에 한정해서만 교회에 권위가 부여된다는 것을 언급하는 것입니다.

교회의 권세가 계시(하나님 말씀)에 한정되는 원리에 대해

히브리서 1장 1-2절에서 우리는 예수 그리스도의 성육신이 하나님의 모든 계시의 종국이라는 사실을 알 수 있습니다. "여러 부분과 여러 모양"으로, 즉 부분적이며 다양한 계시로 말씀하신 하나님께서는 예수 그리스도를 통해 가장 온전하고도 분명한 계시를 보이신 것입니다. 이와 관련하여 요한복음 1장 18절은 "본래 하나님을 본 사람이 없으되 아버지 품속에 있는 독생하신 하나님이 나타내셨느니라"고 했고, 고린도후서 3장 16절은 또 "언제든지 주께로 돌아가면 그 수건이 벗겨지리라"고 하여 모세 시대의 일시적인 것과 비교하고 있습니다.

한편, 예수 그리스도께서는 분명 사도들에게 "하늘과 땅의 모든 권세를 내게 주셨으니 그러므로 너희는 가서 모든 민족을 제자로 삼아 아버지와 아들과 성령의 이름으로 세례를 베풀고 내가 너희에게 분부한 모든 것을 가르쳐 지키게 하라"(마 28:18-20)고 명하셨습니다. 이것은 사도들의 사명을 분명하게 한정(세례를 베풀고 그리스도께서 분부한 모든 것을 가르쳐 지키게 하는 것)하신 것입니다. 따라서 나중에 사도 된 바울조차 "우리가 혹은 하늘로부터 온 천사라도 우리가 너희에게 전한 복음 외에 다른 복음을 전하면 저주를 받을지어다"(갈 1:8)라고 말한 것입니다.

이러한 성경 말씀은 모두 그리스도 안에서 최종적으로 계시된 것(복음) 외에 다른 계시(복음)가 없다는 사실을 분명히 밝히고 있습니다. 또한 이처럼 최종적인 계시를 기록하게 하여(성경 계시) 완전하게 계시를 종결하신 사실을 확고히 하고 있습니다. 그러므로 칼뱅은 「기독교강요」 초판 제6장 17절에 이렇게 말합니다.

> 교회의 사역자들이 그들이 어떤 이름으로 불려지든지 간에 갖추어야 하는 권한이 어떤 것인가 …… 그들은 하나님의 말씀의 사역자요 말씀을 맡은 자로 임명받았으므로, 하나님의 말씀에 의하여 담대하게 모든 일을 감행하며, 세상의 모든 권력과 영광과 위대함을 물리쳐서 하나님의 위엄 앞에 굴복시키고 복종케 하며, 그를 위하여 가장 높은 자로부터 가장 낮은 자에 이르는 모든 사람들에게 명령하며, 그리스

도의 집을 세우되 사탄의 집은 분쇄하며, 양 무리는 기르되 이리들은 쳐서 멸하며, 잘 배우는 자들을 권면하여 가르치며, 반역적이고 완고한 자들을 나무라며 질책하여 복종시키며, 매거나 풀며, 그리고 마지막으로 천둥과 번개를 일으킬 수 있다.[20]

이것은 언뜻 로마 가톨릭의 교황주의의 권세를 언급하는 듯합니다. 그러나 최종적으로 "그러나 이 모든 일은 하나님의 말씀 안에서만 행할 수 있다."고 못 박고 있는 것에서 로마 가톨릭의 교황주의와는 명백히 다르다는 것을 알 수 있습니다.

이처럼 교회의 권세가 "계시"(하나님 말씀)에 한정된다는 원리는 "성경"에 한정된다는 원리와 같으며, 예수 그리스도의 성육신과 그의 복음(계시) 외에 다른 복음(계시)은 최종적으로 없다는 의미입니다. 그에 반해 로마 가톨릭과 교황주의가 말하는 교회의 권세는 성경이 아닌 사도적 계승자인 교황과 로마 가톨릭교회에 한정됩니다. 그러한 원리에 따라 결국 트리엔트 공의회가 다음과 같이 공표할 수 있었던 것입니다.

공의회는 구약이든 신약이든 두 가지 다 한 분이신 하나님께서 저자이시기에, 그 모든 책들을 똑같은 애정과 존경으로 받아들이고 공경한다. 마찬가지로 신앙과 행실에 관한 전승들도 그리스도 자신의 입 혹은 성령에 의해 발설되어 가톨릭교회 안에 지속적으로 보존되어오는 것으로서, 정통 신앙의 교부들의 모범을 따라 똑같은 애정과 존경으로 받아들이고 공경한다.

그러나 분명 성부 하나님께서는 예수 그리스도께 "하늘과 땅의 모든 권세를"(마 28:18) 주셨습니다. 그러므로 "그의 행하신 일들과 창조, 만물의 보존과 통치"로서의 계시는 "아버지 품속에 있는 독생하신 하나님이 나타내"(요 1:18)십니다. 그 사실을 처음에는 "여러 부분과 여러 모양으로" 나타내셨으나 나중에는 "우리가 성경이라 부르는 책들에 (그것을) 기록하게 하[신]" 것입니다. 따라서 "내가 너희에게 분부한 모든 것을 가르쳐 지키게 하라"(마 28:20)고 하신 성경 말씀을 떠나 따로 교회의 권세가 있는 것이 아닙니다.

제3조

성경

성경은 구약과 신약의 정경으로 구성되어 있다. 구약에는 모세의 오경인 창세기, 출애굽기, 레위기, 민수기, 신명기가 있고, 여호수아, 사사기, 룻기, 사무엘상, 사무엘하, 열왕기상, 열왕기하, 역대지략이라고도 불리는 역대기상, 역대기하, 에스라가 있으며, 느헤미야, 에스겔, 욥기, 시편, 잠언 혹은 솔로몬의 격언, 전도서, 솔로몬의 노래가 있고, 이사야, 예레미야, 예레미야의 애가, 에스겔, 다니엘, 호세아, 요엘, 아모스, 오바댜, 요나, 미가, 나훔, 하박국, 스바냐, 학개, 스가랴, 말라기가 있다. 신약에는 마태복음, 마가복음, 누가복음, 요한복음, 누가의 둘째 책 혹은 사도행전, 로마인들에게 보낸 편지, 고린도인들에게 보낸 첫째 편지, 고린도인들에게 보낸 둘째 편지, 갈라디아인들에게 보낸 편지, 에베소인들에게 보낸 편지, 빌립보인들에게 보낸 편지, 골로새인들에게 보낸 편지, 데살로니가인들에게 보낸 첫째 편지, 데살로니가인들에게 보낸 둘째 편지, 디모데에게 보낸 첫째 편지, 디모데에게 보낸 둘째 편지, 디도에게 보낸 편지, 빌레몬에게 보낸 편지, 히브리인들에게 보낸 편지, 야고보의 편지, 베드로의 첫째 편지, 베드로의 둘째 편지, 요한의 첫째 편지, 요한의 둘째 편지, 요한의 셋째 편지, 유다의 편지, 요한계시록이 있다.

성경 목록을 나열하고 있는 제3조는 자칫 불필요하거나 간과해도 된다고 생각할 수 있습니다. 그러나 사실 제3조처럼 성경 목록을 나열하는 조항은 장로교회의 표준 문서인 웨스트민스터 신앙고백에도 똑같이 들어가 있을 만큼 중요한 의미를 지닙니다. 또한 로마 가톨릭교회도 1546년 트리엔트 종교회의[21]에서 일부 외경을 포함한 성경 목록을 확정했을 만큼, 성경 목록을 정확히 밝히는 것은 신앙고백에서 매우 중요한 요소입니다.

성경을 흔히 "정경"(canon)이라고도 부릅니다. 정경이란 "자"(도량형)를 의미하는 것으로 성경이 신앙과 생활의 "표준"이라는 뜻을 담고 있습니다. 자는 그 자체로도 정확합니다. 그러므로 신앙과 생활의 표준인 성경 목록 또한 정확해야 하는데, 이와 관련하여 성경은 스스로 "만일 누구든지 이것들 외에 더하면 하나님이 이 두루마리에 기록된 재앙들을 그에게 더하실 것이요 만일 누구든지 이 두루마리의 예언의 말씀에서 제하여 버리면 하나님이 이 두루마리에 기록된 생명나무와 및 거룩한 성에 참여함을 제하여 버리시리라"(계 22:18-19)고 말하고 있습니다. 이 말씀이 성경 마지막 부분인 요한계시록에서도 거의 마지막 구절이라는 사실은 매우 의미심장합니다. "모든 성경은 하나님의 감동으로 된 것"(딤후 3:16)이기 때문입니다. 그러므로 디모데후서와 계시록의 두 성경 구절에서 언급하는 내용은 성경 내용과 성경 목록 모두 똑같이 적용됩니다.

성경에 무엇을 더하는 로마 가톨릭교회

로마 가톨릭의 트리엔트 종교회의(1545-1563) 제4차 회기(1546년 4월 8일)는 "만일 누가 가톨릭교회에서 예로부터 읽혀져 왔고 라틴어 불가타(vulgata) 고전본에 실려 있는 대로 이 책들 전체를 한 부분도 빠짐없이 거룩한 정전(정경)으로 받아들이지 않는다면, 그리고 앞서 언급한 전승을 고의로 업신여긴다면, 그는 파문받아야 한다."[22]고 명시하면서 그들의 성경 목록을 나열하였습니다.[23] 트리엔트 종교회의가 공표한 로마 가톨릭의 정경 목록은 다음과 같습니다.

구약성경: 모세오경, 즉 창세기, 탈출기(출애굽기), 레위기, 민수기, 신명기; 여호수아, 판관기(사사기), 룻기, 네 권의 열왕기(열왕기 상·하), 두 권의 역대기, 에즈라1서, 에즈라2서(느헤미야), 토빗, 유딧, 에스텔(에스더), 욥기, 다윗의 시 150편, 잠언, 코헬렛(전도서), 아가, 지혜서, 집회서, 이사야, 바룩을 포함한 예레미야, 에제키엘(에스겔), 다니엘; 열두 소예언서, 즉 호세아, 요엘, 아모스, 오바드야(오바댜), 요나, 미카(미가), 나훔, 하바쿡(하박국), 스바니야, 하까이(학개), 즈카르야(스가랴), 말라키; 마카베오 상권과 하권.

신약성경: 마태오, 마르코, 루카, 요한이 쓴 네 복음서, 루카 복음사가가 쓴 사도행전; 사도 바오로의 열네 서간: 로마 신자들에게 보낸 서간, 코린토 신자들에게 보낸 서간 1, 2, 갈라티아 신자들에게 보낸 서간, 에페소 신자에게 보낸 서간, 필리피 신자들에게 보낸 서간, 콜로새 신자들에게 보낸 서간, 테살로니카 신자들에게 보낸 서간 1. 2, 티모테오에게 보낸 서간 1, 2, 티토에게 보낸 서간, 필레몬에게 보낸 서간, 히브리인들에게 보낸 서간; 사도 베드로의 두 서간, 사도 요한의 세 서간, 사도 야고보의 서간, 사도 유다의 서간, 사도 요한의 묵시록.

이 목록을 살펴보면, 토빗, 유딧, 바룩, 마카베오 등 이른바 외경(外經, Apocrypha)으로 분류되는 책이 더해져 정전(정경)으로 공표되어 있는 것을 알 수 있습니다. 또한 로마 가톨릭의 트리엔트 종교회의에서 지지한 라틴어 불가타 고전본이란, 히에로니무스(Eusebius Sophronius Hieronymus, 348–420. 영어명 제롬[Jerome])가 70인역(LXX, Septuagint)을 바탕으로 번역한 라틴어역 성경을 말합니다. 이 라틴어역 성경은 처음에 승인받지 못했으나, 나중에 트리엔트 종교회의가 열릴 때까지 가톨릭 성경으로 사용되었습니다.

트리엔트 종교회의 제4차 회기에서 불가타 고전본을 정경으로 공표한 것과 아울러 우리는 이 문구를 살펴보아야 합니다.

> 본 공의회는 이 진리와 규범이, 기록된 책들(성경)뿐만 아니라 사도들이 그리스도 자신의 입에서 받아들이거나 혹은 이 사도들로부터 성령의 영감을 받아 손에서 손으로 전달된, 기록되지 않은 전승들 안에도 보존되어 있다는 것을 분명히 인지하고 있다. …… 신앙과 행실에 관한 전승들도 그리스도 자신의 입 혹은 성령에 의해 발설되어 가톨릭 교회 안에 지속적으로 보존되어오는 것으로서, 정통 신앙의 교부들의 모범을 따라 똑같은 애정과 존경으로 받아들이고 공경한다.

즉 로마 가톨릭교회는 "외경"뿐 아니라, 구전되어오는 전승이나 정경에 포함되지 않은 기록물에도 정경과 같은 권위를 부여한다는 점에서, 분명히 요한계시록 22장 18절을 넘어서는 태도를 보이고 있는 것입니다. 게다가 사도 베드로의 계승자라고 하는 교황의 발언이나 결정문까지 동등하거나 비슷한 정도의 권위를 갖는다고 공표하는 로마 가톨릭은 분명 성경 외에 무언가를 더하는 전통을 지니고 있습니다.

성경에서 무엇을 뺀 자들

로마 가톨릭교회의 잘못된 신앙에 항거하고 성경에 근거한 바른 신앙을 견지하고자 했던 역사는 주로 "종교개혁"이라는 이름으로 소개됩니다. 그러나 종교개혁 진영 안에 있던 이른바 "좌경화된 부류"(Left-wing Reformation)에 대해서는 소개되지 않은 탓에 대부분 잘 알지 못하고 있습니다. 일반적으로 좌경화된 종교개혁 진영에는 재세례파(Anabaptists), 신령파(Spiritualists) 등이 있는데, 이 진영은 역사나 구체적인 형태가 다분히 모호한 면이 있습니다.

이 진영을 대표한다고 할 만한 재세례파는 주로 독일, 스위스, 네덜란드, 모라비아 등지에서 상당히 융성했습니다. 그러나 일반적으로는 스위스 취리히를 중심으로 발생한 "스위스 형제단"(Swiss Barthen)에서 재세례파가 기원했다고 알려져 있습니다.

재세례파 사상의 기원이 되는 스위스 형제단은 이미 1521년부터 울리히 츠빙글리(Ulrich Zwingli, 1484–1531)의 점진적인 종교개혁에 이견을 보였습니다. 또한 "신자(信者)들의 세례"(believers' baptism)라는 자신들의 독특한 주장과 강조를 따라, 하나님의 언약에 따른 선택과 이에 바탕한 유아 세례를 부정하여 성경의 가르침에서 무언가를 빼버리는 결과를 낳았습니다. 재세례파는 종교개혁자들과 마찬가지로 성경의 권위를 강조하기도 했습니다. 심지어는 율법주의로 보일 만큼 성경과 그 실천을 강조했습니다. 그들은 주로 사복음서를 중심으로 신약성경에서 그들 교회(신자들의 교회)와 삶을 위한 원리(제자도)를 찾았습니다.[24] 반면 구약성경에 대해서는 거의 마르키온(Marcion)주의에 가까운 견해를 견지한다는 점에서 볼 때 "두루마리의 예언의 말씀"(계 22:19)에서 무엇(구약)을 제하여 버리는 태도를 보였습니다.

사실 재세례파가 신앙의 순수(신실함)와 자발성을 지향하면서 아직 자발적으로 신앙을 고백할 수 없는 유아의 세례를 비성경적이라고 한 것이나, 제자도와 함께 사복음서와 신약성경을 강조하면서 상대적으로 구약성경에 대해서는 국교회주의의 폐단을 제공한다고 치부한 것은 이미 13세기에 두드러진 발도파(Waldeneses)의 본을 따른 것입니다. 즉 발도파가 사복음서와 산상수훈을 특별히 강조하며 암기한 것을 따른 것입니다.[25] 다만 발도파가 구약성경에 대해서도 읽기를 강조하고 암기한 데 반해 재세례파는 신약성경과, 제자도를 엿볼 수 있는 사복음서에 극단적으로 치우쳐 요한계시록 22장 19절의 가르침에 위배되는 태도(성경에서 무엇을 빼는 태도)를 보이게 된 것입니다.

더하거나 뺀 것이 없는 정경으로서의 성경

제3조에서 성경 목록을 나열한 것은 일차적으로 트리엔트 종교회의에서 구약의 외경들을 정경에 포함하여 공표한 것에 반대하는 뜻을 표명한 것입니다. 시기를 따져보면, 1559년에 초안된 프랑스 신앙고백에는 없는 성경 목록이 1571년판 프랑스 신앙고백에 포함된 것은 1546년 트리엔트 종교회의에서 결정한 정경 목록을 거부한다는 의미가 더욱 추가된 것입니다.

아울러 프랑스 신앙고백에 나열된 성경 목록은 외경을 정경에 포함시키는 것뿐 아니라, 정경에 포함되는 성경 내용을 일부 부인하거나 변경하는 것도 거부한다는 의미가 담겨 있습니다. 성경에 무엇을 더하는 것뿐 아니라 빼는 것도 재앙을 더하는 것이며, 생명나무의 거룩한 성(하나님의 도성)에 참여함을 제하여 버리는 결과를 낳을 것이기 때문입니다(계 22:18-19 참조). 그것은 "너는 그의 말씀에 더하지 말라 그가 너를 책망하시겠고 너는 거짓말하는 자가 될까 두려우니라"(잠 30:6)는 잠언 말씀을 따르는 것이며, 그보다 훨씬 앞서 "내가 너희에게 명령하는 이 모든 말을 너희는 지켜 행하고 그것에 가감하지 말지니라"는 신명기 명령을 따르는 것입니다(신 12:32).

성경 목록을 나열하고, 거기에 다른 목록을 더하거나 감하지 않는 것에는 역사적이고 실천적인 의미도 담겨 있습니다. 우선 "성경에 무엇을 더하는 것"의 실천적 의미를 생각해 보겠습니다. 우선 1546년 트리엔트 종교회의에서 공표한 문구 후반부에 "신앙과 행실에 관한 전승들도 그리스도 자신의 입 혹은 성령에 의해 발설되어 가톨릭교회 안에 지속적으로 보존되어오는 것으로서, 정통 신앙의 교부들의 모범을 따라 똑같은 애정과 존경으로 받아들이고 공경한다."라는 표현에는 심각한 폐단이 내포되어 있습니다. 트리엔트 종교회의가 말하는 "신앙과 행실에 관한 전승"이란, 신적 영감을 통해 계시된 성경에서 하나님의 신적 계시가 종결된 것이 아니라는 견해이기 때문입니다.

프랑스 신앙고백이 작성될 당시에도 이미 로마 가톨릭에서는 수많은 전승과 신적 권위를 행사하는 문헌들, 교황의 칙령과 종교회의 문서들이 성경과 동일한 권위로 제시되고 있었습니다. 아울러 외경처럼 정경이 아닌 여러 인간의 저작과 문서에 성경과 같은 권위를 부여하면서 온갖 잡다한 사상이 신앙에 들어오는 폐단이 생겨났습니다. 그러한 문서들에 담긴 잘못된 내용이 가르치는 사상들이 권위를 갖고 공인되었기 때문입니다. 실제로 외경 가운데 마카베오상(1 Maccabeus) 12장 38-45절에서 "죽은 자들을 위한 속죄제사"를 언급한 것을 볼 수 있는데, 바로 그 본문에서 로마 가톨릭의 "죽은 자를 위한 기도"(requiem)와 "연옥"(Purgatorium)교리의 근거가 생겨났습니다. 또한 교황 그레고리우스 4세(Gregorius PP. IV, 재위: 827-844)는 840년에 "모든 성인의 날"(All Hallows Day)을 5월에서 11월로 바꾸어 제정하면서 그 전날인 10월 마지막 날을 "모든 성인의 날 전야제"(All Hallows Evening)로 정했습니다. 그것이 바로 "할로윈"(Halloween)이라는, 이교 풍습이 혼합된 축제의 날입니다. "할로윈"이라는 명칭은 "All Hallows Evening"의 표기인 "All Hallows E'en"에서 유래했습니다. 즉 교황의 결정이 하나의 전승이 되어 죽음의 신(Samhain)을 숭배하던 이교 풍습이 공신력을 얻으며 기독교 전통으로 자리하게 된 것입니다.

다음으로 "성경에서 무엇을 빼는 것"의 실천적인 의미를 생각해 보려고 합니다. 앞서 언급한 재세례파의 경우가 아니더라도 성경의 전체 맥락을 따르지 않고 특정한 주제나 원하는 내용만 취하여 성경을 읽거나 적용하는 태도도 같은 경우입니다. 재세례파가 "제자도"라는 주제로 성경을 소급하여 복음서 위주의 신약성경을 중심으로 하는 성경관을 형성한 것처럼, 현대 기독교 안에서도 특정 주제로 성경을 함축하여 이해하는 모습을 볼 수 있습니다. 주로 이단에서 그런 식으로 성경을 이해하면서 그에 상치되는 내용이나 주제를 배척합니다.

일반적으로 재세례파는 평화주의를 표방하지만, 초기 재세례파 역사를 살펴보면 급진적이고 극단적인 성향의 재세례주의자도 여럿 등장한 것을 알 수 있습니다. 그들 가운데에는 토마스 뮌처(Thomas Müntzer, 1489-1525), 멜키오르 호프만(Melchior Hofmann, 1495-1543), 메노 시몬스(Menno Simons, 1496-1561) 등이 옹호한 "하늘 육체론"[26]을 주장한 사람들도 있습니다. "하늘 육체론"은 예수 그리스도의 무죄성을 설명할 때 로마 가톨릭이 내세우는 마리아의 "무염 시태"(Immaculate Conception)설에 반대하여 제기된 것으로, 마리아는 원죄가 없지 않으며 그리스도의 육체도 마리아에게서 기인한 것이 아니라 그를 거쳐 탄생하신 것뿐이라는 주장입니다. 그러나 그러한 재세례주의자들의 주장은 결국 성육신하셔서 우리와 같은 육체를 입으시고 우리를 대표하여 우리 죄를 짊어지시는 예수 그리스도의 "대표성"²⁷을 성립할 수 없으며, 성육신(成肉身, incarnatio) 교리를 수정하고 왜곡하여 성경의 진리 내용(교리)을 일부 제거해버리는 것입니다. 재세례주의자들의 주장은 그리스도께서 인류의 생육수단이 아닌 다른 방식으로 나셨다고 주장하여 그리스도의 성육신을 불완전하게 만들기 때문입니다.

칼케돈 신조(symbolum Chalcedonense, 451)는 우리와 동일한 인성을 지니신 그리스도에 대해 성경(창 2:23-24; 롬 5:12-21; 엡 5:29-31; 딤전 2:5 등 참조)에 근거하여 "참 하나님이자 참 사람이시며, 합리적인 영혼과 육체로 된 동일자이시며, ······ 인성을 따라서 우리와 동일실체(*perfectum in humanitate*)이시고, 죄를 제외하고는 모든 면에서 우리와 동일하시다."고 하여 그리스도께서 하늘 육체와 같이 어떤 신비적이고도 비상(非常)적인 육체로 오신 것이 아니라, 죄 외에는 우리와 동일한 실체인 육체로 오셨음을 명백히 밝히고 있습니다. 재세례주의자들은 영지주의자 발렌티누스(Valentinus, 100?-160)와 같이 그리스도의 신성을 지나치게 높이려 한 나머지 그의 인성을 포함한 육체를 부정하는 주장을 통해 요한계시록 22장 19절을 거스르는 자들이 된 것입니다. 이러한 하늘 육체론은 멜키오르 호프만에게서 메노 시몬스에게로 전수되었고, 또한 미구엘 세르베토(Miguel Serveto, 1511-1553)에게 전수되어 많은 신학적 혼란과 물의를 빚었습니다. 칼뱅은 로마 가톨릭의 교황주의의 폐단뿐 아니라 또 다른 오류와 폐단을 야기하는 재세례주의도 몹시 경계하면서 「기독교강요」를 저술했습니다.²⁸

이처럼 어떤 것도 더하거나(로마 가톨릭) **빼**(재세례파) 것 없는 정경(Canon)으로 성경을 정의하고 있는 것이 제3조의 성경 목록입니다. 따라서 제3조는 단순히 성경 목록을 나열한 것이 아니라, 정경으로서 성경이 전하는 진리를 분명하게 한정하여 요한계시록 22장 18-19절 말씀을 거스르지 않도록 규정해 주고 있습니다.

제4조

믿음의 규칙

우리는 이 책들이 정경으로서 우리 신앙의 확실한 규범이라는 것을 안다. 그것은 의견 일치나 교회의 합의보다는 성령의 증거와 내적 조명에 의한 것이다. 성령께서는 아무리 유용할지라도 어떠한 신앙 조항도 찾아낼 수 없는 교회의 다른 문서들(외경, 위경)과 정경을 구별할 수 있게 하신다.

[증거구절]

시 12:7, 19:8-9.

우리는 제3조에서 성경 목록을 나열한 것이 단순히 정경으로서 성경이 무엇을 포함하고 있는지를 정의하는 것만이 아니라, 무엇을 더하거나 뺄 수 없는 신앙을 분명히 규정하고 최종적인 계시를 한정하는 의미도 담겨 있음을 알 수 있었습니다. 제4조에서는 그러한 정경이 스스로 어떻게 정의하는지, 즉 정경의 외적인 정의 이전에 성경 자체로 정경을 한정하여 정의하고 있음을 살펴볼 것입니다. 제4조는 이것을 "내적 조명"이라고 표현합니다.

성경의 "역사성"과 정경의 확정

성경은 어느 한 시간 또는 어느 한 시대에 형성된 것이 아닙니다. 약

1,600년이라는 긴 시간(역사)에 걸쳐 형성되었기 때문에 그 자체로 이미 역사성(historicity)을 지닌다는 점에서 아주 독특한 형태의 계시입니다. 여기서 "계시"(啓示, revelation)라는 용어를 사용한 것은 다분히 의도적이라고 할 수 있습니다. 계시라는 말 자체에 "신에게서 기원했다"는 전제가 담겨 있기 때문입니다. 따라서 성경을 "계시"라는 용어로 표현하는 것은 기본적으로 그 기원이 피조세계에 있지 않다(피조세계의 논리로 해석할 수 없다)는 것을 전제합니다.

그런데 또 한편으로 성경이 계시로서 신에게서 기원했다는 사실을 이해하고 받아들이는 데에는 난점이 있습니다. 바로 1,600년가량의 긴 역사와 40명가량의 인간 저자에서 비롯되는 문제입니다. 성경은 어느 날 갑자기 하늘에서 툭 떨어진 것이 아닙니다. 수많은 인간 저자와 긴 시간을 통해 형성되었습니다. 그렇기 때문에 이러한 성경의 특성을 어떤 식으로 이해하느냐에 따라 전혀 다른 성경관을 갖게 되는 것입니다.

일반적으로 구약의 정경성 문제는 예수 그리스도께서 어떤 성경(구약성경)을 사용하셨는지를 통해 간단하게 해결됩니다. 예를 들면 누가복음 24장 27절에서 예수께서는 "모세와 모든 선지자의 글", 즉 모세오경과 선지서로 시작하여 모든 성경(구약성경)이 바로 자신에 대해 썼다고 자세히 설명하셨습니다. 특히 44절에서는 자신의 부활과 관련하여 "모세의 율법과 선지자의 글과 시편"이라고 더 구체적으로 언급하시면서 거기에 기록된 모든 것이 이루어져야 한다고 한 말을 깨닫게 하셨습니다. 이처럼 예수 그리스도께서 성경을 언급하신 장면을 보면, 당시 예수께서 사용하신 성경도 유대인이 사용하던 성경과 같이 율법서(모세5경)와 선지서(소·대선지서), 성문서(시편, 잠언, 아가, 욥, 전도서)로 배열되었음을 알 수 있습니다. 사도들과 그 제자들, 초기 기독교 교부들과 요세푸스의 증언도 중요합니다.

그들이 남긴 성경 목록을 통해 정경 목록을 파악할 수 있기 때문입니다.

일반적으로 얌니아 회의(Council of Jamnia, 90)에서 구약 정경이 결정되었다고 알려져 있습니다. 그러나 이 모든 것을 살펴볼 때, 얌니아 회의는 이미 있었던 여러 증거를 확증했을 뿐이며 몇몇 성경에 대해서는 여전히 논란이 많았다는 점에서 그 회의 자체의 권위로 정경이 확정된 것은 아니라는 것을 알 수 있습니다. 즉 당시 종교회의의 권위에 따라 정경이 확정된 것이 아니라는 것입니다. 따라서 프랑스 신앙고백 제4조에서 언급하는 "의견 일치나 교회의 합의"라는 문구는 얌니아 회의나 트리엔트 종교회의와 같은 회의에서 합의와 일치를 통해 정경이 확증된 것이 아님을 의미합니다.

성경(정경)에 대한 성령의 증거

구약성경의 정경성 문제를 살펴보면서, 우리는 얌니아 회의가 구약 정경을 확정한 것이라기보다는 이미 있는 정경의 증거들을 확인한 것임을 알았습니다. 트리엔트 종교회의는 그 회의의 권위에 따라 고대 라틴어역본을 충실히 반영한 불가타 역본을 유일한 권위를 지닌 라틴어 성경으로 확정했습니다. 그러나 프랑스 신앙고백은 교회의 권위에 근거해 정경을 확정하는 것을 배제하고, 성경 자체가 지닌 증거, 즉 내적 증거를 지지했습니다. 그리고 그것은 성령이 증거하는 것임을 명백히 하고 있습니다.

그런데 구약성경과 달리 신약성경의 정경성 문제는 그렇게 간단히 입증할 수가 없었습니다. 예수 그리스도와 사도들 모두 신약 정경에 대해서는 직접적으로 언급한 것이 전혀 없기 때문입니다. 구약 정경은 그들

손에 들려 있었지만, 신약 정경은 그렇지 않았습니다. 그러므로 예수 그리스도 또는 사도성에 근거하여 신약 정경을 확인하거나 유추하기는 어렵습니다. 더구나 주후 50-70년 속사도 시대 이후 주후 170년에 이르기까지 기독교에서 정경의 원리와 범위를 결정한 이 중요한 기간의 기록은 온전하게 남아 있지 않습니다. 그러나 그후 이레니우스(Irenaeus, 135-202), 테르툴리아누스(Quintus Septimius Florens Tertullianus, 155-230), 알렉산드리아의 클레멘스(Clement of Alexandria, 150-215), 오리게네스(Origenes, 185-254) 등 폭넓은 저자들의 기록에 상당히 잘 보존되어 있습니다.[29] 특별히 중요한 저작은 클레멘스, 이그나티우스(Ignatius of Antioch, 35[또는 50]-98[또는 117]), 폴리카르푸스(Polycarpus, 70-155. 영어명 폴리캅) 등이 기록한 것들로, 이들 가운데에는 정경 목록이 일부 들어 있습니다. 이후로 중요한 것으로는 주후 7-8세기 무라토리 정경(Muratorian canon, 2세기 말경에 헬라어로 기록된 문헌을 7-8세기에 라틴어로 번역한 것)에 있는 신약성경 목록이 있습니다. 그러나 이러한 교회사적인 증거들에도 프랑스 신앙고백은 앞서 언급한 것처럼, 내적인 성령의 증거와 조명에 근거하여 정경을 규정하고 있습니다.

칼뱅은 「기독교강요」(1559) 1권 제7장에서 "교회의 승인을 얻을 때에만 비로소 성경은 그 중요성을 가지게 된다고 하는 가장 유해한 오류가 현재 널리 유행하고 있다. 이것은 마치 하나님의 영원하시며 침범할 수 없는 진리가 인간의 결정에 의해 좌우된다는 말과 같은 것이다."[30]고 하여 프랑스 신앙고백이 초안될 당시 유럽 기독교의 상황을 보여주고 있습니다.[31] 1546년 4월, 트리엔트 종교회의 제4차 회기에서 다룬 제1교령과 제2교령은 성경에 대한 교회의 권위를 전제로 불가타 역본뿐 아니라 성경 외의 전승에도 정경의 권위를 부여합니다. 1571년판 프랑스 신앙고백에서 트리엔트 종교회의 제4차 회기 제1교령에 언급된 정경 목록과 유사한 형태로 불가타 역본과 다른 정경 목록을 기술하고 있는 것은, 바로 그러한 사태의 심각성을 반영한 것입니다.

칼뱅은 같은 책에서 "하나님이 성경의 저자라는 사실을 의심치 않고 확신하기 전에는 교리에 대한 신앙이 수립되지 않는다는 것을 반드시 기억해야 한다. 따라서 성경에 대한 최고의 증거는 일반적으로 하나님이 인격적으로 성경 안에서 말씀하시는 사실에서 얻게 된다."[32]고 확고하게 언급했습니다. 또한 "성경을 증거나 교리에 종속시키는 것은 잘못이다. 그리고 성경이 마땅히 지녀야 할 확실성은 성경의 증거에 의해서 얻게 된다."고 말합니다. 이러한 원리를 반영하여 프랑스 신앙고백은 "그것(정경 목록)은 의견 일치나 교회의 합의보다는 성령의 증거와 내적 조명에 의한 것이다. 성령께서는 아무리 유용할지라도 어떠한 신앙 조항도 찾아낼 수 없는 교회의 다른 문서들(외경, 위경)과 정경을 구별할 수 있게 하신다."고 서술하고 있는 것입니다.

한편, 로마 가톨릭의 공식적인 정경을 언급한 트리엔트 종교회의의 교령(1546년 제4차 회기의 교령)에서는 성경과 함께 전승(traditio)도 성경과 같은 무게를 지닌 것으로 다루고 있습니다. 당시 트리엔트 종교회의 분위기는 다른 로마 가톨릭 종교회의들과 달리 충분하게 준비되지 않은 채 이뤄졌습니다.[33] 성모하복회(Servitenkloster) 총장 보누치오는 "전승을 의식과 관습의 총체로 이해했던 바, 이것은 성경과 동등하게 간주되어서는 안 된다. 그리고 교회는 성령의 도우심으로 성경을 올바르게 해석할 수 있다."[34]고 주장했지만 결국 복음의 가르침과 실천은 성경뿐 아니라 그리스도와 사도에게서 전해 내려온, 기록되지 않은 전승에도 포함되어 있다고 언명되었습니다.[35] 특별히 정경 문제(정경 목록)에 대해서는 불가타 역본

제4조 · 믿음의 규칙　53

의 신빙성을 그대로 계승하는 것으로 결론 지어, 성경 자체뿐 아니라 그 밖의 전승(칼뱅이 언급한 "증거나 도리")에 따라 그 근거를 찾는 방식을 고수한 것을 볼 수 있습니다.

그러나 로마 가톨릭의 트리엔트 종교회의가 성경에 취한 태도와는 확연히 다르게 칼뱅은 「기독교강요」(1559) 1권 제7장에서 "그리스도의 교회가 처음부터 선지자들의 글과 사도들의 교훈에 기초를 두었다고 하면, 그 교리가 어디서 발견되더라도 이 교리의 승인은 분명히 교회보다 앞서 있었을 것이다. 왜냐하면 이 교리가 없이는 교회 자체가 결코 존재할 수 없었기 때문"[36]이라고 했습니다. 프랑스 신앙고백은 성경과 교회의 관계에 대해 칼뱅의 이러한 견해를 지지하는 것입니다.

프랑스 신앙고백 제4조의 교회적 배경

프랑스 신앙고백 제4조는 로마 가톨릭처럼 (광교회[사제들이 모이는 회의]로서의 종교회의를 포함하여) 교회의 기반 위에 성경을 두는 것이 아니라 정경인 성경의 기반 위에 교회를 두고 있습니다. 정경 또한 성경 자체로 증명될 수 있는 것이지, 교회의 승인으로 결정되는 것이 아니라는 것입니다. "그것(정경 목록)은 의견 일치나 교회의 합의보다는 성령의 증거와 내적 조명에 의한 것이다. 성령께서는 아무리 유용할지라도 어떠한 신앙조항도 찾아낼 수 없는 교회의 다른 문서들(외경, 위경)과 정경을 구별할 수 있게 하신다."는 프랑스 신앙고백의 서술은 일차적으로 성경 본문 자체가 하나님의 계시로서 복음의 기록임을 명백히 보여주며 각 본문이 유기적으로 서로의 정경성을 입증해 준다는 뜻입니다. 특히 사도들의 글로 한정되는 신약 정경의 한계는 그들의 (사도적) 권위를 입증하는 성령의 은사와 능력이 지극히 제한적으로[37] 일어난 것, 사도들의 글이라도 성경 전체 맥락에서 벗어나지 않는다는 것, 그리고 무엇보다 각 본문이 서로의 정경성을 입증하고 암시한다는 점에서 자체적으로 다른 문서들(외경, 위경)과 구별된다는 것을 보여줍니다.

무엇보다 "스스로 증명한다"는 성경의 자증성(自證性)은 "성령의 증거와 내적 조명"으로 이뤄집니다. 이에 대해 칼뱅은 "성령의 증거는 일체의 이론을 훨씬 능가한다고 나는 답변한다. 왜냐하면 하나님 자신만이 자기 말씀의 합당한 증인이 되시는 것처럼 그 말씀도 성령의 내적 증거에 의하여 확증되기 전에는 사람의 마음에서 받아들여질 수 없기 때문이다."[38]고 했습니다. 칼뱅은 「기독교강요」(1559)에서 교회 자체가 성경의 기반 위에 있음을 분명하게 언급합니다. "너희는 사도들과 선지자들의 터 위에 세우심을 입은 자라"(엡 2:20)는 말씀을 근거로, 교회가 그것(사도들과 선지자들이 쓴 책)을 결정하지 않았다면 어떻게 그것들이 교회의 터를 이룰 수 있겠느냐는 로마 가톨릭의 해석에 대해 칼뱅은 "그리스도의 교회가 처음부터 선지자들의 글과 사도들의 교훈에 기초를 두었다고 하면, 그 교리가 어디서 발견되더라도 이 교리의 승인은 분명히 교회보다 앞서 있었을 것이다. 왜냐하면 이 교리가 없이는 교회 자체가 결코 존재할 수 없었기 때문"이라고 답변합니다. 교회가 정경을 확증하는 것이 아니라, 성경 자체로 정경을 구별할 수 있다는 견해를 분명히 밝히는 것입니다.

그러나 오늘날에는 이러한 정경의 원리는 물론 교회를 이러한 원리에 기반하여 이해하고 있는 개신교 신자를 찾기 어렵습니다. 오히려 로마 가톨릭처럼 교회(조직교회)의 권위와 권세(특정한 사람의 권세)에 기대어 있는 신자가 흔합니다. 그러므로 현대 개신교가 다시 정경 논란에 휘말린다면, 성경 자체의 증거가 아니라 조직교회 또는 교회회의의 권위와 권세의 확증을 근거로 삼아 로마 가톨릭과 같은 판단을 내리게 될 것입니다. 그러나 이미 제1조와 제2조를 설명하며 다루었듯이, 교회의 유일한 권세는 예수 그리스도의 복음을 포함한 전체 성경으로서의 하나님 말씀에 있습니다. 따라서 교회(조직교회)의 특정인이나 특정 기관이 유일한 권위와 권세의 자리에 있을 수는 없습니다. 마찬가지로 교회의 모든 회의도 다수결의 권위에 의해서가 아니라 성경의 진리에 일치하는 것으로서의 권위에 의해서만 바르게 판단하고 실행해야 합니다. 바로 이것이 프랑스 신앙고백과 같은 장로교회의 신앙을 고백하는 교회가 취해야 할 규범이자 신앙 태도입니다.

앞서 우리가 살펴본 제3조 문구인 "성경은 구약과 신약의 정경으로 구성되어 있다. 구약에는 모세의 오경인 창세기, …… 말라기가 있다. 신약에는 마태복음, …… 요한계시록이 있다."와 제4조 문구인 "우리는 이 책들이 정경으로서 우리 신앙의 확실한 규범이라는 것을 안다. 그것은 의견 일치나 교회의 합의보다는 성령의 증거와 내적 조명에 의한 것이다. 성령께서는 아무리 유용할지라도 어떠한 신앙 조항도 찾아낼 수 없는 교회의 다른 문서들(외경, 위경)과 정경을 구별할 수 있게 하신다.", 그 가운데서도 "이 책들이 정경으로서 우리 신앙의 확실한 규범"이라는 문구는 웨스트민스터 신앙고백 제1장 제2항에서 다음과 같이 하나로 통합되어 "성경 혹은 기록된 하나님의 말씀이라 하면 신구약에 들어 있는 책 전부를 가리키는데 그것은 다음과 같다. 구약: 창세기, ……, 말라기. 신약: 마태복음, ……, 요한계시록. 이 모든 성경은 하나님의 감동으로 된 것으로 신앙과 생활의 규칙"이라고 서술되어 있습니다. 이처럼 장로교회의 신앙고백은 초기 신앙고백인 프랑스 신앙고백부터 그러한 신앙고백의 거의 마지막인 웨스트민스터 신앙고백에 이르기까지 성경의 정경에 대해, 그리고 "우리 신앙의 확실한 규범(신앙과 생활의 규칙)"에 대해 분명하고 일관되게 고백하고 있습니다.

정경으로서의 성경, 그리고 믿음(신앙)의 규칙으로서의 성경에 대한 신앙고백의 의미를 모르거나 간과하는 것은 단순히 신앙의 작은 부분을 모르거나 간과하는 것이 아닙니다. 그것은 1559년 칼뱅이 조국 프랑스를 위해 초안하고 1571년 라 로셸에서 최초로 공표된 장로교회의 신앙 노선을 버리고, 그들이 조심하며 경계한 로마 가톨릭의 교황주의 교회론을 지지하는 것입니다. 즉, 거대한 역사의 퇴보를 택하는, 참으로 어리석은 오류를 범하는 첫 걸음이 되는 것입니다.

제5조

성경의 권위

우리는 성경에 있는 교리가 하나님께 왔으며, 성경의 권위는 다만 하나님께 받은 것이지 사람에게 받은 것이 아님을 믿는다. 성경이 모든 진리의 척도이며 하나님을 예배하는 일과 우리를 구원하는 일에 필요한 모든 것을 담고 있는 만큼 사람이나 천사라 할지라도 (성경에 있는) 교리에 첨부하거나 삭제하거나, 성경을 고치는 것은 전혀 신중하지 못한 것이다. 따라서 고전, 관습, 다수, 사람의 지혜, 판단, 선포, 칙령, 포고, 회의, 환상, 이적 등 어떠한 권위도 성경의 여러 책을 반대할 수 없으며, 모든 것은 오직 성경에 일치되도록 검토되고 규정되며 개혁되어야 한다. 그러므로 우리가 세 가지 신조, 즉 사도 신조, 니케아 신조, 아타나시우스 신조를 고백하는 것은 이 신조들이 하나님의 말씀과 매우 일치하기 때문이다.

[증거구절]

딤 3:15-17; 벧후 1:21; 요 3:31, 34, 15:15; 신 30:15-16, 19-20; 요 15:10; 행 20:27; 롬 15:4; 신 4:2, 12:32; 잠 30:6; 갈 1:8-9, 3:15; 딤전 1:3; 요이 9-10; 계 22:18; 시 62:10; 마 15:3, 9; 막 7:7; 행 5:28; 롬 3:4; 고전 3:11, 11:1-2, 23, 15:2; 살후 2:2; 벧전 4:11; 요일 4:1.

제5조의 진술은 제2조에서 제4조까지 진술을 종합한 성격이 강합니다. 아울러 제5조에서는 성경론에서 조금 확장하여 성경을 통해 도출되는 진리의 고백인 "교리"의 성격을 서술하고 있습니다.

"성경 계시"의 최종적인 성격

칼뱅의 「기독교강요」(1559) 1권 제5장은 1-10절에 걸쳐서 하나님이 창조 사역에서 자신을 계시하신 것을 서술하고 있습니다. 즉 인간에게 궁극적인 복의 목적은 하나님을 아는 것인데, "하나님은 어떠한 사람도 (이러한) 행복에 이르는 데서 제외되지 않도록 하시기 위해 인간의 마음속에 이미 말한 바 있는 종교의 씨앗을 심어주셨을 뿐만 아니라, 자기를 계시하셨으며 우주의 전 창조 속에서 매일 자신을 나타내시는 것이다. 그 결과 인간은 눈을 뜨기만 하면 하나님을 볼 수 있도록 되어 있다."[39]고 했습니다. 또한 "하나님께서는 모든 창조물 위에 영광의 명백한 표적을 새겨 놓으셨으며 그것은 너무나 뚜렷하고 분명하기 때문에 아무리 무식하고 어리석은 사람이라 해도 무지를 구실로 삼을 수 없다."고 했습니다. 이처럼 자연이든 인간의 이성에 심겨진 종교의 씨앗이든, 하나님이 창조 사역을 통해 피조물에 심어두신 모든 계시를 일컬어 "일반계시" 또는 "자연계시"라고 합니다. 그러한 자연계시에서 인간의 종교심도 비롯되는 것입니다.

그러나 칼뱅은 11-15절에 걸쳐 자연계시(또는 일반계시) 가운데서 알 수 있는 하나님의 증거들이 결과적으로 우리에게 아무 유익도 주지 못한다고 말합니다. "우주의 구조에서 창조주의 영광을 설명하기 위해 그렇게도 많은 등불이 우리를 위해 비춰주고 있지만 그것은 아무런 소용이 없을 뿐"이며, "하나님의 내적 계시에 의하여[40] 믿음으로 조명되지 않는 한 우리는 그것을 보지 못한다."는 것입니다. 그러나 그것은 자연계시 또는 일반계시 자체가 불완전하거나 오류를 내포하기 때문이 아닙니다. "우리가 하나님께서 매일 하시는 역사를 그릇되게 판단함으로써 그 역사를 희미하게 하거나 뒤집어엎거나 하여 그 사역 자체로부터 영광을 빼앗으며 창조주에게서 그가 마땅히 받아야 할 찬양을 박탈하고 있[기]" 때문입니다. 즉 우리 자신의 부패 때문에 일반계시를 제대로 보지 못하는 것입니다. 그래서 하나님께서는 자연계시 또는 일반계시 외에 특별한 수단을 사용하셔서 하나님 자신과 뜻을 직접적으로 드러내 보이셨습니다. 이것을 가리켜 "특별계시"라고 합니다.

"선지자들을 통하여 여러 부분과 여러 모양으로 우리 조상들에게 말씀하신"(히 1:1)이란, 바로 이 특별계시를 말합니다. 이어서 히브리서 1장 2절은 특별계시가 어떻게 진전되는지 언급하는데, 특별히 "마지막에는 아들을 통하여(아들에 의해서) 우리에게 말씀하셨으니"라고 말합니다. 즉 하나님께서는 최종적으로 아들의 성육신으로 우리에게 말씀(계시)하신 것입니다. 그러므로 예수 그리스도의 성육신 자체가 우리에게는 특별하고 최종적인 계시입니다.

이처럼 예수 그리스도의 성육신으로 향하던 하나님의 특별계시는 최종적으로 예수 그리스도의 성육신에서 종결됩니다(가장 확실하므로). 구약의 경우와 마찬가지로 이 특별계시는 기록으로 보존되어 신자들에게 계속 전수되었으며, 특히 신약은 예수 그리스도의 제자들을 통해 증거되며 기록되게 하셨습니다. 그런 점에서 이제 최종적인 하나님의 계시는 구・신약성경으로만 전수되고 있는 것입니다.

성경에 대한 여러 견해

히브리서 10장 7절에서 우리는 하나님의 특별계시인 성경에 대한 한 가지 지침을 확인해 볼 수 있습니다. 바로 시편 40편 7절을 거의 그대로 인용하고 있는 것입니다. 이것은 예수 그리스도께서 "옛적(구약시대)에 선지자들을 통하여 여러 부분과 여러 모양으로 말씀하신" 것을 바로 "이 모든 날 마지막에 아들을 통하여 우리에게 말씀" 하시고 있다는 사실을 그대로 드러냅니다. 그러므로 요한복음 1장 14절에서도 "말씀(하나님의 말씀, 즉 계시)이 육신이 되어 우리 가운데 거하시매 우리가 그의 영광을 보니 아버지의 독생자의 영광이요 은혜와 진리가 충만하더라"고 했습니다.

그런데 "선지자들을 통하여" 계시하신 시편 40편 7절과 "아들을 통하여" 계시하신 것(히 10:7) 사이에는 수많은 역사와 경륜이 놓여 있습니다. 그러므로 시편 40편 7절을 예수 그리스도께 적용하는 것은 참으로 어려운 문제였습니다. 예수님 당시 예루살렘 성전에 모여 있던 수많은 서기관과 율법사들 가운데 어느 누구도 시편 40편 7절이 나사렛에서 나신 예수님을 말한다는 사실을 몰랐다는 것은 어쩌면 지극히 당연하다고 할 수 있습니다. 우리가 잘 아는 것처럼 예수님께서 성육신하셨을 당시 많은 서기관과 율법학자들은 구약성경을 근거로 메시아(그리스도)에 대해 알고자 했습니다. 따라서 그들은 누구보다 구약성경에 정통했으며, 그들에게 구약성경은 확고한 정경이었습니다. 하나님의 계시인 구약성경은 이미 그들에게 최종적이고 특별한 계시였던 것입니다. 더구나 말라기서 기록 이후 400여 년의 중간기 동안 하나님께서는 아무런 계시도 주지 않으셨기 때문에[41] 유대인들은 오직 구약성경을 통해서만 최종적인 계시인 메시아를 확신할 수 있었습니다.

율법주의

예수께서 이 땅에 오시기까지 유대인에게 "옛적에 선지자들을 통하여 여러 부분과 여러 모양으로 우리(그들의) 조상들에게 말씀하신 하나님"의 최종 계시는 "구약 정경"⁴²이었습니다. 그러므로 당시 많은 유대인, 그 가운데서도 서기관과 율법학자는 구약성경의 계시를 누구보다 잘 알고 있었습니다. 그럼에도 히브리서에 따르면(1:1-2, 10:7) 유대인 가운데 구약성경 시편 40편 7절 말씀이 예수 그리스도를 나타낸다고 생각한 사람은 하나도 없었으며, "아들을 통하여" 그들의 조상들에게 말씀하신 하나님의 계시를 이해한 사람 역시 전혀 없었습니다. 예수님 당시의 많은 유대인들, 그 가운데서도 구약성경에 능통한 여러 서기관과 율법학자는 구약성경의 계시를 성취하시는 예수 그리스도를 어째서 전혀 알아보지도, 인정하지도 못했을까요? 바로 그들이 취한 "율법주의 신학" 때문입니다. 그들은 누구보다 구약성경을 잘 알고 연구하는 민족이었습니다. 그런 그들이 구약성경을 율법주의로 해석한 것이 바로 그 원인이었습니다.

유대인들에게 구약성경은 모세오경, 선지서와 역사서, 성문서 등으로 구분되었지만, 일반적으로는 유대 사회의 도덕체계와 하나님의 법(율법)을 뭉뚱그려서 율법이라 칭했습니다. 이러한 유대 사회는 현대 사회의 이슬람 국가와 비슷한 신정 국가 형태를 띠었습니다. 율법주의의 특성은 구약성경의 모든 구절을 자구적(字句的)으로 해석하여 이해한다는 것입니다. 그리고 성경을 자구적으로 해석할 때, 그 근거는 성경 자체가 아니라 이를 해석하고 규정하는 서기관과 율법학자에게 있었습니다.

중세시대에도 성경을 율법주의적으로 이해하는 경향이 있었습니다. 대부분 율법과 복음을 동일시하여 율법 준수를 하나님과 화목해지는 기본 덕목으로 생각했습니다. 또한 성경 본문을 접하기 어려운 많은 사람에게는 사제와 교회의 권위가 성경을 이해하고 해석하는 유일한 원천이었습니다. 그러한 중세적(또는 유대교적) 전통을 그대로 계승하고 있는 것이 바로 로마 가톨릭입니다. 그러므로 로마 가톨릭의 이러한 성경관을 극복하려는 종교개혁 정신을 함축한 프랑스 신앙고백은 공표될 당시, 성경에 대한 일종의 율법주의적 이해와 적용을 거부하고 반대한다고 강하게 표명한 것입니다.

일반적으로 성경을 율법주의적으로 이해하고 적용할 때에는 정경적 권위도 성경 본문 자체보다는 이를 해석하는 계층(유대 사회의 서기관과 율법학자, 로마 가톨릭의 사제)에게 있는 경우가 많습니다. 프랑스 신앙고백이 반대하는 로마 가톨릭의 경우에는 정경으로서의 성경 목록에 외경이 포함되어 있습니다. 무엇보다 로마 가톨릭은 교회적 전승을 광범위하게 개방하여 정경 본문에 대한 해석에도 큰 오류를 지니게 되었으며, 그러한 본문에서 비롯된 교리 체계 역시 동일한 오류를 지니고 있습니다. 그러한 오류를 검증하거나 확정하는 일도 로마 가톨릭교회의 권위(교황의 권위 또는 종교회의의 권위)에 근거하기 때문에 프랑스 신앙고백에서 "성경의 권위는 다만 하나님께 받은 것이지 사람에게 받은 것이 아님을 믿는다."고 한 것입니다.

신령 자유파

앞서 설명한 바와 같이, 신약성경 히브리서는 구약성경의 계시가 마지막 때에 만유의 상속자로 오신 독생자 예수 그리스도를 통해 명확하고 확실하게 드러났다고 언급합니다.

> 우리는 모세가 이스라엘 자손들에게 장차 없어질 것의 결국을 주목하지 못하게 하려고 수건을 그 얼굴에 쓴 것같이 아니하노라 …… 그 수건은 그리스도 안에서 없어질 것이라 …… 우리가 다 수건을 벗은 얼굴로 거울을 보는 것같이 주의 영광을 보매 그와 같은 형상으로 변화

하여 영광에서 영광에 이르니 곧 주의 영으로 말미암음이니라(고후 3:13-14, 18).

이처럼 구약의 모든 계시는 예수 그리스도로 말미암아 어렴풋함이 모두 벗겨지고 명확해집니다. 예수 그리스도야말로 구약성경이 계시하는 바의 실체이시기 때문입니다.

한편 신약의 모든 계시 역시 예수 그리스도를 가리킵니다. 사도들이 증언하는 것은 오직 예수 그리스도뿐입니다(고후 11:4). 이를 위하여 "사도의 표(표들)"로써 "모든 참음과 표적과 기사와 능력"(고후 12:12)을 행했습니다. 유대인은 항상 "표적을 구했"(고전 1:22)기 때문입니다. 따라서 이적과 표적은 그 자체로는 결코 계시의 성격을 지니지 않으며, 예수 그리스도를 증언하는 사도들의 표로만 기능하는 부분적인 것이었습니다. 이처럼 실제로 이적과 표적을 나타낸 사도들의 주된 사역과 증언도 예수 그리스도에 관한 것이었습니다. 그것을 기록으로 정리하여 전수하는 것을 통해 항구적인 사역을 감당하는 것이 그리스도의 제자로서 사도들이 행한 일이기 때문에 사도들의 증언과 사역은 성경으로 함축되는 것(그들의 행적, 즉 이적과 표적이 아니라 그들이 기록한 성경으로 함축되는 것)입니다.

결국 구약성경이든 신약성경이든 성경이 일관되게 지향하는 것은 "아들을 통하여 우리에게 말씀하시는 것"에 있습니다. 그러한 성경의 지향을 이탈하는 것은 율법주의뿐 아니라 이른바 "신령 자유파"(libertins spirituels)도 마찬가지였습니다. 신령 자유파는 프랑스 신앙고백이 작성될 무렵에 이미 프랑스의 심각한 독종으로 자리하고 있었습니다. 즉 프랑스에서 멀리 떨어진 스위스에서는 재세례파가 넘실거리고 있었다면, 프랑스에는 신령 자유파와 같은 무질서한 부류가 난무하고 있었던 것입니다. 프랑스 신앙고백이 경계하는 사상에는 재세례파뿐 아니라 신령 자유파와 같은 무질서한 자유사상도 포함됩니다.[43] "신령 자유파"라고 부르는 것에서 알 수 있듯이 그들은 성경에서 이탈하여 영(靈)을 강조하며, 교황주의와 마찬가지로 성경 본문을 알레고리적으로 해석(풍유법)했습니다. 칼뱅은 그의 저서 「자유파 논박」(Contre la secte des Libertins, 1545)에서 이들을 언급하고 있습니다.

> 비록 이 분파가 교황파와 매우 다르되 백배나 더 나쁘고 해롭지만, 그럼에도 불구하고 둘 다 함께 다음의 공통된 원리를 갖고 있다. 즉 성경을 알레고리로 변모시키며 우리가 성경에서 갖는 지혜보다 더 좋고 더 완벽한 지혜를 갈구한다는 것이다. 그리고 둘 다 모두 "문자는 죽인다"(고후 3:6)는 성 바울의 말을 구실로 삼는다.[44]

또한 자유파 사상이 얼마나 유해한지에 대해서는 이렇게 말했습니다.

> 우리는 모든 고대 역사에 걸쳐서 오늘날 자유파라고 불리는 것만큼 그렇게 해로운 종파가 있었다는 것을 결코 읽지 못한다. …… (그들의) 교리를 총체적으로 말하면 그 기원은, 내가 보여주겠지만, 적어도 부분적으로는 사도 시대에 기인한다. 그리고 나머지는 1,400년 동안 교회를 시끄럽게 했던 발렌티누스파, 케르돈파, 그리고 마니교도들의 주장과 유사하다. 이들은 그들에게 그들의 어리석음을 다소간 가르쳤던 출처들을 그다지 찾아보지도 않은 무지하고 어리석은 사람들인 것이 사실[이다.][45]

그러므로 이런 자들의 주장을 경계하기 위해 프랑스 신앙고백은 "고전, 관습, 다수, 사람의 지혜, 판단, 선포, 칙령, 포고, 회의, 환상, 이적 등 어떠한 권위도 성경의 여러 책을 반대할 수 없으며, 모든 것은 오직 성경에 일치되도록 검토되고 규정되며 개혁되어야 한다."고 한 것입니다.

성경의 교리

성경의 권위를 따른다고 할 때 자연히 따라오는 것이 있습니다. 바로 성경에 충실한 "정통적 교리"입니다. 성경의 진리와 그 권위를 지지하고 따른다는 것은 단순히 정경인 성경의 본문을 고수하는 것만이 아니라, 성경의 진리를 잘 표현하고 함축하는 교리를 지지하고 따르는 것까지 의미합니다. 우리가 살펴보고 있는 프랑스 신앙고백은 대표적으로 사도 신조, 니케아 신조, 아타나시우스 신조를 따른다고 고백하고 있습니다.

제5조에서 언급한 사도 신조(The Apostles' Creed, 200), 니케아 신조(Nicene Creed, 325), 아타나시우스 신조(The Athanasian Creed, 400)는 모두 삼위일체에 대해 일치된 신앙을 고백합니다. 다만 사도 신조에서 시작하여 아타나시우스 신조에 이를수록 내용이나 서술이 더 길고 정교해지는 특징을 보입니다. 그러면서도 앞선 신조들에 배치되지 않고 더 구체화되고 폭넓게 언급되고 있습니다. 그러한 신조들의 연장선상에서 프랑스 신앙고백은 40조에 이르는 항목으로 신앙을 서술하며, 웨스트민스터 신앙고백은 총 33장 170조에 이르는 방대한 분량에 걸쳐 신앙을 고백하고 있습니다. 그러한 신조 또는 신앙고백이 성경에 일치하는 한, "성경에 일치되도록 검토되고 규정되며 개혁된" 것으로 삼는다는 것이 프랑스 신앙고백의 내용입니다. 따라서 정경으로서 성경에 대한 목록(내용)에 따라 이후의 모

든 신앙의 고백이 서술되며, 이러한 신앙고백의 전통은 웨스트민스터 신앙고백에 이르기까지 꾸준하게 유지되어 온 것입니다.

그런데 16-17세기부터 본격적으로 일기 시작한 신앙고백 또는 교리문답 작성의 물결은 18세기 이후 급격히 쇠퇴합니다. 그런 상황에서 장로교회는 북미 대륙을 중심으로 웨스트민스터 신앙고백의 내용을 수정하거나 삭제하기도 했습니다. 이후 19-20세기에 작성된 신조 또는 신앙고백의 경우에도 기존의 신조나 신앙고백과 배치되는 경우가 대부분이었습니다. 역사적으로 이러한 변화를 볼 때 프랑스 신앙고백 제5조의 "성경이 모든 진리의 척도이며 하나님을 예배하는 일과 우리를 구원하는 일에 필요한 모든 것을 담고 있는 만큼 사람이나 천사라 할지라도 (성경에 있는) 교리에 첨부하거나 삭제하거나, 성경을 고치는 것은 전혀 신중하지 못한 것이다. 따라서 고전, 관습, 다수, 사람의 지혜, 판단, 선포, 칙령, 포고, 회의, 환상, 이적 등 어떠한 권위도 성경의 여러 책을 반대할 수 없으며, 모든 것은 오직 성경에 일치되도록 검토되고 규정되며 개혁되어야 한다."는 문구는 매우 중요합니다. 즉 웨스트민스터 신앙고백 이후 기존 신조들을 수정하거나 삭제하거나 새로이 작성하는 과정에서 "(성경에 있는) 교리에 첨부하거나 삭제하거나, 성경을 고치는 것"을 과연 신중하게 했는지 생각해 봐야 하는 것입니다. 특히 프랑스 신앙고백이 언급한 "고전, 관습, 다수, 사람의 지혜, 판단, 선포, 칙령, 포고, 회의, 환상, 이적 등" 성경 밖의 모든 권위의 근거에도 "모든 것은 오직 성경에 일치되도록 검토되고 규정되며 개혁"되었는지 생각해 볼 때, 웨스트민스터 신앙고백 이후 신앙의 역사는 성경에 일치되도록 검토되며 규정되고 개혁된 것이라 말하기 어렵습니다. 성경을 떠나서는 그 어떤 근거로도 진리의 교리를 이루지 못하기 때문입니다.

제6조

삼위일체

성경의 책들은 앞서 고백한 대로 하나의 간결한 신성으로 존재하시며 삼위(三位)의 본질이신 성부, 성자, 성령께서 계심을 가르친다. 성부께서는 만물의 최초 원인이시자 원리이시며 기원이시다. 성자께서는 성부의 말씀이시며 영원한 지혜이시다. 성령께서는 성부의 덕(德)과 힘, 효력이시다. 성자께서는 성부에게서 영원히 출생하셨고, 성령께서는 성부와 성자에게서 영원히 나오셨다. 이 삼위는 혼동되지 않고 구별되지만 서로 분리되지 않고 동일한 본질을 가지며 똑같이 영원하고 능력이 있다. 이 점에서 우리는 네 고대회의에서 결의한 것을 (그대로) 받으며, 힐라리우스, 아타나시우스, 키릴로스와 같은 교부들이 배척한 모든 종파와 이단을 배격한다.

[증거구절]

마 3:16-17, 28:19; 고후 13:13; 요일 4:13-14, 5:7; 말 2:10; 요 5:17, 19; 잠 8:12, 22-31; 요 1:1-2, 17:3-5; 롬 1:3; 고전 8:6; 골 1:16; 히 1:3; 계 19:13; 사 48:16, 61:1; 마 12:28; 눅 1:35; 요 15:26; 갈 4:6; 요 8:23, 58; 빌 2:5; 계 1:8; 요 14:16-17; 롬 8:9; 고전 6:11; 요 15:26; 롬 8:9; 갈 4:6; 딛 3:5-6.

우리 시대 개신교는 옛 신앙의 유산 또는 전통을 계승하지 못하고 있습니다. 흔히 전통을 중요하게 여기는 것은 로마 가톨릭만의 특성이라고 생각하기 때문입니다. 그러나 제5조에서 확인했듯이 프랑스 신앙고백이

고백하는 신앙은 사도 신조, 니케아 신조, 아타나시우스 신조와 같이 삼위일체 하나님에 관해 바르게(성경적으로) 진술하는 신조들을 그대로 계승하는 것이 전제되어 있습니다.[46] 특별히 제6조는 제5조에서 밝힌 바른 삼위일체 교리가 구체적으로 어떻게 진술된 것인지를 설명하며, 그러한 바른 진술에서 이탈한 이단 종파들의 사상이 무엇인지를 다루고 있습니다. 즉 고대 교부들이 거부한 종파들이 어떤 자들인지 밝히고, 이를 통해 그들의 이단 사상도 함께 배척하고 있는 것입니다.

성경적인 "삼위일체" 교리

제5조에서 언급한 사도 신조, 니케아 신조, 아타나시우스 신조는 모두 성경적인 삼위일체 교리의 신앙을 드러내 주고 있습니다. 그러므로 프랑스 신앙고백은 단순히 성경 본문이 정경이라는 것을 문자적으로 지지하고 있는 것이 아니라, 참된 진리로서 성경의 교리가 무엇인지를 밝히고 지지하는 신앙고백인 것입니다.

마태복음 28장 19-20절을 보면 부활하신 예수께서 제자들과 무리 가운데 40일 동안 자신을 드러내셨다가 승천하시면서 이렇게 말씀하셨습니다.

> 그러므로 너희는 가서 모든 족속으로 제자를 삼아 아버지와 아들과 성령의 이름으로 세례를 주고 내가 너희에게 분부한 모든 것을 가르쳐 지키게 하라 볼지어다 내가 세상 끝날까지 너희와 항상 함께 있으리라.

사도들에게 주신 그리스도의 명령은 "세례"와 관련되는데, 이때 세례의 근거는 "아버지와 아들과 성령의 이름"입니다. 바로 이러한 그리스도의 당부에서 "삼위일체" 신앙이 드러나고 있는 것입니다. 비록 초기 사도 신조(사도신경)의 원본은 없지만 세례에 앞서 신앙의 중요한 골격을 이루는 사도 신조를 가르쳤고, 이 사도 신조는 기본적으로 성부, 성자, 성령에 대한 믿음을 함축적으로 서술하고 있습니다. 이처럼 사도 신조는 마태복음 28장 19-20절에 있는 예수 그리스도의 마지막 명령에 연결되는 기본적인 신앙 구조(세례의 근거가 되는 신앙을 확인하는 구조)인 것입니다. 이후 니케아 신조, 아타나시우스 신조 등은 모두 이러한 삼위일체 신앙을 바탕으로 더 상세하고 길게 작성되어 있습니다.

이처럼 제5조의 신조적 전통 가운데서 제6조가 밝히는 삼위일체 신앙은 "하나의 간결한 신성으로 존재하시며 삼위(三位)의 본질이신 성부, 성자, 성령께서 계심을 가르친다. 성부께서는 만물의 최초 원인이시자 원리이시며 기원이시다. 성자께서는 성부의 말씀이시며 영원한 지혜이시다. 성령께서는 성부의 덕(德)과 힘, 효력이시다. 성자께서는 성부에게서 영원히 출생하셨고, 성령께서는 성부와 성자에게서 영원히 나오셨다. 이 삼위는 혼동되지 않고 구별되지만 서로 분리되지 않고 동일한 본질을 가지며 똑같이 영원하고 능력이 있다."고 고백합니다.

삼위일체를 서술하고 있는 제6조는 먼저 "한 분 하나님"을 고백합니다. 바로 "하나의 간결한 신성으로 존재하시며"라는 문구가 바로 한 분 하나님에 대한 고백입니다. 1559년에 작성된 칼뱅의 초안에서는 이를 "우리들은 유일하시며 영원하신, 하나의 본질로 이루어지시며, 무한하시고, 지극히 다함이 없으신, 단일(單一)하신 하나님을 믿는다."[47]라고 좀 더 길게 서술하고 있습니다. 이처럼 삼위일체 하나님을 한 분 하나님이라고 고백하는 것은 거의 대부분의 정통신조(제5조에서 언급한 신조들)가 취하는 형식인데, 그것은 구약의 일반적인 신앙과 관계가 깊습니다. 즉 유일하신 여호와 하나님에 대한 뿌리 깊은 신앙을 바탕으로 삼위일체 신앙을 한 분 하나님에 대한 고백으로 시작하는 것이 정통신조의 일반적인 형식인 것입니다.[48]

한편 하나님의 단일성(한 분 하나님)에 대한 신앙고백은 "만물의 최초 원인이시자 원리이시며 기원"이시라는 문구와 연관되어 매우 중요합니다. 이 중요성은 "보이는 것들과 보이지 않는 모든 것들의 창조자이신 한 분 하나님"[49]이라고 고백하는 니케아 신조의 문구를 통해 이해할 수 있습니다. 즉 눈에 보이는 물질세계든 눈에 보이지 않는 영적 세계든 모든 세계는 모든 것을 창조하신 한 분 하나님께서 지으신 것입니다. 그러므로 하나님의 단일성에 대한 신앙고백은 "만물의 최초 원인이시자 원리이시며 기원"으로서 "보이는 것들과 보이지 않는 모든 것들의 창조자이신 한 분 하나님"을 믿는다는 고백인 것입니다.

이러한 신앙을 고백하는 것은 약 3세기경부터 만연하기 시작한 마니교(Manichaeism)의 오류를 거부하는 것입니다. 마니교는 선한 것은 하나님께서 창조하시고 통치하시지만 악한 것은 사탄(악마)의 영역이라는 이원론(dualism)을 주장하여 하나님의 단일성(또는 전능성)을 파괴시키는 오류를 범했습니다.[50] 그러한 주장은 하나님의 무한성도 파괴합니다. 하나님의 통치 영역을 악한 영적 세계를 제외한 영역으로 한정하여 무한하지 않은 분으로 설명하기 때문입니다.[51] 그러므로 하나님의 단일성에 대한 고백은 우리가 하나님의 전능하신 창조, 즉 "보이는 것들과 보이지 않는 모든 것들의 창조자이신 한 분 하나님"에 대한 믿음의 고백과 같습니다.

제6조는 "삼위(三位)의 본질이신 성부, 성자, 성령께서 계심"을 고백합

니다. 이처럼 삼위 하나님을 각 위격으로 구별하여 설명한 뒤에는 삼위의 속성에 대해 "이 삼위는 혼동되지 않고 구별되지만 서로 분리되지 않고 동일한 본질을 가지며 똑같이 영원하고 능력이 있다."고 고백합니다. 초기에는 삼위에 대해 별다른 해석이 없었지만, 2세기 무렵부터 여러 변증 교부가 한 분 하나님에 대한 고백에 위배되지 않으면서 삼위를 구별하고 이해하기 시작했습니다. 그러나 한 분 하나님에 대한 신앙고백에 위배되지 않으면서 삼위 하나님을 구별하고 각 위격 간의 관계와 각 위격의 사역을 이해하고 설명하기란 결코 간단한 일이 아닙니다. 결국에는 니케아 신조와 콘스탄티노플 신조(381)가 도출되기까지 많은 이단의 오류에 대처하며 변증하는 지루한 과정을 거쳐, 비로소 프랑스 신앙고백 제6조와 같이 간단하고 명료하며 성경을 함축한 삼위일체 교리를 정립할 수 있었습니다.

세 교부가 거절한 이단

한 분 하나님에 대한 성경적인 고백에 저촉되지 않으면서 삼위 하나님의 각 위격을 변증하는 일에는 간접적으로 이단들의 오류가 영향을 끼쳤습니다. 삼위일체 교리는 성경에 원래 언급된 교리인데, 이단들의 오류를 변증하면서 그 교리가 더욱 강화된 것입니다. 따라서 우리는 삼위성을 정립하는 데 간접적으로 기여한 이단들을 살펴보아야 합니다.

우선 프랑스 신앙고백에서 말하는 "힐라리우스, 아타나시우스, 키릴로스와 같은 교부들이 배척한" 이단 종파는 크게 아리우스(Arius, 260-336)파와 사벨리우스(Sabellius, 217-220)파를 들 수 있습니다.

아리우스에 대해 칼뱅은 「기독교강요」(1536)에서 "아리우스라는 사람은 …… 그리스도가 하나님이요 하나님의 아들이라고 고백했으며 …… 그러면서 그는 그리스도가 창조되었으며, 다른 피조물들처럼 시작을 가진다고 주장하기를 계속했다."[52]는 말로 간단하게 언급합니다. 그러나 그리스도께서 하나님이자 하나님의 아들이시라는 아리우스의 고백은 위선이라는 사실이 금방 탄로 나고 말았습니다. "선인들은 이 사람의 꾸불꾸불한 술책을 그 은신처로부터 끌어내기 위해 한 걸음을 앞질러 가서, 그리스도는 아버지의 영원한 아들이요 아버지와 동일본질이라고 선포"했고, "그러자 아리우스주의자들의 불경이 끓어올라서 '동일본질(homo-ousios)'이라는 말에 대하여 증오와 저주를 가장 사악하게 퍼붓기 시작"했다고 합니다. 또한 "만일 그들이 처음부터 진지하고 또 전심으로 그리스도를 하나님이라 고백했던 것이라면 이렇게 그가 아버지와 동일본질이라고 말하는 것을 부인하지 않았을 것"이라고도 했는데, 칼뱅은 "아리우스는 그리스도가 하나님이시라고 말하면서 덧붙이기를, 그러나 그리스도는 창조되었고 또 시작을 가진다."[53]고 주장했다고 말했습니다. 일체로서 삼위를 나타내는 "동일본질"이라는 말을 들었을 때, 아리우스주의자들은 즉각 그들이 한 고백의 진의(그리스도를 하나님으로 고백하는 것이 아닌 것)를 드러낸 것입니다.

한편 칼뱅은 사벨리우스를 논박할 때도 사벨리우스가 "자기도 아버지를 하나님으로, 아들을 하나님으로, 또 성령을 하나님으로 인정한다고 고백하곤 했다."고 말합니다. 그러나 사벨리우스의 진짜 주장은 "아버지와 아들, 성령이라는 이름들은 빈 껍질과 같은 것으로서 어떤 차이 때문에 붙여진 것이 아니라, 그 밖에도 매우 많이 있는 하나님의 여러 다양한 속성들을 말해 주는 것"이라고 했습니다. 하지만 "이 사람의 사악을 흔들어 놓기 위해 마음에 경건을 품은 우리의 선인들은, 한 분 하나님 안에는 세 실재가 진정으로 확인되어야 한다고 크게 반박했다."고 하는데, 그렇게 하여 "선인들은 한 하나님 안에는 위격들의 삼위일체가 존재한다고, 아니, 같은 말이지만, 이것이 하나님의 일체성 속에 존재한다고 못 박았다."고 했습니다. 이러한 칼뱅의 설명에서 비로소 프랑스 신앙고백 제6조의 "삼위(三位)의 본질이신, 성부, 성자, 성령께서 계심"에 대한 역사적인 배경을 실감할 수 있습니다.

우리가 거절해야 할 사상

다시 말하지만 제6조에서 "성경의 책들은 앞서 고백한 대로 하나의 간결한 신성으로 존재하시며 삼위(三位)의 본질이신 성부, 성자, 성령께서 계심을 가르친다."는 고백은 매우 중요합니다. "삼위일체"에 대한 이해는 다른 것(이성적인 사고) 이전에 철저히 성경(외경을 제외한 정경으로서의 성경)에 근거하기 때문입니다.

앞서 설명한 아리우스주의의 이단설은 성자(하나님의 아들)와 성부께서 실체가 동일한 본질이시라는 "동일본질"의 개념을 배척하고, 성자를 성부께 종속시켜 설명하여 "종속론"이라는 개념을 정립시켰습니다. 이 사상은 그의 스승인 오리게네스의 개념을 더욱 고착시킨 것입니다. 오리게네스는 일찍이 헬라 철학, 그 가운데서도 플라톤(BC 428-347?)의 철학 사상을 바탕으로 신학을 정립했습니다. 아리우스의 종속론은 오리게네스의 신학 사상 가운데 "아들은 최고신에게 드리는 영예 다음의 영예를 받는다."[54]는 사상을 발전시킨 개념입니다. 그러므로 오리게네스와 아리우스의 종속론 개념은 모두 하나님의 단일성(한 분 하나님 되심)을 파괴하고 세 실체의 하나님이라는 삼위 개념에 치우쳐버린 비성경적인 사상입니다.

반면에 프랑스 신앙고백이 지지하는 삼위일체 신앙은 "성부께서는 만물의 최초 원인이시자 원리이시며 기원이시다. 성자께서는 성부의 말씀이시며 영원한 지혜이시다. 성령께서는 성부의 덕(德)과 힘, 효력이시다."라고 분명하게 삼위를 구별하지만, 그러면서 동시에 "이 삼위는 혼동되지 않고 구별되지만 서로 분리되지 않고 동일한 본질을 가지며 똑같이 영원하고 능력이 있다."고 하여 "삼위"가 동일본질이시라는 "일체"의 신앙을 고백합니다. 그렇게 고백할 수 있는 것은 바로 "성자께서는 성부에게서 영원히 출생하셨고, 성령께서는 성부와 성자에게서 영원히 나오셨[기]" 때문입니다. 특별히 프랑스 신앙고백은 "영원한 출생"과 "영원한 나오심"이라는 문구를 통해 삼위를 종속적으로 이해하고 설명하는 것을 배척하고 있습니다.

프랑스 신앙고백이 오리게네스와 아리우스의 종속론적 삼위일체 개념을 배척하는 것은 아리우스가 다음과 같이 주장하기 때문입니다.

> 하나님의 아들은 없었던 때가 있으며 …… 전에는 비(非)존재였는데 후에 존재하게 되었고, 존재하기 시작하므로 다른 사람들과 같이 되었다고 주장하여 아들을 피조물에 넣었으며, 아들은 비존재로부터 창조되었으므로 변화가 가능하고 악하게도 선하게도 될 수 있는 분이었고, 다만 아들이 배반하지 않을 것을 예지(豫知)하고 하나님께서 그를 다른 백성들보다 우선해서 선택하신 것[이다.]

이처럼 아들이 비존재에서 아버지의 뜻에 따라 창조되어 존재하기 시작한 때가 있다면, 그런 아들은 영원한 아들이 아니고 참 하나님도 아닙니다. 우리와 동일한 피조물일 뿐입니다. 그렇게 되면 그가 이룬 구원 또한 어떤 피조물이 이룬 것이 되며, 결국 그 구원은 피조물이라는 한계에 놓이게 되어버립니다.[55] 실제로 이러한 개념들에서 예수 그리스도에 대한 육신적인 이해, 즉 첫 사람 아담과 같은 인간으로 예수님을 바라보는 이해, 그리고 예지에 근거하는 예정(Foreknowledge and Predestination) 등의 근거가 마련되는 것입니다.[56]

 그러나 오리게네스와 아리우스의 종속론적 설명 때문에 오히려 삼위 하나님의 "동일본질"이라는 정통신학의 개념이 더 깊이 연구되고 변증될 수 있었습니다. 따라서 그들의 이단적인 사상이 간접적으로는 정통신학[57]의 발전에 기여했다고 볼 수 있는 것입니다. 그렇게 정립된 정통신학이 프랑스 신앙고백을 통해 다시 한 번 명확히 고백되고 있습니다.

제7조

창조, 하나님의 사역

하나님은 세 위격의 동시적 사역을 통해 그의 능력과 지혜, 그리고 불가해(不可解)한 선으로 만물을 창조하셨다. 하늘과 땅과 그 안에 있는 모든 것뿐 아니라 보이지 않는 영들까지 창조하셨는데, 그중 어떤 것은 타락하여 멸망하였고 어떤 것은 여전히 순종하고 있다. 타락한 천사들은 악으로 부패되어 모든 선의 원수가 되었고 결국 모든 교회의 원수가 되었다. 거룩한 천사들은 하나님의 은혜로 보존되어서 하나님의 이름을 영화롭게 하며, 하나님이 선택하신 생명들이 구원받도록 돕는 사역자가 되었다.

[증거구절]

창 1장; 욥 33:4; 시 104편; 사 40:26; 요 1:3, 10; 행 17:25-27; 히 1:2, 3:4; 골 1:16-17; 시 33:6; 눅 8:31; 마 25:41; 벧후 2:4; 유 6절; 시 103:20-21; 요 8:44; 고후 2:11, 11:14; 엡 6:12; 마 25:31; 히 1:7, 14.

프랑스 신앙고백이 작성될 당시, 로마 가톨릭 말고도 프랑스의 개신교도들에게 실재적인 위협이 된 부류는 바로 "신령 자유파"였습니다. 프랑스를 떠난 칼뱅은 재세례파에 대해 깊이 우려하고 경고했지만, 재세례파는 아직 스위스와 독일 등지에서만 퍼져나가고 있었습니다. 그보다 먼저 프랑스에 영향력을 퍼뜨리고 있었던 것은 이른바 "니고데모파"(Nicodemites)와 신령 자유파였습니다. 신령 자유파와 니고데모파의 뿌리는 이미

12-13세기 중세시대에 서유럽 지역에서 횡행한 카타리파(Cathari), 그리고 알비파와 순수파 등 영지주의적 이원론(선악 이원론)까지 거슬러 올라갑니다. 이들이 지닌 오류는 대부분 삼위일체 하나님을 잘못 이해한 데서 비롯된 것들입니다. 제6조에서 살펴본 하나님의 "단일성"에 대한 오해와 오류가 하나님의 창조 사역에 대한 오류까지 이르게 된 것입니다.

또한 그들의 오류는 잘못된 성경관에서도 비롯되었습니다. 그들은 "율법 조문은 죽이는 것이요"(고후 3:6)라는 말씀이 성경을 문자(율법 조문)가 아닌 영으로 이해하라는 뜻이라고 생각해서 모든 본문을 알레고리로 해석했습니다.[58] 칼뱅에 따르면, 그들은 "성경은 있는 그대로의 의미로 받아들일 경우 죽은 문자로서 죽일 뿐이기 때문에, 성경으로 하여금 살리는 영에 이르도록 내버려둬야 한다."고 주장했습니다. 그들은 "그렇게 함으로써 두 가지 목적을 추구하는데, 첫째로, 성경의 단순한 의미에 참작(參酌)하지 않고 은유적(알레고리) 해석으로 성경을 농락하는 것이며, 둘째로, 쓰여진 것에 머물러 그것에 전적으로 동의하는 것이 아니라, 오히려 더 높이 사색하여 새로운 계시를 찾는 것"이라고 했습니다.

하나님은 세 위격의 동시적 사역을 통해 ……
보이지 않는 영들까지 창조하셨다

프랑스 신앙고백 제5조는 장로교인들이 어떤 교부들의 신학을 계승하는지를, 제6조는 어떤 이단 사상들을 배척하는지를 언급합니다. 그렇게 해서 교부들의 순전한 교리가 무엇이며, 그 교리에서 이탈한 오류와 이단설이 무엇인지를 뿌리부터 규명하여 거부하는 것입니다.

이제 제7조에서는 하나님의 창조 사역과 관련하여 올바른 신앙이 무엇인지를 간결하게 고백합니다. 그 고백을 통해 이미 거부한 이단설과는 다른, 오직 성경에 들어맞는 확고한 창조 사역을 이해시키고자 하는 것입니다.

먼저 제7조는 하나님의 창조를 "세 위격의 동시적 사역"이라고 말합니다. 태초에 하나님께서 세상을 창조하실 때, 성부의 위격으로 홀로 창조하신 것이 아니라 성부, 성자, 성령 모두의 동시적인 사역으로 창조하셨다는 것입니다. 이처럼 세 위격의 동시적 사역을 통해 세상 만물을 창조하실 수 있는 것은 "그의 능력과 지혜, 그리고 불가해한 선"으로 말미암은 것입니다. 그러나 일찍이 오리게네스는 성자가 성부보다 열등하며, 성자는 성부의 창조 사역에서 가장 먼저 창조되신 분이라고 주장했습니다. 그러한 오리게네스의 주장을 아리우스가 더욱 발전시켜서 성자는 성부에게 종속된 존재, 즉 성부보다 열등한 탁월한 인간적 존재라고 주장한 것입니다. 이에 대해 콘스탄티누스 황제(Constantinus Maximus Augustus, 306-324)는 니케아 공의회(Concilium Nicaenum I, 325, Oecumenicum I)를 소집하여 아리우스주의의 이단설을 단죄하고 삼위께서 동일본질이심을 확증했습니다.

"세 위격의 동시적 사역"이라는 프랑스 신앙고백에는 니케아 신조를 통해 확정된 삼위의 동일본질을 바탕으로, 오리게네스와 아리우스의 종속론을 거부한다는 의미가 담겨 있습니다. 그렇게 해서 당시 프랑스에서 기승을 부리던 신령 자유파의 이단설을 정죄하는 신학적 근거를 밝히고 있는 것입니다.

한편 프랑스 신앙고백 제7조는 "하늘과 땅과 그 안에 있는 모든 것뿐 아니라 보이지 않는 영들까지" 세 위격의 동시적 사역으로 창조되었다고 고백합니다. 물질적인 피조세계뿐 아니라 영적 세계, 즉 선한 영적 존재와 세계는 물론 악한 영적 존재와 세계도 하나님께서 창조하신 것입니다. 일찍이 자유파(또는 신령 자유파)에 속하는 이단들은 고대 영지주의와 마니교의 이단설을 따라 "선악 이원론"을 주장했습니다. 그러한 주장은 얼핏 하나님의 신성이 선함을 고수하는 것처럼 보이지만, 오히려 하나님의 단일성과 전능성을 모두 부정하는 결과를 낳았습니다. 그리고 그런 원리 때문에 물질세계를 부정하고 (사실은 영지적 세계인) 영적 세계에 대한 강조와 집착에 사로잡히게 되었습니다. 제7조는 바로 그러한 영지주의와 마니교의 이단설을 계승한 신령 자유파의 주장을 거부하고 배척하는 고백인 것입니다.

영적 세계에 대한 하나님의 창조

제7조에는 한 가지 독특한 점이 있습니다. 바로 영적 존재와 세계에 대한 하나님의 창조를 비교적 자세히 언급한다는 것입니다. 이것 역시 선악 이원론에 반발하여 변증하기 위한 것이라고 할 수 있습니다. 그러한 영적 존재와 세계는 오직 성경을 통해서만 확실하게 파악하거나 이해할 수 있습니다. 그러나 신령 자유파의 이단설은 성경 본문을 알레고리적으로 해석하고, 영해(靈解)에 따라 주관적으로 이해하여 그 폐단이 심각했던 것입니다. 특히 신령 자유파의 이단설은 오히려 로마 가톨릭 신학이 건전하게 보일 정도로 번잡했습니다. 무질서할 뿐 아니라 성경을 지나치게 주관적으로 해석하는 이러한 이단설은 진리에 훨씬 심각한 타격을 입히게 됩니다. 그래서 칼뱅도 이들에 대해서는 매우 극렬히 반대하며 논증하였습니다.[59] 자유파가 성경을 알레고리적으로 해석하여 주장하는 내용에 대해 칼뱅은 "그들은 마귀, 세상, 죄를 아무것도 아닌 상

상으로 여긴다."고 말합니다.⁶⁰ 심지어 "사람도 그들 종파에서 다시 만들어지기까지는 그와 마찬가지라고 말한다."고 했습니다. 즉 사람의 육체적 본질은 무의미하고, 오직 자신들의 신앙 안에서만 비로소 의미를 갖게 된다는 것입니다. 그렇기 때문에 그들은 마귀뿐 아니라 천사도 "본질이 없는 영감으로 여길 뿐만 아니라, 이것이 마치 우리가 꿈처럼 잊어야 하는 헛된 생각들"⁶¹이라고 말합니다.

칼뱅 시대에 프랑스에서 횡행한 신령 자유파의 주장은 현대 기독교 이단 종파들에서도 찾아볼 수 있습니다. 고통스러운 고난의 현실은 상상의 산물이며, 그러한 현실을 부정하여 초극(超克)할 수 있다고 설명하는 이른바 은사주의의 주장이 그렇습니다.⁶² 이처럼 프랑스 신앙고백이 배척하는 이단설들은 지난 시대에서 끝나버린 것이 아니라 지금까지도 우리 주변을 맴돌고 있습니다. 이런 점에서 프랑스 신앙고백 제7조는 여전히 유익하고 적합한 고백입니다.

구체적으로 제7조는 신령 자유파의 이단설에 맞서서 모든 영적 존재와 세계, 즉 선한 존재와 세계뿐 아니라 악한 존재와 세계도 하나님이 창조하셨다고 분명히 밝히고 있습니다.

> 타락한 천사들은 악으로 부패되어 모든 선의 원수가 되었고 결국 모든 교회의 원수가 되었다. 거룩한 천사들은 하나님의 은혜로 보존되어서 하나님의 이름을 영화롭게 하며, 하나님이 선택하신 생명들이 구원받도록 돕는 사역자가 되었다.

하나님이 "하늘과 땅과 그 안에 있는 모든 것뿐 아니라 보이지 않는 영들까지" 창조하셨는데, 다만 "그중 어떤 것은 타락하여 멸망하였고 어떤 것은 여전히 순종하고 있[을]" 뿐입니다.

　이 고백이 신령 자유파의 이단설과 근본적으로 다른 점은, 이 내용 모두가 성경 본문 그대로의 의미와 맥락 가운데서 나왔다는 것입니다. 이것은 성경을 자의적으로 해석한 데서 나온 것이 아닙니다. 실례로 요한복음 8장 44절을 보면 예수께서는 자신을 믿는 어떤 유대인들에게 "너희는 너희 아비 마귀에게서 났으니 너희 아비의 욕심대로 너희도 행하고자 하느니라 그는 처음부터 살인한 자요 진리가 그 속에 없으므로 진리에 서지 못하고 거짓을 말할 때마다 제 것으로 말하나니 이는 그가 거짓말쟁이요 거짓의 아비가 되었음이라"고 말씀하셨는데, 조금 더 보완된 1559년판 프랑스 신앙고백 제3조는 이 말씀에 근거하여 "전자(죄를 범하여 멸망으로 몰락된 영들)는 악의(惡意)에 의하여 부패하였고 모든 선의 적(敵)이 되며 따라서 또한 모든 교회의 적으로 되었다."63고 고백했습니다. 그리고 이에 대해 1571년판 프랑스 신앙고백도 "그중 어떤 것은 타락하여 멸망하였고 어떤 것은 여전히 순종하고 있다. 타락한 천사들은 악으로 부패되어 모든 선의 원수가 되었고 결국 모든 교회의 원수가 되었다."고 한 것입니다.

　또한 시편 103편 21절은 "그(여호와)에게 수종 들며 그의 뜻을 행하는 모든 천군이여 여호와를 송축하라"고 하며, 히브리서 1장 14절도 "모든 천사들은 섬기는 영으로서 구원받을 상속자들을 위하여 섬기라고 보내심이 아니냐"고 말합니다. 이에 근거하여 1559년판 프랑스 신앙고백 제3조는 "후자(인내하며 복종하는 영들)는 하나님의 은혜로 보존되며 그의 이름을 찬양하며 그의 선택하신 자들의 구원을 위하여 섬기는 일꾼이 되었다."고 했고, 마찬가지로 1571년판 프랑스 신앙고백에서는 "거룩한 천사들은 하나님의 은혜로 보존되어서 하나님의 이름을 영화롭게 하며, 하나님이 선택하신 생명들이 구원받도록 돕는 사역자가 되었다."고 한 것입니다.

악한 영의 악함도 하나님께서 창조하셨는가

제7조는 하나님께서 "불가해(不可解)한 선으로" 만물과 영적 세계를 창조하셨다고 고백합니다. 하나님의 만물 창조는 비록 불가해하지만, 그러한 창조가 선으로 이뤄졌다는 것입니다. 실제로 창세기 1장에서 반복되는 "하나님이 보시기에 좋았더라"는 말씀은 바로 하나님의 선한 창조를 인정하는 것이며, 자신이 행하신 창조의 일들을 보시고 기뻐하신 것을 나타냅니다.

그러나 칼뱅 당시에는 자유파 사상 가운데 하나님께서 만물과 거룩한 천사들, 그리고 타락한 영들까지 창조하셨다는 오해가 널리 퍼져 있었습니다. 1547년, 칼뱅은 루앙(Rouen)에 사는 한 자유파 수도사에게 반박하는 서신을 보냈습니다.

> 그는 그가 항상 부르는 한 가지 노래밖엔 모릅니다. 그것은 하나님께서 만물의 조성자이시기 때문에 더 이상 선과 악을 구별해서는 안 되며 우리가 양심의 가책을 전혀 받지 않는 한 모든 것이 선하게 행해진다는 것입니다.[64]

자유파들이 이처럼 심각한 오류를 지니게 된 것은, 모든 자유파가 공통적으로 성경을 자의적으로 알레고리화하여 해석했기 때문입니다. 계속해서 칼뱅은 루앙의 자유파 수도사가 내세우는 주장에 대해 "그는 하나님이 인간을 나쁜 성향 및 악한 성품과 더불어 창조했다고 우겨"[65]댄다고 말하면서 그가 자주 말을 바꾸어 둘러대는 것을 지적합니다. 자유파들이 거의 대부분 그렇듯이 루앙의 자유파 수도사도 일관성과 논리 없이 횡설수설 괴변과 변명을 일삼은 것 같습니다. 칼뱅은 자유파가 주장하는 그러한 성경 해석이 매우 자의적인 괴변이라고 지적했습니다. 에베소서 2장 3절에서 "본질상"이라는 단어의 용례와 관련하여 칼뱅은 다음과 같이 강경하게 반응했습니다.

> 그는 자신의 오류를 증명하기 위해 사도 바울이 에베소 교인들에게 "우리가 본질상 진노의 자녀"라고 말하는 것을 증거로 악용하면서, 이 "본질상"이란 말을 잘 숙고하도록 권고합니다. 그러나 아주 명백한 것은 성 바울이 우리가 아담에게서 끌어내는 부패된 본성에 대해 말하고 있다는 사실입니다. …… 로마서 5장 12절에서 …… 즉, 한 사람을 통해서 죄가 세상에 들어왔다는 것입니다. 이처럼 "본질상"이라는 말은 하나님께서 우리 안에 두신 창조를 의미하는 것이 아니라, 우리가 첫 사람에게서 끌어오는 인류를 의미합니다. …… 마치 로마서 11장에서 그가 모든 유대인들을 거룩한 뿌리의 원가지라고 부르는 것처럼 말입니다. …… 따라서 그대들은 이 미친 자가 첫 사람에게 전가되어야 할 것을 하나님께 강요하고 있음을 봅니다.

바로 그 같은 반응에서 1559년 프랑스 신앙고백은 "그의 능력과 지혜와 측량할 수 없는 은혜로 말미암아 만물을 창조"하셨다고 했고, 1571년 판에서도 "불가해(不可解)한 선으로" 만물과 영적 세계를 하나님께서 창조하셨다고 고백하는 것입니다.

사실 사탄은 하나님의 피조물인 영이지만, 그가 악의 영인 것은 일차적으로 그 자신의 타락과 부패 때문이지 하나님의 창조에서 비롯된 것이 아닙니다. 그래서 프랑스 신앙고백 제7조는 "그중 어떤 것은 타락하여 멸망"했고, "타락한 천사들은 악으로 부패되어 모든 선의 원수가 되었고 결국 모든 교회의 원수가 되었다."고 고백합니다. 참고로 1559년판은 "악의(惡意)에 의하여 부패"했다고 고백하고 있습니다. 즉, 그들 스스로의 뜻으로 악하게 행한 것입니다. 그리고 실질적인 악의의 부패 가운데서 그들은 모든 교회의 원수가 된 것입니다. 그러나 그들(사탄)이 스스로 자유롭게 악을 택하여 행한 것도 아닙니다. 자유파의 주장처럼 죄와 악의 원인을 하나님께 전가할 수 없지만, 타락한 영들조차도 하나님과 별도로 존재하게 된 것이 아니라 하나님의 피조물들로서 창조하신 하나님의 의지 없이 피조세계에서 일어날 수 있는 일은 없기 때문입니다. 보이지 않는 영(천사)의 세계도 마찬가지입니다. 그래서 제8조는 바로 이 점과 관련하여 "하나님의 통치"를 다루고 있습니다.

제8조

하나님의 통치

우리는 하나님께서 만물을 창조하셨을 뿐만 아니라 주관하시고 지도하시며, 그의 주권적인 의지로 세상에서 생기는 모든 일을 처리하시고 정비하심을 믿는다. 그러나 그가 악을 지으신 분이라든지, 죄책이 그에게 전가된다고는 믿지 않는다. 그의 뜻은 모든 정의와 공의의 최상의 무오한 척도이기 때문이다. 그러나 우리는 마귀들과 (죄 많은) 사악한 사람들이 범하며 (그에 대한) 죄책을 지게 되는 악이 선으로 바뀌도록 그가 모든 것을 주관하심을 믿는다. 우리는 우리에게 숨겨진 비밀들 앞에 겸손히 머리를 숙이고 우리가 이해할 수 없는 것에 지나친 의문을 품지 않고, 다만 우리의 평화와 안녕을 위해 성경이 우리에게 가르치는 것들을 알려고 할 뿐이다. 하나님은 모든 것을 자신에게 복종하게 하시며 성부로서 관심을 가지고 우리를 지켜보셔서 그의 뜻이 없이는 우리의 머리털 하나도 떨어지지 않게 하시기 때문이다. 그리고 그는 마귀와 우리의 모든 원수를 신속히 제압하셔서 자신의 허락 없이 우리를 해칠 수 없도록 하신다.

[증거구절]

시 104편; 욥 34:14-15; 요 5:17; 히 1:3; 창 27:20; 왕상 22:34; 잠 21:1; 사 10:5-7, 45:7; 애 3:37-38; 마 10:29-30; 행 14:17, 17:26-28; 약 4:15; 욥 1:22; 시 5:5; 호 13:9; 갈 5:19-21; 요일 2:16, 3:8; 시 45:7, 119편; 창 45:8, 50:20; 욥 12:13-25; 행 2:23-24, 4:28; 롬 8:28, 9:19-20, 11:33-34; 욥 1:21; 롬 5:3-4, 8:28-29; 고후 4:7-18; 살전 5:18; 약 1:1-3; 마 6:25-34, 10:30; 눅 21:18; 창 3:15; 욥 1:12, 2:6; 사 45:1-8.

1647년 웨스트민스터 신앙고백이 창조 다음으로 곧장 "섭리"(Providence)를 다루는 것과 달리 1571년 프랑스 신앙고백은 창조 다음에 하나님의 "통치"(Government)를 다루고 있습니다. 즉 섭리의 개념 가운데 "보존"(preservation)과 "통치"를 다루어 자연계의 사소한 물리법칙까지 세세히 포함하는 것이 웨스트민스터 신앙고백의 구조적 특성이라면, 프랑스 신앙고백은 통치에 치중하여 특별히 영적 세계에 대한 하나님의 통치를 중심으로 다룬다는 특징이 있습니다. 17세기 웨스트민스터 신앙고백이 하나님의 "영원한 작정"(eternal decree) 가운데서 창조와 섭리, 그리고 섭리 안에서 보존과 통치를 다루며 치밀하게 설명하는 것에 비해 프랑스 신앙고백은 조금은 초기적인 하나님의 역사(work)를 설명한다고 할 수 있습니다.

적정과 절도

프랑스 신앙고백이 나올 당시 유럽에는 로마 가톨릭의 교황주의의 폐단과 함께 급진적인 재세례파나 무질서한 신령 자유파가 등장하여 기독교 신앙이 매우 혼란스러웠습니다. 따라서 로마 가톨릭은 장로교회의 신앙 역시 무질서하고 급진적인 세력과 동일하다고 오해하고 있었습니다.[66] 아울러 로마 가톨릭과, 재세례파나 신령 자유파 사이의 중립적인 신앙을 지닌 부류가 개혁교회라고 오해할 수도 있었습니다. 그러나 사실 개혁교회 신앙은 그런 인식과 달리 "적정(適定)과 절도(節道)의 규범"으로서 "오직 성경"(Sola Scriptura)에 근거했습니다. 그런 점에서 로마 가톨릭뿐 아니라 재세례파나 신령 자유파와는 근본적으로 달랐습니다.

제7조에서 소개했듯이, 자유파(또는 신령 자유파) 신앙을 표방하는 부류는 성경을 자의적으로 해석할 뿐만 아니라 이른바 "영해"라는 방법을 통

해 자유롭게 사색(상상)하는 자들이었습니다. 그들이 자유롭게 상상하는 근거로 내세우는 "영"이라는 단어 때문에 그들을 "신령 자유파"라고 부르기도 하는 것입니다. 자유파 신앙을 표방하는 이들과 비교할 수 있는 모습이 바로 오늘날 이른바 영적인 은사자들이 하는 말과 행동입니다. 그러나 칼뱅을 비롯하여 장로주의의 개혁신앙을 추구하는 자들에게 중요한 신앙의 근거는 오직 성경이었습니다. 그러한 성경에서 드러내는 하나님의 뜻(의지) 외에는 그 무엇도 추종하지 않는 신앙의 원리가 바로 "적정과 절도"입니다. 그들의 신앙을 살펴보면 성경을 넘어서는 상상력과 호기심은 일으키지 않았습니다.

제8조에서 설명하는 신앙고백은 적정과 절도의 규범이라는 신앙 가운데서 고백되는 내용을 담고 있습니다. 웨스트민스터 신앙고백의 "작정(예정)"에 대한 내용 역시 적정과 절도의 규범에 따라 고백되는 신앙을 함축하고 있습니다.

하나님의 완전한 "의지"

프랑스 신앙고백 제8조에서 중요한 개념은 바로 "하나님의 의지"입니다. "하나님께서 만물을 창조하셨을 뿐만 아니라 주관하시고 지도하시며, 그의 주권적인 의지로 세상에서 생기는 모든 일을 처리하시고 정비하심을 믿는" 믿음으로 볼 때, 선뿐만 아니라 악까지도 하나님께서 주권적으로 주관하시며 지도하시기 때문입니다. 이처럼 하나님께서 모든 일을 처리하시고 정비하시지 않는다면, 이미 여러 차례 언급했듯이 하나님의 속성을 일부 파괴하는 결론[67]을 내리게 될 것입니다.

그러나 하나님의 창조를 바르게 이해한다면, 그분의 완전한 의지에 동의하지 않을 수 없습니다. 즉 하나님께서 모든 것, 눈에 보이는 세계의 모든 만물뿐 아니라 눈에 보이지 않는 세계까지도 전적인 "무"(ex nihilo) 가운데서 창조하셨다면, 당연히 창조세계를 통치하시는 하나님의 의지 또한 완전할 것이기 때문입니다. 비록 프랑스 신앙고백은 전적인 "무"에서의 창조를 직접 언급하고 있지 않지만, "창조"라는 말 자체가 전적인 "무"를 전제하는 것이기 때문에 이미 개념 자체에 그러한 의미를 함의하고 있다고 할 수 있습니다. 무엇보다 하나님의 의지의 완전성을 뒷받침하는 "전적인 무로부터의 하나님의 창조"는 구약성경 창세기 1장 1절에서 이미 전제하고 있습니다. "태초에"라는 말이 의미하는 바는 시간을 포함한 절대적인 무로부터의 창조를 선언하고 있다는 점에서 당연하게 전적인 무를 전제하고 있는 것입니다. 더군다나 에베소서 1장 4절에서도 "창세전"이라고 언급하면서 시간을 포함하여 절대적인 무로부터의 창조 시점을 전제하고 있습니다. 그러므로 절대적인 무에서 창조하실 수 있는 하나님의 뜻(의지)은 이후의 통치에서도 변함없는 뜻이라는 면에서 완전한 의지인 것입니다.

한편 하나님의 통치에서 그의 의지에 대한 강조는 1559년 프랑스 신앙고백에서 더 자세하게 언급됩니다. 이 신앙고백에서는 "하나님은 그의 모든 피조물을 지배하시며 세계에 일어나는 일체의 일을 그의 의지에 따라서 규정하고 계신다."고 하며, "그의 의지는 모든 정의와 공평의 척도로 가장 높고 잘못됨이 없다."고 언급합니다. 즉 하나님의 통치의 근거를 절대적으로 완전한 하나님의 의지에 두고 있는 것입니다.

이처럼 하나님의 통치에서 그의 완전한 의지를 근거로 하는 것은 성경에서 언급하는 것으로, 적정과 절도의 규범에 따른 것입니다. "여호와께서 온갖 것을 그 쓰임에 적당하게 지으셨나니"(잠 16:4)라는 말씀에서 알 수 있듯이 하나님께서는 온갖 것을 적당한 쓰임(목적)에 맞게 그의 뜻(의지) 가운데서 창조하셨습니다. 무엇보다 잠언 16장 4절에 함축된 하나님의 의지는 에베소서 1장 11절에서 더욱 분명해집니다. "모든 일을 그의 뜻의 결정대로(의지대로) 일하시는 이의 계획을 따라 우리가 예정을 입어 그 안에서 기업이 되었으니"라는 말씀에서 우리는 하나님의 의지가 분명하게 언급된 것을 확인할 수 있습니다.

악을 선으로 바꾸심

하나님의 완전한 의지로 말미암는 통치와 아울러 프랑스 신앙고백은 "그러나 그가 악을 지으신 분이라든지, 죄책이 그에게 전가된다고는 믿지 않는다."고 말합니다. 선한 것들뿐 아니라 악한 것들도 하나님이 완전한 의지로 통치하시지만 그 악이 하나님에 의한 것이라거나 그 책임이 하나님께 있다고는 말할 수 없다는 것입니다.

그런데 이러한 주제는 자유파로 분류되는 사람들이 가장 크게 오해하는 것이기도 합니다. 그들도 하나님께서 악을 지으셨다거나, 죄를 허용하신 하나님께 죄에 대한 책임이 있다고 보지는 않습니다. 그러나 오히려 그로 인해 하나님의 속성을 파괴하는 쪽으로 이해하게 되었습니다. 즉 그들은 하나님을 악과 전적으로 무관하신 분으로 소개하면서 하나님의 전능성과 통치의 완전성, 그분의 절대적인 주권 등을 깨뜨려 하나님을 제한하는 결과를 낳은 것입니다.

사실 재세례파뿐 아니라 자유파도 계보가 아주 다양합니다. 칼뱅은 자유파와 비슷한 이단들을 주로 영지주의 계통(케르돈[Cerdon], 마르키온, 발렌티누스)과 카타리파와 브리스길라파에서 찾았습니다.[68] 특히 카타리파는 7-11세기에 아르메니아에서 활동한 바울파(Paulicians)와 보고밀파(Bogomils)의 교리가 합쳐져서 12-13세기 프랑스 남부 툴루즈와 알비를 중심으로 활동한 종파입니다. 그들에 따르면 물질적인 세속의 세계는 "렉스 문디"(Rax Mundi, "세속의 왕")라 불리는 악마가 만든 것으로, 육체를 포함한 모든 물질세계는 바로 이 악마가 지배하고 있습니다. 그러나 그들은 자신들이 믿는 하나님께서는 그런 세계와 거리가 먼, 순수하고 무한한 사랑과 평화, 질서의 하나님이라고 보았습니다. 따라서 그들은 세속의 삶과 권세의 속박, 물질적인 것들을 버리고 순수한 하나님의 사랑을 추구해야 한다는 이원론적 사고의 틀을 형성했습니다. 그들의 이러한 이원론에 따르면 하나님께서는 순수한 천사와 같은 영적 세계와, 물질이 아닌 영적인 것들을 통치하시는 하나님으로만 위치하시게 됩니다. 바로 이러한 사상과 주장들이 자유파를 통해 프랑스 기독교에 다시 독버섯처럼 피어나고 있었기 때문에, 칼뱅은 이들을 더 적극적으로 반박한 것입니다.[69] 그러한 반박 가운데서 1559년판 신앙고백과 1571년 라 로셸에서 채택한 신앙고백은 모두 악을 선으로 바꾸시는 하나님의 완전한 통치(선뿐 아니라 악 또한 완전하게 다루시는 통치)를 고백하고 있습니다.

그렇다면 성경은 이것을 어떻게 드러내고 있을까요? 제8조 후반부에서 오직 성경으로서의 적정과 절도의 규범(원리)을 언급하고 있으므로, 우리는 성경 본문에서 이것을 확인해 봐야 할 것입니다.

먼저 사도행전 2장 23절에서 사도 베드로는 "그(그리스도)가 하나님께서 정하신 뜻과 미리 아신 대로 내준 바 되었거늘 너희가 법 없는 자들의 손을 빌려 못 박아 죽였[다]"고 했습니다. 이스라엘 사람들이 고의로, 그리고 악의로 교사(敎唆)하여 예수 그리스도를 십자가에 못 박히게 한 것은 철저히 그들의 간악한 의지로 행한 것이라는 점에서 그들 가운데 누구도 잘못이 없다고 반박할 수는 없었습니다. 그런즉 사람들의 눈에는 분명 예수 그리스도를 십자가에 못 박아 죽인 악은 이스라엘 사람들로 말미암은 것이 분명했습니다.

하지만 사도 베드로가 그렇게 된 것은 이미 하나님께서 정하신 뜻과 미리 아신 대로(미리 작정하신 대로) 자신을 내어주신 예수 그리스도로 말미암아 가능할 수 있었습니다. 그리고 이스라엘 사람들의 악한 의도를 오히려 죄인들을 구속하는 은혜의 수단으로 삼으실 수 있었습니다. 그러므로 공회(예루살렘 공회) 앞에 서서 담대히 복음을 전한 베드로와 요한은 풀려난 뒤에 "헤롯과 본디오 빌라도는 이방인과 이스라엘 백성과 합세하여 하나님께서 기름 부으신 거룩한 종 예수를 거슬러"(행 4:27) 행한 것에 대해 "하나님의 권능과 뜻대로 이루려고 예정하신 그것을 행하려"(행 4:28) 한 것임을 전한 것입니다. 뿐만 아니라 창세기 50장 20절에서 요셉은 "당신들은 나를 해하려 하였으나 하나님은 그것을 선으로 바꾸사 오늘과 같이 많은 백성의 생명을 구원하게 하시려 하셨[다]"고 증언합니다. 요셉을 시기하여 최선을 다해 그에게 악을 행한 형제들이 많은 백성의 생명을 구원하시려는 하나님의 선한 의도를 이루도록 사용되었다고 한 것입니다.

이런 일이 얼마든지 가능한 것은 하나님의 의지야말로 정의와 공평이자 전혀 잘못되는 일 없는 척도이기 때문입니다. 아울러 우리는 동생을 은 이십에 이스마엘 사람들에게 팔아버린 요셉의 형들이나 예수 그리스도를 십자가에 달리도록 헤롯과 빌라도에게 내어준 이스라엘 사람들 모두 죄책과 두려움에 사로잡혀야만 했음을 기억해야 합니다. 그렇기 때문에 프랑스 신앙고백 제8조에서 고백하는 것처럼 하나님께서 "악을 지으신 분이라든지, 죄책이 그에게 전가"된다고 결코 말할 수 없는 것입니다.

하나님의 통치로 말미암는 위로

제8조는 "하나님은 모든 것을 자신에게 복종하게 하시며 성부로서 관심을 가지고 우리를 지켜보셔서 그의 뜻이 없이는 우리의 머리털 하나도 떨어지지 않게" 하신다고 말하며, "그리고 그는 마귀와 우리의 모든 원수를 신속히 제압하셔서 자신의 허락 없이 우리를 해칠 수 없도록 하신다."는 고백으로 끝납니다. 즉 하나님의 통치로 말미암는 위로야말로 눈에 보이는 세상 가운데 드러나는 "마귀와 우리의 모든 원수"의 획책들을 견디고 이겨내는 소망이 되는 것입니다. 하나님의 통치는 "마귀와 악인들을 사용하시어 저들이 행하며 또한 저들에게 책임이 지워지는 악을 선으로 바뀌도록 하실 수 있는 의지와 수단을 가지고 계시기"[70] 때문입니다.

그러나 현실의 삶에서 우리가 주로 목격하는 것은 마귀와 악인이 획책하는 일들입니다. 프랑스 신앙고백이 작성될 당시 프랑스는 국제 정세와 혼란스러운 국내 정치 속에서 신앙인들이 무수히 죽임 당하는 상황이었습니다. "몸은 죽여도 영혼은 능히 죽이지 못하는 자들을 두려워하지 말[라]"(마 10:28)고 하신 주님의 말씀이 참으로 절실한 시대였던 것입니다. 그러므로 "마귀와 악인들을 사용하시어 저들이 행하며 또한 저들에게 책임이 지워지는 악을 선으로 바뀌도록 하실 수 있는 의지와 수단을 가지고 계신다."는 신앙고백의 내용은 당장에 그들의 현실에서는 들어맞지 않는 것처럼 보이기 십상이었을 것입니다. 실제로 프랑스 신앙고백이 요새 도시인 라 로셸에서 공표된 이듬해인 1572년 성 바르톨로메오 축일에 프랑스 곳곳에서 자행된 개신교도 학살극은 주님의 말씀이 결코 과장이 아님을 실감하게 하는 사건이었습니다.

사실 제8조는 오직 "영원을 사모하는 마음"(전 3:11)을 지닌 자들에게 진정한 위로가 되는 신앙고백입니다. 당장 눈앞에 보이는 현실에서는 간악한 나라와 왕들, 로마 가톨릭과 재세례파, 그리고 신령 자유파와 같은 무질서한 자들에 의해 삶뿐 아니라 신앙까지도 환란과 핍박, 부패와 오류에 처한 것만 같지만, 우리는 수많은 순교를 통해서 영원을 사모하는 심령을 지닌 신자들이 완악한 자들조차 능히 어쩌지 못하는, 깊은 위로와 소망을 얻은 것을 확인해 볼 수 있습니다. 그러므로 주님께서는 "오직 몸과 영혼을 능히 지옥에 멸하실 수 있는 이"이신 하나님을 두려워하라고 말씀하신 것입니다. 그 하나님께서는 "참새 두 마리가 한 앗사리온에 팔리는" 일상적인 일들까지도 자신이 허락해야만 일어나게 하실 뿐 아니라, 무엇보다 그런 하나님을 두려워할 줄 아는 신자들을 "많은 참새보다 귀하다"고 말씀하십니다. 그러면서도 하나님께서는 "하나님이 하시는 일의 시종을 사람으로 측량할 수 없게"(전 3:11 후반) 하십니다. 즉 악인들은 스스로 그들 속에 있는 악에 가장 적합하게 행할 뿐인 것입니다. 따라서 하박국 2장 4절과 로마서 1장 17절에 이른 바와 같이 "오직 의인은 믿음으로 말미암아" 사는 것입니다.

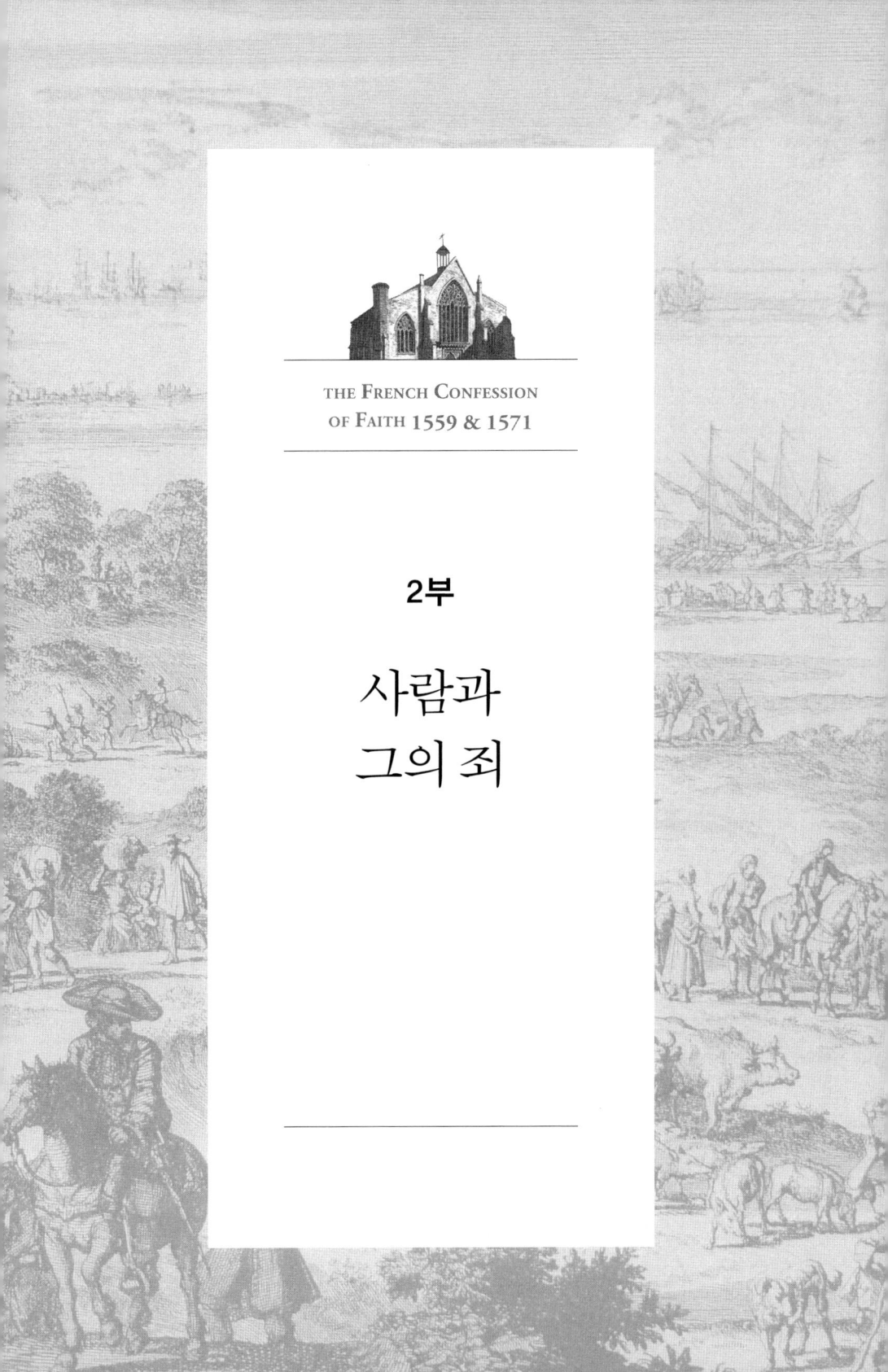

THE FRENCH CONFESSION
OF FAITH 1559 & 1571

2부

사람과 그의 죄

the French Confession
of Faith 1559 & 1571

제9조

인간의 타락

우리는 사람이 하나님의 형상으로 순전하고 완전하게 창조된 것과, 자신의 죄 때문에 그가 받은 은혜에서 떨어져 나가고, 의와 모든 선한 것의 근원이신 하나님에게서 스스로 멀어지고, 그의 본성이 전적으로 부패되었음을 믿는다. 사람은 이해력이 어두워지고 마음이 부패하였으며, 무결성을 완전히 잃어버렸다. 비록 여전히 선과 악을 구별할 수 있다 하더라도 사람이 가졌던 빛은 어둠이 되었기 때문에 그의 지성과 이성으로는 도무지 하나님을 찾을 수 없게 되었다. 또한 스스로 이런저런 행동을 할 만한 의지를 가지고 있을 때에도 항상 죄에 붙잡혀 있기 때문에, 선을 행할 자유로운 욕구를 갖지 못한다. 그가 (선을 행할 만한) 무언가를 가졌다고 한다면, 그것은 하나님의 은혜로운 선물이다.

[증거구절]

창 1:26, 31; 전 7:29; 엡 4:24; 창 3:6, 17; 사 1:2-4, 59:2; 렘 2:13, 17, 21-22; 엡 4:18; 창 2:17, 3:19, 6:5, 8:21; 요 3:19-20; 롬 5:12, 18; 엡 2:1-3; 요 8:34, 43-44; 롬 1:29-32, 3:9-18, 7:5; 요일 1:8, 10; 롬 1:21, 2:14-15; 욥 14:4; 고전 2:14; 렘 13:23; 롬 7:14-20; 시 94:11-12; 사 26:12; 요 1:4-5, 9, 6:44, 65, 8:36, 15:5; 롬 6:17-18, 8:6-7; 고후 3:5; 빌 2:13.

로마서 1장 20절은 "창세로부터 그(하나님)의 보이지 아니하는 것들 곧 그의 영원하신 능력과 신성이 그가 만드신 만물에 분명히 보여 알려졌나니 그러므로 그들(불의로 진리를 막는 사람들)이 핑계하지 못할지니라"고 했습니다. 그러나 곧이어 21절에서는 "하나님을 알되 하나님을 영화롭게도 아니하며 감사하지도 아니하고 오히려 그 생각이 허망하여지며 미련한 마음이 어두워졌[다]"고 기록하고 있습니다. 이처럼 현실에서 마주하는 세상은 온통 하나님을 알 만한 것들로 채워져 있지만, 막상 우리는 그런 현실 속에서 하나님을 알지 못하고 오히려 어두운 눈으로 "피조물을 조물주보다 더 경배하며 섬기는" 모습을 흔히 볼 수 있습니다.

자아에 대한 지식

칼뱅은 「기독교강요」(1559) 1권 제1장에서 "창조주 하나님에 대한 지식"에 관해 "우리가 가지고 있는 거의 모든 지혜, 곧 참되며 건전한 지혜는 두 부분으로 되어 있다. 그 하나는 하나님에 관한 지식이요, 다른 하나는 우리 자신에 관한 지식이다. 그러나 이 두 지식은 여러 줄로 연결되어 있기 때문에, 어느 쪽이 먼저이며 어느 쪽의 지식이 다른 쪽의 지식을 만들어내는가를 구별하기는 그리 쉬운 일이 아니다."[71]라고 설명합니다. 바로 그러한 맥락에서 "우리 자신에 관한 지식은 우리를 일깨워 하나님을 찾게 한다."[72]고 했습니다. 그러므로 칼뱅이 설명하는 "자아에 대한 지식"은 결코 인간 자신에게로만 향하는 지식이 아니라, 창조주이신 하나님께로 향하게 하는 지식임을 알 수 있습니다. 그런 점에서 신학은 근본적으로 철학과는 위치가 다른 것입니다.

창세기 1장 27절 말씀에 따르면 원래 인간은 "하나님의 형상대로" 창조되었습니다. 이때 인간은 남자만 혹은 여자만 창조되었거나, 남자와 여자 모두 통합하는 어떤 인간으로 창조된 것이 아니라 남자와 여자로 창조되었습니다. 그러므로 남자든 여자든 간에 그 자체의 성에 하나님의 형상이 있는 것입니다. 또한 인간은 피조물로서 전적으로 하나님께 종속된 존재이면서도 하나님께 전혀 강제당하지 않는다는 점(자율성)에서 더욱 "하나님의 형상"으로의 탁월함을 지니고 있었습니다. 따라서 하나님의 형상인 인간은 하나님에 의해 강제되는 일이 없으며, 오히려 얼마든지 자원하여(스스로) 하나님께 속할 수 있는 특성을 지닌 존재로 창조된 것입니다. 그러한 인류 조상의 상태를 일컬어 "원의(原義)의 상태"라고 말합니다. 그러나 하나님의 형상대로 지어진 인간은 자원하여 타락했습니다. "하나님은 사람을 정직하게(의롭게) 지으셨으나 사람이 많은 꾀들을 낸 것"(전 7:29)입니다. 즉 하나님께서는 사람을 의롭고 완전하게 창조하셔서 얼마든지 자원하여 하나님께 순종할 수 있도록 지으셨지만, 오히려 사람은 자원하여 의롭지 않고 완전하지 않은 것들을 생각한 것입니다. 그로 말미암아 사람은 의롭지 않고 완전하지 못한 존재, 곧 죽을 수밖에 없는 인간(mortal being)이 되었습니다.

그런데 칼뱅의 설명에 따르면, 사람이 그렇게 행한 것은 하나님의 뜻과 의지를 완전히 거스르는 것이 아니라 하나님의 뜻과 의지를 따른 것입니다. 피조된 사람이 하나님의 뜻과 의지를 완전하게 거스를 수 있다면, 그들은 처음부터 완전하거나 의롭게 창조된 자가 아니었을 것입니다. 그럼에도 사람이 타락한 책임을 하나님께 돌릴 수 없는 것은, 그들이 "자원하여" 타락했기 때문입니다. 이러한 자아에 대한 지식(타락한 자아에 대한 지식)에 대해 칼뱅은 "최초 인간의 범죄로 말미암아 빠지게 된 그 비참한 파멸은 우리들로 하여금 위를 바라보게 한다. …… 그리하여 모든 사람은 자신의 불행을 의식하도록 자극을 받아 적어도 하나님에 대한 지식을 다소나마 얻게 된다."[73]고 말합니다. 이런 점에서 타락한 인간이 자아에 대해 이해하는 바는 완전한 절망으로 이끄는 것이 아니라 비로소 하나님을 간절히 찾게 하는 역할을 하는 것입니다. 그렇기 때문에 이런 관점에서는 하나님께서 오히려 하나님을 아는 지식에 이르게 하기 위해 사람을 타락으로 이끌었다고 볼 수 있습니다. 이와 관련하여 에베소서 4장 23-24절은 "오직 너희의 심령이 새롭게 되어 하나님을 따라 의와 진리의 거룩함으로 지으심을 받은 새사람을 입으라"고 말하면서 더욱 온전한 사람으로서 "새사람"을 언급하고 있습니다. 이때 "새사람"은 의뿐만 아니라 진리로 인해서도 거룩한 사람입니다. 이런 점에서 새사람을 입는 것이란 첫 사람보다 더 나은 상태의 사람이 되는 것입니다.

사람은 분명 가장 탁월한 의를 지닌 상태(원의의 상태)에서도 스스로 죄를 범하여 부패하고 말았습니다. 그러나 분명 자발적으로 그렇게 된 것일지라도 만물(보이는 것들과 보이지 않는 것들의 세계)을 창조하신 하나님의 뜻과 의지를 벗어나서 일어난 일은 결코 아닙니다. 에베소서 4장 23-24절은 이 사실을 알려주는 말씀으로, "의와 진리의 거룩함으로 지으심을 받은 새사람"은 결코 첫 사람의 상태가 아니기 때문입니다(첫 사람도 입어야 할 사람의 상태입니다). 오히려 "우리는 우리 자신을 미워하기 전에는 진정으로 하나님을 간절히 사모할 수가 없"[74]습니다. 우리 자신(부패하여 원의를 상실한 사람)에 관한 지식이 우리를 일깨워 하나님을 찾게 하기 때문입니다.[75] 그러므로 하나님께서는 첫 사람의 타락 가운데서도 동일한 사모함을 갖게 하셨고, 그런 점에서 첫 사람은 스스로 타락했을지라도 오히려 그로 말미암아 하나님을 간절히 사모하며 찾아야(새 사람을 입어야) 했습니다. 즉 칼뱅이 말하듯이 "자신의 불행을 의식하도록 자극을 받아 적어도 하나님에 대한 지식을 얻게 된" 것입니다.[76]

전적 부패

에베소서 4장 24절에서 "새사람"이라고 한 것을 통해 우리는 첫 사람의 상태(원의의 상태)보다 예수 그리스도로 말미암아 새사람을 입은 상태가 더 낫다는 것을 짐작할 수 있습니다. 하나님을 따른 "의와 진리의 거룩함"은 예수 안에 있기 때문입니다(엡 4:21). 우리의 부패한 자아에 대한 지식은, 오히려 우리 자신에게 만족하지 못하고 하나님을 찾게 한다는 점에서 "실로 우리 자신의 빈곤은 하나님의 무한하신 축복을 보다 더 확실하게 드러내준다."[77]고 하겠습니다. 이러한 전제를 바탕으로, 제9조는 전적으로 부패한 우리 자신의 실상이 어떠한지를 구체적으로 언급하고 있습니다.

프랑스 신앙고백 제9조는 먼저 "사람이 하나님의 형상으로 순전하고 완전하게 창조" 되었다고 고백하지만, 곧장 "자신의 죄 때문에 그가 받은 은혜에서 떨어져 나가고, 의와 모든 선한 것의 근원이신 하나님에게서 스스로 멀어지고, 그의 본성이 전적으로 부패되었다."고 고백하여 인간의 "전적 부패"(Total Depravity)를 언급하고 있습니다. 반면 이와 견해가 다른 이단설이 기독교 역사에 등장했습니다. 바로 "펠라기우스주의"(Pelagianism)입니다.

펠라기우스주의는 펠라기우스의 주장에 의해 정립된 사상을 일컫는 것이 아니라 그후에 제기된 여러 주장을 한 맥락에서 통틀어 부르는 이름입니다. 펠라기우스(Pelagius, 360?-420)는 영국 태생의 수도사로서 당시 기독교 제국의 중심을 이룬 로마의 타락상을 보고 충격을 받았습니다. 그는 그러한 타락의 원인을 아우구스티누스와 같은 부류가 주장한 인간의 전적 타락과 부패의 신학이 갖는 패배주의와 숙명론에 있다고 보았습니다. 그는 비록 인간이 타락했을지라도 자유의지 상태는 여전히 순수한 의를 지니고 있기 때문에 적극적이고 능동적으로 선을 행할 수 있고, 또 힘써야 한다고 주장했습니다. 이후에 펠라기우스주의 사상은 이단으로 정죄되었지만, 410년 고트족이 로마로 진격하여 제국을 무너뜨린 때를 기점으로 곳곳에 흩어져 명맥을 유지했습니다.[78]

펠라기우스주의는 인간의 선을 향한 가능성과 자유의지를 인정하기 때문에 인본주의 성향이 강해질 때에는 언제라도 신학의 기반이 되어 줄 수 있는 사상이었습니다. 실제로 1633년 이후 프랑스 개신교가 급격히 쇠퇴할 당시, 많은 개신교 목회자가 펠라기우스주의와, 그보다 진전된 아르미니우스(Arminius, 1560-1609)주의 신앙을 수용했습니다. 아미로(Moise Amyraut, 1596-1664), 카펠(Luois Calppel, 1585-1658), 라 플라스(Josué de La Place, 1596-1665[또는 1655]), 그리고 소뮈르 아카데미(Academy of Saumur)의 신학자들이 그 중심을 이루고 있었습니다.[79] 소뮈르 학파의 전성기인 17세기에는 펠라기우스주의의 위험성에 대한 칼뱅의 경고와 반론을 바탕으로 작성된 프랑스 신앙고백 내용이 대부분 인정받지 못했습니다.

펠라기우스주의 사상은 기본적으로 하나님께서 선하게 지으신 창조 세계의 질서가 타락 후에도 여전히, 그러나 불완전하게 남아 있다고 보는 한편, 그러한 질서를 회복할 수 있는 능력과 의지도 인간에게 남아 있다고 주장했습니다. 즉 은혜의 유일한 선물은 하나님께서 신성불가침으로 피조물인 인간에게 자기 결정을 부여하신 것이라고 말합니다. 타락으로 죄를 짓는 습관이 생겨 후세가 피해를 입게 되었고, 의지(velle)의 창조된 능력들(posse)이 만성적인 습관으로 흐려지거나 건망증이나 무지로 불명료해지지만 하나님께서 만드신 그대로 남아 있었으며, 하나님의 뜻이 성취되는 것을 실재(esse)로 만들기 위하여 우리의 의지의 행동만이 강하게 요구된다고[80] 주장한 것입니다. 이러한 펠라기우스주의 사상을 지지 기반으로 삼고 있는 부류는 주로 금욕주의나 완전주의를 표방하는 자들이었습니다. 프랑스 신앙고백이 작성될 무렵, 신령 자유파나 재세례파의 사상 역시 이러한 펠라기우스주의 사상을 기반으로 하는 금욕주의나 완전주의를 표방했습니다.

반면에 프랑스 신앙고백 제9조는 성경에 근거하여 인간의 전적 부패를 강하게 고백합니다. 제9조는 전적 부패 양상에 대해 "이해력이 어두워지고 마음이 부패하였으며, 무결성을 완전히 잃어버렸다. 비록 여전히 선과 악을 구별할 수 있다 하더라도 사람이 가졌던 빛은 어둠이 되었기 때문에 그의 지성과 이성으로는 도무지 하나님을 찾을 수 없게 되었다."고 말합니다. 로마서 1장 18-20절은 하나님께서 창조 사역 가운데 자신을 계시하셨기 때문에 우리는 핑계하지 못한다고 말합니다. 이와 관련하여 칼뱅은 「기독교강요」 최종판(1559) 1권 제5장에서 이렇게 말합니다.

> 축복된 생활의 궁극적인 목적은 하나님을 아는 데 있다(요 17:3). 그러므로 하나님은 어떠한 사람도 행복에 이르는 데서 제외되지 않도록 하기 위해 인간의 마음속에 이미 말한 바 있는 종교의 씨앗을 심어주셨을 뿐만 아니라 자기를 계시하셨으며, 우주의 전 창조 속에서 매일 자신을 나타내시는 것이다. 그 결과 인간은 눈을 뜨기만 하면 하나님을 볼 수 있도록 되어 있다. …… 하나님께서는 모든 창조물 위에 영광의 명백한 표적을 새겨놓으셨으며 그것은 너무나 뚜렷하고 분명하기 때문에 아무리 무식하고 어리석은 사람이라 해도 무지를 구실로 삼을 수 없다.[81]

일반계시 가운데 드러나는 하나님에 관한 지식은 그것 자체로 분명하고도 명확합니다. 그럼에도 그것은 인간에게 하나님에 관한 정확한 지식을 계시해 주지 못합니다. 우리 자신이 전적으로 타락하고 부패했기 때문입니다. 그래서 제9조는 "이해력이 어두워지고 마음이 부패하였으며, 무결성을 완전히 잃어버렸다. 비록 여전히 선과 악을 구별할 수 있다 하더라도 사람이 가졌던 빛은 어둠이 되었기 때문에 그의 지성과 이성으로는 도무지 하나님을 찾을 수 없게 되었다."고 한 것입니다. 한마디로 하나님께서는 모든 창조물 위에 영광의 표적을 명백하게 새겨놓으셨고, 그것은 매우 뚜렷하고 분명하기 때문에 아무리 무식하고 어리석은 사람도 무지를 구실로 삼을 수 없지만, 그럼에도 인간은 창조세계 가운데 드러난 하나님의 계시를 바르게 알지 못하는 것입니다. 그 결과 인간은 하나님을 알지 못하고 경배하지도 않기 때문에, 마침내 미신과 혼란, 온갖 종교적 오류와 우상에 빠져 그것들을 숭배하는 것입니다(롬 1:22-23 참조).

자유의지와 선

"스스로 이런저런 행동을 할 만한 의지를 가지고 있을 때에도 항상 죄에 붙잡혀 있기 때문에, 선을 행할 자유로운 욕구를 갖지 못한다."는 제9조의 문구가 "자유의지와 선"이라는 주제를 잘 함축하고 있습니다. 우리는 제9조에서 고백하는 자유의지와 선에 대한 문장에서 "스스로 이런저런 행동을 할 만한 의지를 가지고 있을 때에도"라는 문구에 유의해야 합니다. 제9조에서 말하는 "자유의지"란 단순히 "스스로 이런저런 행동을 할 만한 의지"를 말하는 것이 아니라, 하나님께서 요구하시는 "선"을 스스로 행할 만한 의지를 말하기 때문입니다. 또한 이때의 "선"은 십계명의

5-10계명을 행하는 것에서 드러나는 일반적인 의미의 선뿐 아니라, 십계명의 1-4계명에 제시된 본질적인 의미의 선을 말합니다. 즉 우리 스스로 하나님을 찾으며 알 수 있느냐의 선과 이를 스스로 행할 의지가 있느냐의 문제를 다루는 것이 바로 제9조의 결말입니다. 앞서 전적 부패 또는 타락에 대한 설명에서 알 수 있듯이, 제9조는 그러한 자유의지가 부패되었다고 고백합니다. 이와 관련하여 그렇게 된 원인을 알아야 하는데, 그 원인은 제10조에서 확인할 수 있습니다.

제10조

원죄

우리는 아담의 후손이 모두 원죄에 매여 있으며, 그것은 유전적인 악이어서 펠라기우스파가 선언한 단순한 모방이 아님을 믿으며, 그들(펠라기우스파)의 오류를 미워한다. 또 이 죄(원죄)가 어떻게 이 사람에게서 저 사람에게로 전해지는지 물을 필요가 없다고 생각한다. 하나님이 아담에게 주신 것은 아담에 대한 것만이 아니라 그의 모든 후손에 대한 것이기 때문이다. 그 결과 우리는 모든 좋은 은사를 빼앗겼고 그(아담)와 함께 죄와 비참의 상태로 떨어졌다.

[증거구절]

시 51:7; 요 1:4-5; 마 15:19; 창 1:26-28, 2:15-17, 3:14-24; 롬 5:12, 18-19.

원죄 교리는 인간의 전적 타락의 바탕으로, 이미 오래전(구약 시대)부터 교회[82]가 공유해 온 신앙 교리입니다. 이와 관련해서는 프랑스 신앙고백이 고백되기 전인 1546년에 회집된 로마 가톨릭의 트리엔트 종교회의 제5차 회기에서 공표된 원죄에 관한 교령에서도 재확인되었습니다. 이때 트리엔트 종교회의는 "한 사람이 죄를 지어 이 세상에 죄가 들어왔고 죄는 또한 죽음을 불러들인 것같이 모든 사람이 죄를 지어 죽음이 온 인류에게 미치게 되었다는 사도의 말은 온 세상에 퍼져 있는 로마 가톨릭교회가 항상 이해해 오던 것과 다르게 이해될 수 없기 때문이다."라는 교령을 공표

하였습니다. 이 같은 트리엔트 종교회의의 선언에서 우리는 교회에 항상 있어온, 심지어 로마 가톨릭교회에서도 항상 믿어온 신앙이 바로 원죄 교리임을 인식할 수 있습니다.

그러나 프랑스 신앙고백은 분명 로마 가톨릭과는 다르게 원죄 교리를 이해하고 있습니다. 무엇보다 펠라기우스주의의 주장과 확연하게 다른 것을 알 수 있습니다.

원죄 교리에 대한 로마 가톨릭의 견해

원죄 교리(peccatum originale)와 관련하여 프랑스 신앙고백은 무엇보다 원죄 교리를 부정하는 펠라기우스주의의 견해에 반대합니다. 그러나 사실 원죄 교리를 부정하는 펠라기우스주의의 주장뿐 아니라, 원죄 교리를 정확하게 이해하지 못한 로마 가톨릭의 교리에도 반대하고 있습니다.

원죄 교리에 대해 로마 가톨릭교회가 공식적으로 발표한[83] 교령 첫 항은 전통적인 원죄 교리를 재확인하고 있습니다.

> 만일 누가 첫 인간 아담이 낙원에서 하나님의 명령을 어겼을 때 그가 본래부터 지니고 있던 성덕과 의덕을 즉시 상실하였고, 이런 불순종의 죄를 범함으로써 하나님의 분노와 노여움, 아울러 하나님께서 애초에 그에게 경고하셨던 죽음을 초래했으며, 이 죽음과 함께 그때부터 "죽음의 세력을 잡은 자 곧 악마"의 권세 아래 종살이를 하게 되었다는 것을 인정하지 않는다면 …… 그는 파문받아야 한다.

그러나 트리엔트 종교회의 교령 제5항을 보면 프랑스 신앙고백과 다르다는 것을 알 수 있습니다.

> 그러나 본 거룩한 공의회는 세례 받은 자들 안에 사욕편정(邪慾偏情, 정욕[concupiscentia]) 내지 죄의 불씨가 남아 있다는 것을 확신하고 고백하는 바이다. …… 사도(바오로)가 종종 죄라고 부른 이 사욕편정과 관련해서 가톨릭교회는 사욕편정이 세례 받은 자들 안에 있는 정말로 본래적인 죄이기 때문에 죄라고 불린다고 결코 생각하지 않고, 그것은 죄의 결과요 죄로 기울게 만들기 때문에 죄라고 불린다고 본 거룩한 공의회는 선언하는 바이다. 만일 누가 이에 반대되는 의견을 내세운다면, 그는 파문받아야 한다.

이와 관련해서는 제11조를 설명하는 부분에서 자세히 언급할 것입니다. 그럼에도 로마 가톨릭의 경우를 먼저 언급하는 것은 프랑스 신앙고백이 고백될 당시 정황을 좀 더 구체적으로 파악하기 위해서입니다. 즉 프랑스 신앙고백이 고백하는 원죄 교리는 펠라기우스주의뿐 아니라 로마 가톨릭의 교리와도 다른 것입니다.

원죄 교리에 대한 펠라기우스주의의 견해

원죄 교리는 기본적으로 하나님의 율법과의 관계에서 이해되는 개념입니다. 따라서 원죄 교리는 항상 성경의 율법과 관련지어 설명되는데, 그것은 펠라기우스주의에서도 마찬가지입니다. 다만 펠라기우스주의는 원죄가 어떻게 성립하는지, 그리고 그러한 원죄가 후손에게 어떻게 전이되는지를 매우 다르게 이해하고 있습니다.

1633년 이후 프랑스 개신교가 급격히 쇠퇴할 때, 그 주역을 담당한 부류가 바로 앞서 언급한 아미로, 카펠, 라 플라스 등과 소뮈르 아카데미 신학자들이었습니다. 특히 소뮈르 아카데미 신학자들은 일반적인 출생에 의해 개인에게 유전된 습관적이고 주관적이며 타고난 부패에서 근원적 부패가 비롯된다는 원죄의 전가를 부정하였습니다. 그러나 소뮈르 아카데미 신학자들의 주장은 1644년 "샤랑통 국가대회의 결정"(*Decretum Synodii Nationalis Carentoniensis*)에서 공식적으로 정죄당했습니다. 이 대회는 "아담이 타락하게 된 첫 죄의 전가를 배제한 채, 원죄의 본성을 아담의 후손들의 유전적 부패에만 제한시키는 가르침을 정죄한다"[84]고 공표했습니다.

　사실 그보다 앞서 소키누스(Socinus Faustus, 1539-1604)주의자, 재세례파, 아르미니우스주의자도 원죄의 전가를 부정하는 주장을 내세웠습니다. 이들은 각각 아담 후의 모든 자손이 영원히 죽는다는 사실은 인정하면서도 작정에 의해 영원히 죽게 된 것일 뿐 죄의 전가로 인한 것은 아니라거나, 첫 조상의 타락으로 말미암아 그 후손에게 죄책이 있는 것은 아니라거나, 심지어 "죄의 전가"라는 용어 자체를 부인하는 등 여러 오류가 있는 주장을 해왔는데, 그 근원은 기본적으로 펠라기우스주의에서 찾아볼 수 있습니다.

　펠라기우스주의의 기본 전제는, 하나님께서 인간에게 선을 행하라고 명하셨으므로 당연히 인간에게는 선을 행할 능력이 있다는 것입니다. 하나님께서 인간에게 선을 행할 능력도 부여하지 않으시고 선을 행하라고 명하실 수는 없기 때문입니다. 이러한 펠라기우스주의에 대해 루이스 벌코프(Louis Berkhof, 1874-1957)는 자신이 쓴 「조직신학」에서 "선과 악은 인간의 개별적인 행위 안에 자리한다. 이 같은 기본 전제에서 죄에 관한 펠라기우스의 교리적 가르침이 자연스럽게 나온다. 죄는 개별적인 의지의 행위만을 의미한다. 죄악 된 본성이라든지 죄악 된 성품 따위는 존재하지 않는다."는 설명으로 죄와 관련한 펠라기우스주의의 견해를 잘 정의하고 있습니다. 펠라기우스주의는 인간에게 자유의지, 즉 하나님께서 요구하시는 율법의 선을 행하거나 행하지 않는 것을 스스로 결정할 능력이 있다고 전제합니다. 죄에 대해서도 이러한 전제 아래, 아담을 대표로 그의 범죄가 후손에게 전가되는 일은 전혀 없으며, 오히려 개인의 개별적인 의지에 따른 행위로 죄가 발생한다고 이해하는 것입니다. 마찬가지로 모든 유아는 선악에 대해 중립적으로 태어나기 때문에 죄인이란 없으며 철저히 개별적인 죄의 행위만 있을 뿐입니다.[85]

그러나 이러한 펠라기우스주의의 원죄 개념은 무엇보다 성경 내용과 완전히 상충됩니다. 성경은 시종일관 본질적이고도 전적인 부패와 함께 아담의 죄가 그 후손에게 전가되었다고 언급합니다.

> 한 사람의 범죄를 인하여 많은 사람이 죽었은즉 더욱 하나님의 은혜와 또한 한 사람 예수 그리스도의 은혜로 말미암은 선물은 많은 사람에게 넘쳤느니라(롬 5:15).

> 아담 안에서 모든 사람이 죽은 것같이 그리스도 안에서 모든 사람이 삶을 얻으리라(고전 15:22).

> 한 사람으로 말미암아 죄가 세상에 들어오고 죄로 말미암아 사망이 들어왔나니 이와 같이 모든 사람이 죄를 지었으므로 사망이 모든 사람에게 이르렀느니라(롬 5:12).

이처럼 원죄와 그 원죄로 말미암은 죄의 전가 교리는 기독교 신앙에서 항상 견지되어온 신앙고백으로, 무엇보다 성경을 통해 파악할 수 있는, 부인할 수 없이 분명한 신앙 교리입니다.

죄의 전가

일반적으로 펠라기우스주의자들이 성경을 근거로 원죄를 언급하더라도 그 주장은 결국 원죄를 부인하고 있습니다. "죄인(전적으로 부패하고 타락하여 죄를 행할 수밖에 없는 죄인)이란 없으며, 단지 개별적인 죄의 행위(실제적인 죄의 행위)만 있을 수 있을 뿐"[86]이라는 점에서 단호하게 원죄가 부정될 수밖에 없기 때문에, 제10조는 "아담의 후손이 모두 원죄에 매여 있으며, 그것은 유전적인 악이어서 펠라기우스파가 선언한 단순한 모방이 아님을 믿으며, 그들(펠라기우스파)의 오류를 미워한다."고 명백하게 고백하는 것입니다.

한편으로는 원죄와 원죄의 전가까지 인정하지만, 죄의 전가를 어느 정도 느슨하게 완화시켜 주장하는 자들도 있었습니다. 이미 언급한 로마가톨릭의 교리에서도 그러한 성향이 드러납니다. 즉 1546년 트리엔트 종교회의 제5차 회기에서 공표된 원죄에 관한 교령 제5항의 문구가 그러합니다.

> 사도(바오로)가 종종 죄라고 부른 이 사욕편정(邪慾偏情, 정욕[concupiscentia])과 관련해서, 가톨릭교회는 사욕편정이 세례 받은 자들 안에 있는 정말로 본래적인 죄이기 때문에 죄라고 불린다고 결코 생각하지 않고, 그것은 죄의 결과요 죄로 기울게 만들기 때문에 죄라고 불린다

고 본 거룩한 공의회는 선언하는 바이다.

한편, 원죄의 전가를 부정하는 소뮈르 아카데미 신학자들의 주장이 1644년 샤랑통 국가대회의 결정에 의해 공식적으로 정죄된 이후, 그들은 "직접적이고 선행적인 전가(*imputatio immediata & antecedens*)와 간접적이고 결과적인 전가(*imputatio mediata & consequens*)라는 개념들을 구별"[87]하면서 아담의 행위가 그의 모든 후손에게 직접적이고 선행적으로 전가되는 것이 아니라 간접적이고 결과적으로 전가되는 것이라는 입장으로 수정하였습니다. 그러한 "간접 전가론"을 주장하는 대표적인 인물로는 소뮈르 아카데미 신학자들 외에도 사무엘 홉킨스(Samuel Hopkins), 조나단 에드워즈(Jonathan Edwards) 등이 있는 것으로 알려져 있습니다.[88] 그러나 칼뱅은 「기독교강요」(1559) 2권 제1장에서 이렇게 말합니다.

> 우리는 두 가지 점을 분명히 주목해야 한다. 첫째로, 우리의 본성은 철저하게 타락하고 부패하였으며, 이 때문에 우리는 의와 결백과 순결 외에는 어느 것도 용납하시지 않는 하나님께 당연한 정죄를 받고 있다. 그리고 …… 우리가 아담의 죄로 인하여 하나님의 심판을 받게 되었다고 하는 것은 죄 없고 책임 없는 우리가 아담의 죄에 대한 책임을 진다는 뜻이 아니라, 그의 범죄로 인하여 우리가 그 저주에 함께 말려들었기 때문에 그가 우리에게 죄책이 있게 만들었다는 뜻으로 해석해야 하는 것이다.

아울러 "이런 이유로, 아우구스티누스는 죄가 유전에 의하여 우리 사이에 전파된다는 것을 더욱 분명하게 알리기 위해 죄를 자주 '타인의 죄'라고 부르지만, 동시에 죄는 각 사람에게 고유한 것이라고 선언하였다."[89]고 했습니다. 그러므로 트리엔트 종교회의에서 말한 것처럼 인간의 정욕은 "죄의 결과요 죄로 기울게 만들기 때문에 죄"라고 부를 수 있는 것이 아니라, 각 사람에게 고유하고 실제적으로 있는 죄일 뿐인 것입니다. 이에 따라 소뮈르 아카데미 신학자들과 사무엘 홉킨스, 조나단 에드워즈를 포함한 여러 인물이 "간접 전가론"을 설명하는 방식인, "죄의 책임"(reatus culpae)과 "형벌적 책임"(reatus poenae)의 구별은 17세기 전통적인 개혁주의 신학자들이 보기에 그 자체가 부적절한 것이었습니다. 또한 그 구별은 특별한 차이가 없다고 보아 이를 거부했습니다.[90]

결국 원죄와 죄의 전가에 대해 프랑스 신앙고백 제10조는 원죄와 원죄의 전가를 명확하게 부정하는 펠라기우스주의의 주장뿐 아니라, 어느 정도 느슨하고 애매한 로마 가톨릭의 트리엔트 종교회의의 주장도 명확히 거부하고 있습니다. 이것은 17세기 전통적인 개혁주의 신학자들이 간접 전가론을 지지하는 소뮈르 아카데미 신학자들과 사무엘 홉킨스, 조나단 에드워즈 등의 주장을 왜 거부했는지를 알 수 있는 명확한 기준을 제시해 줍니다.

원죄와 원죄의 전가에 대해 "우리는 아담의 후손이 모두 원죄에 매여 있으며, 그것은 유전적인 악이어서 펠라기우스파가 선언한 단순한 모방이 아님을 믿으며, 그들(펠라기우스파)의 오류를 미워한다."는 프랑스 신앙고백의 고백을 우리가 바르게 알고 이해하지 못하는 것은, 단순히 우리 자신의 죄책을 제대로 이해하지 못하기 때문이 아닙니다. 우리 자신의 원죄에 대한 문제와 죄책, 그리고 원죄의 전가와 같은 개념을 이해하지 못하거나 시인하지 못하는 만큼 우리는 이것을 해결한 그리스도의 대속이 얼마나 지대한 은혜이며 그 은혜가 얼마나 필요한지를 제대로 이해하지 못하고 있는 것입니다. 이러한 이해가 부족하기 때문에 아르미니우스주의나 펠라기우스주의처럼 여전히 인간의 자유의지를 지지하는 이단설이 받아들여질 수 있는 이론적 근거가 남게 되는 것입니다.

　1571년 프랑스 라 로셸에서 프랑스 신앙고백이 채택되고 얼마 되지 않은 1633년 이후 프랑스 개신교가 급격히 쇠퇴하면서 아미로, 카펠, 라 플라스 등과 소뮈르 아카데미 신학자들이 등장하고, 사무엘 홉킨스, 조나단 에드워즈 같은 인물들을 포함하여 간접 전가론을 주장한 자들이 나타나며, 이후 아르미니우스주의가 널리 확산된 것 등은 1559년, 그리고 1571년 라 로셸의 신앙고백 제10조에 내포된 의미와 중요성을 분명하게 확인시켜주는 예일 것입니다. 그래서 프랑스 신앙고백 제10조에는 "또 이 죄(원죄)가 어떻게 이 사람에게서 저 사람에게로 전해지는지 물을 필요가 없다고 생각한다. 하나님이 아담에게 주신 것은 아담에 대한 것만이 아니라 그의 모든 후손에 대한 것이기 때문이다. 그 결과 우리는 모든 좋은 은사를 빼앗겼고 그(아담)와 함께 죄와 비참의 상태로 떨어졌다."는 고백이 포함되어 있습니다. 이처럼 직접적이고 본질적인 타락과 부패, 그리고 죄의 전가에 대한 고백이 바로 우리 신앙의 명백한 기준입니다.

제11조

원죄의 영향

우리는 이 원죄가 참으로 죄이며, 어머니의 자궁에서 태어나기 전인 태아를 포함한 모든 사람에게 해악을 끼치기에 충분하며, 하나님도 그렇게 여기신다고 믿는다. 세례를 받은 후에도 그러한 부패는 여전히 죄로 있지만, 하나님의 자녀들에 대해서는 (그러한) 부패가 정죄되지 않는다. (그들에게는) 하나님의 풍성한 은혜와 절대적인 자비가 있기 때문이다. 아울러 하나님의 종으로 선택받고 그러한 부패에 저항할지라도, 이 세상에서는 여전히 약점과 불법함으로 부패된 채로 있다.

[증거구절]

롬 3:9-18, 5:12, 18-19; 엡 2:3, 5; 시 51:7; 사 48:8; 롬 5:14, 7:8, 10, 17-18, 20, 23.

원죄와 관련하여 사람이 이미 태중에서부터 죄의 원인들을 지닌 존재라는 사실은 원죄, 또는 원죄의 전가나 오염 등의 교리에 대해 중립적이거나 완화된 주장을 펼쳤던 트리엔트 종교회의의 교령이나 간접 전가론을 주장한 소뮈르 아카데미 신학자들의 주장이 결코 타당하지 않다는 확실한 근거입니다. 그러므로 제11조는 태아도 성인과 같은 원죄와 그로 인한 죄의 원인들을 지녔다고 고백합니다. 이처럼 태아 또는 영아의 죄 또한 죄의 근원인 원죄 가운데 있다는 고백은 태아나 영아에게도 성인과 동일하게 구원이 적용된다는 사실을 알게 합니다. 그러나 여기서는 아직 원

죄에 대해서, 그리고 그러한 죄의 부패가 세례를 받은 하나님의 백성에게 어떤 영향을 끼치는지에 대해서 명료하게 언급하고 있지는 않습니다.

죄의 원인

펠라기우스주의자들은 아담의 범죄로 말미암은 원죄가 유전적으로 출생한 자녀들에게 전파된다고 보지 않습니다. 그들은 원죄가 죄의 성향일 뿐이며, 아담과 같은 죄의 성향을 따라 모방하므로 실제적으로 죄를 범하는 것이라고 주장했습니다. 이와 관련하여 칼뱅은 "그렇다면 그리스도의 의가 우리에게 혜택을 주는 것도 그 의가 우리 앞에 모범을 보이고 우리가 그것을 모방하기 때문인가?"[91]라는 질문으로 반문하여 논박하였습니다. 이처럼 원죄의 문제가 지닌 핵심에서 이탈하게 되면 구원과 관련해서도 동일하게 이탈한다는 것을 알 수 있습니다.

또한 펠라기우스주의자들이 "믿지 아니하는 남편이 아내로 말미암아 거룩하게 되고 믿지 아니하는 아내가 남편으로 말미암아 거룩하게 되나니 그렇지 아니하면 너희 자녀도 깨끗하지 못하니라"(고전 7:14)는 말씀을 근거로 "자녀는 부모의 순결에 의해 거룩해질 것이므로, 경건한 부모에게서 자녀가 부패를 이어받는다는 것은 있을 수 없는 일"이라고 주장했습니다. 이에 대해서도 칼뱅은 "자녀는 부모의 영적 중생에서 나는 것이 아니고 육적 번식에서 나는 것"이라는 점을 들어 "죄 있는 불신자든 죄 없는 신자든, 사람은 썩은 본성에서 자녀를 낳기 때문에 죄 없는 자녀가 아니라 죄 있는 자녀를 낳는다."는 아우구스티누스의 설명을 지지하였습니다.[92] 아울러 로마서 5장 12절 말씀에 근거해서 "젖먹이까지도 모태에서부터 저주를 받았지만 그 책임은 다른 사람의 허물이 아니라 자기의 허물에 있다. 아직은 그들에게서 불의의 열매가 나타나지 않았지만 불의의 씨가 그들 속에 들어 있기 때문이다. 참으로 그들의 본성 전체는 죄의 하나의 씨앗이며, 따라서 그것은 하나님의 미움을 받을 수밖에 없다. 그러므로 그것은 하나님 앞에서 당연히 죄로 인정된다는 결론이 된다. 허물이 없으면 처벌도 없을 것이다."고 했습니다.[93]

그러나 이러한 논의에서 펠라기우스주의 사상을 추종하는 사람들은 곧이어 "그처럼 죄로 말미암아 악하게 된 원인은 또 어디에 있는가?"라고 질문하는 것을 볼 수 있습니다. 그러한 질문에 대해서는 펠라기우스의 주장과 정반대 견해를 취하는 아우구스티누스가 이렇게 말하였습니다.

> 아무도 악한 의지의 작용인을 찾아서는 안 된다. 거기에는 작용인(作用因)이 존재하지 않고 결함인(缺陷因)이 존재한다. 그것이 작용이 아니고 결함이기 때문이다.[94]

즉 원죄 자체가 이미 죄이며, 그것에 대한 다른 원인을 생각해서는 안 된다는 사실을 명백하게 언급하고 있는 것입니다. 그렇기 때문에 프랑스 신앙고백은 제11조에서 "우리는 이 원죄가 참으로 죄이며, 어머니의 자궁에서 태어나기 전인 태아를 포함한 모든 사람에게 해악을 끼치기에 충분하며, 하나님도 그렇게 여기신다고 믿는다."는 고백을 통해 그 같은 신앙(아우구스티누스에 의해 논박된 신앙)을 지지하며 동의하고 있습니다. 즉 원죄는 명백히 죄이므로 그 죄가 유전되는 태아부터 성인에 이르기까지 모든 사람이 죄에 오염되었으며, 그 오염이란 부분적인 결함 또는 "선의 결핍 상태"[95]가 아니라 전적인 것으로 "태아를 포함한 모든 사람에게 해악을 끼치기에 충분"하다는 것입니다.

신자의 부패가 지닌 성격

> 우리가 율법은 신령한 줄 알거니와 나는 육신에 속하여 죄 아래에 팔렸도다 내가 행하는 것을 내가 알지 못하노니 곧 내가 원하는 것은 행하지 아니하고 도리어 미워하는 것을 행함이라 만일 내가 원하지 아니하는 그것을 행하면 내가 이로써 율법이 선한 것을 시인하노니 이제는 그것을 행하는 자가 내가 아니요 내 속에 거하는 죄니라(롬 7:14-17).

사도 바울이 자신에 대해 묘사한 이 말씀은 신자일지라도 여전히 죄의 부패와 오염에서 완전해진 것이 아님을 알려줍니다.

이와 관련해서 칼뱅은 「기독교강요」 최종판(1559) 2권 제1장에서 "인간은 선천적으로 타락했[다.]"고 말합니다. 이때 "선천적이라고 하는 것은 그 타락이 거의 상속권과 같이 모든 사람을 속박하고 있으므로 악행에 의해서 얻는다고 생각해서는 안 되기 때문이다."[96]라고 했습니다. 또한 "그러므로 사람은 타락한 본성으로 인해 선천적으로 하나님의 미움을 받는다고 하는 주장이 올바른 것이라면, 사람은 선천적으로 타락했으며 결함이 있다고 말하는 것은 당연하다."고도 말합니다. 한마디로 인간은 태어나면서부터 선천적인 부패를 지니고 있다는 것입니다.

그런데 이와 관련해서 후대에 프란시스 튜레틴(F. Turretinus, 1623-1687)은 소뮈르 아카데미 학파의 "간접 전가론"에 분명한 선을 그으며 "그 진실을 흐리기 위해서 전가라는 개념을 취하는 것 같으나 실제적인 사실 자체를 부정하는 입장"[97]이라고 논평했습니다. "따라서 간접 전가론에는 여전히 독특하게 아담의 죄의 전가가 있는 것이 아니라 본질적인 부패의 전가만이 있다"고 한 것입니다. 특별히 튜레틴이 이 정의에서 "본질적 부패와 아담의 죄의 전가의 개념이 분명해야 한다."고 한 점에 주목해야 합니다. 태아에서 성인에 이르기까지 우리는 모두 아담의 죄가 전가된 것이 아니라 본질적 부패가 전가된 것이기 때문에, 이러한 본질적 부패의 성향에서 구체적인 죄책과 "형벌의 죄책"이 실행된다는 것입니다. 그러나 이러한 구별은 전가된 부패와 죄의 양상을 세밀하게 파악하기 위한 것일 뿐, 실질적으로는 그렇게 나눌 수 없으며 항상 동시적으로 분리될 수 없게 작용하거나 전가되는 것입니다.[98]

부패 가운데서의 신자들의 성격

1546년 트리엔트 종교회의 제5차 회집 제1교령에서 로마 가톨릭은 제1항에서 제4항까지 기독교 역사에서 공식적으로 인정되어온 원죄 교리를 언급합니다. 그러나 제5항에서는 원죄와 관련한 죄의 전가에 관한 교리를 언급하면서 다음과 같이 확정하고 있습니다.

> 만일 누가 세례 때 주어지는 우리 주 예수 그리스도의 은총을 통해 원죄의 상태가 사해진다는 것을 부인하거나, 죄의 진정한 그리고 본연의 본질을 이루는 모든 것이 제거되는 것이 아니라 단지 겉만 지워지거나 혹은 그에 대한 책임을 묻지 않게 되는 것(전가되지 않는 것)일 뿐이라고 주장한다면, 그는 파문받아야 한다.[99]

칼뱅은 이듬해인 1547년에 『트리엔트 공의회 법령과 해독제』(*Acta synodi Tridentinae cum antidoto*)라는 저술에서 곧바로 이에 대해 반박했습니다.

우리는 모든 죄과(죄책[reatus])가 세례 안에서 제거되었으며, 따라서 여전히 존재하는 죄의 잔재가 전가되지 않는다고 주장한다. 이것을 보다 명백하게 하기 위해서 나의 독자들은 세례에 두 가지 은총이 있음을 상기해야 한다. 왜냐하면 세례에는 죄 사함과 동시에 중생이 우리에게 제공되기 때문이다. 우리는 죄 사함은 완전히 이루어지나, 중생은 단지 시작될 뿐이어서 일생 동안 계속 진보된다고 가르친다. 따라서 죄가 실로 우리 안에 남아 있고 세례를 통해 당일에 즉각 소멸되진 않지만, 죄과가 지워지기 때문에 죄의 전가란 없다.[100]

즉 로마 가톨릭의 트리엔트 종교회의에서 죄의 고유한 본성이 갖는 모든 것이 세례에 의해 제거된다는 논증만 확증하고, 그 양상에 대해서 "여전히 존재하는 죄의 잔재가 전가되지 않는다."는 논증은 파문이라는 처벌로 엄히 거부하고 있는 것에 대해 반박하고 있는 것입니다.

이처럼 칼뱅은 죄의 성격을 세부적으로 구별하여 다루면서, 세례를 통해 제거되거나 전가되지 않는 것이 구체적으로 무엇인지를 설명해 주고 있습니다. 그는 "그러므로 이제 그리스도 예수 안에 있는 자에게는 결코 정죄함이 없나니"(롬 8:1)라는 구절을 "이 말로 사도는 마치 신자들이 정결하고 모든 죄로부터 자유롭기나 한 듯이 그들을 허물로부터 면제하지 않는다. 그는 단지 죄과(죄책)로부터만 그들을 자유롭게 한다."[101]고 해설했습니다. 그러므로 "세례를 받은 후에도 그러한 부패는 여전히 죄로 있지만, 하나님의 자녀들에 대해서는 (그러한) 부패가 정죄되지 않는다. (그들에게는) 하나님의 풍성한 은혜와 절대적인 자비가 있기 때문"이라는 제11조 고백에는 로마 가톨릭의 트리엔트 종교회의 제5차 회집 제1교령의 제5항에 반대하는 의미가 담겨 있는 것입니다.

칼뱅에 따르면, 아우구스티누스는 "세례로 죄의 법이 누그러지나 종결되는 것은 아니다."라고 했으며, "죄과는 느슨해지지만 그 자체는 남는다."고 말했습니다. 또한 "죄는 우리를 주장하던 죄과 가운데서 죽지만, 그 죽은 것은 묘지에 매장됨으로 제거될 때까지 반항한다."[102]고 말했습니다. 그러므로 트리엔트 회의의 교령과 같이 "세례 때 주어지는 우리 주 예수 그리스도의 은총을 통해 원죄의 상태가 사해"지는 것은 사실이지만, 우리 안에는 여전히 죄의 씨앗인 "정욕"이 남아 있어 여전히 죄를 행하게 됩니다. 그러한 정욕은 트리엔트 회의의 교령에서 설명하는 것처럼 "본래적인 죄이기 때문에 죄라고 불린다고 결코 생각할 수 없고, 그것은 죄의 결과요 죄로 기울게 만들기 때문에 죄라고 불리는" 것이 아닙니다.[103] 그렇게 죄가 사해지는 것은 프랑스 신앙고백 제11조에서 언급하는 것처럼 "세례를 받은 후에도 그러한 부패는 여전히 죄로 있지만, 하나님의 자녀들에 대해서는 (그러한) 부패가 정죄되지 않는다. (그들에게는) 하나님의 풍성한 은혜와 절대적인 자비가 있기 때문"인 것입니다.

이처럼 중생한 자에게도 정욕은 여전히 죄이기 때문에 제11조 마지막 문구에서 "아울러 하나님의 종으로 선택받고 그러한 부패에 저항할지라도, 이 세상에서는 여전히 약점과 불법함으로 부패된 채로 있다."고 하는 것입니다. 칼뱅에 따르면 아우구스티누스는 "마음의 눈이 먼 것이 죄요, 죄의 처벌이며 죄의 원인인 것처럼, 마찬가지로 선한 영을 거스르는 육의 탐욕은 또한 죄요, 죄의 처벌이며 죄의 원인이다."[104]라는 말을 통해 성도는 이러한 죄의 성향을 두고 일생 동안 싸워야 한다는 것을 깨우쳐주었습니다.

THE FRENCH CONFESSION
OF FAITH 1559 & 1571

3부

예수
그리스도

THE FRENCH CONFESSION
OF FAITH 1559 & 1571

제12조

우리는 모든 사람이 이 정죄와 보편적 부패에 빠져 있음을 믿는다. 그러나 하나님이 영원하고 불변하는 선택의 의논에 따라 택자들의 공로(일함)를 고려하지 않으시고, 예수 그리스도 안에서 그의 선하심과 자비로 그들을 죄악과 비참한 처지에서 떠나게 하셨음을 믿는다. 그들에게 그의 공의를 설명해 보이시고, 그의 자비의 지극히 영광스러움을 드러내시며, 그렇지 않은 여타의 사람(불택자, 유기자)들은 동일한 부패와 정죄 아래 남겨두셨음을 믿는다. 하나님이 세상을 창조하시기 전에 예수 그리스도 안에서 확정하신 불변한 목적에 따라 분별하시기까지, (택자들은) 다른 자들(유기자들)보다 더 나은 자들이 아니었다. 누구도 자신의 선행으로는 이러한 보상을 얻을 수 없다. 하나님께서 우리 마음에 은사와 그의 은혜를 넣어주지 않으시는 한, 우리의 본성은 스스로 어떤 선한 동기나 생각 또는 효과도 보여줄 수 없기 때문이다.

[증거구절]

출 33:19; 롬 8:29, 9:15; 삼상 12:22; 요 15:16; 롬 2:11, 23, 11:5-6; 엡 1:4-6, 2:8-10; 딤후 1:9; 딛 3:4-7; 요일 4:10; 시 5:5-7; 겔 9:10, 18:4; 롬 1:18; 갈 6:7-8; 출 9:16; 롬 9:18, 22-23; 렘 10:23; 엡 1:4-5.

1547년 로마 가톨릭의 트리엔트 종교회의 제6차 회기에서 공표된 "의화(義化, 칭의)[105]에 관한 교령"(*Decretum de iustificatione*)을 보면, 제1장에서 "본성과 율법이 인간 의화에 무력함"(*Cap. Ⅰ. De naturae et legis ad iustificandos homines imbecillitate*)[106]이라는 주제로 다음과 같이 언급합니다.

이방인들이 본성의 힘으로 원죄 상태에서 자유로워지거나 일어서지 못하게 된 것은 물론이고 유대인들마저도 모세 율법에도 불구하고 이 상태에서 자유로워지거나 일어서지 못할 정도가 되었다. 그렇다고 해서 인간들에게 자유의지가 없어진 것이 결코 아니고, 다만 그 힘이 기울어지고 약해졌을 뿐이다.

이처럼 이 교령은 본성적인 부패와, 율법에 순종하는 데 있어서 인간이 전적으로 무력한 것이 아니라 제한적으로 무력하다는 사실을 언급하고 있습니다. 그러나 앞서 언급한 조항들에서 볼 수 있듯이 프랑스 신앙고백은 인간의 전적 부패와 무능 가운데서도 하나님의 선택으로 이루어지는 구원의 과정(칭의 포함)을 고백하고 있습니다.

영원하고 불변한 하나님의 선택

트리엔트 회의 제6차 회기의 의화에 관한 교령들은 전반적으로 창조 세계에서 인간에게 일어나는 일들을 중점적으로 언급하면서 "구원 경륜"을 다루고 있습니다. 특히 제1장에서 본성과 율법이 인간을 의화(칭의)하는 데 무력하다는 사실을 언급하는데, 인간이 반응할 여지를 열어두어 "그렇다고 해서 인간들에게 자유의지가 없어진 것이 결코 아니고, 다만 그 힘이 기울어지고 약해졌을 뿐이다."라고 말합니다.

한편 하나님의 구원에 관해 트리엔트 교령이 언급하는 내용은 제2장 "구원 경륜과 그리스도의 내림(來臨)의 신비"(*De dispensatione et mysterio adventus Christi*)라는 주제에서 볼 수 있습니다.

그렇기 때문에(이방인들이 본성의 힘으로 이 상태에서 자유로워지거나 일어서지 못하게 된 것은 물론이고 유다인들마저도 모세 율법에도 불구하고 이 상태에서 자유로워지거나 일어서지 못할 정도가 되었고, 그렇다고 해서 인간들에게 자유의지가 없어진 것이 결코 아니고, 다만 그 힘이 기울어지고 약해졌을 뿐이기 때문에) "인자하신 아버지이시며 모든 위로의 근원이 되시는" 하늘에 계신 아버지께서는 "율법의 지배를 받고 사는 유다인들과, 하나님과의 올바른 관계를 추구하지 않던 이방인들을" 해방하시어 그들 모두가 하나님의 자녀가 되는 자격을 주시기 위하여 율법 이전의 시대와 율법 시대에 수많은 성인들을 통해 선포하셨고, 당신의 아들 예수 그리스도를 시간의 복된 충만이 도래했을 때 보내주셨다.

트리엔트 교령 제2장 마지막 문장은 "그것은 '우리의 죄뿐만 아니라 온 세상의 죄를 용서해 주시기' 위함이었다."고 끝납니다. 이 문장은 "그렇다고 해서 인간들에게 자유의지가 없어진 것이 결코 아니고, 다만 그 힘이 기울어지고 약해졌을 뿐이다."라는 제1장 마지막 문장과 함께 결국 하나님께서는 구원의 경륜으로 그리스도를 내려 보내셨지만, 그 경륜은 인간에게 있는 자유의지와 하나님의 은혜(성령을 통한 믿음의 수용)를 통해 비로소 죄를 용서받게 된다는 것을 설명하고 있습니다.

이처럼 로마 가톨릭의 트리엔트 교령은 구원 경륜의 근원을 언급하지 않습니다.[107] 기껏해야 그리스도의 성육신(로마 가톨릭에서는 "내림"[來臨]이라고 합니다) 이후 죄인들이 어떻게 반응하는가를 설명하는 데 그치고 있습니다. 반면 프랑스 신앙고백 제12조는 "우리는 모든 사람이 이 정죄와 보편적 부패에 빠져 있음을 믿는다. 그러나 하나님이 영원하고 불변하는 선택의 의논에 따라 택자들의 공로(일함)를 고려하지 않으시고, 예수 그리스도 안에서 그의 선하심과 자비로 그들을 죄악과 비참한 처지에서 떠나게 하셨음을 믿는다. 그들에게 그의 공의를 설명해 보이시고, 그의 자비의 지극히 영광스러움을 드러내시며, 그렇지 않은 여타의 사람(불택자, 유기자)들은 동일한 부패와 정죄 아래 남겨두셨음을 믿는다."고 합니다.

칼뱅이 1547년에 작성한 「트리엔트 공의회 법령과 해독제」를 보면, 그가 트리엔트 교령과 프랑스 신앙고백의 이러한 확연한 차이에 대해 어떤 견해를 지녔는지 분명하게 알 수 있습니다. 트리엔트 제6차 회기 제1교령에 대해 칼뱅은 다음과 같이 설명합니다.

> 그들은 자유의지가 그 능력에 있어 손상되고 왜곡되었으나 소멸되지 않았다고 선언한다. …… (하지만) 그들은 결코 자유가 소멸되지 않았다고 주장하기 때문에 분명히 인간의 의지에 다소간 선을 택할 수 있는 힘이 여전히 남아 있다고 이해한다. …… 우리가 그들을 인정한다면, 원죄가 우리를 무력하게 한 결과, 우리의 의지의 결점(*vitium*)이란 타락이 아니라 나약이라는 것이다. 만일 의지가 전적으로 타락했다면, 그것은 손상된 상태일 뿐만 아니라 새로워질 때까지는 망가진 상태이기 때문이다. 그러나 후자가 한결같은 성경의 교리이다.[108]

칼뱅은 자유의지가 잔존한다는 주장에 근거한 로마 가톨릭의 트리엔트 교령과는 확연하게 반대 견해를 지니고 있음을 드러내고 있습니다. 로마서 3장 9-12절에서 사도 바울은 "그러면 어떠하냐 우리는 나으냐 결코 아니라 유대인이나 헬라인이나 다 죄 아래에 있다고 우리가 이미 선언하였느니라 기록된 바 의인은 없나니 하나도 없으며 깨닫는 자도 없고 하나님을 찾는 자도 없고 다 치우쳐 함께 무익하게 되고 선을 행하는 자는 없나니 하나도 없도다"(이 구절은 시편 14편 1절 이하, 53편 1절 이하 말씀을 재확인한 것입니다)라고 했습니다. 그러므로 사도가 "우리가 무슨 일이든지 우리에게서 난 것같이 스스로 만족할 것이 아니"(고후 3:5)라고 했듯이 우리는 우리에게 선을 택하여 행할 여력이 잔존한다고 생각할 수 없는 것입니다.

한편, 프랑스 신앙고백 제12조는 "하나님이 영원하고 불변하는 선택의 의논에 따라 택자들의 공로(일함)를 고려하지 않으시고, 예수 그리스도 안에서 그의 선하심과 자비로 그들을 죄악과 비참한 처지에서 떠나게 하셨음을 믿는다. 그들에게 그의 공의를 설명해 보이시고, 그의 자비의 지극히 영광스러움을 드러내시며, 그렇지 않은 여타의 사람(불택자, 유기자)들은 동일한 부패와 정죄 아래 남겨두셨[다]"고 했습니다. 여기서 특히 "영원하고 불변하는 선택의 의논에 따라"라는 표현에 주목해야 합니다.

트리엔트 교령이 구원 경륜을 소개하고 우리에게 그 경륜을 택할 능력이 있다고 하는 데 반해, 프랑스 신앙고백은 철저히 모든 근원을 하나님께만 두고 있습니다. 그렇기 때문에 "영원하고 불변하는 선택의 의논"이라고 한 것입니다. 이때 "선택의 의논"은 "영원하고 불변하는"이라는 수식어를 통해, 삼위 하나님이 의논하셔서 택자와 유기자가 구분되었고, 택자들을 위한 구원 경륜도 의논 가운데 예비되고 실행된 것임을 나타냅니다. 한마디로 택자들은 그들의 어떠함이 전혀 고려되지 않은 채 삼위 하나님의 영원하고 불변하는 의논에 따라 택함받았다는 말입니다. 이와 관련하여 로마서 8장 29절은 "하나님이 미리 아신 자들을 또한 그 아들의 형상을 본받게 하기 위하여 미리 정하셨[다]"고 말합니다. 여기서 "하나님이 미리 아신 자들"이란, 그들이 택함받을 만하다는 것을 미리 아셨다는 의미가 아닙니다. 30절에서 "미리 정하신 그들을 또한 부르시고 부르신 그들을 또한 의롭다 하시고 의롭다 하신 그들을 또한 영화롭게 하셨느니라"고 한 것처럼, 부르심부터 영화롭게 되기까지 구원의 모든 서정이 하나님의 주도하심 가운데 이뤄진 것입니다. 바로 이 구원의 서정 가운데는 택자들에게서 구원의 근거를 삼을 만한 것이 전혀 없습니다.

반면에 유기자들, 즉 하나님의 택하심에서 제외된 자들은 철저히 그들의 죄로 인해 유기된 것입니다. 택자들의 경우처럼 그럴만한 근거가 전혀 없는데도 버려진 것이 아닙니다. 하나님은 그들을 그들의 전적인 "부패와 정죄 아래 남겨"두신 것입니다. 따라서 그들은 자신이 부패와 정죄 아래 죄악과 비참함 가운데 있는 것에 대해 하나님께 부당하다고 말할 수 없습니다.

> 그 자식들이 아직 나지도 아니하고 무슨 선이나 악을 행하지 아니한 때에 택하심을 따라 되는 하나님의 뜻이 행위로 말미암지 않고 오직 부르시는 이로 말미암아 서게 하려 하사 리브가에게 이르시되 큰 자가 어린 자를 섬기리라 하셨나니 기록된 바 내가 야곱은 사랑하고 에서는 미워하였다 하심과 같으니라(롬 9:11–13).

창세기 25장 23절은 에서와 야곱을 어떻게 기록하고 있습니까? "두 국민이 네 태중에 있구나 두 민족이 네 복중에서부터 나누이리라 이 족속이 저 족속보다 강하겠고 큰 자가 어린 자를 섬기리라 하셨더라." 아직 태어나지도 않은 자들인데 한 사람은 택함을 입고, 다른 한 사람은 택함을 입지 못했습니다. 더구나 그들은 두 족속, 즉 하나님께 택함받은 족속과 택함받지 않은 족속으로 나뉘었습니다. 그래서 로마서 9장 11절은 "그 자식들이 아직 나지도 아니하고 무슨 선이나 악을 행하지 아니한 때에 택하심을 따라 되는 하나님의 뜻이 행위로 말미암지 않고 오직 부르시는 이로 말미암아 서게" 하셨다고 한 것입니다. 그런데 이어서 로마서 9장 14절은 이와 같이 이루어지는 일에 대해 이렇게 말합니다.

> 그런즉 우리가 무슨 말을 하리요 하나님께 불의가 있느냐 그럴 수 없느니라.

하나는 택하시고 하나는 버려두시는 식으로 차별하시는 것이 아닙니다. 모두 다 버려둘 만한 죄인들인데 그 가운데 하나를 택하셔서 구원하신 것입니다. 그런데 이것을 어찌 차별이라 할 수 있습니까? 하나님의 의는 차별이 없습니다(롬 3:22). 다만 "모든 사람이 죄를 범하였으매 하나님의 영광에 이르지 못하더니 그리스도 예수 안에 있는 속량으로 말미암아 하나님의 은혜로 값없이 의롭다 하심을 얻은 자"(롬 3:23-24)가 된 것입니다.

선행의 근거(원인)

트리엔트 교령은 분명 시간 안에서 하나님의 자비를 향한 자유로운 선택과 반응에 집중하고 있습니다. 그러므로 트리엔트 교령 제5장은 "어른들의 의화를 위한 준비의 필요성과 의화의 출처"(*De necessitate praeparationis ad iustificationem in adultis, et unde sit*)라는 제목 아래 "더 나아가서 본 공의회는 어른들의 경우 예수 그리스도를 통하여 전해지는 하나님의 은총을 미리 받아야 이 의화가 시작된다는 것을 선포하는 바이다. 즉, 자신의 공덕은 하나도 없는 상태에서 그분의 부르심으로 말미암아 의화가 시작된다는 말이다."라고 장황하게 서술합니다. 이것은 의화된 사람이 선행을 행할 수 있는 근거 또는 원인을 하나님께만 두는 것처럼 보입니다. 그러나 "……

이 의화가 시작된다는 것을 선포하는 바이다."라는 문구에서 알 수 있듯이 이 교령은 선행의 근거와 원인을 전적으로 하나님께 둔다는 의미가 아니라, 그 "시작"에 대해서만 언급하는 것입니다.

이후 문장은 "죄를 지어 하나님으로부터 멀어졌던 인간들이 그들을 격려하고 돕는 하나님의 은총에 힘입어 마음을 열고, 그 은총에 자유의지로 동의하고 협조하면서 자신의 고유한 의화를 위해 삶을 전환하는 태세를 갖추는 것이다."라는 말로 이어집니다. 심지어는 "그런 식으로 하나님께서는 성령의 비추심을 통해서 인간의 마음을 어루만지시는데, 이는 이러한 성령의 영감을 받은 인간은 완전히 아무것도 하지 않는다는 것을 의미하지는 않는다. 심지어 이를 거부할 수도 있다."고 말합니다. 이처럼 트리엔트 회의의 교령은 선행의 근거 또는 원인이 전적으로 하나님께만 있는 것이 아니라 인간 자신의 자유의지에 따른 결정권에 상당 부분 맡겨져 있다고 선언하고 있습니다. 하나님께서는 시작과 동인(動因)만 제공하시고, 실질적인 원인은 인간의 자유의지에 달렸다고 하는 것입니다.

트리엔트 교령 제5장에 대해서도 칼뱅은 「트리엔트 공의회 법령과 해독제」(1547)에서 다음과 같이 말합니다.

> 그들이 협력자로서의 인간을 하나님과 결합시키는 이유는 무엇인가? 그것은 인간이 하나님의 은총과 성령의 조명을 거부하기도 하지만 또한 자유롭게 받아들이기 때문이라는 것이다. 그들은 선지자가 말한 하나님의 사역을 얼마나 손상시키는지! 하나님은 "내가 내 법을 너희의 마음에 둘 것이며, 너희로 나의 교훈 가운데 걷게 하리라"(겔 36:27; 히 8:10, 10:16)고 말씀하신다.[109]

칼뱅은 하나님이 단순히 우리의 의지를 돕는 분인 것처럼 설명하고 있지만 사실은 인간의 의지에 더 결정적인 원인을 두는 트리엔트 교령에 반대하고 있는 것입니다.

칼뱅에 따르면, 트리엔트 교령에 반대하는 그의 견해는 아우구스티누스까지 거슬러 올라갑니다. 아우구스티누스는 "인간은 우리의 의지 안에서 하나님이 우리에게 주시지 않은 것, 곧 우리에게 있는 선한 어떤 것을 발견하려고 노력하나, 나는 그들이 무엇을 발견할 수 있을지 모르겠다."고 말했습니다. 또한 "설령 사람에게 그 자신의 의지가 남아 있어서 그가 원할 경우 하나님의 도움에 머물 수 있다 하더라도, 하나님은 그로 하여금 의지를 갖게 만들지 않을 것이다. 그리하여 그의 의지는 수많은 유혹 가운데에서 나약함에 굴복할 것이다. 그러므로 도움은 인간 의지의 나약함에 필요한 것으로 이는 하나님의 은총이 저항할 수 없고 분리될 수 없게 활동하기 위함이며, 이 은총이 아무리 약해 보여도, 부족하지 않기 위함이다."[110]라고 설명하고 있습니다.

결국, 인간은 자유의지로 하나님의 은혜에 협력하거나 거부할 수 있는 것이 아닙니다. 하나님 앞에서 선행의 근거 또는 원인 역시 전적으로 하나님으로 말미암습니다. 그러므로 제12조는 마지막 문구에서 "하나님께서 우리 마음에 은사와 그의 은혜를 넣어주시지 않으시는 한, 우리의 본성은 스스로 어떤 선한 동기나 생각 또는 효과도 보여줄 수 없기 때문이다."라고 한 것입니다.

제13조

우리는 구주 예수 그리스도 안에서 구원받기 위해 지금 우리에게 필요한 모든 것이 제공되고 전달되었다고 믿는다. 그는 하나님에 의해 우리의 지혜와 의와 성화, 그리고 구원이 되셨다. 만일 우리가 그리스도를 떠난다면, 우리의 유일한 피난처이신 성부 하나님의 자비를 포기하는 것과 같다.

[증거구절]

마 1:21; 요 14:16; 갈 1:19-20; 딤전 2:5-6; 요 3:16; 요일 1:2; 고전 1:30; 엡 1:7-8; 골 1:13-14, 2:10; 딛 2:14; 행 4:11; 딤전 2:5.

1547년 트리엔트 종교회의 제6차 회기는 제1-16장 교령뿐 아니라, 의화와 관련하여 서른세 항에 달하는 법규(*Canones de iustificatione*)를 공표했습니다. 각 법규는 권면이 아니라 "파문"을 규정하는 엄중한 내용을 담고 있습니다. 그러므로 서른세 항에 달하는 트리엔트 종교회의 법규는 세속 법규 못지않게 강력하고 두려운 규정이었습니다. 무엇보다 파문에 해당하는 범법을 판단하는 근거가 원리상 "성경"이 아니라 "교황청"의 권위에 있다는 점에서, 의화에 관한 트리엔트 법규는 교회의 권위와 관련된 프랑스 신앙고백 제1-2조 내용과도 연관됩니다. 특히 트리엔트 법규 제11항은 "만일 누가 오로지 그리스도의 의로움만 힘입어서 인간이 의화한다고 주장하거나, 성령에 의해서 인간의 마음속에 새겨지고 자리 잡는 은

총과 사랑을 제외한 채 오직 죄의 사함에 의해서만 의화한다고 주장하거나, 혹은 우리를 의화하는 은총은 오직 하나님의 호의일 뿐이라고 주장한다면, 그는 파문받아야 한다."고 규정하고 있습니다.

그리스도 말고는 구원받을 근거가 없다

의화, 곧 칭의와 관련하여 우리는 프랑스 신앙고백 제12조에서 "모든 사람이 이 정죄와 보편적 부패에 빠져 있음을 믿는다. 그러나 하나님이 영원하고 불변하는 선택의 의논에 따라 택자들의 공로(일함)를 고려하지 않으시고, 예수 그리스도 안에서 그의 선하심과 자비로 그들을 죄악과 비참한 처지에서 떠나게 하셨음"을 살펴보았습니다. 이에 따라 의로움이란 오직 그리스도 안에서 하나님의 택하심으로 말미암는 의로, 세례 이후에도 인간은 이 땅에서 여전히 죄를 행할 수밖에 없는 연약함을 지니고 살아가지만, 하나님께서는 그 죄책을 묻지 않으신다는 사실도 알게 되었습니다. 그러나 로마 가톨릭의 트리엔트 회의는 하나님께서 세례를 통해 신자들에게 실질적으로 선을 행할 수 있게 해주는 동력인(動力因)으로 성령을 부어주셔서, 자유의지(부패했으나 여전히 선이나 악을 스스로 선택할 수 있는 능력이 남아 있다고 여겨지는 의지)로 하나님의 은혜의 수단들을 선택할 수 있음을 시종일관 전제하고 있습니다. 그러므로 의화에 관한 트리엔트 법규들은 그러한 전제에 위배되는 주장을 전부 파문당할 것으로 규정하고 있는 것입니다.

먼저 트리엔트 법규 제4항은 "인간의 자유의지는 하나님에 의하여 촉발되고 발휘되는 것으로서, 의화 은총을 얻기 위해서 그 의지를 움직이고 준비시키라는 하나님의 부르심에 응답함으로써 하나님께 협조하는 것"이라고 정의하며, 이것을 부정하는 생각은 파문받아야 한다고 했습니다. 뿐만 아니라 제4항은 하나님께서 무언가를 원하시는데 인간이 그것을 거부할 수는 없다고 생각하는 것 또한 파문당해야 할 것으로 규정합니다. 그러한 전제 아래 제11항 법규가 있는 것입니다.

> 만일 누가 오로지 그리스도의 의로움만 힘입어서 인간이 의화한다고 주장하거나, 성령에 의해서 인간의 마음속에 새겨지고 자리 잡는 은총과 사랑을 제외한 채 오직 죄의 사함에 의해서만 의화한다고 주장하거나, 혹은 우리를 의화하는 은총은 오직 하나님의 호의일 뿐이라고 주장한다면, 그는 파문받아야 한다.

거꾸로 풀이하면 이 법규는 "인간의 의화는 오로지 그리스도의 의로움을 힘입어 죄를 사해 주시는 하나님의 호의로만 이루어지는 것이 아니라, 성령에 의해 인간의 마음속에 새겨지고 자리 잡는 은총과 사랑의 실행이 더해져 이루어지는 것"이라는 의미입니다.

프랑스 신앙고백 제13조는 이에 정면으로 반대하여 "우리는 구주 예수 그리스도 안에서 구원받기 위해 지금 우리에게 필요한 모든 것이 제공되고 전달되었다고 믿는다."고 고백합니다. 그러므로 트리엔트 법규 제11항 내용을 인용하여 프랑스 신앙고백 제13조의 논지를 풀이하면 "인간의 의화는 오로지 그리스도의 의로움을 힘입어 죄를 사해 주시는 하나님의 호의로만 이루어지는 것"입니다. 한마디로 구원의 근거는 그리스도 외에는 어디에도 없는 것입니다.

이와 관련하여 칼뱅은 1536년판에서 1559년판에 이르기까지 「기독교 강요」에서 율법에 관해 일관된 주장을 내세웁니다. 1559년판 2권 제7장에서 언급한 내용은 이렇습니다.

> 아브라함이 죽은 후 약 400년이 지난 후에 율법이 첨가되었다. ······ 율법을 주신 것은 택하신 백성을 그리스도에게서 분리시키려는 뜻이 아니었음을 알 수 있다. 오히려 그리스도의 출현시까지 그들의 마음을 준비하며, 또한 그리스도에 대한 갈망을 일으키며 그들의 기대를 강화해서, 오래 지체되더라도 지치지 않게 하시려는 것이었다.[111]

이것은 결국 하나님이 택하신 백성을 의롭다 칭할 수 있는 근거가 율법의 실행이 아니라 그리스도께 있으며, 그러한 그리스도를 믿는 믿음의 수단으로 율법이 선행(先行)하여 있었던 것임을 알게 합니다. 그래서 칼뱅은 이어 "사람들이 하나님과 화해하기 위해서 동물의 기름에서 나는 악취를 드리는 것보다 더 허무하고 어리석은 일이 어디 있겠는가? 또 자기의 더러운 살결을 씻어버리기 위해서 물과 피를 뿌리는 것도 마찬가지다. 간단히 말해서 율법의 예배 형식은 진정한 것에 대응하는 그림자와 상징이라고 이해하지 않고 문자적으로 생각한다면, 그 전체가 전혀 우스운 것이 된다."[112]고 한 것입니다. 마찬가지로 우리 자신에게는 의의 근거로 삼을 만한 것이 아무것도 없으며, 오히려 우리에게서 나오는 행실 자체는 하나님 앞에 전혀 근거가 될 만한 것이 없는 물과 피 뿌림에 지나지 않습니다.

그리스도를 떠나는 것이 바로 파문이고 출교다

프랑스 신앙고백 제13조는 "만일 우리가 그리스도를 떠난다면, 우리의 유일한 피난처이신 성부 하나님의 자비를 포기하는 것과 같다."고 명료하게 고백합니다. 여기서 "그리스도를 떠난다."는 말은 "모든 사람이 이 정죄와 보편적 부패에 빠져 있음을 믿는다. 그러나 하나님이 영원하고 불변하는 선택의 의논에 따라 택자들의 공로(일함)를 고려하지 않으시고, 예수 그리스도 안에서 그의 선하심과 자비로 그들을 죄악과 비참한 처지에서 떠나게 하셨음"을 확신하지 못하고, 오히려 로마 가톨릭의 트리엔트 법규 제11항의 "만일 누가 오로지 그리스도의 의로움만 힘입어서 인간이 의화한다고 주장하거나, 성령에 의해서 인간의 마음속에 새겨지고 자리 잡는 은총과 사랑을 제외한 채 오직 죄의 사함에 의해서만 의화한다고 주장하거나, 혹은 우리를 의화하는 은총은 오직 하나님의 호의일 뿐이라고 주장한다면, 그는 파문받아야 한다."는 규정을 두려워하고 따르는 것을 말합니다.

바울은 고린도 지역 그리스도인들에게 이렇게 말했습니다.

> 형제들아 너희를 부르심을 보라 육체를 따라 지혜로운 자가 많지 아니하며 능한 자가 많지 아니하며 문벌 좋은 자가 많지 아니하도다 그러나 하나님께서 세상의 미련한 것들을 택하사 지혜 있는 자들을 부끄럽게 하려 하시고 세상의 약한 것들을 택하사 강한 것들을 부끄럽게 하려 하시며 하나님께서 세상의 천한 것들과 멸시 받는 것들과 없는 것들을 택하사 있는 것들을 폐하려 하시나니(고전 1:26-28).

하나님께서 그렇게 하시는 것은 "아무 육체도 하나님 앞에서 자랑하지 못하게 하려 하심"(29절)입니다. "아무 육체도 하나님 앞에서 자랑하지 못하게 하려 하심"이라는 말은, 단순히 누가 더 잘났냐 하는 주장을 할 수 없게 하셨다는 의미가 아닙니다. 하나님 앞에서 누구도 택함받을 만한 근거를 내세울 수 없게 하셨다는 뜻입니다. 아무 능력도 조건도 갖추지 않은 자를 들어 세우신 하나님 앞에서는 능한 자와 문벌 좋은 자들이 부끄럽게 되듯이, 세움받은 자 또한 아무 능력도 조건도 갖추지 않은 것을 잘 알기 때문에 그분 앞에서는 누구도 자랑할 만한 근거를 내세울 수가 없는 것입니다. 그러므로 신자들은 아무 내세울 것이 없는 자임에도 아무것도 고려하지 않으시고 우리를 택하신 하나님의 자비와 은총이 오직 그리스도 안에서만 우리에게 베풀어지는 것임을 굳게 붙잡고, 이에서 떠나지 말아야(자신의 어떤 것도 근거로 삼지 말아야) 합니다.

사도 요한은 "아들을 부인하는 자에게는 또한 아버지가 없으되 아들을 시인하는 자에게는 아버지도 있느니라"(요일 2:23)고 했습니다. 여기서 아들을 부인하거나 시인한다는 것은, 단순히 예수 그리스도를 믿는다고 고백하느냐 고백하지 않느냐를 말하는 것이 아닙니다. 그리스도 외에 다른 것에 구원과 의의 근거를 두는 행위(또는 믿음)를 말하는 것입니다. 즉 로마 가톨릭의 트리엔트 법규 제11항에서 단언하는 규정이 두려워 "인간의 의화(칭의)는 오로지 그리스도의 의로움을 힘입어 죄를 사해 주시는 하나님의 호의로만 되는 것이 아니라, 성령에 의해 인간의 마음속에 새겨지고 자리 잡는 은총과 사랑의 실행이 더해져서 되는 것"이라고 믿는 것이 바로 아들(그리스도)을 부인하는 것입니다. 사도 요한은 그처럼 "아들을 부인하는 자에게는 또한 아버지가 없[다]"고 했습니다.

제14조

그리스도의 신성

우리는 예수 그리스도께서 지혜이시며 성부 하나님의 영원하신 아들이심을 믿는다. 우리의 인성을 취하시고, 한 인격(Person) 안에 하나님과 사람이 있으시며, 우리와 같은 사람으로서 실제로 몸과 마음에 고난을 당하실 수 있고, 모든 점에서 우리와 같이 되신 분이지만 죄에 대해서는 전혀 예외이심을 믿는다. 비록 육적으로는 아브라함과 다윗의 후손이시지만, 예수 그리스도께서는 가장 축복된 처녀에게서 비밀스럽고 불가해한 성령의 능력으로 잉태되셨다. 그러므로 우리는 지난 시절에 교회를 어지럽히던 모든 이단에 진실로 반대하며, 특별히 세르베투스의 악마적인 망상에 반대한다. 그는 우리 구주 예수 그리스도를 망상적인 신(神) 개념으로 이해하여 그를 만물의 발상(idea)이나 양식(pattern)이라고 주장하는가 하면, 하나님의 아들이라는 것은 비유(figurative) 혹은 모조(counterfeit)라 불렀다. 요컨대 그는 창조된 것이 아닌 세 요소로 채워진 몸을 가진 분이라고 주장하여 그(그리스도)의 본성(신성과 인성)을 섞어버리거나 깨뜨려버렸다.

[증거구절]

요 1:14; 갈 4:4; 빌 2:6-7; 마 26:38; 눅 23:46; 요 12:27, 19:30; 히 2:17-18; 고후 5:21; 히 4:15; 벧전 2:22; 요일 3:5; 창 22:18; 시 132:11; 렘 33:15; 마 1:1; 행 2:30-31, 13:23; 롬 1:3, 8:3, 9:5; 갈 3:16; 빌 2:7; 히 2:14; 마 1:18; 눅 1:31, 34-35.

앞서 우리는 프랑스 신앙고백이 로마 가톨릭의 트리엔트 회의 교령과 법규들을 논박하는 내용들을 살펴보았습니다. 프랑스 신앙고백이 라 로셸에서 공식적으로 채택되려면 로마 가톨릭 교리에 반박해야 할 뿐 아니라 재세례파 등을 포함한 개신교 진영 내의 여러 주장과 이단설에도 대응하고 논박해야만 하는 시급한 상황이었습니다. 특별히 프랑스에서는 신령자유파의 주장들이 창궐하고 있었는데, 특히 세르베투스의 이단설은 매우 주관적이고 광범위한 이단설로, 많은 혼란을 일으켰습니다.

그러나 자유파나 재세례파, 세르베투스처럼 자유로운 이단설을 지닌 자들과 그들의 주장은 대부분 기독교 역사에서 이미 드러났던 것들이었습니다. 16세기 당시 종교개혁과 함께 야기된 신앙의 혼란은 중세시대부터 유럽 곳곳에 창궐하고 있던 사상들이 겉으로 드러난 것일 뿐이었습니다. 아울러 16세기 유럽은 마르틴 루터(Martin Luther, 1483-1546)나 칼뱅을 비롯한 대표적인 종교개혁 인물들을 통해 주로 귀족층과 상류층에서 로마 가톨릭 신앙의 오류를 타파하고 있었지만, 하층민 사이에서는 재세례파나 자유파, 세르베투스와 같은 이단 사상이 곰팡이 포자처럼 퍼져나가고 있는 상황이었습니다.[113] 그래서 프랑스 신앙고백은 당시 사회에 신앙적 물의를 일으킨 이단자 세르베투스의 사상을 공식적으로 배격하고 있습니다.

이성일인격의 그리스도

칼뱅은 이단설을 이유로 세르베투스에게 사형이 집행되도록 주도한 사람으로 널리 오해되고 있습니다. 그러나 사실 칼뱅은 약 16년 동안이나 세르베투스의 활동을 조용히 지켜보면서 그에게 은밀히 권면한 사람입니다. 그런데도 세르베투스는 자신의 이단설 주장을 철회하지 않았습니다. 그래서 결국 칼뱅은 1553년에 「세르베투스 논박」(Contra Michaelis Serveti)이라는 제목의 글을 발표하여 세르베투스의 주장에 대한 논박을 펼치게 된 것입니다.

세르베투스는 칼뱅에게 보낸 서신에서 세 가지 질문을 던집니다. 그 가운데 첫 번째 질문이 바로 예수 그리스도와 관련된 것이었습니다. "만일 십자가에 달린 인간 예수가 하나님의 아들이라면, 이 친자 관계의 근거(ratio)는 무엇인가?"[114] 이에 대해 칼뱅은 다음과 같이 답변했습니다.

> 우리는 인간이 되어 십자가에 죽은 예수 그리스도께서 하나님의 아들이라고 믿고 고백한다. …… 이 칭호에 대한 이해와 근거에 관해서 우리는 사도 바울이 말하듯이(딤전 3:16), 하나님의 지혜이신 예수 그리스도께서 만세 전에 출생하시고, 우리의 육체를 입은 후 육체로 나타나신 하나님이 되셨다고 말한다. 그러므로 우리는 예수 그리스도께서 그의 인성을 따라서도 하나님의 아들이심을 인정한다. 물론 이것은 그가 하나님이시기 때문이다.

또한 답변 말미에 이러한 말을 덧붙였습니다.

> 우리 구원의 신비를 존경스럽게 생각하는 자들은, 그들이 예수 그리스도께서 자체로 두 개의 구별된 본성을 갖지만 그래도 하나의 유일한 그리스도라는 말을 들을 때, 즉 마리아의 아들인 이가 마찬가지로 하나님의 아들이요, 하나님의 아들이신 이가 바로 마리아의 아들이라는 말을 들을 때, 그리하여 그가 우리의 형제요 우리의 육체가 되어 그

의 방식으로 우리가 하나님의 아들이 된다는 말을 들을 때, 더할 나위 없는 감미로운 위로를 받는다.

이에 대해 세르베투스는 서신으로 다음과 같이 반박했습니다.

> 그대는 나와 같이 십자가에 달린 예수 그리스도가 하나님의 아들임을 고백한다. 그러나 그대는 이 아들 됨의 방식이 이 사람이 하나님에게서 출생한 것이 아니라 우리 육체를 입은 다른 출생이라고 말한다. …… 그대는 그대의 말을 보다 명백히 입증하기 원하면서, 예수 그리스도가 육신으로는 다윗에게 출생했다는 사도 바울의 글(딤전 3:16; 롬 1:3, 9:5; 빌 2:6-8 등)을 인용한다. 이에 근거하여 그대는 예수 그리스도가 인성의 관점에서 육체를 따라 다윗의 아들(*Fils*)이라 명명되는 것과 꼭 마찬가지로, 그가 또한 신성의 관점에서 하나님의 아들이라고 추론한다. 이것은 사실이다. 그러나 인성은 아들로 불리지 않으며, 따라서 신성도 더 이상 아들이 되지 못할 것이다. …… 그대에 따르면 인성이 아들이요, 신성도 아들이며, 그리스도 전체가 아들이다. 나는 예수 그리스도가 인성을 따라 다윗 자손임을 솔직히 인정한다. 그러나 이 인성이 아들(*Fils*)임을 부인한다. 나는 또한 예수 그리스도가 신성을 따라 하나님의 아들임을 인정하나, 이 신성이 아들임을 부인한다.[115]

이처럼 세르베투스는 하나님이자 온전히 사람으로 나셨으며 영원한 아들이신 그리스도의 "이성일인격"(二性一人格)에 전혀 동의하지 않으며, 오히려 그리스도를 한 위격에 국한해서만 그 실체를 인정했습니다. 칼뱅이 설명하는 그리스도의 이성일인격은 이미 니케아 신조, 칼케돈 신조, 아타나시우스 신조 등 여러 공의회와 교부, 탁월한 신학자들이 견지해 온 내용이었습니다. 그러므로 프랑스 신앙고백 제14조에서도 이를 지지하여 "우리는 예수 그리스도께서 지혜이시며 성부 하나님의 영원하신 아들이심을 믿는다. 우리의 인성을 취하시고, 한 인격(Person) 안에 하나님과 사람이 있으시며, 우리와 같은 사람으로서 실제로 몸과 마음에 고난을 당하실 수 있고, 모든 점에서 우리와 같이 되신 분이지만 죄에 대해서는 전혀 예외이심을 믿는다. 비록 육적으로는 아브라함과 다윗의 후손이시지만, 예수 그리스도께서는 가장 축복된 처녀에게서 비밀스럽고 불가해한 성령의 능력으로 잉태되셨다."고 고백하는 것입니다.

그리스도의 위격적 속성

성부 하나님의 아들이라는 그리스도의 위격적 속성에 대해 프랑스 신앙고백은 먼저 "지혜"와 관련지어 그리스도를 언급합니다.

제14조에서 배격하는 세르베투스는 "십자가에 달리신 인간 예수께서 하나님의 아들이라면, 그 친자 관계는 무엇에 근거하는지"를 칼뱅에게 질문하였고, 칼뱅이 이에 답변한 것을 살펴보았습니다. 칼뱅이 답변한 내용에서 "하나님의 지혜이신 예수 그리스도께서 만세 전에 출생하시고, 우리의 육체를 입은 후 육체로 나타나신 하나님이 되셨다."[116]는 표현에 대해 세르베투스는 "그대는 그대의 의도를 입증하기 위해서, 출생된 지혜와 관련한 집회서(프랑스 신앙고백 제3조에서 외경으로 분류하여 정경 목록에 넣지 않은 서신)의 은유적 구절을 인용한다."[117]고 오해하면서 "그런데 동일 저자는 또한 지혜가 창조되었다고도 말한다. …… 만일 이전에 실제로

출생된 어떤 것이 있다면, 그것은 (육신의) 형체가 없는 아들이었다. 그런데 이로 말미암아 하나님이 나뉘실 뿐만 아니라 두 아들, 즉 육신이 있는 아들과 육신이 없는 아들이 만들어진다."[118]고 반박했습니다.

그러나 칼뱅에 따르면, 세르베투스가 그렇게 반박한 것은 칼뱅의 글을 전혀 다르게 이해했기 때문입니다. 무엇보다 칼뱅은 외경인 집회서(24:9)를 인용한 것이 아니라 잠언 8장에 있는 지혜에 관해 언급했을 뿐입니다.[119] 즉, "여호와께서 그 조화의 시작 곧 태초에 일하시기 전에 나를 가지셨으며 만세 전부터, 태초부터, 땅이 생기기 전부터 내가 세움을 받았나니 아직 바다가 생기지 아니하였고 큰 샘들이 있기 전에 내가 이미 났으며 산이 세워지기 전에, 언덕이 생기기 전에 내가 이미 났으니"(잠 8:22-25)라는 본문을 바탕으로, 성자이신 예수 그리스도를 설명한 것입니다. 그래서 칼뱅은 세르베투스의 반박에 대해 "그대가 헛되이 노력하지 않도록, 나는 그대가 예수 그리스도께서 사람이 되기 전에 영원한 하나님의 말씀이셨음을 인정만 한다면 그것으로 충분하다."고 대답한 것입니다. 한마디로 칼뱅이 잠언 8장을 인용하여 언급한 지혜이신 그리스도는 "영원한 하나님의 말씀"이라는 것입니다. 그리고 그러한 이해는 "태초에 말씀이 계시니라 이 말씀이 하나님과 함께 계셨으니 이 말씀은 곧 하나님이시니라"(요 1:1)는 성경 말씀과 완전히 일치합니다.

다윗의 자손이신 예수 그리스도

그리스도의 아들 되심과 관련하여 세르베투스는 칼뱅에게 "그대에 따르면 인성이 아들이요, 신성도 아들이며, 그리스도 전체가 아들이다. 나는 예수 그리스도가 인성을 따라 다윗의 자손임을 솔직하게 인정한다.

그러나 이 인성이 아들(Fils)임을 부인한다. 나는 또한 예수 그리스도가 신성을 따라 하나님의 아들임을 인정하나, 이 신성이 아들임을 부인한다."[120]고 답변했습니다.

이에 대해 칼뱅은 "그대는 …… 내가 하나님의 아들을 셋으로 만든다고 말한다. 왜냐하면 나에 따르면 인성도 아들이요, 신성도 아들이며, 그리스도는 전체적으로 물론 아들이기 때문이라는 것이다. …… 이제 나는 그대가 싸우는 것은 그대의 몽상이지 내 교리가 아니라고 한마디로 답한다. 왜냐하면 나는 마리아의 아들인 그분과 다른 하나님의 아들이 있었다고 말하지 않기 때문이다."[121]라고 답변했습니다. 세르베투스는 칼뱅의 답변이 세 분의 아들을 만드는 것이라고, 즉 그리스도를 셋으로 쪼개는 것이라고 폄하했습니다. 그러나 칼뱅은 그 주장이 자신이 설명하는 바, 아니 성경을 통해 자신이 언급하는 바를 전혀 다르게 상상하는 몽상일 뿐이며, 세르베투스가 스스로 만든 공상적 개념과 싸우는 것이라고 반박한 것입니다. 계속해서 칼뱅은 이렇게 답변했습니다.

> 또한 우리의 신앙도 다음과 같다. 즉 하나님의 영원한 말씀이신 이가 신성에 따라서 하나님의 아들이요 인성의 관점에서 사람의 아들이지만, 그럼에도 불구하고 양성을 가져야 하는 것이 하나님의 두 아들이 있음을 의미하지는 않는다는 것이다. 그리스도는 하나님이자 사람이기에, 그는 전 인격 가운데에서 또한 하나님의 아들이자 사람의 아들이다. 우리는 양성을 이렇게 구분하는데, 즉 그 속에서 인격의 일치가 온전히 이뤄지는 방식이다.

사실 칼뱅과 세르베투스 사이에 논박되고 있는 "예수 그리스도에 대한 이해"(하나님의 영원한 아들이시자 우리와 같은 육신을 입으신 다윗의 자손이라는 이해)는 언뜻 이해하기 어려운 주제로 생각될 수 있습니다. 그러나 그리스도의 영원한 아들 되심, 인성과 신성에 있어서 아들 되심과 다윗의 자손으로 우리와 같은 육신을 입으신 예수 그리스도에 대한 이해는, 그의 성육신과 구속의 진리를 성립하고 이해하는 데 필수적인 부분입니다. 그렇기 때문에 이 주제는 결코 그냥 넘어갈 수 없습니다. 성경은 분명 그의 아들 되심을 언급하고 있고(잠 8:22-25; 눅 1:35; 롬 1:3 등), 그런 아들이 우리와 같은 죄인이어서는 결코 우리를 대속할 수 없습니다. 무엇보다 우리와 같은 육신을 입으시기 위해 다윗의 혈통으로 오시지 않았다면 결코 우리의 대표(둘째 아담)가 되실 수 없습니다. 그러므로 칼뱅은 세르베투스의 오해와 망상을 결코 그냥 넘길 수 없었던 것이며, 프랑스 신앙고백 역시 그러한 잘못을 결코 용인할 수 없었던 것입니다.

그리스도의 신성과 인성은 융합 또는 분리되지 않는다

칼뱅은 「기독교강요」에서 세르베투스를 네스토리우스(Nestorios of Antiocheia, 386?-451) 및 에우티케스(378-454)를 따르는 이단자로 언급합니다. 세르베투스는 "하나님의 아들을 하나님의 본질과 영과 육과, 그리고 세 가지 창조되지 않은 원소로 혼성(混成)된 허구의 존재라고 주장"했습니다.[122] 즉 네스토리우스가 그리스도의 본성(신성과 인성)을 구별하지 않고 각각 분리시켜 설명하여 이중의 그리스도로 규정한 것처럼, 세르베투스도 그리스도의 두 본성을 구별하지 않고 한 덩어리로 융합된, 그러면서도 실재적으로는 허구의 존재로 규정한 것입니다. 세르베투스는 "그리스도가 하나님의 아들이라고 하는 것은 성령으로 인하여 동정녀의 태중에서 났기 때문일 뿐"으로, 예수 그리스도의 육신에 있어서만 하나님의 아들로 인정한 것입니다. 칼뱅에 따르면 "그의 논리 전체는, 그리스도가 육신으로 나타나기 전에는 하나님 안에 그림자 같은 형상들만이 있었다는 생각을 토대로 삼은" 것입니다. 또한 칼뱅은 "그(세르베투스)는 그리스도의 육신이 하나님의 본질에서 와서 신성으로 변한 것이 아니라면, 그리스도를 하나님의 아들이라고 생각할 수 없다고 함으로써, 말씀의 영원한 위격을 말살해버리며, 우리의 구속자로서 약속된 다윗의 후손을 우리에게서 빼앗아버린다."고 했습니다. 한마디로 세르베투스의 주장은 예수 그리스도의 성육신과 구속에 관련된 일련의 성경 내용을 뒤틀고 뒤섞어버려서, 우리에게 전해진 진리의 풍성함을 모조리 파기시키려는 속셈을 담고 있는 것입니다.

그러나 칼뱅은 영원하신 하나님의 아들 예수 그리스도에 대해 "아브라함과 다윗의 후손으로 나서 육신으로는 참사람이었던 분만이 우리의 구속자가 될 수 있다."[123]고 했습니다. 또한 "말씀이 육신이 되어 우리 가운데 거하시매 우리가 그의 영광을 보니 아버지의 독생자의 영광이요 은혜와 진리가 충만하더라"(요 1:14)는 말씀, 특별히 "말씀이 육신이 되어"라는 말씀을 기초로 "네스토리우스의 오류(그리스도의 신성과 인성을 분리시킨 오류)에 대항하는 동시에, 에우티케스의 불경건한 조작(그리스도의 인성을 거의 부정해버린)도 지지하지 않았"습니다.

칼뱅에 따르면, 요한복음 1장 14절에서 요한은 두 본성이 통일된 위격을 이루었음을 선언하고자 했습니다. 그러므로 그리스도의 신성과 인성은 결코 융합 또는 분리되지 않는 것입니다. 이미 에베소 회의(431)에서 네스토리우스의 이단설을 정죄하고 콘스탄티노플(381)과 칼케돈(451) 회의에서 에우티케스의 이단설을 정죄하여 그리스도의 신성과 인성을 섞어버리거나 따로 갈라내는 것 모두를 용인하지 않았습니다. 마찬가지로 프랑스 신앙고백도 이미 확정된, 그리고 성경에 따라 확정된 교회의 역사에 근거하여 세르베투스와 같은 자들의 이단설을 신속하고도 분명하게 배격한 것입니다. 이와 관련하여 칼뱅은 요한복음 2장 19절을 설명하면서 "만일 그리스도의 몸 안에 그 몸과 다른 신성이 계시지 않았다면, 그리스도는 자기의 몸을 성전이라고 부르시지 않았을 것"이라고 했습니다. 예수께서 "너희가 이 성전을 헐라 내가 사흘 동안에 일으키리라"고 하신 것은 그 안에 있는 인성으로서가 아니라 신성으로서 그렇게 말씀하실 수 있었던 것입니다.

제15조

그리스도의 본성의 연합과 구별

우리는 한 인격, 곧 구주 예수 그리스도 안에 두 본성(신성과 인성)이 실질적이고도 분리되지 않게 결합되어 있음을 믿는다. 또한 그럼에도 각 본성은 본래적 성격을 분명히 지니고 있으며, 이 연합으로 신성이 그 속성을 그대로 지닌 채 피조물이 아닌 무한하고 무소부재(無所不在)한 존재로 남아 있음을 믿는다. 그의 인성(人性)은 유한하고, 인성으로서 형태와 한계, 속성을 가지고 있다. 죽음에서 부활하셨을 때 구주 예수 그리스도의 몸은 영생을 얻었지만, 그것(몸의 참된 본성)은 결코 제거되지 않았다.

[증거구절]

마 1:23; 눅 1:35; 요 1:14; 딤전 2:5, 3:16; 요 3:31-34, 12:44-45, 14:9-10; 골 1:19-20; 마 26:11, 27:50; 눅 23:46, 24:38-39; 행 3:21; 롬 1:4; 고전 15:12-24; 빌 2:6-11, 3:21; 요 20:25, 27; 행 1:2-3.

제14조에서 우리는 그리스도의 두 본성, 즉 신성과 인성이 분리되어 이해될 수 없을 뿐 아니라 하나로 융합되어 이해되어서도 안 된다는 사실을 살펴보았습니다. 이제 제15조에서는 그리스도의 두 본성을 융합이 아닌 결합(또는 연합)으로 설명하는 것을 살펴볼 것입니다.

그리스도의 두 본성의 결합

예수 그리스도의 두 본성인 신성과 인성은 성자라는 위격이 갖는 고유하고 독특한 특성입니다. 성자의 신성과 인성의 조화(결합)는 그리스도로서 예수님이 하시는 사역을 성립시키는 기반이며, 계시로서도 결정적이고 중요한 의미를 갖습니다. 이런 측면에서 그리스도의 신성과 인성은 결합되어 있으면서도 각 성의 고유한 성격을 그대로 유지하고 있습니다. 예수 그리스도의 신성과 인성이 지닌 독특성은 바로 그 고유한 속성이 분명하게 구별되면서도 동시에 두 본성이 결합되어 결코 분리되지 않는다는 것입니다.

예수 그리스도께서는 자신에 대해 "진실로 진실로 너희에게 이르노니 아브라함이 나기 전부터 내가 있느니라"(요 8:58)고 말씀하셨습니다. 이것은 분명 육체를 입으시고 한 말씀입니다. 그러므로 이러한 말씀을 하시는 그리스도는 인성을 지닌 분으로서의 그리스도이시지 신성을 지닌 분으로서의 그리스도는 아닐 것입니다. 그리고 인성을 지닌 분으로서의 그리스도께서 "아브라함이 나기 전부터 내가 있느니라"고 말씀하셨다면, 그 말은 곧 성육신하시기 전에도 그의 인성이 계셨다는 말씀이거나 그의 신성에 관한 말씀일 것입니다.

요한복음 8장 58절과 관련하여 칼뱅은 「기독교강요」(1559)에서 "그리스도는 자기가 나타나신 때와 자기의 영원한 존재를 분명히 구별하시며, 자기의 권위는 아브라함의 권위보다 시대적으로 앞선다고 명백히 높이시므로, 여기서는 자기의 신성에 고유한 것을 자기의 것이라고 주장하시는 것이 틀림없다."[124]고 설명했습니다. 즉, 요한복음 8장 58절에서 자신에 대해 "아브라함이 나기 전부터 내가 있느니라"고 말씀하시는 그리스도께서는 신성에 고유한 자신의 본질을 언급하신 것이지만, 그처럼 신성에 고유한 본질을 구분하지 않고 결합된 본성을 지닌 자신에 관해 언급하신 말씀인 것입니다. 계속해서 칼뱅은 "바울은 그리스도에 대해서 그는 '모든 창조물보다 먼저 나신 자니 …… 그가 만물보다 먼저 계시고 만물이 그 안에 함께 섰느니라'고 선언한다(골 1:15, 17). 또 주께서는 창세전에 아버지 앞에서 영광을 가졌다고 하시며(요 17:5), 아버지와 함께 일을 하신다고 하신다(요 5:17). 이런 속성들은 인간에게 전혀 이질적인 것이다. 그러므로 이런 종류의 속성들은 그의 신성(神性)에만 해당한다."고 했습니다.

그러나 이어서 칼뱅은 그리스도의 인성에만 해당하는 본질과 관련하여 예수님이 인성에 고유한 자신의 본질을 인성 가운데서 말씀하시고 드러내신 것을 언급하고 있습니다.

> 그는 "아버지의 종"이라고 하며(사 42:1), "그 지혜와 그 키가 자라가며 하나님과 사람에게 더 사랑스러워 가시더라"고 하며(눅 2:52), "자기의 영광을 구하지 아니하며"(요 8:50), "최후의 날을 모르며"(막 13:32; 마 24:36), "스스로 말하는 것이 아니며"(요 14:10), "그 자신의 뜻을 행하려 함이 아니며"(요 6:38), "사람들이 그를 보고 만졌다"고 한다(눅 24:39). 이 모든 말들은 전적으로 그리스도의 인성에 관한 것이다.[125]

또한 칼뱅은 계속해서 "하나님이신 한, 어떤 것이든 자랄 수 없으며, 모든 일을 자기를 위해 하신다. 아무 일도 그에게서 숨길 수 없다. 그는 자기의 뜻으로 결정하신 대로 모든 일을 하시며, 사람이 보거나 만질 수 없다. 그러나 그는 이런 속성들을 자기의 인성에만 돌리지 않고 중보자로서의 위격과 조화되는 것으로 인정하며, 자기의 속성이라고 하신다."[126]고 말합니다.

그리스도의 두 본성과 관련한 칼뱅의 이러한 이해와 설명이 바로 프랑스 신앙고백 제15조에서 다루는 요지입니다. 칼뱅의 글은 그리스도의 두 본성이 어떻게 결합되어 있는지를 설명하는 것으로, 그 설명이 단순히 사변(思辨)적인 것이 아니라 철저히 성경으로 말미암아(성경이 그렇게 언급하므로), 성경에 따른 것임을 알 수 있습니다.

그리스도의 위격의 통일성

그러나 성경이 그리스도를 늘 신성과 인성이 융합된 어떤 분으로 그리고 있는 것은 아닙니다. 때로는 신성에 해당하는 분으로만, 또 때로는 인성에 해당하는 분으로만 구분하여 표현하는 것을 볼 수 있습니다. 물론 어떤 구절들은 두 본성을 동시에 언급하기도 하는데, 바로 요한복음 5장 21-23절이 대표적입니다.

요한복음 5장 21절은 "아버지(성부)께서 죽은 자들을 일으켜 살리심같이 아들도 자기가 원하는 자들을 살리느니라"고 하고, 22절은 "아버지께서 아무도 심판하지 아니하시고 심판을 다 아들에게 맡기셨[다]"고 했습니다. 그리고 23절에 따르면 그처럼 심판을 다 아들에게 맡기신 이유는 "모든 사람으로 아버지를 공경하는 것같이 아들을 공경하게 하려 하심"입니다. "아버지께서 죽은 자들을 일으켜 살리심같이 아들도 자기가 원하는 자들을 살리"시기 때문에 아버지(성부 하나님)를 공경함같이 그 아들(예수 그리스도) 또한 동일하게 공경하는 것이 마땅한 것입니다.

또한 고린도전서 8장 6절도 두 위격을 동시에 나타냅니다.

그러나 우리에게는 한 하나님 곧 아버지가 계시니 만물이 그에게서 났고 우리도 그를 위하여 있고 또한 한 주 예수 그리스도께서 계시니 만물이 그로 말미암고 우리도 그로 말미암아 있느니라.

이처럼 두 위격을 동시에 나타내는 본문들에서 우리는 두 위격이 명백히 구별(區別)되지만 구분(區分)되지는 않으며 결합(또는 연합)된 것으로 언급되고 있음을 확인할 수 있습니다. 따라서 제15조는 "우리는 한 인격, 곧 구주 예수 그리스도 안에 두 본성(신성과 인성)이 실질적이고도 분리되지 않게 결합되어 있음을 믿는다. 또한 그럼에도 각 본성은 본래적 성격을 분명히 지니고 있으며, 이 연합으로 신성이 그 속성을 그대로 지닌 채 피조물이 아닌 무한하고 무소부재(無所不在)한 존재로 남아 있음을 믿는다."고 하여 그리스도의 두 본성의 결합과 구별만 언급했지만, 아울러 하나님의 위격 간에도 동일한 결합의 통일성이 있음을 알 수 있습니다. 칼뱅도 「기독교강요」에서 신성과 인성의 상호 관계를 다룰 뿐 아니라, 중보자(구속자)의 위격의 통일성까지 함께 언급하고 있습니다.[127]

속성의 교류

속성의 교류와 관련하여 일찍이 "페리코레시스"라는 개념이 알려져 있습니다. 이것은 특히 니사의 그레고리우스(Gregorius Nyssenus, 335-394)가 성부와 성자 사이의 비분리적이고 긴밀한 연합을 설명하면서 정립된 개념입니다. 그레고리우스는 "아들(성자)은 아버지(성부)와 본질적인 연합 안에 있고, 성령은 아들과 본질적인 연합 안에 있다."[128]고 하여 세 위격의 긴밀한(본질적인) 연합 개념을 정립했습니다. 또한 세 위격 간의 본질적인 연합으로 말미암은 본성의 교류 개념에 따라서 "아버지가 우주의 섭리자이시면 아들도 동등하게 그 섭리자이다. 이것은 그들의 목적이 동일하여 본성의 교류를 보여준다."고 했습니다. 이에 따라 세 위격이 본질적으로 연합되어 있으므로 세 위격의 사역도 차이가 없는, 한 하나님의 사역이라는 결론을 이끌어내게 되었습니다.

그러나 속성 간 교류의 개념은 그리스도의 신성과 인성이라는 두 속성의 상호 교류의 바탕을 이루는 "이디오마톤 코이노니아" 교리에 따라 그리스도의 두 본성, 즉 인성과 신성이 연합되어 있으면서도 둘을 구별할 수 있다는 것을 의미합니다. 이에 따라 성경에서 어떤 때에는 그리스도의 신성에만 해당하는 일이 인성에, 또 어떤 때에는 그리스도의 인성에만 해당하는 일이 신성에 돌려지거나, 심지어 두 본성 모두 해당하는 일이 그리스도에게 돌려지는 본문을 이해하여 해석할 수 있는 것입니다. 그러한 바탕 가운데서 "그럼에도 각 본성은 본래적 성격을 분명히 지니고 있으며, 이 연합으로 신성이 그 속성을 그대로 지닌 채 피조물이 아닌 무한하고 무소부재(無所不在)한 존재로 남아 있음을 믿는다. 그의 인성(人性)은 유한하고, 인성으로서 형태와 한계, 속성을 가지고 있다. 죽음에서 부활하셨을 때 구주 예수 그리스도의 몸은 영생을 얻었지만, 그것(몸의 참된 본성)은 결코 제거되지 않았다."는 제15조의 고백이 성립되었습니다.

이처럼 제15조의 "그리스도의 본성의 연합과 구별"에 대한 신앙고백은 1566년에 하인리히 불링거(Heinrich Bullinger, 1504-1575)가 작성한 제2 스위스 신앙고백(The Second Helvetic Confession) 제11장에서 더 폭넓게 확인할 수 있습니다. 그 가운데 일부분은 다음과 같이 고백하고 있습니다.

우리는 우리 주 예수 그리스도 한 분 안에 신성과 인성이라는 두 본질이 있었음을 인정한다. 우리는 이 두 본질이 연합, 통일되어 있기 때문에, 한 성질이 다른 성질을 삼키거나 서로 혼돈이 되거나 뒤섞이는 일은 없었다고 말한다. 하지만 한 인격 안에서 서로 연합, 통일을 이루었기 때문에, 우리는 두 분 주님이 아니라, 우리 주님 그리스도 한 분만을 예배한다. 우리는 참 하나님이시면서 사람이신 한 분을 믿는다. 그는 신성과, 우리와 동일한 인성을 가지셨다. 그는 "모든 일에 우리와 한결같이 시험을 받는 자로되 죄는 없으시다"(히 4:15).[129]

또한 제2 스위스 신앙고백은 이에 근거하여 거부되는 이단과 사상도 고백하고 있습니다.

> 우리는 한 분 그리스도를 둘로 나누어서 인격의 통일성을 파괴하는 네스토리우스 이단을 배격하는 것과 똑같이, 인성의 특성을 말살하는 에우티케스와 단의론자들과 단성론자들의 미친 짓도 혐오한다.

아울러 "그러므로 우리는 그리스도 안에 있는 신성이 고난을 받았다거나, 그리스도의 인성이 지금도 세상에 남아 있어서 어디에나 편재한다고 가르치지 않는다."고 하면서 "왜냐하면 그리스도께서 영화롭게 되신 이후로는 그의 몸이 더 이상 참 몸이 아니라고 하거나, 그 몸이 신성화되었고 그 결과 육체와 영혼이 지니는 특성을 버리게 됨으로써 완전히 신성으로 변화되어 하나의 성질만을 가지기 시작하셨다고 생각하거나 가르치지를 않기 때문이다."라고 했습니다. 또한 "그러므로 우리는 슈벵크펠트의 어리석고 교묘하고 복잡하고 애매하고 모순되는 주장과, 이 문제에 관한 또 다른 공허한 소리들을 허용하지도 않고 용납하지도 않는다."고 했습니다.

이처럼 "그리스도의 본성의 연합과 구별"에 대한 신앙고백은 결코 쉽게 지나쳐갈 내용이 아닙니다. 오히려 분명하게 믿고 고백해야 마땅한 내용으로, 그리스도에 관한 이 진리(성경이 언급하고 있는 진리)에서 벗어나 그의 본성의 연합과 구별을 깨뜨리는 이단들의 주장에 단호히 대처하는 근거임을 알 수 있습니다. 그러므로 제2 스위스 신앙고백도 "우리는 성경에 의거하여 경외하는 마음으로 특성들(그리스도의 신성과 인성) 간의 교통을 경건하게 받아들여 활용하고, 얼핏 보기에는 서로 불일치하는 것처럼 보이는 성경 말씀들을 오랜 전통(니케아, 콘스탄티노플, 에베소, 칼케돈 회의의 신조들)에 따라서 조화되게 설명할 수 있기 때문이다."라고 고백하는 것입니다.

부활하신 그리스도의 몸

그리스도의 인성이 지닌 본질은 유한하고, 특정한 곳에 머무르며, 형태 면에서도 한계와 고유성이 있다는 특징이 있습니다. 즉 육신이 있는 우리처럼 제한적이고 유한한 것입니다. 우리와 다른 점은 죄가 없는 인성이라는 것인데, 그것을 제외하면 인성을 지니신 그리스도의 성육신은 우리와 완전히 동일합니다. 그래서 제15조는 그러한 그리스도의 인성이 지닌 고유한 특성을 "그의 인성(人性)은 유한하고, 인성으로서 형태와 한계, 속성을 가지고 있다."고 고백하고 있습니다.

그런데 제15조는 또한 "죽음에서 부활하셨을 때 구주 예수 그리스도의 몸은 영생을 얻었지만, 그것(몸의 참된 본성)은 결코 제거되지 않았다."고 명시하고 있습니다. 마찬가지로 칼뱅도 1559년에 초안한 본문에서 "예수 그리스도는 부활하시어서 그의 몸에 불사성(不死性)을 부여하였을지라도 그의 성질의 진실한 것은 변하지 않았다. 이러한 의미에서 우리들은 그리스도를 그의 신성에 있어서 생각하지만 그렇다고 말함으로써 그에게서 그의 인간성을 제거하는 것은 아니다."[130]라고 고백합니다. 제2 스위스 신앙고백 역시 "새로운 육체로 부활하신 것이 아니라 참된 육체를 그대로 가지고 계셨음을 믿고 가르친다."[131]고 고백하고 있습니다.

그러나 일찍이 부활을 부인하는 자들(사두개인, 아덴 사람들, 켈수스[Celsus], 영지주의자)이 있었는가 하면, 부활을 잘못 이해하여 순전히 영적인 것으로만 생각하거나(후메내오와 빌레도[딤후 2:17-18]), 오리게네스처럼 부활체는 새롭고 완전할 뿐 아니라 무엇보다 영적인 상태의 몸이라고 주장하는 사람들도 있었습니다. 또한 서방교회와 비교할 때 동방교회(정교회)는 주로 부활을 영적인 관점으로 이해했습니다.[132] 이외에도 역사적으로 부활의 개념 자체를 부정하는 경우부터 신자의 부활을 부정하거나 오해하는 경우, 예수 그리스도의 부활체를 오해하는 경우에 이르기까지 부활에 대한 오해와 오류는 다양했습니다. 이러한 오류는 모두 예수 그리스도의 부활체에 대한 잘못된 이해에서 시작된 것입니다. 그래서 제2 스위스 신앙고백은 "그리스도께서는 다시 오셔서 그의 백성을 구원하시고, 적그리스도를 멸하실 것이며, 산 자와 죽은 자를 심판하실 것이다(행 17:31). 죽은 자들은 그날에 다시 일어나서, '반짝이는 눈으로 변화할 것'(고전 15:51-52)이다."[133]라는 문구에서 그리스도의 부활과 신자의 부활을 연계하여 설명하고 있습니다. 결국 그리스도의 부활체의 본질은 신자의 부활체의 본질과 (인성에 있어서) 상통하는 것입니다.

이처럼 예수 그리스도의 인성과 관련한 신앙의 고백은 단순히 그리스도에 대한 신앙의 지식이라는 면뿐 아니라, 우리와 공유하는 본성으로 우리가 얻는 유익과 은총을 구체적으로 인식한다는 면에서도 중요합니다. 물론 우리와 공유하는 본성일지라도 그리스도의 신성의 본질과 분리되지 않고 결합(혼합이나 융합이 아닌, 분리될 수 없되 분명하게 구별되는)되어 있다는 점에서 우리와는 본질적으로 다르지만, 인성으로서 지니는 제한적 특성은 매우 비슷합니다.

THE FRENCH CONFESSION
OF FAITH 1559 & 1571

4부

구원 사역

the French Confession
of Faith 1559 & 1571

제16조

그리스도의 죽으심

우리는 하나님께서 그의 아들을 세상에 보내셔서 우리에게 무한한 사랑과 헤아릴 수 없는 선을 보여주시고, 그의 모든 의를 완전히 성취하시며, 우리에게 영원한 생명을 가져다주시기 위해 그(예수 그리스도)를 죽으시기까지 내어주시고 다시 죽음에서 높이셨음(부활케 하심)을 믿는다.

[증거구절]
사 53:6; 요 1:29, 3:16, 15:13; 롬 4:25, 8:3, 32-33; 히 2:14-15; 요일 4:9.

제15조는 예수 그리스도의 두 본성 가운데 주로 인성의 특성을 다루었습니다. 이제 제16조에서는 그러한 그리스도의 인성이 지닌 특성을 바탕으로 그의 사역을 다룹니다. 그의 사역이란 그의 인성 가운데서 이루신 구원 사역으로, 그의 인성 가운데 드러난 사랑과 선행을 말합니다. 특히 그의 인성이 지닌 특성 때문에 예수님은 십자가에 죽으셨습니다. 그리고 그러한 십자가의 죽으심을 통해 그의 사랑과 선행이 무한히 증명되었습니다.

그리스도의 인성으로 이해하는 성육신

그리스도께서 지니신 두 본성 가운데 인성의 특성을 바르게 이해할 때, 우리는 비로소 그의 "성육신"도 바르게 이해할 수 있습니다. 기독교 역사를 보면 그리스도의 인성을 잘못 이해하여 비롯된 성육신의 오류들이 논박된 것을 알 수 있습니다.

1544년에 칼뱅은 「재세례파 논박」(*Contre les erreurs des Anabaptistes*)이라는 책에서 당시 스위스를 중심으로 확산되고 있던 재세례파의 사상을 논박했습니다. 재세례파의 신조인 슐라이타임 신앙고백의 일곱 주제를 논박한 뒤 성육신에 관해 다음과 같이 언급하였습니다.

> 재세례파는 …… 이렇게 말한다. "그가 다윗의 자손이라 불리는 것은 그가 동정녀 마리아로부터 무언가를 취했거나 본질적으로 인간이 되었기 때문이 아니라, 마치 물이 수로를 통해 흐르듯이 단지 그녀가 그를 그녀의 몸에 간직했기 때문이다." 만약 씨라는 단어가 표현되지 않았다면, 그렇게 말해질 수 있으리라. …… 하지만 그가 아브라함의 씨라는 말이 매우 자주 반복되고 있을진대, 그가 참 사람임을 부인하기 위해 무슨 궤변이 더 이상 남아 있을까?[134]

사실 재세례파보다 훨씬 이전에 "마르키온"파는 예수 그리스도의 성육신, 즉 예수님이 인간의 씨에서 나오신 것을 부정했습니다. 사도 요한의 제자인 폴리카르푸스(Polycarpus, 70-155)는 마르키온주의를 "사탄에게서 처음 난 자"라 불렀으며, 보편교회의 신앙도 이들의 주장을 거부하고 파문했습니다. 칼뱅도 이러한 역사를 언급하면서 재세례파의 주장을 단박에 거절했습니다. 성육신을 부정하는 주장은 얼핏 그리스도를 높이는 근거가 되는데, 사실 이것은 그리스도의 "무한한 사랑과 헤아릴 수 없는 선"뿐 아니라 그를 보내신 성부의 사랑도 부인하는 엄청난 오류입니다.

그러한 사랑의 바탕이 되는 성육신은 그리스도의 인성으로 가능하며, 비로소 성립됩니다. 그러므로 제15조에서 살펴본 그리스도의 인성과 관련한 신앙고백은 그리스도의 성육신 가운데 성취되는 사역(구원 사역)으로 이어지는 중요성을 담고 있습니다.

인성 가운데서 죽으심으로 말미암는 의

성육신과 관련하여 인간적 출생(아브라함과 다윗의 육신적 혈통으로 나심)을 부인하는 재세례파를 논박하면서 칼뱅은 이렇게 말합니다.

> 히브리서(2:16)에서 사도는 그리스도가 우리를 위해 품은 사랑을 확대하기 위해 멋진 논지를 펴는 바, 그것은 그가 천사들의 성품이 아니라, 우리들의 성품을 취했다는 것이다. 만약 우리가 이들 불쌍한 재세례파의 환상을 받아들인다면, 주 예수의 한량없는 은총과 선함이 우리의 기억으로부터 지워질 것이고, 그리하여 우리는 그가 천사들보다 우리를 더 영예롭게 했음을 더 이상 깨닫지 못할 것이다. 사도는 뒤에 말하기를, 예수는 그의 살과 피로 우리와 교통함으로써, 우리의 형제라 불리고 우리와 진정한 형제 관계를 갖는다고 한다(히 2:11). 그로부터 우리가 내려야 할 결론은 만일 예수 그리스도가 살과 피로 우리와 교통하지 않는다면, 우리가 가질 수 있는 가장 큰 복이 우리에게서 없어지리라는 것이다.[135]

또한 칼뱅은 아담과 예수 그리스도를 비교하여 아담과 같은 육신적인 인류의 대표라는 면에서 예수 그리스도의 성육신을 설명하고 있습니다.

사도 바울은 죽음과 부활이 어디서부터 오는지를, 다시 말해, 첫 번째 것은 아담으로부터, 두 번째 것은 예수 그리스도로부터 온다는 것을 논증해야 했기에, 여러 가지 것들 가운데서 "아담은 생령이 되었고, 예수 그리스도는 살려주는 영이 되었다"(고전 15:45)고 말한다. 그런데 이 말을 통해 그는 예수 그리스도가 우리의 영혼과 유사한 영혼을 가졌음을 부인하려는 것이 아니다. 그가 의미하는 바는 그가 그 이상의 것, 다시 말해 살아 있을 뿐만 아니라 그 자체로 살게 하는 힘을 가진 그의 영을 갖고 계신다는 것이다.

이처럼 칼뱅의 그리스도론은 재세례파와 확연히 구별되며, 성경을 근거로 하여 성육신이 그리스도의 인성에 따른 것임을 분명하게 해줍니다. 또한 그로 말미암는 의가 어떻게 우리에게 큰 복이 되는지를 규명하고 있습니다. 또한 "그러므로 그가 범사에 형제들과 같이 되심이 마땅하도다 이는 하나님의 일에 자비하고 신실한 대제사장이 되어 백성의 죄를 속량하려 하심이라"(히 2:17)는 말씀과 "우리에게 있는 대제사장은 우리의 연약함을 동정하지 못하실 이가 아니요 모든 일에 우리와 똑같이 시험을 받으신 이로되 죄는 없으시니라"(히 4:15)는 말씀에 근거하여 "우리와 예수 그리스도 사이를 맺는 유사성에 죄라고 하는 단 한 가지 예외만을 두기 때문에, 그가 명백히 인성에 대해 말하고 있는 것에 비추어, 결과적으로 나머지 것에 있어서 그는 우리와 같다는 결론이 나온다."고 한 것을 통해 "동일한 인성의 연합으로 어떻게 진정 우리의 형제인지를 알 뿐만 아니라, 우리에게 돌아오는 유익을 안다."[136]고 설명합니다.

인성 가운데서 성육신하신 그리스도께서 친히 보이신 의는 바로 "순종"입니다. 그래서 칼뱅은「기독교강요」에서 "어떤 사람이 묻기를 그리스도는 어떻게 죄를 없애며, 우리와 하나님 사이의 간격을 없애며, 의를 얻어서 하나님이 우리에게 대하여 은혜와 친절을 품으시게 만드셨느냐고 한다. 이에 대해 우리는 일반적으로 대답할 수 있는데, 곧 그의 복종 생활 전체에 의하여 우리를 위해 이 일을 성취하셨다는 것이다."[137]라고 했습니다. 이것은 "한 사람이 순종하지 아니함으로 많은 사람이 죄인 된 것같이 한 사람이 순종하심으로 많은 사람이 의인이 되리라"(롬 5:19)는 말씀에 확고하게 근거합니다.

그러한 순종과 관련하여 칼뱅은 "구원의 길을 더욱 정확하게 밝히기 위해서, 성경은 그것을 그리스도의 죽음의 고유한 특색이라고 한다."고 하여 "인자가 온 것은 섬김을 받으려 함이 아니라 도리어 섬기려 하고 자기 목숨을 많은 사람의 대속물로 주려 함이니라"(마 20:28)는 말씀의 취지를 명확하게 설명합니다. 한마디로 예수 그리스도의 인성 가운데서 의란, 죽으심으로 말미암는 의인 것입니다.

그리스도를 내어주시고 다시 높이신 하나님

"우리는 하나님께서 그의 아들을 세상에 보내셔서 우리에게 무한한 사랑과 헤아릴 수 없는 선을 보여주시고, 그의 모든 의를 완전히 성취하시며, 우리에게 영원한 생명을 가져다주시기 위해, 그(예수 그리스도)를 죽으시기까지 내어주시고 다시 죽음에서 높이셨음(부활케 하심)을 믿는다."고 하는 제16조 고백에는 기본적으로 예수 그리스도의 인성으로 이루신 사역뿐 아니라, 성부 하나님과 성자 예수님이 어떻게 의논하셨는지가 뚜렷이 드러나 있습니다.

칼뱅은 「기독교강요」에서 성부 하나님과 성자 사이의 의논을 통해 그리스도의 인성적인 성육신이 이루신 사역의 성격을 드러내 보이고 있습니다.

> 만일 그리스도께서 자기의 감정을 무시하고 아버지의 뜻에 전적으로 자기를 바쳐 복종하시지 않았다면, 하나님에게 합당한 희생을 드릴 수 없었을 것이다. 이 점에 관해서 사도가 시편에서 인용한 증언은 적절하다. "이에 내가 말하기를 하나님이여 보시옵소서 두루마리 책에 나를 가리켜 기록한 것과 같이 하나님의 뜻을 행하러 왔나이다"(히 10:7), "내가 주의 뜻 행하기를 즐기오니 주의 법이 나의 심중에 있나이다"(시 40:8), "그때에 내가 말하기를 내가 왔나이다"(시 40:7).

이처럼 앞에서 이미 다룬 바 있는 "삼위 하나님의 의논"의 개념에 따른 그리스도의 성육신과 그 가운데서의 사역에 대한 이해는, 그러한 그리스도의 사역이 얼마나 명확하고 확정적인지를 보여줍니다. 예수 그리스도의 인성 가운데서의 성육신과 그의 사역이 단순히 성자로서의 일인격과 인성이라는 한 본성 가운데서만 이루신 것이라면, 그것은 명확하거나 확정적이지 않을 수 있는 여지가 있기 때문입니다. 즉 시간의 진행 가운데서 조건적(상황적)으로만 그리스도의 성육신이 이해된다면, 성육신을 통해 이루신 구원의 사역도 명확하거나 확정적이지 않은 잠정적 시행으로 규정되기가 쉬운 것입니다.

제16조에서 고백하는 그리스도의 죽으심은 "다시 죽음에서 높이셨음(부활케 하심)"으로 끝나고 있습니다. 삼위 하나님의 의논으로 이루어진 그리스도의 성육신과 그로 인한 사역은, 아들을 내어주심으로 끝나는 것이 아니라 최종적으로 그 아들을 높이시는 것으로 완결되며 확정되는 것입

니다. 칼뱅은 「기독교강요」에서 그리스도의 부활이 우리에게 얼마나 중요한지를 언급했습니다.

> 그리스도의 십자가와 죽음과 장사에서 나타난 것은 무력함뿐이므로, 믿음은 이 모든 것을 초월해서 그 완전한 힘을 얻어야 한다. 그리스도의 죽음에 의해서 우리가 하나님과 화해하며, 하나님의 공의로운 심판대로 배상을 치르며, 저주가 제거되며, 형벌을 완전히 받았기 때문에 우리의 구원이 완전히 실현되었다. 그러나 우리는 그의 죽음에 의한 것이 아니라, 그가 "부활하게 하심으로 말미암아 …… 거듭나게 하사 산 소망이 있게"(벧전 1:3) 되었다고 한다.[138]

하나님께서는 그리스도를 죽음에 내어주실 뿐 아니라 죽음에서 높이셔서 우리에게 더욱 큰 은혜의 소망의 본이 되게 하신 것입니다.

제17조

그리스도의 죽으심의 효과들

우리는 오직 예수 그리스도께서 십자가 위에 달리신 희생만이 우리를 하나님과 화목하게 하고 그가 보시기에 의롭다 여겨지게 한다는 것을 믿는다. 그가 우리 죄를 용서하시고 그의 무덤에 덮어버리지 않는 한 우리가 하나님께 용납될 수 없을 뿐 아니라 그의 자녀가 될 수 없기 때문(양자됨)이다. 예수 그리스도께서 우리를 온전하고 완벽하게 씻어주셨고, 그의 죽으심으로 우리에게 선고된 모든 죄가 전부 충족된 것으로 인정받았다. 그 외에 어떤 수단이나 방책도 우리를 (죄에서) 풀어내지 못한다.

[증거구절]

히 7:27, 9:12, 24-28, 10:12, 14, 18; 벧전 3:18; 롬 5:1, 8-9, 8:1; 고후 5:18-20; 골 2:14; 히 5:7-9; 롬 4:24, 5:19; 고후 5:21; 벧전 2:24-25; 요 15:3; 롬 8:2; 히 9:14; 벧전 1:18-19; 사 53:5, 12; 마 20:28; 롬 3:23-24; 골 1:14; 딤전 2:6; 히 2:17; 행 2:21, 4:12; 고전 2:2; 빌 3:8.

그리스도의 죽으심은 성부와 성자 간의 영원한 의논(또는 도모)으로 이뤄진 것으로 철저히 하나님의 계획과 주권으로 된 것인 만큼, 그로 말미암는 효과도 철저히 하나님의 주권과 계획 가운데서 이루어집니다. 그러나 정경에 대한 견해에서 파악할 수 있듯이 로마 가톨릭의 신앙은 일차적으로 하나님의 주권과 계획 가운데서 그리스도의 죽으심의 효과를 말하지만, 그에 더하여 인간의 반응과 행위를 바탕으로 하는 기여도 필요하다고 말합니다. 프랑스 신앙고백이 작성될 당시 로마 가톨릭의 신앙에는 이미 "보속"(補贖), "면죄부"(免罪符, 또는 免罰符), "연옥"(煉獄) 등 인간의 행위와 공로가 기여할 여지가 충분한 종교적 가설이 난무하고 있었습니다.

그리스도의 죽으심의 효과에 앞선 전제

제10조와 제11조에서 우리는 원죄와, 그로 말미암아 부패하고 타락한 우리의 상태를 살펴봤습니다. 한마디로 부분적인(또는 제한적인) 타락과 부패가 아니라 전적인 타락과 부패인 것입니다. 우리는 하나님의 형상(image of God)을 지닌 존재이지만 그 형상, 곧 지정의는 모두 부패하고 타락하여 하나님께서 요구하시는 대로 선을 행할 능력을 전적으로 상실한 상태입니다. 그리스도의 죽으심의 효과를 이해하기 위해서는 먼저 그러한 우리의 상태를 온전히 인식해야 합니다.

반면 로마 가톨릭은 인간의 전적 타락을 인정하는 듯하지만, 동시에 인간의 가능성과 자유의지도 긍정합니다. 그것은 결국 전적 타락을 부인하는 것입니다. 1547년 트리엔트 종교회의 제6차 회기의 교령들, 그 가운데서도 제1장 "본성과 율법이 인간 의화(칭의)에 무력함"에 대한 교령이 바로 그 전형입니다.

먼저 제1장은 원죄로 말미암은 인간의 전적 타락 상태를 그대로 인정합니다.

…… 모든 인간은 아담의 범죄를 통하여 무죄함을 잃어버린 다음에 부정해졌고, (사도가 말한 대로) "본성상 하느님의 진노를 살 수밖에 없게"[139] 되었으며, 원죄에 관한 교령에서 밝힌 대로 죄의 노예가 되어

악마와 죽음의 권세 아래 놓이기에 이르렀다. 그리하여 이방인들이 본성의 힘으로 이 상태에서 자유로워지거나 일어서지 못하게 된 것은 물론이고 유대인들마저도 모세 율법에도 불구하고 이 상태에서 자유로워지거나 일어서지 못할 정도가 되었다.

그러나 제1장 교령은 계속해서 "…… 그렇다고 해서 인간들에게 자유의지가 없어진 것은 결코 아니고, 다만 그 힘이 기울어지고 약해졌을 뿐이다."라고 진술하고 있습니다.

그러한 트리엔트 회의의 교령은 제5장 "어른들의 의화를 위한 준비의 필요성과 의화의 출처"에서 더욱 분명하게 드러납니다. 제5장 교령은 "더 나아가서 본 공의회는 어른들의 경우 예수 그리스도를 통하여 전해지는 하느님의 은총을 미리 받아야 이 의화가 시작된다는 것을 선포하는 바이다."라고 한 후, 곧장 "죄를 지어 하느님으로부터 멀어졌던 인간들이 그들을 격려하고 돕는 하느님의 은총에 힘입어 마음을 열고, 그 은총에 자유의지로 동의하고 협조하면서 자신의 고유한 의화를 위해 삶을 전환하는 태세를 갖추는 것이다. 그런 식으로 하느님께서는 성령의 비추심을 통해서 인간의 마음을 어루만지시는데, 이는 이러한 성령의 영감을 받은 인간은 완전히 아무것도 하지 않는다는 것을 의미하지는 않는다. 심지어 이를 거부할 수도 있다."고 하여 하나님의 은총이나 성령의 역사하심은 "격려하고 돕는" 정도일 뿐이며, 근본적으로 중요한 것은 인간의 의지와 반응임을 드러내고 있습니다.

그러나 「기독교강요」(1559) 2권 제3장에서 칼뱅은 모든 선행에서 은총이 가장 먼저 온다고 말합니다.

의지가 그 본성으로는 선을 버리며 오직 주의 권능에 의해 회심된다는 것을 인정하면서도, 의지는 일단 준비된 다음에는 그 회심에서 독자적인 구실을 한다고 말하는 사람이 더러 있을 것이다. 아우구스티누스의 가르침을 보면, 모든 선행(善行)에는 은총이 먼저 앞서지만, 의지는 은총의 인도자로서 앞서 가는 것이 아니라 단지 수종자로서 그 뒤를 따른다는 말이 있다.[140]

또한 "은총이 의지를 앞지른다는 의미에서, 나는 사람의 의지를 '수종자'라고 부를 수 있다고 인정한다. 그러나 개조된 의지는 하나님의 작품이므로, 의지가 수종자가 되어 앞서가는 은총에 복종하는 것을 사람의 공로로 돌리는 것은 잘못이다. 따라서 크리소스토무스(349 – 407)의 글에 '의지가 없으면 은총은 아무것도 할 수 없으며, 마찬가지로 은총이 없으면 의지 또한 아무것도 할 수 없다.'고 한 것은 잘못이다."라고 말합니다. 그래서 칼뱅은 이어서 "인간의 의지를 은총의 수종자라고 한 아우구스티누스의 생각은 선행에 있어서 은총에 다음가는 임무를 의지에 배당하려는 것이 아니었다. 오히려, 구원의 제일 원인을 사람의 공로에 돌리는 펠라기우스의 극악한 주장을 반박하려는 것뿐이었다."고 한 것입니다.

결국 로마 가톨릭이 말하는 "격려하고 돕는" 정도의 효과를 철저히 거부하는 의미에서 프랑스 신앙고백은 "우리는 오직 예수 그리스도께서 십자가 위에 달리신 희생만이 우리를 하나님과 화목하게 하고 그가 보시기에 의롭다 여겨지게" 한다고 고백하고 있는 것입니다. 바로 이 같은 신앙을 전제할 때, 비로소 그리스도의 죽으심의 효과도 온전하게 이해할 수 있습니다.

전적 타락(또는 부패)의 전제 아래 그리스도의 죽으심의 효과

1547년 트리엔트 종교회의 제6차 회기 교령 제5장에서 로마 가톨릭이 하나님의 은총을 "격려하고 돕는" 정도로 생각하는 것과 달리 성경은 그 기초와 본질을 오직 하나님께만 돌리고 있습니다. 대표적으로 죄를 범한 후 돌이키길 원한 다윗은 "주의 구원의 즐거움을 내게 회복시켜주시고 자원하는 심령을 주사 나를 붙드소서"(시 51:12)라고 했습니다. 또한 여호와의 말씀이 에스겔에게 임하여 "내가 그들에게 한 마음을 주고 그 속에 새 영을 주며 그 몸에서 돌 같은 마음을 제거하고 살처럼 부드러운 마음을 주어 내 율례를 따르며 내 규례를 지켜 행하게 하리니 그들은 내 백성이 되고 나는 그들의 하나님이 되리라"(겔 11:19-20)고 했습니다. 이처럼 하나님의 은총은 단순히 우리 마음을 격려하고 돕는 정도가 아닙니다. 완전히 새롭게 하고 회복시켜 자발적으로 온전함을 추구하며 행하게 하는 기초와 본질을 이룹니다.

칼뱅은 트리엔트 교령 제5장에 대해 1547년에 발표한 해독제에서 "바울은 모든 것을 하나님께 돌린다. 그들은 하나님께 작은 도움 이외에 아무것도 돌리지 않는다."[141]고 말하면서 그러한 사도 바울의 가르침은 아우구스티누스에게 그대로 전수되었다고 밝히고 있습니다. 그는 아우구스티누스의 말을 인용하여 이렇게 말했습니다.

"인간은 우리의 의지 안에서 하나님이 우리에게 주시지 않은 것, 곧 우리에게 있는 선한 어떤 것을 발견하려고 노력하나, 나는 그들이 무엇을 발견할 수 있는지 모르겠다." 실로 그가 다른 곳에서 말하듯이, "설령 사람들에게 그 자신의 의지가 남아 있어서, 그가 원할 경우 하나님의 도움에 머물 수 있다 하더라도, 하나님은 그로 하여금 의지를 갖게 만들지 않을 것이다. 그리하여 그의 의지는 수많은 유혹 가운데에서 나약함에 굴복할 것이다. 그러므로 도움은 인간 의지의 나약함에 필요한 것으로 이는 하나님의 은총이 저항할 수 없고 분리될 수 없게 활동하기 위함이며, 이 은총이 아무리 약해 보여도 부족하지 않기 위함이다."

이처럼 인간의 의지는 하나님의 은총보다 선행하여 은총의 격려와 도움에 적극적으로 반응한다거나 이를 거부할 수 있는 것이 아닙니다. 전적인 하나님의 은총으로 말미암아 의지는 저항하거나 분리될 수 없게 활동하는 것입니다. 그러한 전제를 바탕으로 그리스도의 죽으심의 효과를 이해할 때, 우리를 하나님과 화해시키며 하나님 앞에서 의로 여겨지게 할 수 있는 것은 그리스도의 죽으심 말고는 전혀 없다는 사실을 전적으로 수용할 수 있는 것입니다.

히브리서에서 사도는 그리스도의 죽으심에 대하여 "단번에 자기를 드려 이루신 제사"(히 7:27)라고 언급하여 그리스도의 죽으심이 주는 효과의 완전함을 말하고 있습니다. 더욱이 그런 그리스도의 제사가 이루는 죄 사함에 대해 "그들의 죄와 그들의 불법을 내가 다시 기억하지 아니하리라 하셨으니 이것들을 사하셨은즉 다시 죄를 위하여 제사 드릴 것이 없느니라"(히 10:17-18)고 말합니다. 그러므로 그리스도의 죽으심 외에는 화목과 의의 근거로 삼을 만한 것이 전혀 없습니다.

한편, 베드로전서 3장 18절은 "그리스도께서도 단번에 죄를 위하여 죽으사 의인으로서 불의한 자를 대신하셨으니 이는 우리를 하나님 앞으로 인도하려 하심이라"고 했습니다. 또한 로마서 4장 25절은 "예수는 우리가 범죄한 것 때문에 내줌이 되고 또한 우리를 의롭다 하시기 위하여 살아 나셨느니라"고 했습니다. 그리고 그처럼 그리스도의 죽으심을 통해 우리가 악에서 떠나 하나님과 화평하게 되었다고 말합니다. "우리가 믿음으로 의롭다 하심을 받았으니 우리 주 예수 그리스도로 말미암아 하나님과 화평을 누리자"(롬 5:1). 이처럼 그리스도의 죽으심으로 말미암아 우리가 하나님과 화해하며, 하나님 앞에서 의롭게 여겨지는 것입니다. 물론 이러한 효과에서 우리의 의지나 행위는 전혀 선행하지 않으며, 고려되지도 않습니다.

하나님 앞에서 죄인인 우리는 결코 하나님과 화목할 수 없습니다.

> 그는 변함도 없으시고 회전하는 그림자도 없으시니라(약 1:17).

> 이러한 대제사장은 우리에게 합당하니 거룩하고 악이 없고 더러움이 없고 죄인에게서 떠나 계시고 하늘보다 높이 되신 이라(히 7:26).

하나님과 하나님의 뜻에는 악(惡, 또한 罪)이 전혀 함께하지 않습니다. 그런데 우리의 타락과 부패는 전적인 것이기 때문에 하나님께서 요구하시는 선에 대해 우리는 전적으로 무능력합니다. 그러므로 이처럼 무능력한 우리가 하나님께 이를 수 있는 유일한 방법은, 그리스도의 죽으심으로 말미암는 효과 말고는 전혀 없는 것입니다.

제17조로 논박되는 로마 가톨릭 사상들

우리가 흔히 말하는 "칭의"는 "의롭다 일컫다"라는 뜻인데, 로마 가톨릭에서는 이것을 "의화"라고 해서 "의롭게 되다"라는 개념으로 설명합니다. 그러므로 트리엔트 종교회의 제6차 회기 교령 제3장은 "그리스도를 통해 의화하는 자"에 관해 서술하면서 "이 은총을 위해서 사도(바오로)는 항상 아버지께 감사를 드리라고 우리에게 권고한다."고 명시합니다. 그러한 명시에서 우리는 로마 가톨릭의 공로 사상의 근거를 찾아볼 수 있습니다. 즉 은총의 근거로 감사가 있는 것입니다. 로마 가톨릭 교리는 전반적으로 성경에 근거한다는 점에서 프랑스 신앙고백과 다르지 않아 보이는 내용도 있지만, 한편으로는 확연하게 달라 보이는 내용도 추가되어 있습니다. 그렇기 때문에 성경과 로마 가톨릭 교리가 서로 상충되지만, 로마 가톨릭은 그렇게 이해하지 않는 것입니다.

또한 감사로 말미암는 은총과 함께 로마 가톨릭은 "회개"에도 상당히 공로적인 근거를 확보해 두었습니다. 중세 시대 스콜라학파의 영향으로 그들은 회개를 심령으로 하는 "통회", 입으로 하는 "고백(고해)", 행위로 하는 "보속"으로 나누어 일종의 고행과 징벌로 바꿈으로써 행위에 근거하는 공로적 이해를 꾀한 것입니다. 이에 대해 칼뱅은 로마 가톨릭의 회개에 대한 견해와 확실하게 구별된 주장을 펼쳤습니다.

> 그들은 회개의 세 가지, 즉 심령의 통회와 입으로 하는 고백과 행위로 하는 보속이 필요하다고 하면서, 동시에 이 세 가지는 죄 사함을 얻기 위해서 필요하다고 한다.[142]

우리는 앞에서 회개하지 않고서는 죄 사함을 받을 수 없다고 말했으며, 그 이유로서 죄를 깨닫고 고통과 상처를 받은 사람들만이 하나님의 자비를 진심으로 빌 수 있기 때문이라고 하였다. 그러나 동시에 회

개는 죄 사함을 받는 원인이 아니라는 것을 우리는 첨가한다.[143]

프랑스 신앙고백도 "예수 그리스도께서 우리를 온전하고 완벽하게 씻어주셨고, 그의 죽으심으로 우리에게 선고된 모든 죄가 전부 충족된 것으로 인정받았다. 그 외에 어떤 수단이나 방책도 우리를 (죄에서) 풀어내지 못한다."고 해서 로마 가톨릭의 주장과 분명하게 구별되고 있습니다.

이처럼 예수 그리스도의 죽으심으로 완성된 죄 용서와, 그로 말미암은 하나님과의 화목, 그리고 양자 됨에 대해 프랑스 신앙고백과 로마 가톨릭의 주장은 확연히 다릅니다. 로마 가톨릭은 "세례" 역시 죄 용서를 위한 필연적인 과정으로 선언하여, 죄 용서와 관련된 모든 내용을 이 땅의 행위를 중심으로 시각화하여 구현한다는 특징이 있습니다.

뿐만 아니라 로마 가톨릭의 트리엔트 종교회의 제6차 회기 교령 제6장은 하나님의 은총을 칭의의 핵심에 두는 것이 아니라, 은총을 받은 이후 일련의 절차를 암시하고 있습니다.

> 인간들은 하느님의 은총으로 고무되고 그 은총의 도움을 받을 때, 말씀의 청취를 통해 신앙을 받아들임으로써 이 의화를 준비하게 된다.

이후 교령은 "…… 이른바 세례 전에 해야 하는 보속을 실천하면서 자신들의 삶을 전환한다. 종국적으로 세례를 받으라고 권고를 받을 때 그들은 새로운 삶을 시작하고 하느님의 계명을 지킬 것을 결심하게 되는 것이다."라고 선언하고 있습니다. 계속해서 제7장은 "죄인의 의화가 무엇이며, 그 원인들은 무엇인가"라는 주제로 의화(칭의)를 설명합니다.

이러한 태도 내지는 준비 다음에 본연의 의화가 뒤따른다. 이 의화는 단순한 죄의 사함뿐만 아니라, 은총과 그에 동반되는 선물을 기꺼이 받아들임으로써 인간 내면이 성화되고 쇄신되는 것을 의미한다.

이에 따라서 로마 가톨릭은 의화의 원인을 목적인(目的因), 동력인, 공로인, 도구인, 형상인으로 각각 분류하여 언급합니다. 특히 도구인과 관련하여 "이는 신앙의 성사(聖事)인 세례성사이다. 이것 없이는 그 누구도 의화할 수 없다."고 정의하여 의화에서 세례를 필수적인 도구적 원인으로 언급하고 있습니다.

그러나 칼뱅은 트리엔트 교령에서 의화와 함께 주장되는 "보속"(補贖, Satisfactio)에 대해 다음과 같이 간단히 정의합니다.

하나님께서는 그 크신 자비로 죄책을 용서하셨으나, 공의의 법에 의하여 벌을 보류하신다. 보속에 의해서 속량되어야 하는 것은 이 형벌이라고 한다. 이 모든 말의 요점은 우리는 하나님의 선하심에서 우리의 범행에 대한 용서를 받는 것이 사실이지만 행위의 공로가 그 사이에 끼이지 않으면 안 된다. 이 공로도 죄의 범죄에 대한 값을 치름으로써 하나님의 공의에 대한 보속이 이루어진다는 것이다.[144]

그리고 이어서 그 주장을 논박합니다.

"그리스도의 이름으로"(행 10:43)라고 성경에 있는 것은 우리는 아무것도 가져오지 않으며 우리 자신의 것을 주장하지 않으며, 다만 그리스도의 위임만 의지할 뿐이라는 뜻이다. 이는 "하나님께서 그리스도 안에 계시사 세상을 자기와 화목하게 하시며 그들의 죄를 그들에게 돌리지 아니하시고"라고 바울이 선언한 것과 같다(고후 5:19).

마찬가지로 프랑스 신앙고백 제17조도 "오직 예수 그리스도께서 십자가 위에 달리신 희생만이 우리를 하나님과 화목하게 하고 그가 보시기에 의롭다 여겨지게" 한다고 했으며, 그 이유로 "그가 우리 죄를 용서하시고 그의 무덤에 덮어버리지 않는 한 우리가 하나님께 용납될 수 없을 뿐 아니라 그의 자녀가 될 수 없기 때문(양자 됨)"이라고 한 것입니다.

제18조

우리의 의, 그리스도

우리는 우리의 모든 의가 죄의 탕감에 근거하며, 다윗이 말한 대로(시 32:2) 우리의 유일한 기쁨도 그 사실에 근거함을 믿는다. 그러므로 우리는 하나님 앞에서 다른 방법으로 달리 의롭게 될 수 있다고 생각하는 사람들의 모든 방법에 반대하며, 어떠한 덕이나 공로도 내세우지 않고, 우리의 모든 죄를 가려주는 동시에 하나님 앞에서 은혜와 선의를 볼 수 있도록 우리에게 전가해 주신 예수 그리스도의 순종에만 전적으로 의지한다. 참으로 우리는 이 토대가 아닌 다른 데서는 결코 안식을 찾을 수 없으며, 반드시 우리의 죄책 가운데서 동요하고 불안해지게 된다. 우리가 예수 그리스도 안에서 사랑을 받을 만한 좋은 토대에 서도록 인도되지 않으면 결코 하나님과 화평할 수 없기 때문이다. 우리 자신은 마땅히 그에게 미움받을 수밖에 없다.

[증거구절]

사 1:18, 43:25; 렘 31:4; 겔 36:29; 요 3:17-18, 5:24; 롬 3:23-24; 고전 6:11; 골 1:14; 요일 2:12; 시 32:1-3; 눅 1:77; 롬 4:6-8, 8:1-2, 4:2; 고전 1:29-31, 4:7; 롬 5:19; 엡 2:8.

오늘날 우리의 신앙에서 상당히 부족한 것이 바로 "의"의 개념입니다. 하나님의 사랑만 지나치게 강조하는 신앙 분위기 때문에 "의"에 관해서는 지극히 막연하고 피상적인 수준에 머물러 있는 것입니다. 그렇게 된 원

인은 어떤 사람들의 비판처럼 우리 자신이 이뤄야 할 의에 대한 이해와 인식이 부족해서라기보다는, 우리에게 제공된 그리스도의 의가 어떠한지에 대한 이해와 인식이 부족해서입니다. 우리 자신이 이뤄야 할 의를 제대로 인식하지 못해서 오늘날과 같이 윤리 · 도덕적인 수준에도 못 미치는 신앙 문제가 발생한 것이라는 주장은 앞서 살펴본 제17조 신앙고백을 전혀 이해하지 못한 것입니다. 그렇게 주장하는 이들은 오히려 로마 가톨릭의 "보속" 교리에 더 치우쳐 있는 것임을 알아야 합니다.

한편 로마 가톨릭처럼 외적으로 드러나는 회개나 보속, 세례가 반드시 필요하다고 주장하는 경우가 아니더라도, 프랑스 신앙고백이 작성될 당시에는 그리스도의 죽으심으로 성취된 구속 외에 의롭게 되는 방법, 또는 의롭게 되는 것을 돕는 방법과 수단을 주장한 부류가 있었습니다. 바로 재세례주의자들의 "신자의 세례"에 대한 믿음입니다.

"세례"의 의미와 관련한 여러 견해

트리엔트 종교회의 제6차 회기 교령 제7장을 보면, 죄인이 의화하는 원인과 관련하여 "도구인(道具因), 이는 신앙의 성사인 세례성사이다. 이것 없이는 그 누구도 의화할 수 없다."고 한 것을 볼 수 있습니다. 이 교령에서 우리는 로마 가톨릭의 구원, 그리고 의화(칭의)에서 세례가 필수라는 것을 알 수 있습니다. 영화 〈라이언 일병 구하기〉(Saving Private Ryan, 1998)에서 전투 중 죽어가는 병사에게 사제가 세례를 베푸는 장면이 있는데, 그처럼 로마 가톨릭에서는 세례가 구원과 의화에 필수입니다.

한편, 로마 가톨릭이 세례 시행 자체에 필연성을 부여하는 것과 달리 세례 받는 신자의 신앙(믿음)에 더 큰 필연성과 의미를 두어 세례를 이해하고 설명하는 부류가 있었습니다. 바로 "재세례주의자"(Anabaptist)입니다. 재세례파의 신앙고백인 슐라이타임 신앙고백(1527) 제1조는 세례에 관한 조항입니다.

> 세례의 관한 합의: 세례는 회개와 삶의 개선을 알며 자기들의 죄가 그리스도에 의하여 참으로 제거된 줄 믿는 사람과, 또 예수 그리스도의 부활에서 살며 그와 같이 죽어서 같이 묻혀 그와 함께 부활하기를 바라고, 이러한 의의를 느껴서 우리에게 세례를 받고자 자발적으로 요청하는 모든 사람들에게 베풀어지는 것이다. 이것은 모든 유아세례를 배제한다. 유아세례는 교황의 최고 및 주요 치욕이다. 세례에 관하여서는 사도들의 토대와 증언을 가지고 있다. 이 교리를 우리는 단순하게, 그러면서도 견고하게 그리고 확신을 가지고 견지하려 한다.[145]

이러한 세례의 이해는 기본적으로 세례식 시행 자체를 필수로 생각하며 회개 행위와 보속을 부수적으로 강조하는 로마 가톨릭의 세례관과 완전히 다른 것입니다. 그러면서 회개 또는 신자의 믿음을 세례의 본질로 강조하는 이해가 깔려 있습니다. 즉 "세례는 회개와 삶의 개선을 알며 자기들의 죄가 그리스도에 의하여 참으로 제거된 줄 믿는 사람과, 또 예수 그리스도의 부활에서 살며 그와 같이 죽어서 같이 묻혀 그와 함께 부활하기를 바라고, 이러한 의의를 느껴서 우리에게 세례를 받고자 자발적으로 요청하는 모든 사람들에게 베풀어지는 것이다."라는 문구에서 중요시되는 것은 그리스도의 죽으심이 주는 구속의 효과가 아닙니다. 그보다는 "회개와 삶의 개선", "자기들의 죄가 그리스도에 의하여 참으로 제거된 줄 믿는 사람"과 "세례를 받고자 자발적으로 요청하는" 사람으로 한정하여,

믿고 확신하는 신자의 믿음과 신앙에 더욱 중점을 두어 세례를 이해하는 것입니다. 그러므로 분명하게 회개를 고백하지 못할 뿐 아니라 확신 있는 믿음을 고백할 수 없는 유아에게는 세례 주기를 반대하는 것입니다.

칼뱅은 일찍이 이러한 재세례주의의 세례관을 논박했습니다. 특별히 회개와 삶의 개선을 강조하는 재세례주의의 견해와 관련하여 "우리의 반대론자들은 우리가 세례를 받은 후 몇 해 동안에 우리의 믿음이 어떻게 되었느냐고 묻는다. 이런 질문의 의도는, 약속의 말씀을 믿음으로 받아들이지 않으면 세례는 우리에게 신성한 것이 되지 못하므로 우리가 받은 세례는 무효하다는 것을 증명하려는 것이다."[146]라고 말했습니다. 이처럼 세례가 유효한데도 회개가 늦는 신자들도 하나님의 약속이 사라지는 것은 아니라고 말하는 신앙을 비방하려는 재세례주의의 공격을 간파하면서 칼뱅은 이렇게 말했습니다.

> 지금 우리는 하나님의 은혜로 회개하기 시작하며 하나님의 위대한 선하심에 대해서 오랫동안 감사할 줄 모른 우리의 맹목과 완고함을 자책한다. 그러나 우리는 약속 자체는 사라지지 않았다고 믿는다. 하나님께서는 세례에 의해서 우리에게 죄의 용서를 약속하시며 의심의 여지 없이 그 약속을 모든 신자에게 실행하신다고 생각한다.[147]

이처럼 칼뱅이 이해한 세례는 기본적으로 세례식 자체에 비중을 두는 로마 가톨릭의 견해와 같지 않으며, 신자의 믿음에 중점을 두는 재세례주의의 견해와도 다릅니다. 그는 하나님의 약속과 그리스도의 죽으심의 효과에 중심을 두고 있습니다.

칼뱅은 "우리가 그리스도에게 접붙임을 받아 하나님의 한 자녀로 인정되기 위해서 교회라는 공동체에 가입되는 입문의 표징을 세례라고 한다."[148]는 세례에 대한 기본적인 이해와 더불어 "우리의 믿음이 세례에서 받는 유익은 우리가 그리스도의 죽음과 생명에 접붙임이 될 뿐 아니라 그리스도 자신과 밀접하게 연합되어 그의 모든 축복을 나누게 된다는 확실한 증거이다."[149]라는 이해에 바탕을 두고 있습니다. 그러므로 세례의 근거는 세례 예식 자체의 권위나 이를 시행하는 사제의 권위에 있는 것이 아닙니다. 또한 자원하여 세례를 받고자 하는 신자의 믿음이나 회개의 신앙에 근거하는 것도 아닙니다. 세례는 오직 그리스도께 접붙여져 연합을 이루도록 하시는 하나님의 약속에 근거한다고 보아야 하는 것입니다.

세례에 관한 이러한 이해와 믿음은 "우리는 하나님 앞에서 다른 방법으로 달리 의롭게 될 수 있다고 생각하는 사람들의 모든 방법에 반대하며, 어떠한 덕이나 공로도 내세우지 않고, 우리의 모든 죄를 가려주는 동시에 하나님 앞에서 은혜와 선의를 볼 수 있도록 우리에게 전가해 주신 예수 그리스도의 순종에만 전적으로 의지한다."고 하는 프랑스 신앙고백 제18조에서 이해하며 취할 수 있는 세례관입니다.

"믿음"도 하나님 앞에서 의로움의 근거가 되지 못한다

재세례주의에서 유아세례를 부정하는 근거는 기본적으로 유아에게서 회개와 믿음의 고백을 찾아볼 수 없다는 것입니다. 그러한 주장의 배후에는 사실 하나님 앞에서 죄를 용서받고 화목을 이루게 하는 근거를 사람의 행위가 아닌 믿음, 즉 신앙에서 찾는다는 의미가 내포되어 있습니다. 믿음으로 죄를 용서받는 것은 아니지만, 최소한 그것 없이는 죄 용서가 적용될 수 없다고 생각한다는 점에서 재세례주의의 유아세례 거부는 로마 가톨릭과 다른 측면에서 공로주의적 생각이 내포되어 있습니다. 그러므로 재세례주의의 유아세례 거부를 논박하는 것은 칼뱅에게 결코 간단하지 않았습니다. 이것은 중요한 의미를 지니며, 적지 않은 분량으로 논박해야 할 주제였던 것입니다.

일반적으로 회개와 믿음의 고백을 세례 요건으로 삼는 것은 타당합니다. 그러나 재세례주의에서 유아세례를 거부하는 것은 회개와 믿음의 고백이 세례에 필연적이라고 보기 때문에 비판당하는 것입니다. 이와 관련하여 칼뱅은 세례를 할례와 연관 지어 설명하여 반박했습니다. 즉 언약 백성, 또는 언약 자손에 포함되는 것의 표징인 할례를 언급하면서, (생후 8일이 된) 어린아이에게 할례를 행하여 언약 자손의 표징으로 삼는 것은 할례 받은 아이의 회개나 믿음 등에 근거하는 것이 아니라 전적으로 약속(언약)하신 하나님에 근거한다는 것입니다. 그리고 이와 비교하여 세례도 전적으로 동일한 약속에 근거하여 시행하는 예식이라고 반박한 것입니다.

한편 "우리는 하나님 앞에서 다른 방법으로 달리 의롭게 될 수 있다고 생각하는 사람들의 모든 방법에 반대하며, 어떠한 덕이나 공로도 내세우지 않고, 우리의 모든 죄를 가려주는 동시에 하나님 앞에서 은혜와 선의를 볼 수 있도록 우리에게 전가해 주신 예수 그리스도의 순종에만 전적으로 의지한다."는 프랑스 신앙고백 제18조 문구에서 우리는 세례와 관련한 직접적인 근거가 그리스도께 있음을 단적으로 파악할 수 있습니다. 특별히 유아가 세례를 통해 그리스도와 연합하는 것도 순전히 "예수 그리스도의 순종에만 전적으로 의지"하여 이뤄지는 것임을 알 수 있습니다. 칼뱅도 이와 관련하여 "그리스도께서는 그들(어린아이들)을 자기에게 데려오라고 명령하신다(마 19:14). 무슨 까닭인가? 그는 생명이시기 때문이다. 그러므로 어린이들을 살리기 위해서 자신에게 참가하게 하신다."[150]

는 설명을 통해 세례의 근거와 세례로 말미암는 의의 근거가 전적으로 그리스도께 있으며, 유아에게도 동일하게 그리스도만이 생명이시라고 말합니다.

마태복음 19장 13절을 보면 예수께 온 아이들은 매우 어렸다는 것을 알 수 있습니다. 예수께서는 그런 아이들이 "내게 오는 것을 금하지 말라"고 하셨을 뿐 아니라 "천국이 이런 사람의 것"이라고 말씀하셨습니다. 이 말씀을 재세례주의의 관점에서 해석한다면, 주님이 "천국이 이런 사람의 것"이라고 하신 것은 그 아이들에게 순전하고 의심 없는 믿음이 있기 때문입니다. 또한 로마 가톨릭의 공로주의적 관점에서 해석한다면, 예수께 데리고 온 부모들의 열심 때문에 아이들이 천국에 이르게 되는 것입니다. 그러나 프랑스 신앙고백 제18조의 신앙에 따르면, "천국이 이런 사람의 것"인 이유는 "우리의 모든 죄를 가려주는 동시에 하나님 앞에서 은혜와 선의를 볼 수 있도록 우리에게 전가해 주신 예수 그리스도의 순종에만 전적으로 의지"하기 때문입니다.

우리의 공로를 내세운다면 불안과 미움뿐이다

로마 가톨릭이 예식이나 공로의 토대 위에서 안식을 찾으려고 하는 데 비해, 재세례주의는 그들 자신에게 있는 믿음 또는 신앙의 토대 위에서 안식을 찾으려고 합니다. 그러나 우리 조상의 원죄가 그랬듯이, "예수 그리스도 안에서 사랑을 받을 만한 좋은 토대에 서도록" 되는 것은 우리에게서 나온 어떤 행위나 믿음 때문이 아니라 오직 예수 그리스도 안에서만 가능합니다. 이런 점에서 우리의 안식은 로마 가톨릭이나 재세례주의와는 근본적으로 다릅니다. 우리가 하나님과 화평하며 안식하는 것은 우리에게서 나온 어떤 것에 근거하는 것이 아니라, 오직 하나님께서 준비하시고 베푸신 "예수 그리스도의 순종에만 전적으로 의지"하여 가능한 것입니다. 그러므로 "우리는 이 토대가 아닌 다른 데서는 결코 안식을 찾을 수 없[는]" 것입니다.

유아세례는 그처럼 "예수 그리스도의 순종에만 전적으로 의지"하여 가능한 안식의 토대가 어떤 것인지를 가장 분명하고도 직접적으로 드러냅니다. 즉 유아가 자신의 의지로 영적 중생을 이해하거나 택할 수 없고, 오직 그리스도 안에서 얻은 약속에 의지해서만 "언약"과 하나님의 "선택" 안에 들어올 수 있듯이, 우리의 믿음도 우리에게서 나온 토대나 근거가 아니라 오직 "예수 그리스도의 순종에만 전적으로 의지"하여 가능한 것입니다. 즉 "예수 그리스도의 순종에만 전적으로 의지"할 때 그리스도에 대한 믿음도 가능하다는 사실을 유아세례에서 단적으로 확인할 수 있는 것입니다. 그러므로 칼뱅이 "그리스도께서는 그들(어린 아이들)을 자기에게 데려오라고 명령하신다(마 19:14). 무슨 까닭인가? 그는 생명이시기 때문이다. 그러므로 어린이들을 살리기 위해서 자신에게 참가하게 하신다."고 한 말은, 믿음으로 반응할 수 있는 성인에게든 전혀 반응할 수 없어 보이는 유아에게든, 전적으로 하나님과 화평하며 안식할 수 있는 용서와 화해의 근거는 생명이신 그리스도께 속하는 것 외에 다른 토대가 없음을 단적으로 설명해 주고 있습니다. "성경은 아담 안에서 모든 사람이 죽는다고 선언하므로(고전 15:22), 그리스도 안에 있지 않으면 생명을 얻을 소망이 없다는 결론이 된다. 그러므로 생명을 이어받기 위해서는 그리스도와 친교를 가지지 않으면 안 된다."는 칼뱅의 설명도 바로 그런 취지인 것입니다.

제19조

우리의 중보자, 그리스도

우리는 이러한 방편(그리스도의 중보직)으로만 하나님 자신을 우리에게 아버지로 나타내시는 것을 확신하고, 그(하나님)를 부를(기도할) 자유와 특권을 갖는다고 믿는다. 이 중보자 말고는 하나님에게 접근할 수 있는 다른 길이 없기 때문이다. 그리고 그의 이름으로 기도 응답을 듣기 위해서는 우리의 머리 되시는 그를 붙잡아 그에게서 우리의 생명을 얻어야만 한다.

[증거구절]

마 11:27; 요 14:6; 히 4:14-16; 시 50:15, 145:18; 렘 29:12-14; 마 6:9, 7:11; 눅 11:2; 롬 5:10, 8:14-17; 갈 4:6; 엡 3:12; 히 10:19-22; 엡 2:18; 마 28:18; 막 16:19; 롬 8:33; 골 3:1; 딤전 2:5; 히 7:24-25; 요일 2:1; 요 14:13, 16:23-24; 롬 8:31-32; 고전 2:2; 갈 2:20-21; 히 2:17-18.

그리스도의 중보직에서 중요한 성격은 바로 그리스도의 인격 가운데서 신성과 인성이 어떻게 정의되는가입니다. 중보직을 수행하는 것과 관련해서는, 신성과 인성이 각각 반드시 완전하게 구별될 뿐 아니라, 인성과 신성으로 분리된 두 본성이 아닌 한 본성으로 조화를 이루는 독특한 성격이 이해되고 설명되어야 하기 때문입니다. 예수 그리스도의 신성만 완전하게 설명된다면 그런 그리스도께서는 우리와 전적으로 다른 분이므로 우리를 대표하실 수 없습니다. 반면 예수 그리스도의 인성만 완전하

게 설명된다면 온전하신 분이 아니므로 그의 중보직에 흠결이 생길 수밖에 없습니다. 그러므로 예수 그리스도의 인성과 신성이 각각 구별되면서도 한 본성으로 연합되어 있다는 사실을 반드시 이해해야 합니다. 따라서 프랑스 신앙고백 제15조에서 살펴본 그리스도의 두 본성에 대한 구별과 조화를 이해한다면, 제19조도 온전히 이해할 수 있을 것입니다.

그리스도의 온전하심에 대한 지나침

기독교 역사를 살펴보면 그리스도의 중보자 직분과 관련하여 하나님인 동시에 인간이 되셔야 하는 것에 대한 오해와 그에 대한 반박, 그리고 정립 과정을 볼 수 있습니다. 특히 에베소 공의회(431)와 칼케돈 공의회(451)에서 있었던 교리 정립은 자세히 살펴보아야 합니다.

에베소 공의회의 결정을 살펴보기 전에 네스토리우스와 키릴로스(Kyrillos, 375-444)에 대해 알아야 합니다. 네스토리우스는 안티오키아의 기독론을 대표하며 키릴로스는 알렉산드리아의 기독론을 대표하는 인물입니다. 네스토리우스의 기독론을 따르는 부류는 특히 마리아를 "하나님의 어머니"(테오토코스)라고 불러서는 안 된다고 주장하여 콘스탄티노플에서 논쟁을 불러 일으켰습니다. 특히 네스토리우스는 "하나님은 어머니를 가질 수 없다. 어떤 피조물도 신성을 낳을 수 없다. 마리아는 한 인간적 신성의 도구를 낳았지 하나님을 낳은 것이 아니다. 하나님이 여인의 태에 9개월간 담겨질 수 없고, 아기 기저귀에 싸이며, 고난받고 죽고 무덤에 장사될 수 없다."[151]고 하면서, 그리스도의 신성을 강조하기 위해 그리스도의 성육신과 인성의 측면을 위축시키고 제외하는 기독론을 주장했습니다.

그러나 알렉산드리아의 키릴로스는 안티오키아의 네스토리우스의 주장을 정면으로 반박하는 기독론을 주장했습니다. 즉, 동정녀에게서 보통의 인간이 나오고 그 다음에 말씀이 내려오셔서 그에게로 들어갔다고 설명하면서 로고스가 성육신하신 것에 대해 그리스도의 신성에 지나치게 치우친 네스토리우스의 주장을 배격하였습니다. 키릴로스는 그리스도께서 육체를 따라 온전히 출생을 감당하셨으며, 그러므로 그가 고난받고 다시 살아나셨다고 설명했습니다.[152] 이에 따라 네스토리우스를 중심으로 하는 안티오키아 교구와 키릴로스를 중심으로 하는 콘스탄티노플 교구는 첨예하게 대립했습니다. 급기야 그 두 주장을 중심으로 교회가 나뉘려고 하자, 이 문제를 수습하기 위해 바로 에베소 공의회(제3차 에큐메닉 공의회, 431년)가 소집된 것입니다.

테오도시우스 황제(Theodosius The Great)가 소집한 에베소 공의회는 교리적 합의와 결정을 도출하지 못하는 듯 보였습니다. 네스토리우스의 주장을 따르는 주교들과 키릴로스의 주장을 따르는 주교들이 첨예하게 대립하면서 서로 정죄하는 분위기에서 진행되었기 때문입니다. 그러나 결국 키릴로스가 네스토리우스에게 보낸 편지에 근거하여 대략적인 합의와 결정이 이루어졌는데, 그것이 바로 "하나님의 아들의 성육신에 관한 것"(*De incarnatione Filii Dei*)입니다.

그런데 에베소 공의회에서 도출한 신경 가운데 나중에 문제가 된 부분이 있습니다. "...... 통상 어떤 한 사람이 먼저 동정녀에게서 나오고 그 다음에 그 안에로 하나님의 아들이 자신을 넣으신 것이 아니다. 그 동일한 태에서 육을 따라 육과 연합하시사 출생하셨다고 말한다. 이처럼 거룩한 교부들은 거룩한 동정녀를 하나님의 어머니로 부르는 것을 주저하지 않았다."[153]는 후반부 부분입니다. 특히 말미의 "이처럼 거룩한 교부들은 거룩한 동정녀를 하나님의 어머니로 부르는 것을 주저하지 않았다."는 문구에 대한 해석에서 "마리아 무염시태(無染始胎, *immaculata conceptio*)" 교리가 나오게 된 것입니다.

마리아 무염시태 교리

예수 그리스도의 중보 직분을 충분히 설명하기 위해 그리스도의 신성과 인성이 어떻게 조화되는지, 그리고 그리스도의 신성이 전혀 손상되지 않으면서 어떻게 성육신이 온전하게 이뤄질 수 있는지를 이해하는 과정에서 자연스럽게 논의된 것이 바로 그리스도의 성육신과 원죄 없는 출생에 대한 교리입니다. 또한 그러한 교리의 도출 과정, 즉 예수 그리스도께서 원죄 없이 온전한 사람으로 출생하신 것을 설명하는 과정에서 비롯된 것이 바로 "성모 무염시태" 교리입니다. 그리스도께서 원죄 없이 잉태되려면 그의 모친도 원죄가 없어야 한다는 이해 때문에 부가로 나온 교리인 것입니다.

나중에 로마 가톨릭의 둔스 스코투스(Duns Scotus, 1266-1308)가 적극적으로 이 주장을 지지했습니다. 그러나 이미 토마스 아퀴나스에게 거부되었기 때문에 아퀴나스를 따르는 도미니크파와 스코투스를 따르는 프란치스코파로 나뉘어 첨예한 대립을 야기하기도 했습니다. 이에 대해 교황 식스투스 4세(Sixtus IV, 재위: 1471-1484)는 1483년에 내린 교서에서 무염시태를 적극 지지하였습니다. 그리고 1854년 교황 피우스 9세(Pius PP. IX, 재위: 1846-1878)에 의해 최종적으로 로마 가톨릭의 교리로 확정되었습니다.

한편, 1439년에 공표된 로마 가톨릭의 "마리아의 무죄성에 관한 교령"[154]을 보면 이미 트리엔트 공의회 전부터 마리아 무염시태 교리가 확고하게 성립되어 있는 것을 알 수 있습니다.

> 우리는 영광이 가득한 동정녀이며 하나님을 낳으신 분인 마리아는 하나님의 뜻의 그 유일한 은혜가 사전에 오심과 역사하심으로 말미암아 원죄에 빠지지 않으셨고, 언제나 그 원초적인 허물과 실제적인 허물과 관련이 없으시고, 거룩하며 무흠하시다는 가르침은, 경건하다고 모든 공교회인들로부터 인정받고 교회의 관습과 공교회의 신앙과 바른 이성과 성경으로 일치해서 비준되어야 한다는 것과 …… 이와 반대로 설교하거나 가르치는 것은 허락되지 않음을 결정한다.

이러한 무염시태 교리는 예수 그리스도와 마리아를 동일한 신격의 자리에 둘 뿐 아니라, 그리스도의 중보직에도 동일하게 적용됩니다.

이와 관련하여 중세 말기의 마리아 찬가를 보면, 이미 로마 가톨릭에서는 마리아의 중보적 위치가 확고했음을 알 수 있습니다. "마리아여, 가라앉혀주소서. 나를 향한 그분의 진노를! 나의 피난처는 오직 당신께만 있나이다. 속히 도와주소서. 겁나나이다. 죽음이 경각간에 오는 것을. …… 그러므로 여겨주소서! 정결한 시녀시여, 죄의 사면을 나 위해 얻어내셔야겠다고! …… 바른 고해와 보속을 내게 지우겠나이다. 도우소서. 내 몸이 영혼을 해치지 못하도록!"[155] 이처럼 이미 중세부터 마리아에 의한 중보 개념은 로마 가톨릭 교리로 확고히 자리하고 있었습니다.

그러나 로고스가 성육신하신 것과 관련하여 그리스도의 신성에 지나치게 치우쳐 동정녀에게서 보통의 인간이 나오고, 그 다음에 말씀이 내려오셔서 그에게 들어갔다고 하는 네스토리우스의 주장을 통해서가 아니더라도, 마리아의 무염시태 교리와 그것을 바탕으로 한 마리아의 중보적 역할에 대한 믿음은 "하나님의 모친"이라는 말과 함께, "두 본성"을 언급하는 칼케돈 공의회(451)의 신경 문구에 의해 제대로 논박당합니다.

> 두 본성에 있어서 혼합 없이 분열 없이 분리 없이 인식되어야 하며, 결코 연합 때문에 본성들의 차이가 제거되는 것이 아니고 양 본성들의 특성들이 손상되지 않는다.[156]

이 문구는 에우티케스와 단성론자들이 주장한 단성론에 의한 폐해, 즉 원죄와 상관없는 예수 그리스도의 출생을 인정하면서 마리아에 대한 원죄까지 부정하는 것을 논박합니다. 이 문구를 통해 칼케돈 공의회는 성육신의 관점을 마리아가 아니라 전적으로 그리스도께 집중시켜서 마리아의 무염시태까지 확장되는 무흠(원죄가 없음) 교리를 차단했습니다. 즉 성육신의 본질은 성육신하신 그리스도의 양성(신성과 인성)에 있는 것이지, 마리아에 대한 설명이 아닌 것입니다.

유일하신 중보자

로마 가톨릭의 마리아 무염시태 교리는 그대로 마리아에 의한 "중보" 교리로 자리하게 되었습니다. 그렇기 때문에 프랑스 신앙고백 제19조에서 "우리는 이러한 방편(그리스도의 중보직)으로만 하나님 자신을 우리에게 아버지로 나타내시는 것을 확신"한다고 한 것입니다. 뿐만 아니라 그리스도 외에 마리아의 중보직에 대한 교리는 "성유물(聖遺物) 숭배"로 더 확장되어 로마 가톨릭의 전형적인 공로주의 사상의 기틀을 마련하게 되었습니다.

그러나 프랑스 신앙고백 제19조가 언급하고 있듯이, 중보의 직분을 수행하시는 분은 오직 그리스도뿐입니다. 칼뱅은 율법과 그리스도의 관계, 그리고 그보다 앞서 타락한 창조세계에서 유일한 중보의 방편이신 그리스도를 설명하면서 이 사실을 풀어내고 있습니다. 「기독교강요」 (1559) 2권 제6장에서 칼뱅은 타락한 창조세계에 구속자이자 중보자이신 그리스도가 필요함을 설명하고 있습니다.

> 인류 전체는 아담 안에서 멸망했다. …… 그러나 죄로 오염되고 더럽혀진 인간을 자기의 작품으로 인정하시지 않는 하나님은 드디어 자기의 독생자를 통해서 구속자로 나타나셨다.[157]

계속해서 칼뱅은 창조세계의 완전함에도 불구하고 타락한 인간은 유일한 중보에 근거해서만 하나님께 나아가 화목하게 될 수 있음을 설명합니다.

> 우리는 생명에서 사망으로 전락했기 때문에, 우리가 논술한 창조주 하나님께 대한 지식이 있더라도 믿음(그리스도 안에 있는 우리의 하나님 아버지를 보여주는 믿음)이 따르지 않으면, 그 모든 지식은 아무 쓸데없는 것이다. 자연적인 순서로서는 우주라는 구조가 일종의 학교가 되어 그 안에서 우리가 경건을 배우고, 거기서부터 다시 영생과 완전한 복락으로 전진하기로 되어 있었다. 그러나 사람이 반역한 후로 우리는 어느 쪽으로 향하든 간에 보이는 것은 하나님의 저주를 만나게 된다. 우리의 허물 때문에 죄 없는 다른 피조물들까지도 이 저주 하에 잡혀 있고 덮여 있으며, 우리의 영혼은 이 저주에 압도되어 절망에 빠지

지 않을 수 없다.

이에 따라 로마서 1장 16절과 고린도전서 1장 24절을 참조하여 "틀림없이 처음 사람의 타락 이후로 중보를 떠나서는 하나님에 대한 지식에 구원을 얻게 하는 힘이 없었다."고 설명합니다.

이처럼 "중보"의 직책은 신약시대에 비로소 제시된 것이 아니라 인간의 전적 타락 이후부터 항상 제시되어온 것입니다. 그래서 칼뱅은 "그러므로 중보를 떠나서 하나님이 저 옛날 백성에게 은혜를 베푸신 일이 없고 은혜를 받으리라는 소망을 주신 일도 없다."고 한 것입니다. 더욱이 칼뱅은 "아브라함의 후손은 주로 머리인 한 분 안에서 인정되며, 흩어진 사람들을 모으는 것이 직책인 그리스도가 나타날 때까지는 약속의 구원이 실현되지 않았다는 것이 분명하다. 그러므로 최초에 선민을 택하신 것도 중보의 은총에 의한 일이었다."고 하여, 구약부터 신약에 이르기까지 중보의 직책이 택하심 가운데 항상 예비되고 제시되었음을 분명히 하고 있습니다. 반면 무염시태 교리를 바탕으로 하는 마리아의 중보는 아무리 폭넓게 설명하더라도 신약을 벗어날 수 없으며, 구약과 신약을 아우르는 전체 계시의 관점에서 봐도 일종의 도구로만 설명될 뿐입니다.

결국 인간이 타락한 이후 한결같이 예시된 중보는 유일하신 그리스도뿐이며, 구약에서든 신약에서든 그리스도 안에서만 비로소 아브라함과 다윗의 참된 후손인 신자들, 즉 하나님의 백성이 규명되는 것입니다. 그러므로 "이 중보자 말고는 하나님에게 접근할 수 있는 다른 길이 없[으며]", 아울러 "그의 이름으로 기도 응답을 듣기 위해서는 우리의 머리 되시는 그를 붙잡아 그에게서 우리의 생명을 얻어야만" 한다는 제19조 신앙고백 문구처럼 우리의 믿음은 전적으로 예수 그리스도의 중보직에만 집중해야 합니다.

갈라디아서 4장 6절은 "너희가 아들이므로 하나님이 그 아들의 영을 우리 마음 가운데 보내사 아빠 아버지라 부르게 하셨느니라"고 했으며, 히브리서 2장 10절은 그리스도를 일컬어 "구원의 창시자"라고 했습니다. 갈라디아서 2장 20절은 "이제 내가 육체 가운데 사는 것은 나를 사랑하사 나를 위하여 자기 자신을 버리신 하나님의 아들을 믿는 믿음 안에서 사는 것이라"고 말합니다. 이처럼 예수 그리스도 외에 다른 중보는 없으며, 오직 그를 믿는 믿음 안에서만 참 생명과 구원, 하나님과 화목함이 가능합니다.

> 그(그리스도)로 말미암아 우리 둘이 한 성령 안에서 아버지께 나아감을 얻게 하려 하심이라(엡 2:18).

> 우리가 그 안에서 그를 믿음으로 말미암아 담대함과 확신을 가지고 하나님께 나아감을 얻느니라(엡 3:12).

제20조

우리 구원의 진리

우리는 "그가 우리의 구원을 위해 고난받으셨으므로 누구든지 그를 믿으면 멸망치 않으리라"(요 3:16)고 기록된 대로 오직 믿음으로 의롭게 되는 것을 믿는다. 아울러 이것은 그 약속들을 받을 때 우리는 하나님의 말씀으로 받았음을 확신하면서 그 약속들의 효과를 받아들이며, 주님이 직접 말씀하신 확실한 것들을 우리가 의심 없이 즐거워하는 방법 외에는 없다. 이렇듯 믿음을 통한 우리의 의는 하나님께서 선언하시고, 자신의 사랑을 우리에게 입증하신 하나님의 자애로운 약속(언약)에 달린 것이다.

[증거구절]

요 3:15-16, 18, 6:47; 행 4:12; 롬 1:17, 3:21-28, 4:4-5, 25, 8:1, 10:4; 갈 2:16, 3:24; 엡 2:8; 빌 3:9; 딤후 1:9; 딛 3:5; 벧전 1:4-5; 요 14:27, 15:11; 롬 5:1-2; 갈 2:15-21; 고후 1:20; 롬 8:31-39; 엡 3:16-19; 딛 3:5-7.

구원과 관련하여 제20조에서 고백하는 신앙은 로마 가톨릭의 행위구원(또는 공로사상)과 재세례파의 신앙에 의한 구원과 구별됩니다. 제20조에서 고백하는 구원의 진리는 얼핏 로마 가톨릭의 행위구원과 명확히 구별되지만, 재세례파의 신앙에 의한 구원과는 쉽게 구별되지 않을 수 있습니다. 그러나 프랑스 신앙고백은 행위에 의한 구원뿐 아니라, 우리의 신앙에 근거하는 구원도 지지하지 않습니다. 이 신앙고백의 핵심은 "하나

님의 자애로운 약속(언약)"에 근거하여 우리의 구원이 확정된다는 것입니다. 물론 그러한 구원의 진리는 우리에게 신앙(믿음)을 일으키며, 선물로 주어지는 것입니다. 그러나 프랑스 신앙고백이 설명하는 탁월한 논지에 따르면 본질적으로 이 구원의 진리는 우리에게 있는 어떤 것이 아니라 (선택에 관한) 하나님의 약속에 달려 있습니다.

구원과 성례의 관계

프랑스 신앙고백 제20조는 먼저 "우리는 '그가 우리의 구원을 위해 고난받으셨으므로 누구든지 그를 믿으면 멸망치 않으리라'(요 3:16)고 기록된 대로 오직 믿음으로 의롭게 되는 것을 믿는다."고 했습니다. 즉 예수 그리스도의 고난을 통한 구속의 은총과 그에 따르는 믿음으로 우리는 하나님을 향해 "의인 된 자"로 나아갈 수 있는 것입니다. 또한 우리는 제20조에서 말하는 그리스도의 고난을 통한 구속의 은총과 그에 따르는 믿음이 우리의 유일한 "중보"이신 예수 그리스도를 통해서만 제공된다는 것을 제19조에서 확인했습니다. 그런데 그처럼 예수 그리스도를 통해 우리에게 제공되는 구속의 은총과 믿음과 관련하여 주님은 은총의 구체적인 수단으로 "성례"를 제정하셨습니다. 특별히 그 가운데서도 "세례"는 신자의 구원과 관련하여 가장 직접적이고 구체적인 은혜의 표지(sign 또는 seal)라는 점에서, 신앙 또는 믿음과 긴밀히 연관되어 있는 중요한 성례입니다.

칼뱅은 성례란 그 자체에 구원의 필연성이 내포된 것이 아니라 하나님의 약속에 근거하는 표로만 의미 있으며, 본질적 의의는 약속하신 하나님께 있다고 분명하게 설명합니다.

성례란 우리의 약한 믿음을 붙들어주기 위해 하나님께서 우리에게 그의 선한 뜻을 나타내시고 확증해 주시는 일의 외적 표시이다. 또 다른 정의는, 외적 표시를 통해 우리에게 선포해 주신 하나님의 은혜의 증거이다. 이런 정의를 통해 우리가 이해할 수 있는 것은, 성례에는 반드시 선행하는 약속이 있으며, 성례는 이 약속에 부록격으로 결합되어져서 그 약속 자체를 확인하고 인 치며, 그 약속을 우리에게 좀 더 명확하게 해준다는 사실이다.[158]

계속해서 칼뱅은 "하나님의 진리는 그 자체로서 충분히 굳고 확실하다. 따라서 그 스스로 외에 다른 어떤 자료로써 더 나은 확증을 받을 수가 없는 것이다."고 하여, 성례의 본질적 의의는 그 자체에 있는 것이 아니라 하나님의 약속에 있음을 명백히 합니다.

반면 로마 가톨릭의 신학에서 성례는 구원에 필연적이며, 그런 만큼 성례의 일반적 의미도 칼뱅이 설명하는 바와는 분명하게 다릅니다. 트리엔트 종교회의 제7차 회기 제1교령인 "성사(성례)"에 관한 서문은 "온갖 참된 의로움은 성사(성례)를 통해서 시작되고, 이미 시작된 것은 성사를 통해서 증진되며, 혹시 그 의로움을 상실한 경우에는 성사를 통해서 회복된다."[159]고 하여, 성례 자체의 필연성에 치우쳐 있는 것을 볼 수 있습니다.

성경에 근거하여 프랑스 신앙고백에서 인정하는 두 가지 성례인 세례와 성찬 말고도 로마 가톨릭에서는 견진, 고해, 종부, 신품, 혼인을 더하여 일곱 가지 성례를 주장합니다. 이를 통해 신앙의 전 과정(시작, 증진, 회복, 그리고 궁극적으로는 요람에서 무덤까지 이르는 인생의 전 과정)에서 성례가 필연적임을 주장하는 것입니다. 실제로 트리엔트 종교회의 제7차 회기 제1교령의 성사 일반에 관한 법규 1항은 "만일 누가, 새로운 법의 성사들 모두가 우리 주 예수 그리스도에 의해 설정되지 않았다고 주장하거나, 성사들이 세례, 견진, 성체(성찬), 고해, 종부, 신품, 그리고 혼인, 즉 일곱 가지 보다 많거나 적다고 주장하거나, 혹은 이 일곱 가지 중에 어떤 것은 참된 본연의 성사가 아니라고 주장한다면, 그는 파문받아야 한다."고 선언하고 있습니다. 이처럼 구원에 성례의 필연성을 주장하는 로마 가톨릭의 신학 특성은 무엇보다 법규 4항, 6항, 8항에 분명하게 나타나 있습니다.

> **4항** 만일 누가 새로운 법의 성사들은 구원에 필요한 것이 아니라 무의미한 것이고, 이 성사들 없이 혹은 이 성사들을 받을 원의 없이 오직 믿음만으로 인간은 하느님으로부터 의화 은총을 얻을 수 있다고 주장한다면, 그는 파문받아야 한다.

> **6항** 마치 성사들은 은총의 외적 상징이거나, 신앙으로 인해 이미 받은 은총이나 의로움의 외적 표징이요, 비신자와 신자를 구분하게 하는 표시, 즉 그리스도인임을 드러내는 단순한 표시에 지나지 않기 때문에 성사에 장애가 없는 자들에게도 은총 자체가 부여되는 것은 아니라고 주장한다면, 그는 파문받아야 한다.

> **8항** 만일 누가 새로운 법의 성사들로는 은총이 사효적(事效的, 성사 자체의 효력)으로 주어지지 않고, 은총을 얻기 위해서는 하느님의 약속에 대한 믿음만으로 충분하다고 주장한다면, 그는 파문받아야 한다.

이처럼 로마 가톨릭의 신학이 구원에서 성례의 필연성을 도출한 반면, 프랑스 신앙고백과 종교개혁 진영의 다른 성례관들은 모두 그러한 필연성을 부정하고 있습니다. 그러나 프랑스 신앙고백과 종교개혁 진영의 다른 성례관들, 그 가운데서도 특히 재세례주의의 성례관은 모든 면에서 일치하는 것은 아닙니다. 오히려 제20조의 배경을 살펴보면 프랑스 신앙고백의 성례관이 재세례주의와 확연히 구별되는 것을 알 수 있습니다.

구원 신앙과 관련한 재세례주의의 견해

구원 신앙과 관련하여 재세례주의는 성례에 관해 조금은 산발적이고 다양하게 진술하고 있습니다. 그러나 일반적으로 재세례주의에서는 성례전이 인간에게 주어져 있는 것 외에 아무것도 제공하지 않으며, 본질적으로 예식(ceremony)일 뿐이므로 공개적인 신앙의 고백이자 성례전을 받는 사람의 약속을 뜻한다고 생각[160]합니다. 이런 점에서 이들의 성례관은 예식의 필연성을 주장하는 로마 가톨릭의 성례관과 분명한 간격이 있습니다.

한편 재세례주의 신학을 대표하는 후브마이어(Baltarsar Hubmaier, 1480?-1528)가 1525년에 「기독교 세례에 관하여」라는 소논문을 출간했는데, 그 책에서 그는 재세례주의의 성례, 그중에서도 세례에 대한 이해를 잘 정리하고 있습니다. 그 책에서 후브마이어는 세례를 1) 말씀, 2) 순종, 3) 삶의 변화, 4) 세례, 5) 선행[161] 이렇게 다섯 단계에 걸쳐 순서적으로 설명합니다. 이러한 순서에 따르면 요한의 세례는 일종의 회개 세례로, 요한의 세례에 반드시 선행되어야 하는 것이 바로 수세자의 의식적(또는 의지적)이고 내적인 결단입니다. 그러나 유아들은 이러한 의식적이고 내적인 결단을 단행할 수 없기 때문에 재세례주의에서 유아세례를 거부하는 것입니다. 이처럼 재세례주의의 견해에서 성례의 의의는 철저히 신앙(또는 믿음)에 근거하며, 이에 따라 성례와 신앙 가운데 더 중요하고 의의가 있는 구원의 본질은 신자의 신앙이 되는 것입니다. 따라서 재세례주의에서는 항상 신앙에 근거해야 물세례를 행할 수 있습니다.

성례 자체의 필연성을 주장하지 않는다는 점에서 구원 신앙과 관련한 재세례주의의 성례관은 프랑스 신앙고백 제20조에서 말하는 "우리는 '그가 우리의 구원을 위해 고난받으셨으므로 누구든지 그를 믿으면 멸망치 않으리라'(요 3:16)고 기록된 대로 오직 믿음으로 의롭게 되는 것을 믿는다."는 신앙고백과 일치합니다. 그러나 그들이 지닌 신앙에서 한 가지가 일치하지 않는데, 바로 "신자(신앙을 가진 자)들의 세례"라는 것입니다.

후브마이어는 신앙과 세례의 관계를 다음과 같이 언급합니다.

> 하나님의 말씀에 의하여 인간은 자신의 죄를 깨닫는 데 이른다. 그리고 자신의 죄를 고백한다. 아버지이신 하나님께 그리스도로 인하여 죄의 용서를 요청한다는 것이다. …… 이제 하나님 안에서 인간의 양심은 신앙과 신뢰 가운데 깨끗하게 되고, 그의 모든 죄는 사함을 받는다. 그리고 나서 인간이 이러한 은총과 하나님의 행하심을 알게 되면, 하나님께 순종하고 그리스도의 법칙에 따라 새로운 인생을 살 것을 내적으로 마음에 결단하는 것이다. 이로써 인간은 다른 그리스도인에게 자신의 마음과 심정과 신앙과 결단을 증거하는 것이다. 이는 자신을 형제단과 교회 앞에 내어놓는 것이다. …… 공적으로 자신의 내적인 신앙을 증거하였으므로 물로 세례받게 되는 것이다.[162]

이 설명을 보면 재세례주의가 생각하는 구원에서는 신앙이 최종적인 결정적 역할을 담당하고 있음을 알 수 있습니다. 즉 재세례주의에서 구원의 결정적인 단서(또는 근거)는 신자의 신앙(또는 믿음)인 것입니다.

구원 신앙과 관련한 프랑스 신앙고백의 결론

프랑스 신앙고백 제20조는 "우리는 '그가 우리의 구원을 위해 고난받으셨으므로 누구든지 그를 믿으면 멸망치 않으리라'(요 3:16)고 기록된 대로 오직 믿음으로 의롭게 되는 것을 믿는다."고 한 뒤 곧이어 "아울러 이것은 그 약속들을 받을 때 우하나님의 말씀으로 받았음을 확신하면서 그 약속들의 효과를 받아들이며, 주님이 직접 말씀하신 확실한 것들을 우리가 의심 없이 즐거워하는 방법 외에는 없다."고 했습니다. 이러한 문구에서 우리는 재세례주의에서 말하는 구원 신앙과 프랑스 신앙고백에서 말하는 구원 신앙이 분명 다르며, 세례와 관련해서도 명백한 차이가 있음을 알 수 있습니다.

우선 성례에 대해 칼뱅은 "하나님의 진리는 그 자체로서 충분히 굳고 확실하다. 따라서 그 스스로 외에 다른 어떤 자료로써 더 나은 확증을 받을 수가 없는 것이다."[163]라고 하여 진리의 본질이 그 자체에 고유하게 있기 때문에, 성례의 시행 자체에는 어떤 본질이 있지 않음을 분명하게 언급했습니다. 그러면서 곧이어 성례의 역할이 갖는 특성과 한계를 분명하게 제시해 주고 있습니다.

> 그러나 우리의 신앙은 그렇지 않다. 그것은 사방에서 받쳐주고 여러 방법으로 지탱해 주지 않으면 너무나 가볍고 약해서 흔들리고 요동하게 된다. 여기에서 우리의 자비로운 주님께서는 그 자신을 우리의 능

력에 맞추셔서 이 땅의 요소들을 통해 우리를 당신께로 이끄시고, 우리가 바로 육체 그 가운데서 그의 영에 속한 것을 묵상할 수 있게 하셨다.[164]

칼뱅은 계속해서 "성례에서 우리에게 제공하시는 은사들이 사물적 성질에 입혀지기 때문이 아니라 이런 표시 방법으로 하나님께서 그 은사들을 인 치시기 때문"이라는 말을 통해 성례의 시행 자체에 은혜의 본질이 담겨 있는 것이 아님을 분명하게 설명했습니다. 또한 바울이 할례를 가리켜 "인"(롬 4:11)이라고 부른 것에 근거하여 "주님께서 그의 약속들을 '언약'이라 부르시며(창 6:18, 9:9, 17:2) 그의 성례를 언약의 '표'라 부르[신다.]"고 언급했습니다. 이에 따라 칼뱅은 "성례는 우리로 하여금 하나님의 말씀의 신실함을 더욱 확실하게 믿게 만드는 행사(예식)"[165]라고 하면서, "아우구스티누스가 성례를 '보이는 말씀'이라 부르는 이유는 하나님의 약속들을 그림으로 그리듯이 분명한 형상으로 그려서 우리 눈앞에 제시하기 때문이다."라고 말합니다. 즉 성례에서 중요한 본질은 그 자체에 필연적으로 담겨 있는 것이 아니라 하나님 말씀의 진리, 곧 약속을 눈앞에 드러내 보이는 "표"로 유효한 것입니다.

칼뱅은 더 구체적으로 성례 가운데 세례를 언급하면서 "사역자(성례를 집례하는 자)의 가치에 따라 성례의 힘과 가치를 측정하였던 도나투스파(Donatists)의 오류"[166]를 반박하고, 재세례주의의 견해도 논박합니다. 즉, "재세례파들은 우리가 교황 제도 아래에서 불경건한 우상 숭배자들로부터 세례를 받은 것이므로 그것이 올바르게 세례를 받은 것이 아니라고 주장한다."는 재세례파의 논지를 언급한 뒤, "우리가 사람의 이름으로 세례를 받은 것이 아니라 아버지와 아들과 성령의 이름으로(마 28:19) 세례 받은 사실과, 또 세례라는 것은 누가 그것을 시행하든지 사람에게서 오는 것이 아니라 하나님에게서 온다는 사실을 기억할 때, 그들의 어리석은 이론에 강력한 논증을 갖추고서 대항할 수 있는 것이다."라고 논박했습니다. 그러니까 칼뱅은 세례와 관련하여 "그것이 하나님께로부터 온 세례였다면 틀림없이 거기에는 죄 용서와, 육체의 죽음과, 영적으로 살리심, 그리고 그리스도에의 참여 등에 대한 약속이 있었다."고 단정적으로 말한 것입니다.

이처럼 칼뱅과 프랑스 신앙고백에서 말하는 구원 신앙, 그리고 이를 구체적으로 눈앞에 예시해 주는 "세례"와 관련하여 핵심은 재세례주의가 강조하는 신자의 신앙(또는 믿음)이 아니라 하나님 말씀, 곧 언약(하나님의 약속)입니다. 그러므로 제20조는 "우리는 '그가 우리의 구원을 위해 고난받으셨으므로 누구든지 그를 믿으면 멸망치 않으리라'(요 3:16)고 기록된 대로 오직 믿음으로 의롭게 되는 것을 믿는다. 아울러 이것은 그 약속들을 받을 때 하나님의 말씀으로 받았음을 확신하면서 그 약속들의 효과를 받아들이며, 주님이 직접 말씀하신 확실한 것들을 우리가 의심 없이 즐거워하는 방법 외에는 없다."고 하면서 "이렇듯 믿음을 통한 우리의 의는 하나님께서 선언하시고, 자신의 사랑을 우리에게 입증하신 하나님의 자애로운 약속(언약)에 달린 것이다."라고 분명하게 고백하는 것입니다.

프랑스 신앙고백 제20조에서 고백하는 구원의 진리는 로마 가톨릭처럼 예식 자체가 필연적이라거나 본질을 내포한다는 것이 아닙니다. 또한 재세례주의처럼 우리 자신의 신앙(믿음)에 중요성을 두는 것도 아닙니다. 오직 "하나님께서 선언하시고, 자신의 사랑을 우리에게 입증하신 하나님의 자애로운 약속(언약)에 달린 것"임을 분명하게 통찰하며 직시하는 것입니다.

제21조

변치 않는 은혜인 믿음

우리는 성령의 은밀한 은혜로 우리 안에 불붙는 믿음을 조명받았다. 이것은 하나님을 기쁘시게 하도록 사람들에게 주신 고마운 특별한 은사이므로, 그러한 믿음을 갖는다고 자랑할 것이 아니며, 다만 자신이 다른 사람보다 우선권을 받은 것을 하나님께 더욱 감사해야 한다. 믿음은 선택된 사람들에게만 주어져 (그들을) 바른 길로 인도할 뿐 아니라, 그들이 끝까지 믿음을 지속하도록 한다. 하나님은 믿음을 시작하시면 결국 완전하게 끝마치시기 때문이다.

[증거구절]

엡 1:18; 롬 5:5; 고후 1:22; 엡 1:13-14; 살전 1:5; 요 15:16; 엡 2:8; 벧전 1:3-4; 롬 2:29, 12:3; 고전 4:7; 엡 2:9; 벧전 1:5-11; 고전 1:8-9; 사 26:12; 눅 17:5; 요 6:29; 고전 10:13; 빌 1:6, 2:13.

트리엔트 종교회의의 교령들을 보면, 기본적으로 모든 교령과 법령의 공표가 종교회의의 권위에서 출발하는 것을 알 수 있습니다. 대표적으로 제2차 회기의 첫 교령은 "성령 안에서 합법적으로 소집되었으며, 사도좌로부터 파견된 세 분의 교황 전권 대사들이 주재하는 거룩한 트리엔트 공의회는……"[167]이라는 말로 시작합니다. 특히 제6차 회기의 의화에 관한 교령 서문은 다음과 같은 장황한 서언으로 시작합니다.

그리스도 안에서 가장 거룩한 교부이시며 우리의 통치자이시고, 하느님의 섭리에 의한 교황이신 바오로 3세의 이름으로 프레네스테의 교구장이신 요한 마리아 데 몬테 추기경(Card. Giovanni Maria DE Monte)과 예루살렘의 성 십자가 성당의 명의주임 사제이신 마르첼로 추기경(Card. Marcello Cervini), 그리고 거룩한 로마 교회의 추기경들과 교황 전권 대사들에 의해 주재되는 가운데, 성령 안에 합법적으로 소집된 거룩하고 세계적이며 보편적인 본 트리엔트 공의회는……[168]

이처럼 로마 가톨릭은 교황을 중심으로 하는 공의회와 같은 가시적인 조직체에 종교적 권위를 두고 있습니다. 가시적인 권위에 대한 이와 같은 믿음은 성례에 본질과 실체가 함께한다고 보아 예식 자체의 필연성을 주장하는 것과 같은 맥락입니다. 기본적으로 그러한 태도는 로마 가톨릭 교리를 "맹신"하는 근거가 됩니다. 이와 관련하여 칼뱅은 "소위 겸손한 태도를 가진 무지를 '믿음'이라고 부르는 것은 가장 어리석은 짓이다. 믿음이란 하나님과 그리스도를 아는 지식이지(요 17:3), 교회에 대한 존경이 아니다."[169]라고 했습니다.

신자의 믿음의 시작

「기독교강요」에서 칼뱅은 무지로 인한 로마 가톨릭의 맹신을 강력히 비판하면서 믿음의 근거가 하나님 말씀에 있음을 주장하며 말씀과 믿음의 관계를 통해 믿음을 간단하게 정의했습니다.

그리스도께서 우리의 믿음이 도착할 목표를 지정하신 것같이 복음이

우리를 앞서지 않는다면 우리는 그에게로 가는 바른 길을 걸을 수 없다.[170]

우리는 믿음과 말씀 사이에 영속적인 관련이 있다는 것을 생각해야 한다. 이 둘을 서로 분리할 수 없는 것은 태양에서 나오는 광선을 태양에서 분리할 수 없는 것과 같다. …… 요한은 이와 같은 믿음의 원천을 보여주려고, "이것을 기록함은 너희로 …… 믿게 하려 함이요"(요 20:31)라고 말했다.

이처럼 칼뱅은 성경에 근거하여 믿음과 말씀(성경)이 분리될 수 없게 연관되어 있다고 말합니다. 반면 로마 가톨릭은 철저히 믿음의 근거를 로마교회, 또는 교황이나 종교회의(공의회) 자체의 권위에 두고 있습니다. 이처럼 믿음과 말씀을 분리할 수 없는 근거로 칼뱅은 "믿음의 뜻을 이해하려고 할 때에 하나님이 존재하신다는 것을 아는 것만이 문제는 아니다. 우리에 대한 하나님의 뜻이 무엇인가를 아는 것도 문제이다. …… 그러므로 우리는 믿음은 우리에 대한 하나님의 뜻을 아는 지식이며, 이 지식은 그의 말씀에서 얻는 것이라고 주장한다."고 언급했습니다.

그러면서 칼뱅은 그처럼 올바른 믿음도 늘 오류와 불신앙에 둘러싸여 있다는 사실을 직시합니다.

평소에 매일 성경을 읽을 때에 우리는 뜻을 이해하기 어려운 구절이 많아서 자신이 무지하다는 것을 깨닫게 된다. 하나님께서는 이 굴레로 우리를 일정한 한도 내에 제어하시며, 각 사람에게 "믿음의 분량"을 정하셔서(롬 12:3), 가장 훌륭한 교사라도 항상 배우겠다는 태도를

가지도록 하신다.[171]

또한 다른 장에서는 이렇게 말합니다.

인간의 지성은 어두워져 하나님의 뜻을 간파하거나 그것을 인식할 수 없다. 그리고 사람의 마음도 계속해서 주저함으로 흔들려서 확신 안에 안주하지 못한다. 그러므로 다른 방법으로 우리의 지성을 조명하며 우리의 마음을 강화해서 하나님의 말씀에 대한 완전한 믿음을 얻어야 한다. …… 믿음은 우리에 대한 하나님의 선하심을 굳게 또 확실하게 아는 지식이며, 이 지식은 그리스도 안에서 값없이 주신 약속의 진실성을 근거로 두는 것이며, 성령을 통해서 우리의 지성에 계시되며 우리의 마음에 인 친 바가 된다.

이러한 칼뱅의 설명과 동일한 맥락에서 프랑스 신앙고백 제21조가 "우리는 성령의 은밀한 은혜로 우리 안에 불붙는 믿음을 조명받았다. 이것은 하나님을 기쁘시게 하도록 사람들에게 주신 고마운 특별한 은사"라고 고백한 것입니다.

이러한 설명과 고백은 기본적으로 믿음의 시작 단계를 언급한 것입니다. 물론 신앙은 "하나님께서 옳게 여기시는 사람들에게 나누어주시는 무상의 특별한 선물(롬 9:16, 18, 24-25; 고전 4:7)"[172]이기 때문에 계속해서 그러한 은사를 사용하게 될 테지만, 언뜻 그 시작에 관한 언급으로 볼 수 있는 것입니다. 그러므로 그러한 은사를 받은 것, 그것도 무상의 특별한 선물(은사)을 받은 것에 대해 보일 수 있는 마땅한 자세나 태도는 바로 "감사"입니다. 은사는 그것을 받지 못한 사람들과 비교할 때 탁월하고 앞선 믿음의 근거를 이루게 되기 때문입니다. 앞서 언급했듯이 믿음은 지식과 별개의 것이 아닙니다. 오히려 말씀과 분리될 수 없이 연관되어 있는 만큼 말씀에 대한 지식에 기대어 있다는 점에서 그러한 은사의 부여는 탁월한 믿음을 이루게 합니다.

신자의 믿음의 경과

제20조에서 우리는 "세례"에 대한 이해를 통해서 믿음에 대한 세 가지 견해, 즉 로마 가톨릭, 재세례주의, 프랑스 신앙고백의 견해를 실제적으로 비교해 보았습니다. 그러한 비교를 통해 믿음의 중심이 각각 교회의 권위 또는 예식 자체에 있거나(로마 가톨릭), 신앙을 고백하는 신자의 믿음에 있거나(재세례주의), 하나님의 언약(약속)에 있다는 것(프랑스 신앙고백)을 알게 되었습니다.

프랑스 신앙고백 제21조는 제20조의 연장선 위에 있습니다. 칼뱅은 "믿음은 원래 하나님께서 값없이 주신 약속 위에 선 것이므로 우리는 그 약속을 믿음의 기초로 본다. …… 믿음은 원래 약속에서 출발하며 약속에 안주하며 약속에서 끝나는 것"[173]이라고 말했습니다. "믿음은 하나님 안에서 생명을 구하는 것이므로, 이 생명은 징벌에 대한 선언이나 계명에서 찾아볼 수 있는 것이 아니라 자비를 약속하는 값없이 주신 약속에서만 얻을 수 있[기]" 때문입니다. 그러므로 믿음은 전적으로 하나님의 약속에 근거하며, 그 약속은 말씀 안에서 취할 수 있습니다. 무지와 오류에 사로잡혀 있는 우리가 말씀 가운데서 약속된 진리를 취할 수 있는 것은 전적으로 성령님의 조명 가운데서 가능하다는 점에서, 믿음은 전체적으로 값없이 주신 은사(선물)입니다. 따라서 우리는 당연히 "그러한 믿음을 갖는다고 자랑할 것이 아니며, 다만 자신이 다른 사람보다 우선권을 받은 것을 하나님께 더욱 감사해야 한다."는 제21조 문구를 따라야 하는 것입니다.

> 누가 너를 남달리 구별하였느냐 네게 있는 것 중에 받지 아니한 것이 무엇이냐 네가 받았은즉 어찌하여 받지 아니한 것같이 자랑하느냐(고전 4:7).

칼뱅이 「기독교강요」 초판(1539)을 출간했을 때, 로마 가톨릭에서는 알베르트 피기우스(Albert Pighius, 1490-1542)에게 이를 논박하게 했습니다. 피기우스는 칼뱅을 비롯한 종교개혁 측의 주요 논지들을 반박했으며, 그가 죽은 해인 1542년 8월에 「인간의 자유 선택과 신의 은총에 대한 10권의 책」을 출간하여 「기독교강요」 초판 내용을 조목조목 반박했습니다. 특히 인간의 의지와 관련하여 피기우스는 인간 본성의 전적인 부패에 대한 주제들을 비판하면서, 전적 부패 교리에 대해 "영지주의자들 및 마니파와 더불어 인간 본성을 악한 것으로 오해했으며, 위클리프 및 로렌초 발라와 더불어 인간을 하나님의 의지의 도구로 만들 뿐"[174]이라고 주장했습니다. 칼뱅은 피기우스가 이미 죽은 상황이어서 그를 비판할 생각이 없었는데, 피기우스의 주장이 지닌 심각성을 인식하고 1543년에 「피기우스 논박」을 써서 자유의지와 관련한 그의 주장들을 반박했습니다.

인간의 자유의지와 관련하여 피기우스가 주장한 내용은 믿음과 은혜의 수납(수용) 등 신앙 전 과정에서 인간의 의지와 협력, 자발성이 중심을 이루고 있습니다. 이에 대해 칼뱅은 「기독교강요」 최종판(1559) 3권에서 특별히 믿음이 전적으로 은혜에 대한 하나님의 약속만 의지한다는 근거를 제시하고 있습니다.

> 우리의 의도는 다음 두 가지 점을 역설하려는 것이다. 첫째로, 값없이 주신 약속에 도달하기까지는 믿음이 견고하게 설 수 없다. 둘째로, 믿음이 우리를 그리스도께 연결하지 않으면 믿음은 우리와 하나님을 결코 화해시키지 못한다.[175]

그러므로 하나님의 약속(구원의 약속)은 믿음의 시작뿐 아니라 믿음의 진행에서도 항상 선행하고 그 근거가 된다는 사실을 알 수 있습니다.

신자의 믿음의 완성

프랑스 신앙고백 제21조에서 말하듯이 "그러한 믿음을 갖는다고 자랑할 것이 아니며, 다만 자신이 다른 사람보다 우선권을 받은 것을 하나님께 더욱 감사해야" 하는 것은, 믿음의 시작과 진행뿐 아니라 궁극적으로 신자의 믿음이 완성되는 것도 그리스도 안에서 하나님의 약속으로 말미암기 때문입니다.

칼뱅은 믿음의 확신에 관한 스콜라 철학자들의 오류에 대해 "그들은 우리의 의의 현재 상태에 따라서 우리가 하나님의 은혜를 소유하고 있느냐 하는 문제에 관한 판단을 할 수는 있지만 끝까지 안내하는 데 대한 지식은 어디까지나 미결이라고 말한다."[176]고 했습니다. 스콜라 철학은 "도덕적 추측에 의해 우리가 이 순간에는 은혜를 가졌다고 단정하지만 내일은 어떻게 될지 알 수 없다고 생각하는" 오류를 지니고 있었습니다. 그러나 이에 대해 칼뱅은 사도 바울이 "내가 확신하노니 사망이나 생명이나 천사들이나 권세자들이나 현재 일이나 장래 일이나 …… 우리를 우리 주 그리스도 예수 안에 있는 하나님의 사랑에서 끊을 수 없으리라"(롬 8:38-39)고 확신한 것을 통해 "모든 신자가 공통적으로 믿음을 통해 얻는 은혜"의 확실함을 거듭 강조합니다. "믿음의 본성은 현세 생활이 지나간 후에 있을 미래의 영생을 바라보는 것"[177]으로, "신자들은 성령의 조명을 받아 믿음을 통하여 하늘의 생명을 바라볼 수 있다는 사실을 하나님의 은혜로 돌리[기]" 때문입니다. "그러므로 이런 자랑은 교만과는 전혀 다르다."고 했습니다.

프랑스 신앙고백 제21조에도 이러한 맥락이 그대로 담겨 있는데, 특히 칼뱅이 작성한 프랑스 신앙고백 초안(1559) 제17조를 보면 "신앙은 단순히 선택된 자들을 선한 길로 인도하기 위하여 일시적으로 저들에게 부여한 것만 아니고 저들을 최후까지 걸어가게 하기 위하여 부여하신 것"[178]이라고 언급하고 있습니다. 그러므로 "변치 않는 은혜인 믿음"이 하나님의 약속에 있다는 것은 제21조에서 언급하는 "믿음을 시작하시면 결국 완전하게 끝마치시[는]" 하나님으로 말미암습니다. 사도 바울이 확신하듯이 "너희(우리) 안에서 행하시는 이는 하나님이시니 자기의 기쁘신 뜻을 위하여 너희(우리)에게 소원을 두고 행하게 하시[는]"(빌 2:13) 것입니다.

제22조

믿음의 효과

우리는 이 믿음으로 새 생명을 갖고 다시 태어났지만, (여전히) 본성은 죄 아래 노예의 신분으로 있다고 믿는다. 더 정확히 말하자면, 우리는 하나님께서 우리에게 자신의 성령을 주실 것이라는, 복음이 우리에게 주는 그 약속을 받음으로 거룩하게, 그리고 하나님에 대한 두려움에서 믿음으로 살아갈 은혜를 받는다. 이 믿음은 거룩한 생활을 못하게 우리를 방해하거나 경건을 열망하지 못하게 하는 것이 아니라, 오히려 우리 안에서 반드시 모든 선한 일을 낳는다. 비록 하나님께서 우리의 구원을 달성하기 위해 일하시며 우리를 개혁하고 중생케 하셔서 우리가 그 일을 기쁘게 잘 할 수 있게 하시지만, 최종적으로 그러한 우리의 고백에도 불구하고 우리가 행하는 선한 일들은 그의 영(성령)에게서 나온 것이다. 그것(우리가 행하는 선한 일들)은 우리의 의로 돌려지는 것이 아니며, 우리를 하나님의 자녀 되게 하기 위한 공로가 될 수 있는 것도 아니다. 우리가 예수 그리스도의 속량에 의지하지 않는다면, 우리의 양심은 언제나 평안하지 못하고 의심하며 동요할 것이기 때문이다.

[증거구절]

요 8:34, 36; 롬 6:4-7, 22; 골 1:13, 2:12-13, 3:9-10, 17; 벧전 1:3; 요 3:5, 5:24; 행 15:9; 롬 8:15, 10:17; 살전 1:5; 벧전 1:23; 요 3:5, 5:24; 행 15:9; 롬 14:23; 딤전 1:5; 히 11:6; 마 5:16, 7:7; 눅 1:74-75; 요 15:5, 8; 롬 6:22; 고후 5:9-10; 갈 5:6, 19-26; 엡 2:10; 살전 4:3, 7; 딛 2:14, 3:8; 렘 2:14, 18, 22, 26; 요일 2:3-6, 3:3, 5:18; 신 30:6; 빌 2:13; 눅 17:10; 롬 4:1-2, 4; 딤후 1:9; 딛 3:5-7.

구원의 믿음은 우리 자신의 신앙이나 성례, 로마 가톨릭교회의 권위에 있지 않습니다. 전적으로 그리스도 안에서 하나님의 약속에 근거합니다. 제22조에서는 그처럼 하나님의 약속에 근거하는 믿음의 양상이 구체적으로 어떠한지, 즉 이 같은 신앙으로 말미암아 우리의 믿음과 신앙 안에 어떤 변화가 생기는지를 다루고 있습니다. 일반적으로 이것을 "신생"(new birth) 또는 "중생"(born again)이라고 합니다. 우리는 제22조 신앙고백에서 구원의 믿음이 시작에서 진행, 완성에 이르는 것은 신자를 전적으로 피동적으로 만드는 것이 결코 아니라는 사실을 파악할 수 있습니다.

자유파 교리 조항들의 함의

앞서 우리는 칼뱅이 프랑스 신앙고백을 초안할 무렵에 기승을 부리고 있었던 자유파에 대해 살펴보았습니다. 칼뱅은 「자유파 논박」(1545)을 통해 자유파의 대표적 인물인 코팽(Coppin, 1529년부터 "릴"[Lille]에서 활동함)과, 재봉사 출신으로 나중에 마르그리트 드 나바르(1492-1549)의 궁정 수위로 봉사한 캥탱(Quintin)의 주장을 논박했습니다.

캥탱을 대표로 하는 자유파 교리의 첫째 조항은 "오직 하나의 불멸하는 영이 있다는 것"[179]으로, "모든 피조물에 존재하며 살고 있는 하나님의 유일한 영만이 있다고 주장"했습니다. 칼뱅은 이처럼 범신론(pantheism)에 가까운 그들의 주장이 결국에는 "인간 영혼의 본질뿐만 아니라 천사들의 본질을 없애버린다."고 말합니다. 아울러 "이로부터 생기는 결과는 모든 것이 하나님의 작업이기에 어떤 것을 나쁘다고 비난하는 것이 적법하지 않으며, 사람들은 그들 앞에 닥치는 모든 것을 주저함 없이 행할 수 있다는 것"[180]입니다.

자유파의 두 번째 결론은 "누구도 어떤 일이든 더 이상 자각하지 않아도 된다는 것"[181]입니다. 자유파가 주장하듯이 "모든 것을 하나님께 돌리고 인간은 아무것도 하지 않는 것이라고 말한다면, 뭔가를 의식하는 것은 더 이상 문제가 되지 않[을]" 것입니다. 그러나 칼뱅은 그러한 주장을 하는 자유파에 대해 "양심을 잠재워서 각자가 자신에게 찾아오는 것과 마음이 원하는 것을 걱정 없이 행하게 하는 것이 그들의 으뜸가는 목적"[182]이라고 했습니다. 아울러 그로 말미암는 세 번째 결과는 "무엇이든 정죄하는 것은 적법하지 않다는 것"[183]입니다. 이에 대해 칼뱅은 "자유파는 하나님에 의해 인도함을 받는다는 구실로 각자가 보기에 좋은 것을 행하도록 고삐를 느슨하게 한 뒤, 판단하는 것은 잘못 행하는 것이라는 바로 이 원리를 추론한다."고 논박합니다.

이처럼 자유파의 주장은 언뜻 유일하신 하나님을 상정하고 그런 하나님께서 모든 일을 주권적으로 이루신다는 섭리의 이론처럼 오해될 수 있습니다. 그러나 실제로는 모든 결과의 책임을 하나님께 두고 인간의 판단이나 가치기준은 무위로 돌려서 윤리적·도덕적 방임에 이르게 하는, 매우 위해한 사설입니다.

하나님의 약속에서 믿음은 어떤 효과를 보이는가

사도 베드로는 "그의 많으신 긍휼대로 예수 그리스도를 죽은 자 가운데서 부활하게 하심으로 말미암아 우리를 거듭나게 하사 산 소망이 있게"(벧전 1:3) 하셨다고 말합니다. 이에 따라 칼뱅의 프랑스 신앙고백 초안 (1559) 제18조도 "이와 같은 신앙으로 말미암아 우리들은 새로운 생명으로 신생되어진다."[184]고 했습니다.

이처럼 구원의 믿음 가운데 있는 신앙으로 말미암아 새로운 생명으로 신생된 신자의 상태는, 자유파의 주장과 결과처럼 오직 하나의 불멸하는 영으로 하나님께서 전적으로 모든 일을 이루시는 방식으로 존재하지 않습니다. 프랑스 신앙고백 제22조는 오히려 "우리는 이 믿음으로 새 생명을 갖고 다시 태어났지만, (여전히) 본성은 죄 아래 노예의 신분으로 있다고 믿는다."고 설명합니다. 그러므로 신자일지라도 육체 가운데 행하는 일은 대부분 죄에 해당하는 것이지, 신생으로 말미암아 전적으로 하나님께서 주도하시는 일만 행하는 것이 결코 아닙니다.

그러나 제22조는 "우리는 이 믿음으로 새 생명을 갖고 다시 태어났지만, (여전히) 본성은 죄 아래 노예의 신분으로 있다고 믿는" 것으로 끝나지 않습니다. 이어지는 고백을 보면 "우리는 하나님께서 우리에게 자신의 성령을 주실 것이라는, 복음이 우리에게 주는 그 약속을 받음으로 거룩하게, 그리고 하나님에 대한 두려움에서 믿음으로 살아갈 은혜를 받는다."고 말합니다. 이러한 믿음에 관해 칼뱅은 "이 믿음은 그것이 살아 있는 곳에서는 반드시 영원한 구원에 대한 소망을 뗄 수 없는 동반자로서 함께 가지고 있어야 한다. 더 적절하게 말한다면, 믿음은 그 자체 내에서 소망을 일으키며 생산한다."[185]고 했습니다. 계속해서 칼뱅은 믿음과 소망이 서로 긴밀하게 연결된다고 말합니다.

> 하나님의 진실성을 확신하는 것이 믿음이다. 곧 그것은 우리에게 거짓말을 하거나 우리를 속이거나 빈말을 할 수 없다는 것을 확신하는 것이다. …… 소망은 하나님께서 진실하게 약속하셨다고 믿는 일들에 대한 기대이다.

그처럼 믿음과 긴밀하게 연결된 소망은 "끊임없이 믿음을 갱신하고 회복함으로써 믿음에 견인하는 힘을 주는 것"[186]이라고 했습니다. 그러므로 이러한 소망을 바탕으로 "이 믿음은 거룩한 생활을 못하게 우리를 방해하거나 경건을 열망하지 못하게 하는 것이 아니라, 오히려 우리 안에서 반드시 모든 선한 일을 낳는다."는 프랑스 신앙고백 제22조 문구를 받아들이며 이해할 수 있는 것입니다.

신자를 구원케 하는 중생

"중생"에 대한 이해와 논의는 기본적으로 신자의 생활과 관련됩니다. 칼뱅도 중생에 대해 "중생의 목적은 신자의 생활에서 하나님의 의와 신자의 순종 사이에 조화와 일치를 나타내며, 그렇게 함으로써 이미 받은 자녀로서의 자격을 더욱 확고하게 하려는 데 있다."[187]고 말합니다.

이제 우리가 다룰 신자의 생활에 대해 기본적으로 이해하고 있어야 할 것이 있습니다. 바로 신자의 생활의 근거가 "중생"에 있다는 점입니다. 중생은 하나님의 약속 가운데서 믿음이 갖는 효과라는 점에서 아주 독특합니다. 즉 믿음의 시작과 마찬가지로 믿음의 진행에서도 신자는 하나님의 약속 가운데서 믿음이 갖는 효과인 중생으로 인해 의와 구원으로 나아가는 것입니다.

사도 바울은 그리스도께서 속량한 백성에게 "그러므로 네가 이 후로는 종이 아니요 아들이니 아들이면 하나님으로 말미암아 유업을 받을 자니라"(갈 4:7)고 했습니다. 즉 과거에 "이 세상의 초등학문(초보) 아래에 있어서 종노릇"(갈 4:3)할 때에는 종과 같이 억지로, 그리고 그 의미와 뜻을 전혀 알지 못하면서 율법을 따라 행했지만, 이제 그리스도로 구속된 후로는 "유업을 받을 자", 곧 상속자인 아들로 기꺼이, 그리고 율법의 의미와 뜻을 알고 거룩하게 행하는 자가 된 것입니다. 우리를 그리스도 안에서 구속하신 하나님께서는 거룩하실 뿐 아니라, 그의 자녀(상속자) 된 신자도 거룩해야 한다고 말씀하셨습니다(레 19:2; 벧전 1:15-16). 과거에는 억지로, 그리고 그 의미를 전혀 이해하지 못하는 종으로서 율법을 행했기 때문에 사실상 전혀 거룩하지 못하게 행하는 자들이었지만, 중생한 신자들은 더 이상 종이 아니라 유업을 받을 상속자인 아들이기 때문에 마땅히 "거룩" 을 행하는 자로 생활하게 된 것입니다.

이처럼 중생한 신자의 생활이란, 자유파가 생각하는 것처럼 "모든 것을 하나님께서 하신다."는 원리에 근거하여 모든 선악의 판단을 유보하면서 아무 의미 없이 피동적으로 행하는 것이 아니라, 하나님의 의와 조화되고 일치하는 순종을 통해 자원하며 능동적으로 행하는 것입니다. 바로 그러한 그리스도인의 생활의 동기에 대해 칼뱅은 성경의 가르침 가운데 중요한 양상 두 가지를 언급하였습니다.

> 첫째는, 우리의 본성에는 의에 대한 사랑이 전연 없지만, 그것이 우리 마음속에 유입되고 확립될 수 있다는 것. 둘째는, 의에 대한 열의를 가지게 된 우리가 정처 없이 방황하지 않도록 준칙을 정리하라는 것.[188]

여기서 우리가 생각해야 할 한 가지가 있습니다. 중생으로 말미암아 우리가 완전히 의롭게 된 것은 결코 아니라는 사실입니다. 프랑스 신앙고백 제22조는 "새 생명을 갖고 다시 태어났지만, (여전히) 본성은 죄 아래 노예의 신분으로 있다."고 말합니다. 즉 우리는 중생으로 말미암아 온전하게 경건을 행하는 자가 된 것이 결코 아닙니다. 그럼에도 중생한 신자는 옛 종의 생활이 아니라, 하나님으로 말미암아 유업을 받을 상속자인 아들로서 경건을 행하게 됩니다. 그런 점에서 칼뱅이 언급한 두 가지 중요한 양상, 즉 "우리의 본성에는 의에 대한 사랑이 전연 없지만, 그것이 우리 마음속에 유입되고 확립될 수 있다는 것"과 "의에 대한 열의를 가지게 된 우리가 정처 없이 방황하지 않도록 준칙을 정리해야 하는 것"이 우리에게 적용됩니다. 이러한 점에서 중생은 신자의 구원의 근거가 될 수 있는 것입니다.

중생한 신자의 선행도 "공로"가 될 수는 없다

신자의 중생에서 우리가 생각해야 할 것이 또 하나 있습니다. "우리가 거룩하기 때문에 하나님과의 친교에 들어간다는 뜻이 아니라는"[189] 사실입니다. "오직 하나의 불멸하는 영이 있다는 것"에서 시작하여 "불멸하는 유일의 영이 모든 것을 한다."는 자유파의 견해는 곧장 "누구도 어떤 일이든 더 이상 자각하지 않아도 된다는 것"과, 그러므로 "무엇이든 정죄하는 것은 적법하지 않다."는 데 이릅니다. 17세기 로마 가톨릭의 수도원을 중심으로 일어난 "정적주의"(quietism)도 이러한 자유파의 견해와 비슷합니다. 그러나 그런 견해들과 달리 중생한 신자는 경건을 향해 적극적으로 나아가 행하지만, 그럼에도 그러한 행함이 우리가 거룩하기 때문이거나, 우리가 거룩해진 것을 근거로 하나님이 요구하시는 경건 가운데서 하나님과 화목(친교)으로 이뤄지는 것은 아닙니다.

칼뱅은 중생한 신자의 생활의 동기와 관련하여 "우선 우리는 하나님에게 굳게 결합되어야 하며, 그 결과로 그의 거룩하심이 우리에게 적용되어 그가 부르시는 곳으로 우리가 따라갈 수 있도록 해야 한다."고 언급했습니다. 이는 성경이 "우리가 부르심을 받은 목표가 이것이라고 가르치며, 하나님의 부르심에 응하고자 하면 우리는 항상 이 목표에 주시해야 한다."고 하기 때문입니다. 더욱이 "세상의 사악과 부패에 잠겨 있던 우리가 구원을 받은 후에도 평생 거기서 주저앉아 있다면, 구원의 목적은 과연 무엇인가? 그뿐 아니라 성경에는 주의 백성으로 인정받고자 하는 사람은 거룩한 도성 예루살렘에 거해야 한다는 충고가 있다."(시 116:19, 122:2-9)는 말로 분명한 동기를 부여합니다. 그러면서 "성경은 우리를 더욱 효과적으로 일깨우기 위해서, 하나님 아버지께서는 그리스도 안에서 우리를 자신과 화해시키셨을 때에(고후 5:18), 그리스도 안에서 우리를 위하여 형상을 인 치시고(히 1:3) 우리가 그 형상과 같이 되도록 하셨다는 것을 우리에게 알려준다."고 하여 중생한 신자의 선행과 경건의 기원을 그리스도 안에서 하나님께 돌리고 있습니다.

그래서 프랑스 신앙고백 제22조는 말미에 "우리가 행하는 선한 일들은 그의 영(성령)에게서 나온 것이다. 그것(우리가 행하는 선한 일들)은 우리의 의로 돌려지는 것이 아니며, 우리를 하나님의 자녀 되게 하기 위한 공로가 될 수 있는 것도 아니다. 우리가 예수 그리스도의 속량에 의지하지 않는다면, 우리의 양심은 언제나 평안하지 못하고 의심하며 동요할 것이기 때문이다."라고 고백합니다. 이에 대해 칼뱅은 "우리의 목적은 선한 일에서 평소보다 조금씩 나아져 드디어 선 자체에 도달하는 것이다. 우리의 전 생애를 통해서 추구하고 따라가는 것은 바로 이것이다. 그러나 육신의 연약을 벗어버리고 그분과의 완전한 친교에 들어가게 될 때에만 우리는 거기 도달할 것"[190]이라고 말합니다.

제23조

율법의 기원

우리는 그리스도께서 육신을 입고 오셨을 때, 율법의 모든 예식이 끝났음을 믿는다. 그러나 이제 사용되지 않을지라도 그 예식들이 나타내고자 하는 실체와 진리는 그리스도의 인격 안에 깃들어 항상 충족된다. 더구나 우리는 삶의 올바른 질서와 복음의 약속들을 확인하기 위해서 율법과 예언자들의 도움을 받아야만 한다.

[증거구절]

롬 10:4; 마 5:17; 골 2:17; 히 9:11-14, 24-28, 10:10, 13-18; 딛 4:2, 12:32; 롬 7:12; 딤후 3:16; 벧후 1:19.

중생한 신자가 율법과 어떤 관계에 있는지에 대해 제22조는 종으로서가 아니라 상속자인 하나님의 아들로서 행한다고 했습니다. 이와 같은 중생한 신자의 생활에서 율법이 의미하는 바를 더 자세히 다루고 있는 것이 제23조입니다. 제23조는 "그리스도께서 육신을 입고 오셨을 때, 율법의 모든 예식이 끝났[다.]"고 하면서도 "율법과 예언자들의 도움을 받아야만 한다."고 고백합니다. 그러므로 중생한 신자에게 율법이 어떤 의미에서 폐지되었는지, 또한 중생한 신자의 생활에서 어떤 의미로 구체적으로 행할 것인지를 이해해야 합니다.

로마 가톨릭의 "미사"

1562년 트리엔트 종교회의 제22차 회기의 "지극히 거룩한 미사성제에 관한 교리와 그 법규" 제2장은 미사성제의 효과에 대해 "미사를 통해서 거행되는 이 거룩한 희생 제사 안에는 십자가의 제단 위에서 단 한 번 피를 흘리시며 자신을 봉헌하신 분과 동일한 그리스도가 포함되어 있고 그분은 피 흘림 없는 방법으로 봉헌되신다."[191]고 언급하여 미사가 명백히 제사 예법을 계승하고 있음을 밝히고 있습니다. 또한 계속해서 다음과 같이 규정합니다.

이 희생 제사는 참으로 속죄의 제사로서, 이를 통해 우리가 진실한 마음과 올바른 신앙, 경외심과 공경심을 가지고 뉘우치고 참회하며 하느님 앞에 나아가면 "제때에 자비를 얻고 은총을 받을 수 있다"(히 4:16). 주님께서는 이 희생을 통해서 화해하시고 참회의 은총을 주시고 커다란 잘못과 죄까지도 용서하신다. 제물이 되시며 사제들의 봉사를 통해서 봉헌되시는 분은 십자가에서 자신을 봉헌하신 분과 동일한 분이시다. 다만 봉헌의 방식만 다를 뿐이다.

이 피 흘림 봉헌의 열매들은 피 흘림이 없는 봉헌을 통해 풍요롭게 가납된다. 그렇지만 피 흘림의 봉헌이 피 흘림 없는 봉헌으로 인해 퇴색될 수 있는 위험과는 거리가 멀다. 그래서 사도들의 전승에 따르면 이 희생 제사는 살아 있는 신자들의 죄, 벌, 보속, 그리고 다른 필요들을 위해서뿐 아니라 그리스도 안에 죽어 아직 완전히 속량되지 않는 이들을 위해서도 봉헌된다.

이처럼 로마 가톨릭 신앙에서 미사는 구약의 제사를 성취하신 그리스도의 희생을 계승하여, 십자가의 제단 위에서 단 한 번 피 흘리셔서 자신을 봉헌하신 분과 동일한 그리스도를 포함하고 있습니다. 그분이 피 흘림 없는 방법으로 봉헌되는, 즉 봉헌 방식만 다를 뿐인 희생 제사로 규정되는 것입니다.

무엇보다 트리엔트 회의는 "그분은 배반당하시던 날 밤 최후의 만찬에서 당신의 사랑스런 배필인 교회를 위해 (인간의 본성이 요구하는 대로) 가시적인 제사를 남겨주셨다."며 예수 그리스도께서 친히 미사(미사성제)를 제정하여 시행하게 하셨다고 주장합니다. 또한 트리엔트 회의 제22차 회기의 교리와 법규 1항에서는 그처럼 예수 그리스도께서 미사라는 가시적인 제사를 제정하신 이유로 "레위 사제직의 무기력함으로 인해 옛 계약 아래서는 (사도 바오로가 증언하듯) 사제직이 완성되지 않았으므로, 멜키체덱의 본을 따르는 (자비로우신 하느님 아버지께서 임명하시는) 다른 사제가 나타나야 했다."[192]고 했습니다. 그래서 1559년에 즉위한 교황 피우스 4세(Pius IV)는 이렇게 주장했습니다.

> 하나님께 참되고, 타당하며, 산 자와 죽은 자를 위한 화해의 희생으로 드려진 미사에서, 거룩한 성체의 성례전에서, 우리 주 예수 그리스도의 살과 피가 영혼과 신성과 더불어 참으로 실질적으로 존재한다는 것을 나는 단언한다. 그리고 거기에는 빵의 전 실체가 살로, 포도주의 전 실체가 피로 변하는 변화가 있다.[193]

트리엔트 회의에서도 피우스 4세의 주장을 지지하여 1551년 제13차 회기 제4장의 실체 변화(*De transsubstantiatione*, 또는 화체설)에 관한 교령은

"본 거룩한 공의회는 빵과 포도주의 축성과 함께 빵의 전 실체가 우리 주 그리스도의 몸의 실체로, 그리고 포도주의 실체가 그분의 피의 실체로 변한다는 것을 다시 한 번 밝히는 바이다."[194]라고 선언하고 있습니다.

그러나 프랑스 신앙고백 제23조는 "그리스도께서 육신을 입고 오셨을 때, 율법의 모든 예식이 끝났음"을 명백하게 고백합니다. 반면에 트리엔트 회의의 "지극히 거룩한 미사성제에 관한 교리와 그 법규" 제1장은 "죽음으로 당신의 사제직이 사라지지 않아야 했기 때문에 이 희생 제사를 통해 십자가 위에서 피 흘림의 희생 제사는 현재화되고, 그에 대한 기념(memoria)은 세상 끝 날 때까지 지속되고, 그 구원의 힘은 우리가 매일 범하는 죄들을 용서하는 데 적용되어야 한다."고 규정하고 있습니다. 그리고 프랑스 신앙고백은 바로 이러한 트리엔트 회의의 교리와 법규를 정면으로 반대하고 있는 것입니다.

율법의 "원형"이신 그리스도

로마 가톨릭이 미사성제(거룩한 제사)라고 일컫는 "성례"(라틴어로 sacrament이며, 이것은 헬라어 미스테리온, 즉 "비밀" 또는 "신비"를 번역한 것이다)에 대해 칼뱅은 "하나님의 거룩한 말씀을 확인하기 위해서 필요하기보다는 그 말씀에 대한 우리의 믿음을 확립하기 위해서 필요하다."[195]고 언급했습니다. 성례는 언약의 표징으로 성령님의 도구이며, 오직 말씀과 협력해서만 믿음을 굳게 할 수 있다고 말한 것입니다. 따라서 성례의 요소들은 하나님의 도구로만 가치 있습니다. 이에 대해 칼뱅은 "우리는 성례 자체를 믿거나, 하나님의 영광을 성례에 옮겨서는 안 된다. 우리의 믿음과 고백은 모든 것을 제쳐놓고 성례와 만물의 근원이신 분을 향해서 비약해야 한다."[196]고 했습니다.

또한 칼뱅은 아우구스티누스의 설명을 인용하여 성례에서 그 본체와 표징을 구별해야 한다고 했습니다. 칼뱅에 따르면 그러한 구별의 의미는 "진상(眞相)과 외형(外形)이 성례전에 포함되어 있을 뿐만 아니라 두 가지가 긴밀하게 결합되어 서로 분리할 수 없으며, 결합되었다고 하더라도 항상 본체를 표징과 구별해서, 한 쪽에 속한 것을 다른 쪽으로 옮겨서는 안 된다는 것"[197]입니다. 그렇게 구별하지 않고 이해하여 로마 가톨릭의 "화체론"이 성립한 것이기 때문입니다.

그리스도를 믿음으로 인해 비로소 그리스도와 관련한 성례가 우리에게 의미를 지니게 되는데, 구약의 성례들은 하나님의 약속에 따라 그리스도를 예표한다는 점에서 의미가 있었습니다. 다만 칼뱅은 "고대의 성례들은 그리스도를 아직 기다리고 있었을 동안에 어렴풋이 그를 예시했고, 현재의 성례는 이미 임재하셨던 그리스도를 확증한다는 것"[198]이라면서 고대 성례와 현재 성례의 차이를 설명했습니다. 그러면서 "첫째, 모세의 율법에 있는 모든 화려한 의식들은 그리스도를 지향하지 않는 한 헛되고 무가치한 것이다. 둘째, 그 의식들은 그리스도를 바라본 것이기 때문에 그가 드디어 육신으로 나타나셨을 때에 성취되었다. 끝으로, 그리스도께서 오심으로 말미암아 의식들이 폐지된 것은 그림자가 태양의 밝은 빛 가운데서 사라지는 것과 같이 합당한 일이었다."[199]라고 정리했습니다. 또한 아우구스티누스가 구약 예식들과 신약 성례의 유사점과 차이점을 언급한 것을 인용하여 "모세의 율법에 있는 성례들은 그리스도를 예고했지만, 우리의 성례는 그리스도를 선포"[200]한다고 말했습니다.

결국 모세의 율법이 드러내고자 한 원형은 처음부터 그리스도께 있었습니다. 그런데 그 원형이신 그리스도께서 실제로 오셔서 모세의 예법들이 나타내고 있는 구속(redemption)을 완성하셨기 때문에 예표와 표상에 해당하는 모세 율법의 내용들은 실효성을 상실한 것입니다. 신약의 예법, 즉 성례가 구약의 예법과 다른 점은 바로 이 부분에서 더 확실하게 그리스도만 드러내며 선포한다는 것입니다. 그에 따라 프랑스 신앙고백 제23조는 "이제 사용되지 않을지라도 그 예식들이 나타내고자 하는 실체와 진리는 그리스도의 인격 안에 깃들어 항상 충족된다."고 고백한 것입니다.

한편, 칼뱅에 따르면 구약 율법은 백성을 구속하려는 목적으로 제시된 것이 아니라 오실 그리스도를 통해 구원에 이를 것을 예표하기 위한 것이며, 궁극적으로 그리스도의 재림 때까지 그리스도 안에 있는 구원의 희망을 주기 위한 것이었습니다.

> 레위 지파 전체에서와 다윗의 후손 사이에서는 그리스도가 그 고대인들의 눈앞에 마치 이중의 거울에 비치듯이 제시되었다. 그렇게 하지 않고서는 …… 죄와 죽음의 노예가 되며 자신의 부패에 오염된 인간들이 하나님 앞에서 왕과 제사장이 될 수 없었을 것[이다.][201]

> 따라서 약속을 받은 후손이 나타날 때까지 유대인들은 "몽학선생(초등교사)"의 감독 아래에 놓였다고 한 바울의 말(갈 3:24)은 옳다. 그들은 아직 그리스도를 친숙하게 알지 못했기 때문에, 하늘 일에 관한 완전한 지식을 감당할 수 없는 연약한 어린애들과 같았다.

또한 칼뱅은 "십계명에 관해서는 바울이 '그리스도는 모든 믿는 자에게 의를 이루기 위하여 율법의 마침이 되시니라'(롬 10:4)고 경고한 말씀에 주의해야 한다."[202]면서 "율법의 마침이라는 발언은, 그리스도께서 의를 거저 전가해 주시며 중생의 영으로 의를 베풀어주시지 않으면, 계명으로 가르치는 것이 쓸데없다는 뜻"이라고 했습니다. "그러므로 바울이 그리스도를 율법의 완성, 즉 마침이라고 부르는 것은 당연하다."는 것입니다.

율법은 징벌하는 기능을 통해 믿는 자와 믿지 않는 자 모두에게 작용하지만, 특별히 그리스도를 믿는 자들을 깨우쳐 하나님께서 요구하시는 선행을 촉구합니다. 따라서 우리는 프랑스 신앙고백 제23조의 "우리는 삶의 올바른 질서와 복음의 약속들을 확인하기 위해서 율법과 예언자들의 도움을 받아야만 한다."는 마지막 문구가 의미하는 바에 동의하게 될 것입니다.

중생한 신자에게 있어서 율법의 의미

칼뱅에 따르면 율법은 우리 죄를 고발하고 비난하여 우리가 하나님의 은총이 필요함을 직시하고 그 은총을 구하게 하며,[203] 불신앙의 악인들에게는 징벌의 두려움을 불러일으켜서 죄를 억제시켜 악인들로부터 사회를 보호합니다.[204] 그리고 무엇보다 중요한 율법의 기능은 믿는 자들을 깨우쳐 하나님께서 요구하시는 선을 행하게 하는 것입니다.[205] 여기서 가장 중요한 것이 바로 마지막으로 언급한 율법의 기능입니다. 칼뱅은 이렇게 말합니다.

> 그들(신자들)은 하나님의 영의 감동과 격려로 하나님께 복종하겠다는 열심이 있지만, 역시 두 가지 방면에서 율법의 혜택을 입는다. 그들이 앙모하는 주의 뜻이 무엇인가를 매일 더욱 철저히 배우며 확고하게 이해하는 데 율법은 가장 훌륭한 도구가 된다. ······ 율법에 대해서 자

주 명상함으로써 복종하겠다는 열성을 얻으며 복종하는 힘을 얻으며 범죄의 미끄러운 길에 들지 않게 된다.

이처럼 중생한 신자에게 율법의 용도는 여전한 것이기 때문에 프랑스 신앙고백 제23조도 "우리는 삶의 올바른 질서와 복음의 약속들을 확인하기 위해서 율법과 예언자들의 도움을 받아야만 한다."고 한 것입니다.

그러나 중생한 신자들에게 율법은 분명 폐지된 측면도 있습니다. 그것은 "율법이 신자들에게 지금은 바른 길을 명령하지 않는다는 것이 아니라, …… 지금은 그(신자)들에게 공포심을 불어넣으며 당황하게 만들어 그들의 양심을 정죄하며 파멸에 몰아넣지 못하게 되었다는 뜻"[206]이라고 칼뱅은 설명합니다. 이제 율법이 우리를 정죄하여 징벌의 두려움과 공포를 일으키지 못한다는 의미에서 폐기된 것입니다. 따라서 우리(신자)는 율법의 정죄에서 오는 두려움과 공포 때문이 아니라, "하나님의 영의 감동과 격려로 하나님께 복종하겠다는 열심"[207] 가운데서 "율법과 예언자들의 도움을 받[는]" 것입니다.

또한 "의식들은 효과가 없어진 것이 아니라, 사용하지 않게"[208] 되었습니다. "만일 의식들이 폐지되지 않았다면, 우리는 지금 의식을 정한 목적을 알 수 없을 것"[209]입니다. 사도 바울은 "의식은 그림자요 그 본체는 우리를 위해서 그리스도 안에 있다"(골 2:17)고 했으며, "그러므로 이미 자기를 분명히 계시하신 그리스도를 의식이 상징하는 것보다 멀리서, 또 휘장으로 가리워 있듯이 상징하는 것보다 지금은 의식이 폐기되었기 때문에 진실이 더 잘 빛난다는 것을 우리는 알 수 있는" 것입니다.

또 우리에게는 더 확실한 예언이 있어 어두운 데를 비추는 등불과 같으니 날이 새어 샛별이 너희 마음에 떠오르기까지 너희가 이것을 주의하는 것이 옳으니라(벧후 1:19).

곧 거룩한 선지자들이 예언한 말씀과 주 되신 구주께서 너희의 사도들로 말미암아 명하신 것을 기억하게 하려 하노라(벧후 3:2).

이것은 주께서 예로부터 거룩한 선지자의 입으로 말씀하신 바와 같이 (눅 1:70).

이러한 성경 본문에 근거하여 프랑스 신앙고백 제23조는 "율법과 예언자들의 도움을 받아야만 한다."고 고백한 것입니다.

제24조

우리의 유일한 변호자, 그리스도

우리는 죽은 성도를 위해 기도드리는 사람들의 발상은 부적절하며, 그것은 올바르게 기도하지 못하게 하려는 사탄의 끈질긴 요구라고 믿는다. 예수 그리스도께서 우리의 유일한 변호자가 되시며, 개인적으로 기도드릴 때 그의 이름으로 아버지에게 나아가도록 우리에게 명하셨고, 하나님께서 그의 말씀으로 우리에게 가르치신 기도의 본과 일치되지 않으면 올바른 기도가 아니기 때문이다. 또한 우리는 사람이 하나님 앞에서 자신들을 구속할 수 있었다고 생각하는 모든 잘못된 방법을 거부한다. 예수 그리스도의 희생과 고난을 무시하는 것이기 때문이다. 끝으로, 우리는 연옥이 동일한 데에서 나온 속임수라고 보며, 수도원 서약, 성지 순례, 성직자의 결혼 금지, 육식 금지, 특정 성일(聖日: 부활절, 성탄절 등)을 지키는 의식들, 고해, 면죄부, 그리고 은혜와 구원을 얻게 해준다고 할 만한 그 밖의 모든 것을 거부한다. 우리가 이러한 것들을 거부하는 것은 그것들에 부착되어 있는 (미혹의 요소인) 공로적인 견해들 때문만이 아니라, 그것들이 양심에 메우는 멍에이기 때문이다.

[증거구절]

딤 2:5; 히 7:24-25, 10:19-22; 요일 2:1-2; 요 16:23-24; 마 6:5-13; 눅 11:2-4; 요 14:6, 13; 마 15:7-11; 행 10:14-15; 롬 14:2-3; 갈 4:9-11, 5:1-4; 골 2:16-17, 20-23; 딤전 4:1-5; 딛 1:15.

개신교와 타종교(또는 자연종교)가 근본적으로 다른 점 하나는 바로 제사장(또는 사제)에 의한 종교적 형태인가, 아니면 가시적인 중보적 존재가 없는 형태인가입니다. 로마 가톨릭을 비롯한 많은 타종교는 늘 중보 기능을 수행하는 인간이나 우상(형상, 그림 등)이 있지만, 개신교에는 그런 중보 기능을 수행하는 존재가 없습니다. 오직 예수 그리스도를 믿는 믿음으로 직접 하나님과 화목하여 교통하기 때문입니다. 특별히 로마 가톨릭은 아주 오랜 기간에 걸쳐서 자연종교적인 요소가 고착되었는데, 그 양상은 중세를 거치면서 더욱 확고해졌습니다. 프랑스 신앙고백 제24조는 로마 가톨릭에 고착된 그러한 요소들을 모두 거부한다고 고백하고 있습니다.

인간 자신의 힘으로 이루는 구속

앞서 로마 가톨릭 신앙을 비판할 때, 우리는 거의 대부분 트리엔트 종교회의의 교령을 언급했습니다. 어느 공의회보다 트리엔트 종교회의의 교령이 로마 가톨릭교회의 신앙을 근본적이고 특징적으로 규정했기 때문입니다. 즉 동방교회와 서방교회로 분열된 후 종교개혁 분위기가 무르익으면서, 제후와 여러 왕국을 중심으로 분열이 가속화되는 것을 막고 로마 가톨릭 신앙으로 일치시키기 위해 시작된 트리엔트 종교회의의 교령이야말로 로마 가톨릭교회의 정체성을 가장 폭넓게 정의하고 있습니다.

트리엔트 종교회의 제6차 회기 교령 제1장은 본성과 율법이 인간 의화에 무력함에 대해 "모든 인간은 아담의 범죄를 통하여 무죄함을 잃어버린 다음에 부정해졌고, (사도가 말한 대로) '본성상 하느님의 진노를 살 수밖에 없게' 되었으며, 원죄에 관한 교령에서 밝힌 대로, 죄의 노예가 되어 악마와 죽음의 권세 아래 놓이기에 이르렀다."[210]고 규정하고 있습니다.

그러나 그 규정은 곧이어 마지막 부분에 "그렇다고 해서 인간들에게 자유의지가 없어진 것은 결코 아니고, 다만 그 힘이 기울어지고 약해졌을 뿐"이라고 하여 인간 스스로 의화(칭의)하는 가능성과 역할의 여지를 열어 두고 있습니다. 이에 대해 칼뱅은 「트리엔트 공의회 법령과 해독제」(1547)에서 이렇게 말합니다.

> 그들은 자유의지가 그 능력에 있어 손상되고 왜곡되었으나 소멸되지 않았다고 선언한다. …… (하지만) 그들은 결코 자유가 소멸되지 않았다고 주장하기 때문에 분명히 인간의 의지에 다소간 선을 택할 수 있는 힘이 여전히 남아 있다고 이해한다. …… 우리가 그들을 인정한다면, 원죄가 우리를 무력하게 한 결과, 우리의 의지의 결점(*vitium*)이란 타락이 아니라 나약이라는 것이다. 만일 의지가 전적으로 타락했다면, 그것은 손상된 상태일 뿐만 아니라 새로워질 때까지는 망가진 상태이기 때문이다. 그러나 후자가 한결같은 성경의 교리이다.[211]

또한 트리엔트 종교회의 교령 제4장은 죄인의 의화와 은총의 지위에 오르는 방법에 관해 해설하고 있습니다. 이 교령에서도 "죄인의 의화란 인간이 첫 아담의 자녀로 태어난 상태에서 두 번째 아담이신 우리의 구세주 예수 그리스도를 통하여 은총의 지위, 하느님의 자녀가 되는 지위로 옮겨가는 것"[212]이라고 했지만, 역시 마지막 부분에서 "이 전이(轉移)는 복음이 선포된 이후로 재생의 세례 없이는 혹은 그것을 바라는 원의 없이는 이루어질 수 없다."고 하여 로마 가톨릭의 성례관과 사제를 통한 가시적 은총의 시행을 뒷받침하도록 규정하고 있습니다. 바로 이러한 교령을 근거로 로마 가톨릭 신앙은 프랑스 신앙고백 제24조에서 언급하는 "사람이 하나님 앞에서 자신들을 구속할 수 있었다고 생각하는 모든 잘못된 방법"을 공식적으로 인정하는 것입니다.

이와 관련하여 칼뱅은 아우구스티누스의 「자유의지론」(*De libero arbitrio*)을 인용하여 이렇게 설명합니다.

> 인간이 하나님의 은총에 의해 억지로 그들의 의지에 반대하는 것이 아니라, 그들 자신의 동의로 따르고 복종할 만큼 자발적으로 지배된다는 것이며, 또한 이렇게 그들의 의지가 악한 것에서 선으로 돌아선다는 것이다. …… 그렇기 때문에 그(아우구스티누스)는 "우리가 의지를 갖지만, 하나님이 또한 우리 안에서 의지를 갖도록 행하신다. 우리가 행하지만, 하나님이 또한 우리 안에서 의지를 갖도록 행하신다. 우리가 행하지만, 하나님이 또한 우리로 행하게 하신다."고 말한다. 또한 "우리는, 하나님이 우리 안에서 의지를 갖도록 행하시지 않는 한, 우리 자신의 의지로 소유하는 선을 결코 소유할 수 없다."고 말한다. 또한 "우리가 뜻을 품을 때 의지를 갖지만 그가 우리로 뜻을 품게 한다는 것은 분명하다. 우리가 행동할 때 행동하지만, 그가 의지의 가장 유효한 능력을 제공함으로써 우리로 하여금 행하게 하시는 것은 분명하다."고 말했다.[213]

그러므로 칼뱅은 로마 가톨릭의 자유의지 및 의화(칭의)와 관련한 교령들에 대해 "그들의 오류는 하나님과 우리 자신 사이에 역할을 분담하여, 하나님의 은총에 동의하는 일에 있어서 경건한 의지의 복종이 하나님 자신의 고유한 역할임에도 불구하고, 그것을 우리 자신에게로 돌린다는 데 있다."고 명백하게 비판한 것입니다. 바로 그러한 비판의 확장선상에서 프랑스 신앙고백 제24조가 "사람이 하나님 앞에서 자신들을 구속할 수 있었다고 생각하는 모든 잘못된 방법"을 거부하는 것입니다.

죽은 성인의 제사

칼뱅은 1543년에 「성해(聖骸)론」(*Traité des Reliques*)을 통해 중세 이후로 만연한 성 유골 숭상을 비판하고, 「교회 개혁의 필요성」(*De necessitate reformandae ecclesiae*)을 통해 로마 가톨릭을 중심으로 퍼져 있는 잘못된 신앙 행태들을 시정할 것을 촉구했습니다. 특히「교회 개혁의 필요성」에서는 "우리가 '인간의 죄와 죽음 외에는 아무것도 자기 속에 가지고 있지 않기 때문에 자기 자신 외에 곧 그리스도 안에서만 의와 생명을 구하지 않으면 안 된다'고 주장하면 당장 의지의 자유와 능력에 의한 반대론이 일어[난다.]"[214]고 하면서 "만일 인간에게 스스로 하나님께 대하여 공적을 쌓을 수 있는 힘이 있다면, 인간이 전적으로 그리스도의 은혜로 말미암아 구원을 얻는 것이 아니고 그 구원이 확고해지는 과정의 일부분을 인간 자신에게 돌리게 되기 때문"이라고 했습니다. 칼뱅은 당시에 만연한 로마 가톨릭의 교리와 관련해서 "우리의 적들(로마 가톨릭주의자들)은 사람이 선행을 하기 위하여 성령으로 도움을 받지 않으면 안 된다고 인정하고 있으면서도 구원의 과정에서 인간이 담당하는 부분적 역할을 주장"한다고 비판하였습니다.

로마 가톨릭의 교리가 겉으로는 하나님의 전적인 은혜를 표방하지만 세부적으로는 인간의 의지적 자유에 의한 역할 수행을 주장하는 것은 로마 가톨릭의 특징적인 "공로주의", 즉 행위에 근거한 공로주의 사상이 바탕을 이루기 때문입니다. 이 공로주의야말로 모든 로마 가톨릭의 가시적인 신앙추구의 발판이자 마당인 것입니다. 그렇기 때문에 로마 가톨릭의 교리와 개혁에 대한 법령을 공표한 트리엔트 종교회의에서도 그러한 기본적인 근거를 결코 포기하지 않고 오히려 분명하게 공표하여 종교개혁의 표면적인 요구는 수용하면서도 근본적인 교리는 결코 수정하지 않는 것을 통해 로마 가톨릭이 분열되는 흐름을 막으려고 한 것입니다.

로마 가톨릭의 교리에서 인간의 선악 간 자유로운 의지에 의한 능력과 공로를 단적으로 드러내 보이는 것이 바로 "성인의 중보기도"입니다. 성인의 중보기도를 옹호하기 위해 로마 가톨릭은 "나를 사랑하고 내 계명을 지키는 자에게는 천 대까지 은혜를 베푸느니라"(출 20:6)는 말씀에 근거하여 조상의 공로로 후손이 은혜를 받을 수 있다고 주장합니다. 그러나 칼뱅은 "오히려 우리는 그것을 하나님의 자비의 영예로운 점으로, 즉 하나님의 자비가 만방에 넘치고 있는 것으로 간주해야 한다."[215]고 말하면서 "하나님의 자비가 선조들에게 구원의 손을 자유롭게 뻗은 후에 후손들에게도 확대되게끔 해야 한다. 하나님의 선하심에서 비롯된 이러한 찬양의 극히 작은 부분이라도 인간의 공로로 돌리는 짓은 신성모독의 불경건한 악행"이라고 강하게 비판했습니다.

그런데 죽은 성인의 중보기도로 말미암는 공로와 은혜의 시여(施與)에 대한 로마 가톨릭의 교리는 성인을 기념하는 축제일과 연계되어 만연해 있습니다. 이른바 "수호성인(patroni)의 축일"이라고 하는 로마 가톨릭의 축제일은 그런 성인들을 예배하여 우리와 하나님 사이에서 그들의 공로가 중보적인 역할을 수행하길 바라는 목적으로 행하는 것입니다. 로마 가톨릭의 그러한 교리는 성인의 반열에 오른 수많은 자들에게 계속 적용되어 거의 모든 성인이 기념일이 있을 정도로 만연한데, 이것이 바로 성인의 중보기도를 구하는 예배적 의미의 "죽은 성인의 제사"인 것입니다.

반면 공로주의에서 비롯된 정반대의 로마 가톨릭 제도도 있습니다. 바로 "죽은 자를 위한 기도"입니다. 그렇게 해서 살아 있는 동안뿐 아니라 죽은 후에도 인간이 그 공로로 중보의 역할을 시행하는 무한한 공로주의를 추구하는 양상이 성인들과 관련해서 생겨난 것입니다.

칼뱅은 "사도들과 순교자들이 우리를 위해 기도한다고 가정한다 해도, 그렇기 때문에 우리가 그들의 도움을 간청해야 한다는 추론은 합당하지 않다."[216]고 하면서, 후손을 위한 야곱의 기도(창 48:16), "주의 종 아브라함과 이삭과 이스라엘(야곱)을 기억하소서"(출 32:13)라고 한 기도, "여호와여 다윗을 위하여 그의 모든 겸손을 기억하소서"(시 132:1)라고 한 기도 등에 근거해서 순교자들과 성인들의 중보를 주장하는 로마 가톨릭의 성경 해석을 각각 논박했습니다.

우선 창세기 48장 14-16절에서 야곱이 므낫세와 에브라임을 축복한 것은 "단지 하나님의 언약의 은혜가 자기의 후손들에게 대물림되기를 바랐을 뿐이다."[217]라며, "구원은 그의 씨에게 약속되었다. 하나님은 자신의 약속을 아브라함과 이삭과 야곱의 손에 두셨다. 그러므로 야곱은 그들이 거룩한 민족의 부족들로 분류되기를 간구한다."고 말합니다. 후손에게 있는 은혜의 기초는 자신의 기도가 중보적인 공로로 작용한 것이 아니며, 하나님의 언약에 근거하여 소망한 것이라고 설명하는 것입니다. 또한 출애굽기 32장 13절의 모세의 경우에 대해서도 "모세는 그가 아브라함과 이삭과 야곱의 이름들을 가져올 때 각 개인에게 관심을 갖지 않고, 다만 약속의 믿음으로 자신과 다른 이들을 굳건히 할 뿐이다. 모세는 언약이 그들에게 이뤄져야 하는 이유를 마치 '오 주님, 우리는 주의 약속 외에 어떤 것도 의지하지 않고 주께 나아갑니다. 왜냐하면 우리는 주께서 우리 조상 아브라함과 이삭과 야곱에게 친히 그들의 하나님이 되시겠다고 약속하셨던 그 백성이기 때문입니다.'라고 말한다."²¹⁸고 하여, 그 기도에서 우리가 어떤 공로나 중보적 역할의 모범을 볼 수 있는 것이 아니라, 오직 하나님의 약속에 대한 신뢰와 믿음만 볼 수 있음을 언급하고 있습니다.

이처럼 우리는 성경을 통해 로마 가톨릭의 공로주의, 여공(餘功), 성인의 제사와 중보기도 등 성인과 관련한 모든 교리와 악습이 잘못된 것임을 알 수 있습니다. 인간은 살아서든 죽어서든 자신뿐 아니라 타인을 위해서도 어떤 공로나 중보적 역할을 감당할 능력이 없습니다. 오히려 우리에게서 어떤 능력이 발휘된다면, 그것은 오직 하나님의 은혜에서만 나오는 것일 뿐입니다.

연옥을 비롯한 그 밖의 것들

프랑스 신앙고백 제24조는 당시 로마 가톨릭이 일반화하고 있던 여러 제도와 수단을 언급하며 모두 배척하고 있습니다.

> 우리는 연옥이 동일한 데에서 나온 속임수라고 보며, 수도원 서약, 성지 순례, 성직자의 결혼 금지, 육식 금지, 특정 성일(聖日: 부활절, 성탄절 등)을 지키는 의식들, 고해, 면죄부, 그리고 은혜와 구원을 얻게 해 준다고 할 만한 그 밖의 모든 것을 거부한다.

한편, 뵈트너(Loraine Boettner)가 그의 책 「로마 가톨릭 사상 평가」(CLC)에서 "고해 교리를 제외하고 로마교회 교리에서 연옥 교리만큼 복음을 왜곡시키고 사람들을 사제에게 예속시키는 교리는 없다 해도 무방하다."²¹⁹고 할 정도로 연옥 교리는 가장 반대할 만한 것입니다. 교회사에서 연옥 교리만큼 인간의 공로주의를 바탕으로 금전적 수익과 직결된 것은 없었습니다. 심지어 연옥 교리는 "사제들의 금광"이라고 불릴 정도였습니다.

연옥 교리는 로마 가톨릭에서 죄를 분류하는 과정에서 성립되었습니다. 로마 가톨릭은 일반적으로 죄를 대죄(大罪)와 소죄(小罪)로 나눕니다. 소죄란 하나님과 로마 가톨릭교회의 법에 저촉되지만 충분히 용서받을 만한 것으로, 트리엔트 종교회의의 원죄에 관한 교령에서 말하는 "사욕편정"에 따른 범죄를 말합니다. 반면 대죄는 징벌에 따라 영원히 지옥에 처하게 되는 죄와 연옥에서 잠시 고통당하는 죄로 분류되는데, 바로 연옥에 처하게 되는 죄를 용서받기 위한 방편으로 참회, 자선, 사제에게 예물을 드려 미사를 집전하는 것, 면죄부 등이 생겨난 것입니다.[220] 이처럼 로마 가톨릭의 죄에 관한 교리는 철저히 인간의 공로(세례, 참회의 성례, 고해, 자선, 미사, 예물)를 통해 용서받도록 분류되는데, 연옥 교리는 바로 그러한 교리의 이상적인 조합체라고 할 수 있습니다. 그런데 로마 가톨릭의 연옥 교리에 따르면, 원칙상 순교자를 제외하고는 거의 모든 신자가 연옥을 거쳐 세례 이후의 죄에 대한 형벌을 감당해야 합니다. 심지어 고위 사제들도 예외가 아닐 정도로 유대교의 율법주의만큼이나 무거운 멍에였습니다.

연옥 교리에 대해 트리엔트 종교회의는 제25차 회기(1563)의 "연옥에 관한 교령"에서 "본 거룩한 공의회는 주교들에게 거룩한 교부들과 공의회들을 통하여 전수되어온 연옥에 관한 건전한 교리가 어디서든지 믿어지고 보존되며 가르쳐지고 선포되도록 정성을 다하여 감독할 것을 명하는 바"[221]라고 규정했습니다. 이어서 "또한 주교들은 살아 있는 신자들이 죽은 신자들을 위하여 예부터 바쳐온 전구, 즉 미사성제, 기도들, 자선

행위와 그 밖의 신심 행위들이 교회의 지침에 따라 정성을 다하여 이루어지도록 돌봐야 할 것"이라고 하여, 면죄부 판매와 같은 로마 가톨릭 폐단의 모판이 되는 연옥 교리를 기존대로 고수할 것을 천명했습니다. 끝으로 그들은 "아울러 주교들은 사제들이나 교회의 성직자들, 그리고 죽은 이들을 위해 의무를 지고 있는 여타의 사람들로 하여금 유증(유산)이나 기타 사유로 기탁된 기금을 목적대로 온전히 선의를 다해 이행하도록 돌봐야 한다."고 하여, 연옥 교리에 조금도 수정하거나 폐지하지 않은 것을 볼 수 있습니다. 이에 대해 프랑스 신앙고백 제24조는 로마 가톨릭의 연옥 교리를 바탕으로 하는 모든 제도와 수단을 배척한다는 것을 명백히 고백하고 있는 것입니다.

유일한 변호자인 예수 그리스도

한편, 프랑스 신앙고백 제24조는 연옥 교리를 비롯하여 "수도원 서약, 성지 순례, 성직자의 결혼 금지, 육식 금지, 특정 성일(聖日: 부활절, 성탄절 등)을 지키는 의식들, 고해, 면죄부, 그리고 은혜와 구원을 얻게 해준다고 할 만한 그 밖의 모든 것"을 거부하고 있습니다. 또한 로마 가톨릭의 공로주의에 근거하는 모든 제도와 수단을 거절하는 것은 "그것들에 부착되어 있는 (미혹의 요소인) 공로적인 견해들 때문만이 아니라, 그것들이 양심에 메우는 멍에이기 때문"이라고 고백합니다. 연옥 교리가 순교자를 제외하고는 고위 사제에 이르기까지 거의 모든 신자를 무거운 징벌의 분위기에서 장례를 치르게 하는 것이 가장 대표적인 "양심에 메우는 멍에"입니다.

칼뱅에 따르면 로마 가톨릭 교리는 "죄의 용서와 화해는 우리가 세례를 받고 그리스도를 통하여 하나님의 은혜를 받게 됐을 때에, 단 한 번 있는 일이며, 세례 받은 후에는 '보속'(補贖)을 통해서 다시 살아나야 한다."[222]고 말합니다. 또한 로마 가톨릭은 "그리스도의 피는 교회의 열쇠에 의해서 나눠지지 않으면 아무런 소용이 없다."고 덧붙였습니다. 하지만 칼뱅은 성부 하나님의 아들이신 예수 그리스도만이 성부 앞에서 유일한 대속자요 중보자인 것을 확인합니다.

> 그리스도께서만이 하나님의 어린양이시므로 그는 죄를 위한 유일한 제물이시며 또한 유일한 화목의 제물이시며, 유일한 보속물이시다. 죄를 용서하는 권리와 권한은 아버지께 고유한 것이며 …… 이 점에서 그는 아들과 구별되지만 여기서는 그리스도를 다른 정도에 둔다. 즉 그리스도께서는 우리가 받을 형벌을 대신 맡으시고 하나님의 심판대 앞에서 우리의 죄책을 씻어버렸기 때문이다.

특별히 칼뱅은 "그리스도의 영광을 완전히 지켜 손상됨이 없도록" 해야 하는 데서 끝나지 않고, 곧장 "양심이 죄 사함을 받았다는 확신을 얻어 하나님과의 화평을 누려야 한다는 것"[223]을 언급합니다. 그리고 이와 관련하여 다음과 같이 더욱 상세히 설명합니다.

> 양심을 진정시키는 것이 문제가 된다면, 죄는 보속으로도 속해진다고 들을 때에 양심은 어떤 진정을 얻겠는가? 언제 사람은 보속의 분량에 대한 자신이 생길 것인가? 그뿐 아니라 하나님이 자비하신지를 항상 의심하며 항상 불안하며 항상 떨 것이다. 사소한 보속을 의지하는 사람들은 하나님의 심판을 멸시하며 죄의 큰 짐을 경시한다. …… 적당한 보속으로 어떤 죄를 속한다고 인정하더라도, 일평생의 죄를 위한

보속을 바쳐도 부족하리만큼 많은 죄에 압도될 때에는, 그들은 어떻게 할 것인가?"

그러므로 프랑스 신앙고백 제24조 마지막 부분에서도 "우리가 이러한 것들을 거부하는 것은 …… 그것들이 양심에 메우는 멍에이기 때문"이라고 한 것입니다.

THE FRENCH CONFESSION
OF FAITH 1559 & 1571

5부

교회의 본질

THE FRENCH CONFESSION
OF FAITH 1559 & 1571

제25조

교회에 필요한 목사

이제 우리는 복음을 통해서 그리스도께 동참했으므로, 그리스도의 권위로 세워진 교회의 질서는 신성하게 유지되어야 한다. 그러므로 목사 없이 교회는 존속할 수 없다. 목사의 직임은 무리를 지도하는 것으로, 정식으로 청빙되어서 그 직책을 충실하게 수행할 때 우리는 마땅히 그를 명예롭게 대하고 존경하는 마음으로 (그의 말을) 들어야 한다. 하나님께서는 이러한 방편이나 하위 수단에 매이지 않으시지만, 다만 이러한 방법으로 우리를 다스리시는 것을 좋게 여기신다. 이러한 이유로 우리는 거짓말로 말씀 설교와 성례전 시행을 완전히 폐지하고자 하는 모든 환상가를 혐오한다.

[증거구절]

롬 1:16-17, 10:14-17; 마 18:19-20; 눅 12:42-48; 엡 1:22-23, 3:8-10; 마 10:40; 눅 10:16; 요 13:20; 행 26:17-18; 롬 10:14-15; 고전 3:5-7, 9, 4:1-2; 고후 5:20.

프랑스 신앙고백이 작성되고 공표될 당시, 프랑스를 비롯한 유럽은 대부분 여전히 로마 가톨릭 체제에 놓여 있었습니다. 따라서 당시에 지칭하는 교회란, 일반적으로 로마 가톨릭교회를 가리켰습니다. 그러나 프랑스 신앙고백을 발표한 개신교인들에게 교회는 궁극적으로 로마 가톨릭교회처럼 가시적인 조직이나 체제가 아니었습니다. "복음 가운데서 그리스도께 모인 사람들의 회(會)"를 가리키는 것이었습니다. 개신교 진영 가운데

재세례파를 비롯한 일부 급진적인 개혁 진영에서 생각하는 교회도 복음 가운데서 그리스도께 모인 사람들의 회를 뜻했지만, 회의 성격과 운용에 대한 견해는 프랑스 신앙고백과 현격하게 달랐습니다.

로마 가톨릭에서 말하는 교회

"로마 가톨릭교회"라고 할 때 먼저 생각할 것은 바로 "가톨릭"(Catholic, 헬라어 "카톨리코스"[일반적인, 보편의]에서 유래)이라는 단어입니다. 단어에서 살펴보자면, 로마 가톨릭교회는 보편적인 교회를 표방합니다. 그러나 로마 가톨릭교회라는 말을 분석해 보면 단어 자체에 모순이 있음을 알 수 있습니다. 바로 로마(Roman)라는 단어가 가톨릭이라는 말을 한정하고 있는 것입니다. 결국 로마 가톨릭교회는 보편교회를 표방하지만, 사실상 그 보편교회란 오직 로마 가톨릭주의의 교회만 가리키는 것입니다. 따라서 "교회가 있는 곳에 성령께서 계신다."(*Ubi ecclesia ibi Spiritus*)[224]는 로마 가톨릭교회의 구호는, 로마 가톨릭교회가 있는 곳에 성령께서 계신다는 의미가 되는 것입니다. 그때 교회란 오직 로마 가톨릭교회이기 때문입니다.

반면 개신교회의 구호는 로마 가톨릭교회와 비슷해 보이지만 의미가 전혀 다릅니다. "성령께서 계시는 곳에 교회가 있다"(*Ubi Spiritus ibi ecclesia*). 기본적으로 개신교회에서 가리키는 교회는 특정 교파의 교회로 한정되지 않습니다. 오히려 성령께서 계시는(역사하시는) 곳에 모이는 그리스도의 백성을 교회로 생각합니다. 이렇게 볼 때, 진정한 가톨릭교회(공교회) 개념은 로마 가톨릭교회가 아니라 개신교회에서 찾아볼 수 있다고 할 수 있을 것입니다.

역사상 로마 가톨릭교회가 공교회(보편교회)로 존재하는 과정을 보면 실제로 수많은 권력 투쟁이 있었습니다. 교황을 중심으로 하는 교회 권력과, 황제 또는 왕(또는 제후)을 중심으로 하는 세속 권력의 투쟁일 뿐 아니라, 교황을 중심으로 하는 유일한 교회 권력을 견제하기 위해 "공의회 우위"를 주장하는 세력과의 투쟁이기도 했습니다. 프랑스 신앙고백이 나올 당시 로마 가톨릭교회에서 소집된 트리엔트 종교회의(공의회)도 마찬가지입니다. 트리엔트 종교회의(공의회)는 그러한 복잡한 권력 투쟁 속에서 점차 분열되고 있었던 로마 가톨릭교회를 수습하고 더 이상 분열되지 않게 하려는 목적에서 로마 가톨릭주의 교리를 분명하게 확립하고 법규를 세우기 위해 소집된 것입니다. 이 책에서 로마 가톨릭 신앙을 찾아볼 때 늘 트리엔트 종교회의 문헌을 근거로 하는 것도 그러한 독특한 성격을 반영한 것입니다.

그러한 이해를 바탕으로 트리엔트 종교회의의 교령을 살펴보면, 회기마다 "성령 안에서 합법적으로 소집되었으며, 사도좌로부터 파견된 세 분의 교황 전권 대사들이 주재하는……"이라는 말이 늘 먼저 언급되는 것을 볼 수 있습니다. 이것은 단순히 회의 개최에 대한 미사여구가 아니라 로마 가톨릭교회의 권위가 어디에 근거하는지를 단적으로 드러내는 어구로, "사도좌"와 "교황 전권 대사"라는 단어를 통해 그들이 생각하는 교회란 늘 사도좌를 계승한 것으로 인정받는 교황 체제의 권위에 근거한다는 것을 알 수 있습니다. 그러므로 트리엔트 종교회의 제3차 회기(1546)에서 사도 신조를 계승한 니케아-콘스탄티노플 신조를 신경(信經)으로 채택하였어도, 그것은 신앙의 계승이라는 의의에 앞서 이를 채택한 공의회와 공의회를 소집한 교황의 권위에 근거한다는 것을 먼저 언급하는 것입니다.[225]

이처럼 로마 가톨릭교회의 교회관은 항상 가시적 교회의 보편성을 지향합니다. 이때 보편성이란 가시적인 권위의 핵심인 교황을 중심으로 하는 일원화된 체제로서 로마 가톨릭교회가 지니는 보편성을 말합니다.

재세례주의에서 말하는 교회

로마 가톨릭의 교회관은 교황을 중심으로 하는 가시적인 로마 가톨릭 체제에 근거하는 것으로, 교리나 성경에 관한 믿음도 바로 그러한 로마 가톨릭 체제, 그중에서도 교황을 중심으로 하는 사제들 가운데서 성립됩니다. 그에 반해 재세례주의의 교회관은 기본적으로 신앙의 순수성을 근거로 한다는 점에서 크게 다릅니다. 즉 로마 가톨릭의 교회관이 사도좌를 계승한 교황을 중심으로 하는 체제 자체에서 출발한다면, 재세례주의의 교회관은 반대로 순수한 신앙의 고백에 근거해서만 교회가 존재한다는 원칙에 따르는 것입니다.

재세례주의(이하 재세례파)의 이러한 교회관, 즉 신앙의 순수성을 지향하고 그것에 교회의 본질을 두는 교회관 때문에 그들은 자연스럽게 "분리주의"를 표방하게 되었습니다. 이에 대해 칼뱅은 이렇게 말했습니다.

> 모든 논쟁거리는 그들이 다음과 같이 생각하는 데에 있다. 곧 이 제도(출교)가 제대로 된 상태에 있지 않거나 합당하게 시행되지 않는 곳은 어디든지 교회가 존재하지 않으며, 거기서 그리스도인이 성찬을 받는 것도 위법이라는 것이다. 그리하여 그들은 출교에 합당한 자들을 추방하지 않기에 그런 오염된 곳에 참여하지 않겠다는 구실을 내세우면서, 하나님의 교리가 순전히 전파되고 있는 교회들에서 스스로를 분리한다.[226]

즉 재세례파는 로마 가톨릭교회를 비롯하여 심지어 개신교 교회에서도 신실하지 않고 불경건한 자들에게 권징과 출교가 제대로 시행되지 않는 것을 근거로, 그들과 분리하여 모이는 것이 진정한 교회라고 생각하는 것입니다.

기본적으로 재세례파의 신앙과 교회관은 체계적이기보다는 다양하며, 주로 신앙의 감정적인 면에 치중하기 때문에 정확히 규정하기가 조금 난해합니다. 그러나 기본적인 합의는 슐라이타임 신앙고백에서 살펴볼 수 있습니다. 특히 제4조 "유리(遊離)에 관한 합의"를 보면, "이 세상에서 악마가 심은 악과 사악으로부터 유리되어야 한다. 그것은 단순히 그들과 교제를 하지 않으며 그들의 가증한 무리들 안에서 그들과 함께하지 않는 방법으로써 가능한 것이다. 이것이 유리의 방법이다."라는 문구에서 그들이 생각하는 교회가 철저히 분리주의를 표방한다는 것을 확인할 수 있습니다. 이러한 재세례파의 분리주의적 교회관에 대해 칼뱅은 카타리파와 도나투스파를 예로 들며 재세례파처럼 흠 없고 순수한 교회를 추구한 결과가 이미 역사에서 어떻게 드러났는지를 언급합니다.

> 완전함을 열망한다는 구실 하에 교회의 몸과 지체에 있어 어떤 불완전함도 참을 수 없을 때, 우리를 교만에 부풀게 하고 위선으로 미혹하여 예수 그리스도의 양 무리를 버리게 하는 자가 마귀라는 것과, 그리고 그가 우리를 양 무리에서 끄집어낼 때 그가 승리했음을 알아야 한다는 것이다. 다른 곳에는 죄 사함이나 구원이 없기 때문에(행 4:12) 우리가 천사보다 더 거룩한 모습을 갖게 될 때, 만약 그러한 자만으로 그리스도인의 회중에게서 우리 자신을 분리시키는 데로 나아간다면, 우리는 마귀가 된다.[227]

『기독교강요』에서도 이러한 분리주의를 언급한 뒤, 재세례파의 분리주의적 교회관을 강하게 거부하고 있습니다.

> 교회에는 악한 사람들과 선한 사람들이 섞여 있다는 것을 알기 위해서 그들은 그리스도의 비유를 들어보아야 한다. 교회는 각종 물고기를 모으는 그물과 같아서, 물가로 끌어낼 때까지는 좋은 것과 나쁜 것을 가르지 않는다(마 13:47-48). 교회는 좋은 씨를 뿌린 밭과 같아서, 원수의 속임수로 가라지도 뿌려졌으나 추수 때가 되어 타작마당에 모아들일 때까지 뽑지 않고 버려둔다(마 13:24-30). 교회는 곡식을 모아 놓은 타작마당과 같아서, 키로 알곡을 가려 곡간에 들일 때까지 알곡은 쭉정이에 덮여 있게 된다(마 3:12). 교회는 이런 재난 밑에서 수고하게 되리라고(심판의 날까지 악인이 섞여 있어서 큰 짐이 되리라고) 주께서 언급하시므로 그들이 아무 오점도 없는 교회를 찾는 것은 헛된 노력이다.

또한 슐라이타임 신앙고백 제5조에서 재세례파가 고백하는 "하나님의 교회의 목사들에 관한 합의"에 대해 칼뱅은 "이것에 대해 그들은 다소 견해를 바꾸었다. 왜냐하면 처음에 그들은 목사가 어떤 장소에 파견되는 것이 하나님을 반역하는 것으로 여겼고, 목사의 직분에 있는 모든 자들이, 진정한 모방자가 아니라 원숭이처럼 사도들을 흉내 내면서 이곳에서 저곳으로 돌아다니기를 원했기 때문이다."[228]라고 비판했습니다. 목사를 순회전도자로 보던 재세례파의 초기 견해가 오류인 것을 지적한 것입니다. 그렇게 하는 것에 대해 칼뱅은 "신실하게 가르치는 목회자들이 그들에게 빈자리를 남겨두어 그들의 독을 도처에 퍼뜨릴 수 있도록 하기 위함"이라고 말합니다. 그러므로 슐라이타임 신앙고백 제5조는 "목사의 직책은 교회에서 읽으며 권고하고 가르치며 경고하고 훈련하며 징계하고, 모든 형제들과 자매들의 향상을 위하여 기도로 인도하며, 떡을 뗄 때는 그 떡을 높이 들어 올려야 하고, 또 모든 일에서 그리스도의 몸을 돌보아야 하나니 이는 그 몸이 세워지고 발전해서 비방자의 입이 막히게 되기 위함이다."라고 했지만, 말미에서 "목사들이 죄를 지었을 때는 다른 사람들이 경고를 받도록 모든 사람들 앞에서 징계되어야 한다. 그러나 십자가를 통하여 이런 일이 발생한다면 이러한 목사는 축출을 당하거나 혹은 순교를 통하여 주께로 이끌려 가야 될 것이고, 그 대신 다른 목사가 동시에 대치되어서 하나님의 어린 양들과 백성이 훼손되지 않게 해야 한다."고도 명시하고 있습니다. 이와 관련해서 칼뱅은 이 문구에서 재세례파가 의도한 것에 대해 이렇게 말했습니다.

> 우리가 그들의 오류들을 기꺼이 받아들이지 않기 때문에, 비록 우리가 순전히 예수 그리스도의 말씀을 전한다 해도 우리는 그들에게 탐욕스런 늑대들이고, 그들이 우리의 설교 중 하나만 들어도 하나님을 극도로 격노케 할 것이라고 생각할 만큼 혐오스런 존재이다. 그렇기 때문에 그들은 서둘러서 목회자들을 세워서, 교회 안에 분리를 초래하고 백성들을 흩트리며, 하나님의 이름이 마땅히 그래야 함에도 불구하고 일치와 화합 속에서 결코 불리지 못하도록 한 모임과 반대되는 다른 모임을 만든다.[229]

이처럼 재세례파의 교회관은 그들이 표방하는 순수한 신앙 추구와 함께 분리주의라는 특성을 보입니다. 그러한 교회관을 통해 로마 가톨릭뿐 아니라 그들이 생각하는 신앙고백과 일치하지 않는 개신교회까지 분리하려는 극단적인 분리주의를 추구했습니다. 그러한 특성을 바탕으로 재세례파는 교회와 관련한 신앙에서도 기본적으로 목사의 역할과 사역을 제한하고, 회중주의적인 운영 방식을 취한 것입니다.

프랑스 신앙고백에서 말하는 교회

프랑스 신앙고백 제25조는 먼저 "복음을 통해서 그리스도께 동참했[다.]"고 고백하면서 교회의 회집이 교황을 비롯한 가시적인 조직이나 체제에 근거하는 것이 아니라, 복음 안에서 그리스도를 머리로 한다는 것을 명백히 밝히고 있습니다. 그래서 이에 근거하여 "그리스도의 권위로 세워진 교회의 질서는 신성하게 유지되어야" 한다고 하는 것입니다. 물론 로마 가톨릭교회에서도 그리스도를 교회의 머리라고 하지만, 교회의 질서에서는 사도좌를 계승한 것으로 믿는 교황이 중심이 되는 수직적 체제를 취하고 있습니다. 로마 가톨릭교회는 성경의 정경도 그런 체제의 권위에 근거해서 확정합니다. 즉 로마 가톨릭교회는 분명 예수 그리스도를 교회의 머리로 인정하지만, 실질적으로는 교황과 사제단으로 이뤄진 수직적 권위 구조에 의해 성경을 인정(공표, 확정)하는 것입니다. 트리엔트 종교회의 제4차 회기 제1교령은 이렇게 공표합니다.

> 그러므로 공의회는 구약이든 신약이든 두 가지 다 한 분이신 하느님께서 저자이시기에, 그 모든 책들은 똑같은 애정과 존경으로 받아들이고 공경한다. …… 마찬가지로 신앙과 행실에 관한 전승들도 그리스도 자신의 입 혹은 성령에 의해 발설되어 가톨릭교회 안에 지속적

으로 보존되어오는 것으로서, 정통 신앙의 교부들의 모범을 따라 똑같은 애정과 존경으로 받아들이고 존경한다.[230]

이처럼 성경뿐 아니라 "신앙과 행실에 관한 전승들"까지 공의회의 권위로 공표하여 확정하였습니다.

반면에 프랑스 신앙고백에서는 기본적으로 모든 교회의 직분이 동등하며, 그러한 직분들의 권위는 성경에 부합하는 한 권위와 질서를 유지할 수 있습니다. 그런 점에서 프랑스 신앙고백에서 말하는 교회는 로마 가톨릭의 교회 질서와 근본적으로 다릅니다. 또한 그런 점에서 개신교회들(칼뱅이 비판한 재세례파도 포함)은 같은 질서 체제 가운데 있습니다.

프랑스 신앙고백은 "그러므로 목사 없이 교회는 존속할 수 없다. 목사의 직임은 무리를 지도하는 것으로, 정식으로 청빙되어서 그 직책을 충실하게 수행할 때 우리는 마땅히 그를 명예롭게 대하고 존경하는 마음으로 (그의 말을) 들어야 한다."고 고백하면서 "하나님께서는 이러한 방편이나 하위 수단에 매이지 않으시지만, 다만 이러한 방법으로 우리를 다스리시는 것을 좋게 여기신다."고 말합니다. 이처럼 로마 가톨릭과 구별되는 개신교회(특히 장로교회)의 특징은 모든 체제와 조직이 말씀(성경)의 권위 위에 세워진다는 것입니다. 그렇기 때문에 프랑스 신앙고백은 말씀 사역자인 목사를 "명예롭게 대하고 존경하는 마음으로 (그의 말을) 들어야 한다."고 고백하는 것입니다. 칼뱅이 "하나님만이 그의 말씀으로 성전들이 자신에게 올바르게 사용되도록 성별하신다. 만일 우리가 하나님의 명령을 받지 않고 경솔하게 일을 시작한다면 기이한 조각품이 이 잘못된 출발에 달라붙어 한없는 해독을 퍼뜨리게 된다."[231]고 한 것도 가르치는 직분인 목사의 직무와 기능의 중요성을 나타내고 있습니다.

그런데 칼뱅은 "너희는 사도들과 선지자들의 터 위에 세우심을 입은 자라 그리스도 예수께서 친히 모퉁잇돌이 되셨느니라"(엡 2:20)는 말씀을 바탕으로 "하나님의 말씀을 순수하게 전파하며, 또 듣고 그리스도께서 제정하신 대로 성례를 지킬 때에 거기 하나님의 교회가 있다."[232]고 말하면서 "보편적 교회는 모든 나라에서 모은 큰 무리다. 그 보편적 교회는 나누어져 여러 곳에 퍼져 있지만 거룩한 교리의 한 진리에서 서로 일치하며 같은 종교 생활의 유대로 연합되었다."고 하여 비가시적인 본질을 지닌 보편교회를 언급했습니다. 특히 "각 개인이 신앙고백에 의해서 이런 개 교회의 일원으로 인정될 때, 비록 그들이 보편적 교회를 알지 못할지라도 공적인 재판에 의해서 출교되지 않는 이상 그들은 보편적 교회에 속한 사람들이다."[233]라고 하여, 보편교회에 근거하여 함부로 교회에서 분리시키거나 분리하는 것을 경계하고 있습니다. 칼뱅은 계속해서 재세례파의 분리주의 교회관을 근본적으로 경계하고 있습니다.

> 경건한 무리에 참가할 가치가 없다고 여겨지는 사람들일지라도 그리스도의 몸 안에 그들을 용납하고 관대하게 대해야 한다는 교회의 전반적 합의에 의해서 우리는 그들을 형제로 대접하고 신자로 인정해야 할 경우가 있다. 우리는 표결로 그들을 교회의 회원이라고 승인하는 것이 아니라 하나님의 백성 사이에서 그들이 차지한 자리가 합법적으로 그들에게서 빼앗기기까지는 그들을 그대로 두는 것이다.

그러한 맥락에서 프랑스 신앙고백 제25조에서도 말미에 "이러한 이유로 우리는 거짓말로 말씀 설교와 성례전 시행을 완전히 폐지하고자 하는 모든 환상가를 혐오한다."고 말하는 것입니다. 특히 재세례파 가운데

멜키오르 호프만 같은 급진주의 재세례파와 카스파르 슈벵크펠트(Caspar Schwenckfeld, 1489-1561) 같은 신령주의 재세례파의 경우, 공산적 기독교 공동체 추구와 종말론 신봉 등 급진적이고 신령주의적인 모습을 보여 교회 질서를 어지럽히는 자들로 경계되었습니다. 이미 종교개혁 초기부터 로마 가톨릭의 교회관을 타파하는 의미에서 교회의 체제와 질서를 흩어 버리는 자들을 반대하고 경계하는 내용이 기본적으로 프랑스 신앙고백 제25조 안에 담겨 있는 것입니다.

제26조

공적 예배의 유지

따라서 우리는 하나님의 성도의 모임에서 스스로 떠나 개인적인 간구를 드리는 것은 위법이라고 믿는다. 모두 연합하여 교회의 공동체성을 유지해야 한다. 신앙이 진정으로 성숙해지려 할 때마다 이것이 모든 기본이 되는 것으로, 하나님께서 교회의 참된 제도를 세우신 곳은 어디든지, 비록 관원들의 법령이 이러한 교회의 제도에 반(反)한다 할지라도 예수 그리스도의 멍에와 공적인 가르침에 자신을 복종시켜야 한다. 성도와 함께하지 않고 다른 곳으로 향하는 것은, 매우 비뚤어진 행동이며 멸망의 재앙에 참여하는 것이기 때문이다.

[증거구절]

시 5:8, 22:23; 고전 12:12-30; 엡 4:4-16; 단 3:17-18, 6:8-10; 행 4:17, 19, 5:29, 18:13; 히 10:25.

로마 가톨릭교회의 부패한 교리와 신앙을 개혁하라는 요구와 함께 일어난 종교개혁은 단순히 한 사건이나 한 시기에 국한하는 현상이 아닙니다. 적어도 16세기 전 유럽에 걸쳐서 여러 인물과 사건을 통해 이뤄진 것입니다. 그런 만큼 실제적으로 종교개혁 안에는 다양한 견해가 존재했습니다. 일반적으로 종교개혁 세력 안에는 장로교회를 비롯하여 목회자가 중심인 그룹과, 반대로 재세례파나 자유파처럼 주로 회중이 중심인 그룹이 있었습니다. 그리고 회중주의를 추구하는 종교개혁 그룹은 기존 교회

질서를 배격하고 자체적으로 결성한 제도와 원칙을 중심으로 예배와 공동체 생활을 이루었는데, 프랑스 신앙고백 제26조는 주로 그러한 사상들을 반대하고 있습니다.

재세례파 교회 제도에서 말하는 예배

로마 가톨릭교회의 부패로 말미암아 교회 개혁이 요구되었을 때, 루터나 칼뱅 등 많은 종교개혁 인물들은 기존 교회 체제에서 사역자가 되기 위한 정규 과정을 거쳐 양성된 사람이었습니다. 그들은 처음부터 로마 가톨릭교회의 잘못된 교회 제도를 개혁하길 원한 것이지, 결코 교회에서 분리되기를 원한 것이 아니었습니다. 그러므로 제25조에서 언급하고 있는 교회의 질서란, 근본적으로 기존 교회 질서를 부정하는 의미가 아니었습니다. 즉 기존 로마 가톨릭교회의 잘못과 오류를 개혁하는 것이 종교개혁 진영의 의도였기 때문에 근본적으로 로마 가톨릭으로 점철된 기존 교회에서 분리해야 한다고 주장하지 않았습니다. 그보다 프랑스 신앙고백을 비롯한 종교개혁 관련 저술은 대부분 진리의 신앙을 요구하며 변론하는 주장을 펼쳤습니다. 그러나 그러한 개혁적 주장을 수용하길 거부한 로마 가톨릭교회에서 대부분의 종교개혁 인물과 진영을 이단으로 규정하고 파문하여 결국 그들 스스로 분리된 것입니다.

반면, 재세례파나 자유파 등은 근본적으로 교회와 국가를 분리(이것이 오늘날 생각하는 정교분리 원칙의 근원일 것입니다)해야 한다고 주장하면서, 참된 신자는 불순하고 경건하지 못한 교회와 예배에서도 분리되어야 한다는 분리주의 노선을 표방하였습니다. 이처럼 이들은 먼저 분리를 주장한다는 점에서 일반적인 종교개혁 진영과 달랐습니다. 이러한 재세례파의 분리주의 성향은 콘라드 그레벨(Conrad Grebel, 1498?-1526)이 토마스 뮌처에게 권고하기 위해 보낸 서신 일부에서 단적으로 확인할 수 있습니다.

> 만일 당신들 두 사람(뮌처와 칼슈타트)이 인간들의 말과 관례들을 하나님의 말씀 및 관례들과 혼합시키는 자들을 공정하게 꾸짖으려면, 당신들은 방종한 자들과 관계를 끊고, 가톨릭 제도, 가톨릭교회에서 받는 수입(성직록)과 모든 신구 관습들을 완전히 일소해야 하며, 또한 당신들 자신의 생각들과 묵은 생각들도 일소해야 합니다. 만일 우리와 마찬가지로 당신들의 성직록이 엄청난 고리대금인 이자와 10분의 1 교구세에 의한 것이고, 전체 회중이 당신을 부양하는 것이 아니라면, 우리는 당신들이 성직록을 떨쳐버리기를 바랍니다. 당신들은 목자가 어떻게 부양을 받아야 하는지를 잘 아십니다.

이처럼 그레벨은 청빈한 목회를 위해 로마 가톨릭교회에서 스스로 떨어져 나오기를 권고하고 있습니다.

또한 칼뱅은 「재세례파 논박」에서 목사직에 관한 재세례파 진영의 견해를 논박했습니다. 나중에 재세례파는 목사직의 필요성을 인정하고 "어떤 교회도 목회자 없이는 그 상태로 부양될 수 없다는 것과, 모든 회중을 통해서 목회자를 세워야 한다."[234]는 점에서 칼뱅과 같은 견해를 취하는 듯했지만, 실제로는 목사직을 인정하는 의도가 달랐습니다. 그렇기 때문에 "합당하게 세워지고 또 충실히 자신의 직무를 수행하는 목회자가 있는 곳이면 어디서든지, 그리스도인으로 여겨지기 원하는 사람이라면 그를 지지하고 그의 나머지 양 무리들과 더불어 그의 목회를 이용해야 함"을 조건으로 일치하는 것을 인정할 수 있다고 말한 것입니다. 즉 어느 정도 신앙이 불일치하거나 부족하다고 해서 쉽게 분리하려 들거나 분리하는 것은 결코 합당한 목회의 모습이 아니고, 더구나 목회자가 자신에게 맡겨진 회중을 두고 이리저리 순회하며 사역하는 것은 결코 바른 목회가 아니며, 교회를 세우는(교회 질서를 세우고 존중하는) 목회자의 바른 행실이 아니라는 것입니다.

실제로 1520년대에 짧게 활동했으나 남부 독일과 오스트리아 등지를 돌아다니며 가장 폭넓게 재세례주의의 영향을 끼친 인물인 한스 후트(Hans Hut, 1490?-1527)와, 임박한 천년왕국론을 주장한 멜키오르 호프만 등은 모두 일정한 지역에 머무르지 않고 여기저기 순회하면서 실험적이라 할 설교를 전하며 사역한 재세례파 인물들입니다.[235] 그리고 로마 가톨릭교회처럼 부유한 신도들의 헌금에 기대어 수도원이 타락한 것에 반발하여 재산을 전혀 소유하지 않는 청빈한 삶을 살며 신도들의 봉양으로 생활한 탁발수사(a mendicant friar)들도 나중에는 원래 의도에서 벗어나 유리걸식하며 교회 질서만 어지럽히기도 했습니다.

콘라드 그레벨이 토마스 뮌처에게 보낸 서신에서 우리는 재세례파가 예배를 어떻게 생각하고 있었는지도 알 수 있습니다. 특히 성찬과 관련하여 "성찬식은 미사와 성례가 아니라 교제의 표현입니다. 그러므로 죽음의 자리에 있는 사람이나 다른 경우에 있는 사람이나 어떤 사람이라도 혼자서 성찬을 받아서는 안 됩니다. 또한 한 사람이 사용하기 위해 떡을 챙겨도 안 됩니다. 왜냐하면 하나가 된 사람들의 떡을 혼자서 먹어서는 안 되기 때문입니다."[236]라고 하면서 "또한 모든 성경과 모범에 의하면 성찬이 '성전(예배당)'에서만 사용되지 말아야 합니다. 그 이유는 그렇게 함으로 그릇된 경외를 만들어내기 때문입니다."라고 했습니다. 이 글에서 우리는 재세례파에서 성찬을 성례로 보지 않는 것과 함께, 그것을 사적으로 시행하는 것을 금하는 것이 교제(Sanctorum Communio) 때문임을 알 수 있습니다. 그래서 그들은 성찬을 예배당에서만 시행하도록 권하지 않고 신자들의 교제 가운데로 확산시키는 애찬으로 시행하도록 권한 것입니다. 바로 이런 점에서 재세례파가 개혁된 예배로 생각하는 예배관은 주로 회중이 중심이 되고, 그러한 회중이 모이는 곳은 어디든 교회라고 생각하는 교회관에 바탕을 두고 있음을 알 수 있습니다.

로마 가톨릭의 예배(미사)

앞서 우리는 주로 종교개혁 진영의 교회 제도와 예배를 살펴보았는데, 근본적으로 함께 살펴보아야 할 것이 바로 로마 가톨릭의 "미사"입니다. 재세례파의 교회 제도에서 말하는 예배는 기본적으로 기존 교회(복음의 순수성이 부패되었다고 보이는 교회)에서 분리되어 회중주의를 표방하고 기존 교회 질서와 예배 제도의 틀을 탈피하는 형태인 것에 반해, 로마 가톨릭의 예배인 미사는 훨씬 근본적인 이탈이 있었습니다. 그렇기 때문에 프랑스 신앙고백 제26조는 로마 가톨릭의 미사 제도에서 말하는 예배와 관련한 것들을 가장 직접적으로 거부하고 있는 것입니다.

로마 가톨릭의 미사는 기본적으로 예수 그리스도의 피 없이 행하는 희생(*sacrificio*)이라는 성격을 띠고 있습니다. 따라서 그리스도께서 어떻게 미사에 실체로 함께하시는지를 이해하는 것이 미사의 핵심입니다. 그리고 그러한 이해를 가장 명확히 확인할 수 있는 것이 바로 로마 가톨릭 성체성사(성찬)의 "화체설"(실체변화[實體變化], *transsubstantiatione*)입니다. 로마 가톨릭의 기본적인 신앙 체계는 영적인 은혜의 내용을 모두 가시적인 것으로 구현하는데, 로마 가톨릭에서 성찬의 실체변화만큼 일관되게 주장하는 것이 드물기 때문입니다.

트리엔트 종교회의에서도 이것을 명백히 규정하고 있어서 1551년 제13차 회기의 교령 제4장은 "이제 본 거룩한 공의회는 빵과 포도주의 축성과 함께 빵의 전 실체가 우리 주 그리스도의 몸의 실체로, 그리고 포도주의 실체가 그분의 피의 실체로 변한다는 것을 다시 한 번 밝히는 바이다."[237]라고 명시하고 있습니다. 또한 제13차 회기의 "지극히 거룩한 성체성사에 관한 법규" 4항은 이렇게 말합니다.

> 만일 누가 축성이 끝난 다음에는 경이로운 성체성사 안에 우리 주 예수 그리스도의 몸과 피가 현존하지 않고, 오로지 이를 행하는 때에만, 즉 받아 모셔지는 동안에만 현존하고 그 이전에도 이후에도 현존하지 않으며, 영성체 후에 보관하거나 남은 성체나 축성된 성체 조각들에는 주님의 진정한 몸이 현존하지 않는다고 주장한다면, 그는 파문받아야 한다.[238]

여기서 언급하는 "영성체"(領聖體)가 바로 프랑스 신앙고백 제26조에서 말하는 "개인적인 치성을 드리는 것"입니다. 즉, 프랑스 신앙고백은 미사 때 축성을 통해 그리스도의 몸의 실체로 화(化)한 "성체(떡)"를 보관하여 치성을 드리는 것을 거부하는 것입니다.

그러나 트리엔트 종교회의는 영성체에 대한 교령을 더욱 확고히 하였습니다. 1562년 제22차 회기의 "지극히 거룩한 미사성제에 관한 교리와 그 법규"에서 영성체를 구체적으로 명시하고 있는데, 제6장에서 미사와 영성체를 "미사에 참례하는 신자들이 개별 미사 안에서 성체성사를 영적인 원의만으로 모시지 않고 성사적으로도 배령하여 이 거룩한 희생의 열매를 더욱 풍성하게 받게 되는 것이 본 거룩한 공의회의 염원이다."[239]라고 규정하여 미사 말고 영성체를 통해서도 동일한 희생제사의 효과를 얻게 하고 있습니다. 이에 따라 "언제나 이렇게 진행되지 않는다 하더라도 (미사를 통해 성체성사를 배령하는 것이 아니더라도) 공의회는 사제들만 성사적으로 영성체 하는 미사를 개인적이고 허락되지 않은 미사라고 판단하지 않는다. 오히려 공의회는 이러한 미사(개인적인 미사)를 허락하고 장려한다. 왜냐하면 이러한 미사들도 실제로 공동체의 미사로 간주되어야 하기 때문이다."라고 한 것입니다. 그리고 그러한 근거로 "이러한 미사 안에서 한편으로는 백성이 영적으로 통교하고 있으며, 다른 한편으로는 이 미사들이 교회의 공적인 봉사자에 의해 자신만을 위해서가 아니라 그리스도의 몸에 속하는 모든 신자들을 위해 봉헌된다."고 했습니다.

그러나 칼뱅은 이미 1541년에 「성만찬 소고」(*Petit Traité de la Sainte Cène*)에서 사제가 혼자서 개인적으로 영성체 하는 미사를 행하는 것에 대해 "내가 말하는 것은 백성들이 일 년 내내 성찬에서 교제하지 못했다는 것이다. 그 이유는 그들이 성찬을 모든 사람을 대신해서 한 사람(사제)이 드리는 희생제사로 간주하기 때문이다."[240]라고 비판했습니다. 이에 따라 성찬은 기껏해야 일 년에 한 번 정도 부활절에만 시행되었고, 백성들은 "일 년에 한 번씩 거리로 성찬 행진을 한다든지, 어떤 때는 성체를 위한 장막을 짓는다든지 그리고 마치 그것이 신이라도 되는 양 백성들을 즐겁게 하기 위해 일 년 내내 벽장에 보관"하는 식으로 만족해야 했습니다.

프랑스 신앙고백에서 말하는 공적 예배

프랑스 신앙고백 제26조는 "우리는 하나님의 성도의 모임에서 스스로 떠나서 개인적인 간구를 드리는 것은 위법이라고 믿는다. 모두 연합하여 교회의 공동체성을 유지해야" 한다고 고백합니다. 이것은 일차적으로 로마 가톨릭의 부패한 미사 제도를 거부하는 표명입니다. 사제 혼자서 영성체 미사를 수행하더라도 "이러한 미사 안에서 한편으로는 백성이 영적으로 통교"한다는 로마 가톨릭의 생각은 전혀 합당하지 않으며, 오히려 그러한 영적 교통을 인정한다면 사제가 개인적인 영성체 미사를 수행해야 할 이유가 없습니다. 또한 그들은 "다른 한편으로는 이 미사들이 교회의 공적인 봉사자에 의해 자신만을 위해서가 아니라 그리스도의 몸에 속하는 모든 신자들을 위해 봉헌된다."고 주장하지만, 그처럼 신자들을 위해 봉헌된다는 말은 오히려 그들이 "사제"를 어떻게 생각하는지, 즉 사제의 역할을 중보적인 제사장으로 생각한다는 사실을 증명하는 것입니다.

한편, 칼뱅은 「기독교강요」 4권에서 사도 신조에 언급된 "성도가 서로 교통함"에 대해 "신조의 이 항목은 또한 어느 정도 외면적인 교회에 적용된다. 즉 우리는 각각 하나님의 모든 자녀들과 형제적 일치를 유지하며 교회가 당연히 가져야 할 권위를 교회에 부여하고, 말할 필요도 없이 양떼의 일원으로서 행동해야 한다. 따라서 '성도가 서로 교통한다'고 덧붙였다."[241]고 설명했습니다. 칼뱅이 앞서 사도 신조의 "공교회"에 대한 고백에서 그것이 주로 하나님의 은밀한 선택에 기초한 교회(비가시적 교회)를 말한다고 설명했는데, 그 고백에 이어 성도가 서로 교통한다는 신앙고백이 있기 때문입니다.

사도 신조의 신앙고백에서 말하는 교회에 대해 칼뱅은 계속해서 "누가가 기록한 바와 같이(행 4:32) 신조는 믿는 무리가 한마음과 한뜻이 된 공동체를 주장하였으며, 그것은 바울이 에베소 신자들을 향해서 '몸이 하나이요 성령이 하나이니 이와 같이 너희가 부르심의 한 소망 안에서 부르심을 입었느니라'(엡 4:4)고 했을 때 염두에 두었던 바로 그 공동체"라고 설명했습니다. 또한 그런 공동체로 하나 된 교회의 연합에 대해서도 "그러나 이렇게 교회의 연합을 받아들이기 위해서 그런 교회를 꼭 눈으로 보고 손으로 만져야 하는 것은 아니다. 우리는 우리의 이해력이 미치지 못하는 교회를 눈으로 분명히 볼 수는 없을지라도 교회는 신앙의 영역에 속한다는 사실은 교회를 여전히 존중해야 된다고 우리에게 경고한다."[242]고 하면서 "보이지 않는 교회를 인정한다고 해서 우리의 믿음이 손해를 보지는 않는다. …… 다만 우리가 여기서 할 일은, 하나님 아버지의 은혜와 성령의 역사로 그리스도와의 교제에 들어간 사람들은 모두 하나님 자신의 소유가 되었으며, 우리도 그 일원이 될 때에는 그와 같은 위대한 은혜를 나눠 받게 된다는 것을 진심으로 확신하는 것이다."라고 했습니다.

이러한 칼뱅의 설명으로 볼 때, 사도 신조에서 말하는 성도의 교통에는 비가시적 교회로서 (하나님 안에서) 오직 하나인 공교회에 대한 믿음을 고백하는 맥락에서 비가시적인 성도의 교통에 대한 의미도 내포되어 있다는 것을 파악할 수 있습니다. 그렇기 때문에 재세례파처럼 신앙의 순수를 추구한다는 명목에서 분리를 주장할 필요가 없으며, 로마 가톨릭처럼 사제에 의한 개인적인 영성체 미사로 성도와 교통되는 것도 아니라는 사실을 알 수 있습니다. "우리는 버림받은 자와 선택받은 자를 구별하라는 명령을 받지 않"았으며, "하나님 아버지의 은혜와 성령의 역사로 그리스도와의 교제에 들어간 사람들은 모두 하나님 자신의 소유가 되었으며, 우리도 그 일원이 될 때에는 그와 같은 위대한 은혜를" 이미 나눠 받고 있기 때문입니다. 우리는 사제를 통한 영성체 미사의 유익이 아니라, 그리스도께서 단번에 이루신 희생으로 말미암은 유익을 그리스도와 교제하는 가운데 이미 누리고 있는 것입니다.

그러나 프랑스 신앙고백이 작성될 당시 프랑스의 공식적인 국가 종교는 로마 가톨릭이었습니다. 이미 위그노의 수가 상당했지만, 프랑스의 왕과 귀족은 대부분 여전히 로마 가톨릭교회를 추구하고 있었습니다. 그렇기 때문에 1559년에 칼뱅이 작성한 서른다섯 조항 분량의 신앙고백 초안 서문에서 시종일관 로마 가톨릭의 교황주의를 비판하고 있는 것입니다. 바로 그러한 문맥에서 제26조는 "비록 관원들의 법령이 이러한 교회의 제도에 반(反)한다 할지라도 예수 그리스도의 멍에와 공적인 가르침에 자신을 복종시켜야 한다."고 말하고 있습니다. 그러므로 "우리는 하나님의 성도의 모임에서 스스로 떠나 개인적인 간구를 드리는 것은 위법이라고 믿는다. 모두 연합하여 교회의 공동체성을 유지해야" 한다는 제26조 초두의 문구는 일차적으로 로마 가톨릭 사제에 의한 개인적인 영성체 미사에 반대하는 것뿐 아니라, "성도의 모임에서 스스로 떠나"는 재세례파의 분리주의도 함께 비판하며 거부하고 있는 것입니다.

신자들은 "예수 그리스도의 멍에와 공적인 가르침에 자신을 복종시[키는 것이]" 마땅합니다. "성도와 함께하지 않고 다른 곳으로 향하는 것은, 매우 비뚤어진 행동이며 멸망의 재앙에 참여하는 것이기 때문"인데, 칼뱅은 "하나님께서 교회의 손을 통하여 주시는 영적 양식을 무시하는 사람이 모두 굶주려 멸망하는 것은 당연하다."[243]고 하면서 교회 교육과 그 가치, 그리고 그에 대한 의무를 강조했습니다. 하나님은 성례를 통한 은혜나 말씀에 의한 영적 양식 모두 교회를 통해 공급하십니다.

제27조

교회의 정의

그럼에도 우리는 참된 교회와 거짓 교회를 신중하고 조심스럽게 구별해야 한다고 믿는다. "교회"라는 명칭이 매우 남용되고 있기 때문이다. 그리하여 우리는 하나님 말씀대로 교회란 그의 말씀과 그 말씀이 가르치는 순수한 교리에 순종하는 일에 하나가 된 믿는 자들의 회집(會集)이라고 부른다. 성도는 그 말씀 안에서 전 생애에 걸쳐 성숙하고 발전해야 할 사람으로, 그들은 날마다 하나님을 두려워하는 가운데 거룩하게 성숙하고 더 멀리 발전한다. (그러나) 그들은 그 모든 노력에도 불구하고, 죄를 용서받기 위해 하나님의 은혜를 요청해야만 한다. (또한) 그럼에도 우리는 성도들 가운데 위선자와 하나님을 멸시하는 악한 자가 있을 수 있지만, 그들의 패악이 교회의 이름(명성)을 가릴 수 없음을 믿는다.

[증거구절]

렘 7:1-15; 마 3:9-10, 7:21-23; 요 8:47, 10:27; 행 17:11-12; 엡 2:19-22, 4:11-16, 6:10-18; 갈 5:17-22; 벧전 1:2-11; 요일 3:14-15; 롬 3:24, 5:6-10; 골 1:14; 왕상 19:18; 마 13:24-30, 47-50; 롬 9:6; 딤전 1:18-20; 딤후 2:18-20.

종교개혁 시대에 참된 교회와 거짓 교회를 구별하는 것은 아주 중요한 주제였습니다. 참된 교회와 거짓 교회를 구별하는 것은 기본적으로 가시적인 교회에 대한 것입니다. 즉 가시적인 교회의 표지(sign 또는 seal)에 근거하여 구별하는 것입니다. 제27조는 그러한 구별에 신중해야 한다고 고

백하고 있습니다. 칼뱅이 「기독교강요」에서 언급했듯이 "우리는 교회에 대한 지식을 하나님께만 완전히 맡겨야"[244] 하며, "교회의 기초는 하나님의 은밀한 선택"이기 때문입니다. 사도 신조에서 고백하는 "공교회" 또는 "보편교회"란, 하나님 안에서 하나인 진정한 교회에 대한 믿음입니다. 그렇기 때문에 교회를 그렇게 의식하고 있다면 가시적인 교회를 함부로 구별할 수 없을 것입니다. 칼뱅이 설명하는 것처럼 "교회를 보편적이라고 부르는 것은, 그리스도가 나누어지지 않는 한(고전 1:13) 교회도 둘이나 셋이 있을 수 없기 때문"입니다.

로마 가톨릭에서 정의하는 "교회"

프랑스 신앙고백이 발표될 당시 유럽 국가들은 대부분 국가 종교가 있었습니다. 다만 국가별, 지역별로 완급과 강약이 있을 뿐이었습니다. 즉 유럽 대부분이 기독교를 숭상했지만 지역에 따라 로마 가톨릭의 영향이 강한 곳과 약한 곳이 있었고, 독일, 스위스, 네덜란드 등처럼 종교개혁 성향의 인물들에 의해 이미 개신교가 상당히 진전한 곳도 있었습니다. 다시 말하자면, 로마 가톨릭교회의 범 기독교적 영향력은 정치적 배경으로 인해 상당히 복잡해져 있었던 것입니다.

마찬가지로 프랑스에도 위그노라 불리는 개신교도들이 상당한 세력을 형성하고 있었습니다. 그러나 프랑스에서는 여전히 로마 가톨릭 성향이 강했습니다. 특히 메리 여왕 시기에는 성 바르톨로메오 축일의 대학살과 같이 위그노를 대대적으로 학살하는 사건이 벌어질 만큼 로마 가톨릭의 영향력이 여전한 상황이었습니다. 프랑스에 있을 당시(1523년) 칼뱅이 파리대학에 재학한 적이 있는데, 당시 파리대학은 로마 가톨릭의 신학을 가르치고 있었습니다(처음에 칼뱅은 마르슈 문과 대학[College de la Marche] 에서 공부했습니다). 칼뱅은 1544년에 파리 신학대학의 신조에 대한 해독제 (*antidoto*)를 출간했는데, 특히 파리 신학대학 신조 제18조와 제19조에 언급된 교회에 관한 신조들을 보면 당시 프랑스의 로마 가톨릭 교회관이 어떠했는지를 단적으로 확인할 수 있습니다. 파리 신학대학의 신조는 트리엔트 종교회의의 교령들에 비하면 상당히 빈약하지만, 당대 프랑스 소르본느 신학자들(Sorboniques)의 견해를 생생히 확인할 수 있습니다. 여기서는 이 신조를 중심으로 로마 가톨릭 신학의 교회론을 살펴보고자 합니다.

프랑스 신학대학 신조 제18조는 "교회와 교회의 권위에 관하여"[245]라는 제목으로 서술하고 있습니다.

> 모든 그리스도인들은, 신앙과 품행에 있어서 실수할 수 없는, 그리고 신앙과 품행과 관련되는 일에 있어서 모든 신자들이 복종해야만 하는, 지상에 하나의 보편적인 가시적 교회가 있음을 확고하게 믿어야만 한다.

이 신조는 "로마 교회가 결정하는 것은 무엇이든지 권위가 있다."고 말하면서 "이것은 교회가 직접 성령에 의해 지도받는다는 사실"로 증명되며, "성령은 실수할 수 없[으므로] 교회도 실수할 수 없다."고 말합니다. 또한 "교회가 만사에 대한 결정을 평가하는 것이 교회 자신에게 있기 때문에, 만일 우리의 의심이 교회의 무오성에 의해 해결되지 않는다면 신앙에 있어 어떤 것도 확실할 수 없다."고 말합니다. 그러나 칼뱅은 "지상에 하나의 보편적인 가시적 교회가 있음을 확고하게 믿어야만 한다."는 로마 가톨릭교회의 주장을 다음과 같이 반박했습니다.

우리 모두는 보편 교회가 태초로부터 있어왔고, 지금도 있으며, 세상 끝날까지 있을 것임을 안다. 어떤 모습이 교회로 인식될 수 있느냐가 문제다. 우리는 그것을 하나님 말씀에 두거나, 혹은 설령 누군가가 그렇게 한다 하더라도 그리스도께서 교회의 머리이시므로, 사람이 그의 얼굴로 인식되듯이 교회도 그리스도 안에서 관찰되어야 한다고 주장한다. …… 그러나 말씀의 순전한 설교가 항상 나타나는 것이 아니듯이, 그리스도의 얼굴 역시 항상 눈에 보이는 것이 아니다. 그렇기 때문에 많은 시대의 사례들이 증명하듯이, 우리는 교회가 항상 인간의 눈으로 식별할 수 있는 것이 아니라고 판단한다.

또한 파리 신학대학 신조 제19조는 "교리상의 정의(定義)는 가시적 교회의 몫임"이라는 제목으로 "만일 성서상의 어떤 것에 관해 논쟁이나 의문이 일어난다면, 이를 정의하고 결정하는 것은 앞서 말한 교회에 속한다."고 하여, "모든 그리스도인들은, 신앙과 품행에 있어서 실수할 수 없는, 그리고 신앙과 품행과 관련되는 일에 있어서 모든 신자들이 복종해야만 하는, 지상에 하나의 보편적인 가시적 교회"에 교리를 정의하고 결정하는 권한이 있음을 명시하고 있습니다. 그러나 칼뱅은 이에 대해서도 "만일 교회들 사이에 어떤 의견 차이가 일어나면, 우리는 합의를 세우는 적법한(항상 준수되어온) 방식이란 목사들이 모여서 하나님의 말씀을 통해 무엇을 따라야 할지를 결정하는 일임을 안다."고 논박하면서, 지상의 가시적 교회의 권위가 아니라 말씀에 합당한 것이 무엇인지를 모여서 논의하여(이 일은 말씀 사역자인 목사들이 모여서 감당할 일이다) 결정해야 한다고 말합니다. 즉 교회를 포함하여 목회자나 어떤 가시적인 단체 또는 사람에게 권위가 부여되는 것이 아니라, 성경 자체의 권위를 논의하여 확신하는 것이 바로 합당하게 교리를 정의하고 결정하는 것입니다. 아울러 칼뱅은 "요컨대, 그리스도의 시대에 가시적 교회는 고위 제사장들과 그들의 공회로 대표되었다(요 18:24-28). 그들의 계급 구조는 오늘날 교회의 칭호를 찬탈하는 자들이 자랑하는 그들의 외양보다 더 잘 세워지고 더 확실한 증거로 인정된다. 그러므로 가시적 교회의 정의(定義)를 예외 없이 무차별적으로 받아들이게 될 사람들은 필연적으로 신자들로 하여금 그리스도를 부인하게 하고 하나님의 진리를 포기하게 하며 종종 불경에 가담하게 한다."고 말하면서 가시적 교회에 절대적 권위를 두는 로마 가톨릭의 교회관이란 거짓 교회와 참된 교회를 전혀 구별하지 못하고, 오히려 거짓 교회가 될 위험성만 다분하다고 논박합니다.

교회의 표지

칼뱅은 교회의 중요한 두 가지 표식(표지)과 관련하여 "말씀을 선포하며 성례를 지키는 것을 우리는 교회인지 아닌지를 구별할 수 있는 표식으로 결정했다."[246]고 말하면서 "복음 선포에 경건하게 귀를 기울이고 성례를 경시하지 않는 곳에서는 우선 교회의 형태가 보이며, 그것은 속임수도 아니요 모호한 것도 아니다. 아무도 그 권위를 멸시하거나 경고를 무시하거나 또 그 지도를 반대하거나 그 징계를 경시해서도 안 된다."고 했습니다. 칼뱅의 이러한 언급들은 "오직 성경"이라는 말씀 중심 신앙이 교회의 표지에도 근본적이고 중요한 요소라는 사실을 내포하고 있습니다. 성례를 정당하게 시행하는 것은 말씀을 바르게 선포하는 것과 결코 무관하지 않으며, 또한 무시할 수 없는 경고와 반대할 수 없는 지도, 그리고 경시할 수 없는 징계란, 바로 (성경에서 말한 대로) 합당하게 말씀을 선포하는 권위에 근거하기 때문입니다. 그러므로 말씀 선포가 교회의 유일한 표지는 아니지만, 성례와 권징이 표지가 될 수 있는 바탕은 말씀의 합당한 선포인 것입니다.

　반면 이 점에서 로마 가톨릭의 교리는 근본적으로 프랑스 신앙고백과 정반대에 서 있습니다. "만일 성서상의 어떤 것에 관해 논쟁이나 의문이 일어난다면, 이를 정의하고 결정하는 것은 앞서 말한 교회에 속한다."는 파리 신학대학 신조 제19조 문구와, "모든 그리스도인들은, 신앙과 품행에 있어서 실수할 수 없는, 그리고 신앙과 품행과 관련되는 일에 있어서 모든 신자들이 복종해야만 하는, 지상에 하나의 보편적인 가시적 교회"에 있다는 문구는 사실상 말씀과 성례도 로마 가톨릭교회의 오류 없는 권위에 근거하게 한다는 점에서 칼뱅과 프랑스 신앙고백에 정면으로 배치됩니다. 그러므로 제27조는 "하나님 말씀대로 교회란 그의 말씀과 그 말씀이 가르치는 순수한 교리에 순종하는 일에 하나가 된 믿는 자들의 회집(會集)이라고" 부른다고 고백하는 것입니다. 로마 가톨릭이 가시적 교회인 로마 가톨릭교회의 무오성과 절대성을 강조하는 데 비해 개신교 진영의 프랑스 신앙고백과 칼뱅이 말씀의 합당한 선포를 바탕으로 성례의 합당한 시행을 강조한다고 해서 그들이 가시적 교회에 전혀 의미를 두지 않는 것은 아닙니다.

　또 한편으로 재세례파와 자유파와 같은 개신교 그룹은 기존의 가시적 교회를 전부 부정하고 그들과 분리하여 그들만의 순수한 신앙으로 재조직되려 했다는 점에서 칼뱅을 비롯한 정통적 개신교 진영과 근본적으로 다릅니다. 칼뱅을 비롯한 정통적 개신교 진영은 결코 가시적 교회와 분리되는 길을 가지 않으며, 오히려 로마 가톨릭 교리의 부당성을 주장하면서 기존 교회를 개혁하고자 했습니다. 따라서 칼뱅도 「기독교강요」

에서 "주께서는 그의 교회의 교통을 심히 중요시 하시므로, 교회가 말씀과 성례를 소중히 여긴다면 그는 그런 그리스도인의 공동체를 떠나는 교만한 사람을 배반자와 배교자로 여기신다."[247]고 하고, "두 표식(표지) 전부를 혹은 그중 하나를 제거하고 말살하려는 사탄은 최대의 음모를 꾸민다. 때때로 그들은 교회의 진정하고 참된 특색을 없애기 위해서 이 표식들을 없애버리며 파괴하려고 한다. 또 어떤 때에는 이 표식들을 대대적으로 멸시함으로써 우리로 하여금 교회를 노골적으로 반대하고 떠나게 만들려고 한다."고 한 것입니다. 로마 가톨릭은 "미사"를 통해 말씀 선포 없이도 유익을 끼칠 수 있는 행위적 요소(각종 절차와 상징적인 행동 등으로 예식 자체에 치중하게 하는 요소)를 예배 자체에 첨가하여 교회의 중요한 표지인 성경적 말씀 선포를 희석시켰고, 재세례파는 재세례뿐 아니라 회중 가운데 성령이 임한 사람이라면 누구나 대표로 메시지를 나눌 수 있게 해서 말씀뿐 아니라 성례도 희석시키거나 무위로 돌리는 결과를 빚었습니다.

교회의 보편성

칼뱅은 또한 「기독교강요」에서 "우리는 믿음의 고백과 삶의 모범과 성례에 참여함으로써 우리와 더불어 같은 하나님과, 우리와 함께하시는 그리스도를 고백하는 자들을 교회의 회원으로 인정하게 되는 것이다."[248]라고 말하면서 "그뿐만 아니라 그의 몸에 대한 지식이 우리의 구원을 위해서 필요하다는 것을 아시고 더욱 분명한 표식에 의해서 그 지식을 뚜렷하게 하셨다."고 하여 교회의 표지(표식)를 언급하기 시작합니다. 바로 이 표지로 말미암아 "교회의 얼굴이 나타나며 우리의 눈에 보이게" 되므로, 에베소서 2장 20절을 근거로 "하나님의 말씀을 순수하게 전파하며 또 듣고 그리스도께서 제정하신 대로 성례를 지킬 때에 거기 하나님의 교회가 있다는 것은 의심의 여지가 없다."고 했습니다.

칼뱅은 이러한 교회의 표지(말씀과 성례, 또는 권징)를 가시적인 교회에 국한해서 교회의 얼굴로 나타나 보이게 된다고 말하지 않고, 곧장 보편 교회(또는 공교회)와 연관하여 설명합니다.

> 그러나 이 문제(교회의 표지의 문제)의 요점을 명백하게 이해하기 위해서는 다음의 순서를 따르는 것이 필요하다. 보편적 교회는 모든 나라에서 모은 큰 무리다. 그 보편적 교회는 나누어져 여러 곳에 퍼져 있지만 거룩한 교리의 한 진리에서 서로 일치하며 같은 종교 생활의 유대로 연합되었다. 이와 같이 보편적 교회 아래 개교회가 포함되며, 그 개교회들은 사람들의 필요에 따라 여러 도시와 촌락에 설립되어 각각 교회라는 이름과 권위를 정당하게 가진다.[249]

이처럼 칼뱅은 가시적인 교회가 보편적 교회 아래 포함되어 구체적으로 드러난다고 설명하고 있습니다. 그러므로 "각 개인이 신앙 고백에 의해서 이런 개교회의 일원으로 인정될 때, 비록 그들이 보편적 교회를 알지 못할지라도 공적인 재판에 의해서 출교되지 않는 이상 그들은 보편적 교회에 속한 사람들이다."라고 하면서, 가시적 교회의 회원이 되는 것이 보편적 교회에 속하는 것과 긴밀히 연결되어 있음을 언급하고 있습니다.

이처럼 칼뱅이 정의하는 교회는 개교회(가시적 교회)와 보편적 교회(비가시적 교회)의 긴밀한 연관성으로 설명되며, 바로 그러한 설명을 바탕으로 "우리는 성도들 가운데 위선자와 하나님을 멸시하는 악한 자가 있을 수 있지만, 그들의 패악이 교회의 이름(명성)을 가릴 수 없음을 믿는다."는 프랑스 신앙고백 제27조가 성립하는 것입니다. 가시적 교회인 개교회에는 늘 위선자들과, 심지어 하나님을 멸시하는 자들도 포함되어 있지만, 그럼에도 보편적 교회로서 교회가 지니는 이름은 가려지지 않습니다. 즉 가시적 교회에는 위선자들과, 심지어 하나님을 멸시하는 자들까지 포함되어 있기 때문에 교회라는 이름에 얼마든지 속을 수 있지만, 비가시적 교회인 보편적 교회에는 그 같은 거짓 교회가 결코 속할 수 없습니다. 그렇기 때문에 그러한 보편적 교회의 조망 가운데 그들의 패악에도 가려지지 않는 교회의 명칭이 비로소 성립할 수 있는 것입니다.

그러한 보편적 교회에 속한 회원이 되는 것은 궁극적으로 하나님께 달려 있습니다. 지상의 가시적 교회에서는 위선자들과 심지어 하나님을 멸시하는 자들도 교회의 회원이 되지만, 하나님이 택하신 보편적 교회에는 그런 위선자들과 하나님을 멸시하는 자들이 결코 포함될 수 없습니다. 바로 이 점에서 보편적 교회만이 순수 교회이며, 보편적 교회만이 궁극적인 교회입니다. 따라서 그러한 보편적 교회의 회원만이 가시적인 개교회 안에서 교회의 얼굴로 나타나며 우리 눈에 보이게 되는 것입니다.

보편적 교회의 회원으로서 가시적인 교회에 속하는 자들만이 제27조 문구처럼 "말씀 안에서 전 생애에 걸쳐 성숙하고 발전해야 할 사람으로, 그들은 날마다 하나님을 두려워하는 가운데 거룩하게 성숙하고 더 멀리 발전"해 갑니다. 그리고 교회의 표지인 말씀과 성례가 분명해질수록 신자들은 보편적 교회의 회원이라는 사실을 더욱 확신할 수 있습니다. 칼뱅이 언급한 보편적 교회에 대한 개념을 전제하여 제27조를 읽어야만 신자들은 비로소 그 문구가 지닌 의미를 정확하게 이해할 수 있습니다. 아울러 제27조에는 신자들이 그처럼 전 생애에 걸쳐 성숙하고 발전해야 할 사람으로, 날마다 하나님을 두려워하는 가운데 거룩하게 성숙하고 더 멀리 발전해 갈 수 있는 것은, 전적으로 교회의 표지(표식)로 말미암는다는 사실도 내포되어 있습니다. 즉 교회의 표지인 말씀과 성례를 통해 신자들은 성숙하고 발전하는 것입니다. 이처럼 교회의 표지는 비가시적인 보편적 교회의 회원들이 가시적으로 드러나며 성숙하고 발전하는 중요한 요인입니다.

제28조

교황주의에 대한 반대

이 신앙 가운데서 우리는 하나님 말씀을 받아들이지 않거나, 그것(하나님의 말씀)에 복종할 것을 고백하지 않거나, 성례전을 사용하지 않는 경우, 제대로 말하자면, 그것을 교회라고 판단할 수 없음을 선언(protest)한다. 그러므로 교황주의의 회집을 정죄하는 까닭은, 그곳에서는 하나님의 순수한 말씀이 추방되었고 성례전은 부패되었으며, 거짓된 것으로 변했거나 파괴되었고, 모든 종류의 미신과 유행하는 우상들이 가득하기 때문이다. 그리하여 우리는 이러한 회집에 참여하여 그런 행동들에 동참하고 그들과 교제하는 사람들은 모두 그리스도의 몸에서 자신을 분리시키고 단절하는 것이라고 주장한다. 그러나 그럼에도 교황주의의 교회에도 교회의 흔적이 남아 있고, 세례의 효과와 실체가 남아 있으며, 또한 세례의 효과가 집례자에게 달린 것이 아니므로, 우리는 그 교회에서 세례 받은 사람들이 다시 세례 받을 필요는 없음을 고백한다. 다만, 그 성례의 시행에 섞여 있는 부패 때문에 양심의 오염 없이 그러한 교회의 세례에 자신의 아이를 계속 참여시킬 수는 없다.

[증거구절]

마 10:14-15; 요 10:1; 고전 3:11-13, 10:14; 고후 6:14-15; 요일 5:21; 마 3:11, 28:19; 막 1:8; 행 1:5.

제27조에서 고백한 교회의 정의를 바탕으로 제28조는 그러한 정의, 특별히 교회의 표식(표지)인 세례와 성례에 근거하여 로마 가톨릭교회의 교황주의를 비판하고 있습니다. 그러나 제28조는 교회의 표식에서 근본적으로 벗어나 있는 로마 가톨릭교회도 교회일 가능성을 완전히 배제하고 있지는 않습니다. 바로 이 점에서 당시 개신교 진영의 재세례파를 비롯하여 분리주의를 표방하는 분파들과 다르다는 것을 알 수 있습니다. 즉 프랑스 신앙고백은 로마 가톨릭의 교리에 오염된 교회의 요소들을 부정하는 것이지 기존 교회 자체를 근본적으로 부정하고 있는 것이 아니라는 점에서, 재세례파처럼 신앙의 순수성을 지향하면서도 분리주의를 표방하는 분파들과 차이를 보이고 있는 것입니다. 여기서 한 가지 독특한 점은 프랑스 신앙고백이 로마 가톨릭의 교황주의에 오염된 기존 교회에 대해서는 교회로 남아 있을 수 있는 가능성을 인정하고 있지만, 재세례파를 전혀 언급하지 않고 재세례파와 반대되는 고백으로 끝나고 있다는 것입니다.

로마 가톨릭 교황주의의 보편교회 이탈

로마 가톨릭교회의 트리엔트 교령은 매 회기를 "성령 안에서 합법적으로 소집되었으며, 사도좌로부터 파견된 세 분의 교황 전권 대사들이 주재하는……"이라는 문구로 시작합니다. 이처럼 로마 가톨릭교회의 권위는 "교황권"에 바탕을 두고 있으며, 교황의 권위 또한 "사도권"의 계승자라는 주장에 바탕을 두고 있습니다. 즉 로마 가톨릭교회야말로 사도들에게 계승된 정통적 교회라고 천명하는 것입니다. 반면 재세례파는 그러한 정통성 계승 자체에 아무런 의미를 두지 않으며, 오히려 신앙의 순수성에 근거해서 새롭게 교회를 시작하는 교회관을 펼치면서 태동했습니다. 그러므로 재세례파는 16세기부터 새롭게 시작하려 했다고 볼 수 있습니다. 프랑스 신앙고백은 그런 재세례파와 달리, 보편교회에 속하는 교회를 표방하고 있습니다. 다만 보편교회가 지니는 교회의 표지와 관련해서 얼마만큼 순수한지(성경에 부합하는지)를 중요하게 여긴다는 점에서 로마 가톨릭교회와 근본적으로 다르다고 할 것입니다.

먼저 프랑스 신앙고백 제28조는 "우리는 하나님 말씀을 받아들이지 않거나, 그것(하나님의 말씀)에 복종할 것을 고백하지 않거나, 성례전을 사용하지 않는 경우, 제대로 말하자면, 그것을 교회라고 판단할 수 없음을 선언(protest)한다."고 했습니다. 즉 제27조에서 언급한 교회의 표식(말씀과 성례)을 기준으로, 여기에서 이탈하는 것은 교회로 판단할 수 없다고 명백히 선언하고 있는 것입니다. 이러한 표지를 통해 보편교회에 속한 진정한 교회인지, 보편교회에 결코 들지 못하는 거짓 교회인지 구별할 수 있기 때문에, 가시적인 교회와 비가시적인 보편적 교회는 그러한 교회의 표식에 의해 교회의 얼굴로 드러나 분리되지 않는 것입니다. 그러므로 칼뱅은 " '교회'라는 이름에 속지 않기 위해서 우리는 '교회'를 자칭하는 모든 집단에 이 표준을 시금석으로 적용해야 한다. 만일 말씀과 성례에서 주께서 인정하신 규칙을 지니고 있다면 그 집단은 거짓이 아니다. 따라서 우리는 그 집단이 교회에 바칠 존경을 확신 있게 드려야 한다."[250]고 한 것입니다.

이처럼 교회의 정통성과 관련하여 프랑스 신앙고백은 단순히 사도적 권위의 계승에 호소하는 것이 아니라 보편적 교회, 즉 하나님 안에 유일하며 항상 있어온(신약 시대뿐 아니라 구약 시대부터 있어온) 교회에 일치하는지를 근거로 교회 여부를 판가름하고 있습니다. 그러므로 보편적 교회에 속한 교회가 지니는 표식은 중요합니다. 그 표식에 의해 보편적 교회가 가시적으로 확인되기 때문입니다.

그러나 로마 가톨릭은 기본적으로 가시적인 로마 가톨릭교회 자체의 권위에 호소하고, 로마 가톨릭교회는 교황의 권위에 근거하며, 교황은 또한 사도권의 계승을 근거로 한다는 점에서 프랑스 신앙고백에서 말하는 교회의 표식 개념을 전혀 고려하지 않습니다. 로마 가톨릭교회에서 말씀의 신실한 선포, 즉 성경의 진리에 부합하는 말씀 선포는 부수적인 것이며, 오히려 사제가 시행하는 희생 제사의 성격을 띠는 "미사"를 중요하게 생각합니다. 또한 성례(세례와 성찬)와 관련해서도 근본적으로 다릅니다. 프랑스 신앙고백이 하나님 말씀에 근거하는(바탕으로 하는) 성례관을 보이는 데 반해, 로마 가톨릭의 성례관은 예식 자체, 그리고 가시적인 로마 가톨릭교회의 권위에 근거합니다. 따라서 성례에서도 로마 가톨릭은 기본적으로 말씀(성경의 진리)과 무관합니다.

이처럼 보편적 교회를 보여주는 중요한 교회 표식에서, 로마 가톨릭은 칼뱅이 교회인지 아닌지 구별할 수 있는 표식이라고 한 말씀 선포와 성례에 대해 이탈해 있는 것을 볼 수 있습니다. 그것을 단적으로 확인할 수 있는 것이 바로 트리엔트 종교회의 제13차 회기 교령 제4장의 "본 거룩한 공의회는 빵과 포도주의 축성과 함께 빵의 전 실체가 우리 주 그리스도의 몸의 실체로, 그리고 포도주의 실체가 그분의 피의 실체로 변한다는 것을 다시 한 번 밝히는 바이다."[251]라는 문구입니다. 즉 로마 가톨릭의 교회관은 말씀이 아니라 가시적인 실체에 근거하는 것으로, 성례의 빵과 포도주가 그리스도의 몸과 피의 실체이듯 가시적인 로마 가톨릭교회가 보편적 교회의 실체라고 보는 것입니다. 그러나 로마 가톨릭의 교회관과 관련하여 칼뱅은 "두 표식 전부를 혹은 그중 하나를 제거하고 말살하려고 사탄은 최대의 음모를 꾸민다. 때때로 그들은 교회의 진정하고 참된 특색을 없애기 위해서 이 표식들을 없애버리며 파괴하려고 한다(로마 가톨릭을 지칭). 또 어떤 때에는 이 표식들을 대대적으로 멸시함으로써 우리로 하여금 교회를 노골적으로 반대하고 떠나게 만들려고 한다(재세례파를 지칭)."[252]고 했습니다.

로마 가톨릭 교황주의의 폐단

로마 가톨릭의 교리가 가시적인 로마 가톨릭교회의 무오성과 유일성을 주장하여 교회를 로마 가톨릭교회로만 한정하는 것에 반해, 프랑스 신앙고백은 교회의 표식인 말씀과 성례를 신실하게 시행하는 것을 보편적 교회의 일원이 되는 특징으로 여깁니다. 물론 로마 가톨릭교회에도 말씀과 성례가 있지만, 앞서 언급한 것처럼 로마 가톨릭의 말씀과 성례는 본질까지 심하게 부패하고 변질되었습니다. 따라서 비가시적인 보편적 교회와 밀접하게 연관 지어 가시적 교회를 언급하는 프랑스 신앙고백의 교회관과 근본적으로 다른 것입니다.

로마 가톨릭교회와 프랑스 장로교회는 "교황주의"와 "장로주의"의 차이에서도 확연하게 대비됩니다. 프랑스 신앙고백의 장로주의 교회론에서 말하는 교회란, 그리스도 안에서 하나님이 택하신 백성의 회(會)라는 점에서 오직 그리스도께만 유일한 권위가 있는 체제입니다. 그러므로 칼뱅은 "그리스도께서 교회를 '티나 주름 잡힌 것'이 없는 자기의 신부와(엡 5:27) '그의 몸이니 …… 만물을 충만케 하시는 자의 충만'으로(엡 1:23) 택하여 세우셨다고 하는 것은 교회에 대한 평범한 찬사가 아니다. 따라서 교회를 떠나는 것은 하나님과 그리스도를 부정하는 것이다."[253]라고 했습니다. 이러한 칼뱅의 언급은 우선 분리주의의 사악함을 지적하는 것이지만, 아울러 교회와 그리스도의 긴밀한 관계도 파악할 수 있습니다.

반면에 로마 가톨릭은 이러한 교회와 그리스도의 관계에서 "교황"이라는 사도좌를 앞세웁니다. 이에 대해 칼뱅은 "로마 교회의 우상(교황주의)의 압제 하에 억눌려 있던 모든 교회들을 어떻게 평가할까 하는 것은 예언자들이 기술한 고대 이스라엘 교회와 비교해 보면 더욱 뚜렷이 나타날 것"[254]이라고 언급하면서 이렇게 덧붙였습니다.

> 유다 백성과 이스라엘 백성이 언약의 법들을 지킬 때에는 그들 중에 진정한 교회가 있었다. …… 율법(חוֹרָה)에서 진리의 교리를 얻었으며 제사장들과 예언자들이 교리를 선포했다(이것은 교회의 표식 가운데 말씀의 선포에 해당한다). 그들은 할례를 받아 종교에 입문하여(세례에 해당) 그 밖의 성례를 실시함으로써 믿음을 강화시켰다. …… 그러나 그 후에 그들은 여호와의 율법을 버리고 우상 숭배와 미신에 빠져 그 특권의 일부를 잃었다(로마 가톨릭으로의 부패에 해당).

교회의 표식과 관련한 이탈이 바로 고대 이스라엘 교회의 부패이며, 그런 양상은 로마 가톨릭교회와 동일하다는 점을 설명한 것입니다. 이와 관련하여 또한 "교황주의자들은 여로보암 시대의 이스라엘에 못지않을 정도로 그들 사이에서 종교가 부패하고 타락했었다는 것을 부정해 보라. …… 교리 방면에서도 더 순수한 점은 조금도 없고 오히려 실제적으로는 더욱 불순하다."[255]고 언급하기도 했습니다. 한마디로 교황주의의 폐단 가운데 로마 가톨릭교회는 프랑스 신앙고백 제28조의 문구처럼 "하나님의 순수한 말씀이 추방되었고 성례전은 부패되었으며, 거짓된 것으로 변했거나 파괴되었고, 모든 종류의 미신과 유행하는 우상들이 가득[한]" 것입니다. 그러면서도 로마 가톨릭교회를 총체적으로 완전하게 부정하지 않는 것에 대해 "내가 그 교회들을 교회라고 부르는 것은 다만 하나님께서 그 안에 그의 백성의 남은 자들을 기적적으로 보존하셨기 때문이며, 표식, 특히 악마의 간계와 인간의 패악도 파괴할 수 없는 교회의 표식이 다소간 남아 있기 때문이다."라고 말합니다. 즉 로마 가톨릭교회 자체에 어떤 여지나 가능성이 남아 있어서가 아니라, 전적인 하나님의 선택에 근거해서 완전히 부정하지는 않는다는 것입니다.

로마 가톨릭교회가 보편교회에 속할 수 있는 근거

일반적으로 재세례파는 로마 가톨릭의 교리를 따르는 기존 교회들을 총체적으로 참된 교회가 아니라고 여깁니다. 재세례파의 최초 합의 문서인 슐라이타임 신앙고백 제4조 "유리에 관한 합의"²⁵⁶에서 "이 세상에서 악마가 심은 악과 사악으로부터 유리되어야 한다. 그것은 단순히 그들과 교제를 하지 않으며 그들의 가증한 무리들 안에서 그들과 함께하지 않는 방법으로써 가능한 것이다. 이것이 유리의 방법이다."라고 한 것에서 알 수 있듯이 재세례파는 로마 가톨릭 교리를 따르는 기존 교회들과 총체적으로 분리되는 것을 지향했습니다. 반면 프랑스 신앙고백 제28조는 "교황주의의 교회에도 교회의 흔적이 남아 있고, 세례의 효과와 실체가 남아 있으며, 또한 세례의 효과가 집례자에게 달린 것이 아니므로, 우리는 그 교회에서 세례 받은 사람들이 다시 세례 받을 필요는 없음을 고백한다."고 하여, 부패하고 타락한 로마 가톨릭교회도 보편교회에 속할 수 있는 근거가 있다고 보고 있습니다.

칼뱅은 교황 제도 가운데 아직 남아 있는 교회의 자취를 인정하였습니다. 그는 "옛날에는 교회의 일부 특전이 유대인들 사이에 남아 있었다. 그와 같이 지금도 하나님께서 파멸을 면하게 하신 교회의 흔적이 교황주의에 있는 것을 우리는 부정하지 않는다."[257]고 말하면서, "여호와의 언약이 그들(유대인들) 중에 존속한 것은 확실하고 변함없는 하나님의 선하심에 의한 것이다. 그들의 배반은 주의 진실을 말소할 수 없었고, 비록 그들의 불결한 손이 할례를 더럽혔을지라도 그것은 여전히 여호와의 언약의 진정한 표징이며 거룩한 성례였다."고 했습니다. 바로 여기서 우리는 칼뱅이 로마 가톨릭의 교황 제도에 남아 있는 교회의 자취를 긍정하는 단서를 확인할 수 있습니다. 이와 관련하여 칼뱅은 "여호와께서 언약을 세우신 후에 프랑스와 이탈리아, 독일과 스페인과 영국에서도 같은(유대인들의 경우와 같은) 사태가 발생했다. 이 나라들이 적그리스도의 압제로 억압을 당할 때 주께서는 자신의 언약이 침범되지 않도록 두 가지 방법을 쓰셨다."[258]고 했습니다. 바로 "언약의 증거인 세례를 유지하셨다."는 것입니다. 그에 따라 칼뱅은 하나님께서 "교회가 완전히 죽지 않도록 여호와 자신의 섭리로 교회의 다른 흔적들을 남기셨다."고 말합니다. 비록 "주의 말씀을 멸시한 사람들의 배은망덕을 징벌하시기 위해서 교회가 무서운 혼란과 분열을 겪는 것을 허락하셨지만 이렇게 파괴한 후에도 절반쯤 헐린 건물이 남도록 하셨다."는 것입니다.

한편, 프랑스 신앙고백은 "그럼에도 교황주의의 교회에도 교회의 흔적이 남아 있고, 세례의 효과와 실체가 남아 있으며, 또한 세례의 효과가 집례자에게 달린 것이 아니므로, 우리는 그 교회에서 세례 받은 사람들이 다시 세례 받을 필요는 없음을 고백한다."는 말로 재세례파의 분리주의를 명백하게 반대합니다. 그러나 그렇다고 로마 가톨릭의 교황 제도를 인정하거나, 그들과 계속 교제하려는 의미는 결코 아닙니다. 그래서 제28조는 마지막에 "다만, 그 성례의 시행에 섞여 있는 부패 때문에 양심의 오염 없이 그러한 교회의 세례에 자신의 아이를 계속 참여시킬 수는 없다."는 고백을 통해 교회의 표식에 근거하여, 교황주의를 따르는 로마 가톨릭교회를 인정하는 것은 결코 아니라는 점을 밝히고 있습니다.

칼뱅은 「기독교강요」(1559) 4권에서 교회에 관해 설명하면서 이러한 로마 가톨릭에 대해 "내가 그 교회들을 교회라고 부르는 것은 다만 하나님께서 그 안에 그의 백성의 남은 자들을 (비록 비참하게 분산되어 있지만) 기적적으로 보존하셨기 때문이며, 표식 특히 악마의 간계와 인간의 패악도 파괴할 수 없는 교회의 표식이 다소간 남아 있기 때문이다."[259]라고 간략하게 견해를 밝히면서도, 명백하게 "그러나 우리가 이 논의에서 특히 유의해야 하는 표식들이 없으므로 나는 그 교회들에게는 개별적으로나 전체적으로 합법적인 교회 형태가 없다고 말한다."고 했습니다. 마찬가지로 프랑스 신앙고백 제28조도 분명히 "교황주의의 회집을 정죄하는 까닭은, 그곳에서는 하나님의 순수한 말씀이 추방되었고 성례전은 부패되었으며, 거짓된 것으로 변했거나 파괴되었고, 모든 종류의 미신과 유행하는 우상들이 가득하기 때문이다."라고 고백합니다. 그러므로 "우리는 이러한 회집에 참여하여 그런 행동들에 동참하고 그들과 교제하는 사람들은 모두 그리스도의 몸에서 자신을 분리시키고 단절하는 것이라고 주장한다."고 한 것입니다.

이처럼 프랑스 신앙고백은 교회와 관련하여 늘 표식(말씀과 성례)을 중요한 근거로 삼고 있습니다. 특별히 말씀을 중심으로 성례에 정당한 표식 역할을 부여한다는 점에서 말씀(성경적인 말씀)이 늘 교회 표식의 중심이라는 사실을 알 수 있습니다. 우리는 이러한 표식에 따라 현대 교회가 과연 어디에 위치하는지(목사 또는 한 인물을 중심으로 한다는 면에서 로마 가톨릭의 교황주의와 같지는 않은지)를 생각해 보아야 할 것입니다. 즉 제28조에서 말하는 것처럼 현대 교회가 그러한 회집(하나님의 순수한 말씀이 추방되었고 성례전은 부패되었으며, 거짓된 것으로 변했거나 파괴되었고, 모든 종류의 미신과 유행하는 우상들이 가득한 회집)을 근절했는지, 아니면 오히려 근절해야 하는지를 말입니다.

THE FRENCH CONFESSION
OF FAITH 1559 & 1571

6부

교회의 기구 (조직)

THE FRENCH CONFESSION
OF FAITH 1559 & 1571

제29조

교회의 직원

우리는 참된 교회에는 우리 구주 예수 그리스도에 의해 확립된 규율이 적용되어야 한다고 믿는다. 즉 그러한 교회에 목사, 장로, 집사가 있는 까닭은 순전한 교리를 전수하고, 악덕을 개혁하고 억제하며, 가난하고 고통 받는 모든 사람을 그들의 필요에 따라 구제하고, 하나님의 이름으로 모인 거룩한 집회에서 성인과 아이 모두 교화(경건의 훈련)하기 위해서다.

[증거구절]

행 6:3-4, 14:23; 고전 12:28; 엡 4:11; 딤전 3:1, 8; 딤후 4:1-5; 딛 1:5, 9; 갈 1:6-9; 마 18:15-18; 고전 5:4-5, 11-12; 살후 3:14-15.

프랑스 신앙고백 제1조는 유일하신 한 분 하나님에 대해 고백합니다. 그처럼 유일하신 한 분 하나님에 대한 고백은 단순히 하나님에 대한 지식에 국한되는 것이 아니라 실천적으로 적용할 수 있는 내용을 함축하고 있습니다. 즉 교회의 유일한 최고 권위는 오직 한 분 하나님께 있으며, 그러한 교회의 제도나 규율도 한 분 하나님께서 제정하신 것으로만 성립한다는 것입니다. 바로 이 점에서 로마 가톨릭의 직제는 한 분 하나님이 제정하신 규율을 벗어난 것으로, 결코 참된 교회로 합당하게 성립할 수가 없습니다. 교회의 모든 규율과 제도, 직제는 늘 하나님께서 제정하신 원리(성경의 원리)에 한정되어 있어야 마땅합니다. 제29조에서는 바로 그러한 원리로 예수 그리스도께서 세우신 참된 교회의 통치 방식을 살펴볼 수 있습니다.

교회의 표식(말씀과 성례)과 교회의 직분

교회의 표식과 관련하여 칼뱅은 "여기서 교회의 얼굴이 나타나며 우리의 눈에 보이게 된다."[260]고 하면서 "하나님의 말씀을 순수하게 전파하며 또 듣고 그리스도께서 제정하신 대로 성례를 지킬 때에 거기 하나님의 교회가 있다는 것은 의심의 여지가 없다."고 했습니다. 또한 "말씀 선포와 성례 집행을 우리는 특히 존중해야 하며, 교회의 특색을 나타내는 영원한 표식으로 만들 정도로 이 일을 공경해야 된다."[261]면서 "그러나 종교 생활의 요새에 허위가 침입해서 필수적인 교리의 핵심과 성례의 효험이 파괴될 때에, 분명히 교회는 죽게 된다."고 하여 교회와 교회 표식의 관계를 중요하게 강조했습니다.

이처럼 교회의 표식이 교회의 얼굴로 나타나며 우리 눈에 보이게 되는 것은, 구체적으로 교회의 직분으로도 가능합니다. 즉 교회의 직분은 하나님께서 교회를 통치하시기 위한 수단이라는 점에서 교회의 표식과 긴밀하게 연관되는 것입니다. 칼뱅이 말한 것처럼 "하나님만이 교회를 지배하시며, 교회 안에서 권위 또는 우월한 지위를 가지셔야" 하기 때문에 교회의 직분도 "하나님의 말씀에 의해서만 행사"되는 권위에 근거하여 교회의 얼굴로 나타나며 눈에 보이게 되는 것입니다. 더욱이 하나님께서는 "눈에 보이게 우리들 중에 계시는 것이 아니므로(마 26:11), 사람들의 봉사를 사용하셔서 자신의 뜻을 우리들에게 말로 분명하게 선포" 하십니다. 그렇지만 "하나님께서는 사람들에게 이 일을 위임하셨으나 그것은 자신의 권리와 영광을 이양하신 것이 아니고 다만 그들의 입을 통해서 자신의 사업을 성취하시려는 것"으로, 마치 "노동자가 일을 할 때에 도구를 쓰는 것과 같[은]" 것입니다. 무엇보다 교회의 표식 중심에 말씀이 자리하고 있는 것처럼 그 표식이 교회의 직분으로 가시화되는 데에도 그 중심에는 말씀이 자리합니다. 그런 말씀의 직분(목사의 직분)에 대해 설명하면서 칼뱅은 교회의 표식과 교회의 직분의 연결이 자연스럽게 교회(신자)의 신앙까지 이어진다고 말합니다.

> 흙에서 나온 보잘것없는 사람이 하나님의 이름으로 말할 때 그가 우리보다 나은 점이 없을지라도 그를 하나님의 일꾼으로 여겨 배우는 태도를 보인다면, 우리는 여기서 하나님께 대한 우리의 경건과 순종을 가장 잘 나타내게 된다. …… 그러므로 하나님께서 하늘 지혜의 보화를 약한 질그릇에 숨기신 것은(고후 4:7) 우리가 얼마나 그 보화를 귀중히 여기는가를 시험하려는 의도[다.]

그러면서 칼뱅은 에베소서 4장 8절과 10-16절을 인용하여 교회의 표식인 말씀과, 그 말씀을 가시적으로 보여주는(드러내주는) 직분을 통한 교회(그리스도의 몸)의 세움을 언급합니다.

> 그러므로 이르기를 그가 위로 올라가실 때에 사로잡혔던 자들을 사로잡으시고 사람들에게 선물을 주셨다 …… 내리셨던 그가 곧 모든 하늘 위에 오르신 자니 이는 만물을 충만하게 하려 하심이라 그가 어떤 사람은 사도로, 어떤 사람은 선지자로, 어떤 사람은 복음 전하는 자

로,²⁶² 어떤 사람은 목사와 교사로 삼으셨으니 이는 성도를 온전하게 하여 봉사의 일을 하게 하며 그리스도의 몸을 세우려 하심이라 우리가 다 하나님의 아들을 믿는 것과 아는 일에 하나가 되어 온전한 사람을 이루어 그리스도의 장성한 분량이 충만한 데까지 이르리니 이는 우리가 이제부터 어린아이가 되지 아니하여 …… 온갖 교훈의 풍조에 밀려 요동하지 않게 하려 함이라 오직 사랑 안에서 참된 것을 하여 범사에 그에게까지 자랄지라 그는 머리니 곧 그리스도라 그에게서 온몸이 각 마디를 통하여 도움을 받음으로 연결되고 결합되어 각 지체의 분량대로 역사하여 그 몸을 자라게 하며 사랑 안에서 스스로 세우느니라(엡 4:8, 10-16).

이처럼 교회의 표식, 그중에서도 말씀은 교회를 가시적으로 드러내주는 중요한 표(表)이며, 그러한 표식을 구체적으로 드러내는 직분이 바로 "목사직"입니다. 이런 점에서 교회의 표식과 교회의 직분은 긴밀하게 연관되며, 프랑스 신앙고백 제29조에서 고백하는 것처럼 "참된 교회에는 우리 구주 예수 그리스도에 의해 확립된 규율이 적용되어" 가시적으로 드러나 보이게 되는 것입니다.

가시적인 교회에서 직분의 역할과 기능

칼뱅은 교회의 직분, 특히 교회의 교사와 목회자에 관해 언급하면서 에베소서 4장을 인용합니다.

우리 각 사람에게 그리스도의 선물의 분량대로 은혜를 주셨나니(4:7).

그(그리스도)가 어떤 사람은 사도로, 어떤 사람은 선지자로, 어떤 사람은 복음 전하는 자로, 어떤 사람은 목사와 교사로 삼으셨으니(4:11).

그리스도 안에서 한 몸인 교회의 직분 가운데 중요한 직분이 바로 가시적 교회의 표식인 "말씀"과 관련되어 있습니다. 그래서 칼뱅은 "만일 우리 사이에서 예언 활동이 활발하고 사도들을 영접하며 우리에게 전하는 교리를 거부하지 않는다면, 이렇게 행함으로써 우리는 모두 그리스도의 연합을 이루게 된다."[263]고 하면서 모든 직분에 앞서 말씀과 관련된 교회의 직분의 중요성을 언급하고 있습니다.

이처럼 중요한 목회의 직분은 앞서 언급되었듯이, "하나님께서는 사람들에게 이 일(목회의 일)을 위임하셨으나 그것은 자신의 권리와 영광을 이양하신 것이 아니고 다만 그들의 입을 통해서 자신의 사업을 성취하시려는 것"으로, 마치 "노동자가 일을 할 때에 도구를 쓰는 것과 같"습니다. 그러므로 말씀 사역을 감당하는 목회직일지라도 그 직분 자체에 권리와 영광이 위임된 것은 아니며, 그 직분을 통해 하나님의 권리와 영광이 행사될 뿐입니다. 그렇기 때문에 목회자는 말씀에 충실하여 교회를 드러내는 귀하고 중요한 직분을 감당해야 하며, 말씀과 상관없이 권리와 영광을 주장할 수는 없는 것입니다. 이것이 참된 교회에 일반적으로 확립된 그리스도의 규율입니다.

칼뱅은 "복음을 전파하는 일은 성령과 의와 영생을 제공하는 일이므로 교회 안에서 가장 두드러지고 가장 영광스러운 일이라고 한다(고후 4:6, 3:9)."[264]고 말합니다. 프랑스 신앙고백 제29조에서도 "순전한 교리를 전수하고"라는 문구와 "하나님의 이름으로 모인 거룩한 집회에서 성인과 아이 모두 교화(경건의 훈련)하기 위해서"라는 문구를 통해 목사의 직분이 감당해야 할 역할과 기능을 고백하고 있습니다.

그런데 칼뱅은 교회를 다스리는 직분으로 "장로"를 언급하면서 장로와 목사가 공통적인 역할과 기능을 수행한다고 언급합니다.

> 내가 교회를 다스리는 사람들을 "감독"(ἐπίσκοπος), "장로"(πρεσβύτερος), "목사"(ποιμήν), 또는 "사역자"라고 부른 것은 성경이 이 말들을 구별하지 않고 사용하기 때문이다.[265]

즉 장로(치리장로)와 목사가 공통적으로 "감독"의 기능을 수행한다는 것입니다.

칼뱅은 이에 대해 "다스리는 사람들은(고전 12:28) 신자들 사이에서 선택된 장로들이었으며, 감독들과 함께 도덕적인 견책과 권징을 시행하는 일을 맡았다고 나는 믿는다. '다스리는 자는 부지런함으로' 할 것이라는 바울의 말을(롬 12:8) 달리 해석할 수가 없기 때문"이라면서 목사와 장로(치리장로)가 교회에서 같은 직무를 담당하고 있다고 말합니다. 칼뱅은 이 직무를 목사가 모두 담당하게 한다는 의미가 아니라 "장로회"(senatus)를 이루어 직무를 감당하게 한다는 의미에서 그렇게 설명한 것입니다. 또한 그런 장로회가 치리하는 중요한 원리도 말씀에 근거하게 하기 위해 목사와 장로가 함께 도덕적인 견책과 권징을 담당하는 것입니다. 제29조의 "악덕을 개혁하고 억제하며"라는 문구가 바로 장로회의 이런 중요한 기능을 뜻합니다.

교회의 직분에는 "집사"도 포함됩니다. 이 직분은 "가난하고 고통 받는 모든 사람을 그들의 필요에 따라 구제하고"라는 제29조 문구에서 드러납니다. 이 직분은 교회를 드러내는 가장 보편적인 모습과 연관되어 있습니다. 즉 말씀과, 이에 근거하는 도덕적 정결과 더불어 교회의 사랑과 덕을 드러내는 중요한 기능과 역할을 수행하는 직분입니다. 그런데 칼뱅은 이러한 집사 직분의 역할을 두 종류로 분류하여 설명합니다. "구제하는 자는 성실함으로 …… 긍휼을 베푸는 자는 즐거움으로 할 것이니라"(롬 12:8)는 말씀에 근거하여 "여기서 바울은 교회 안에 있는 공적인 직분에 대해서 말하는 것이 분명하며, 따라서 집사직에는 두 가지 다른 등급(직능상의 분류)이 있었을 것"[266]이라고 말합니다. 즉 "바울은 처음 문장에서 구제 물자를 나누어주는 집사들을 가리킨" 것이고, "둘째 문장은 빈민과 병자들을 (직접) 돌보는 사람들을 말한다."고 하면서 "여자들이 맡을 수 있는 공적 직분은 구제하는 일에 헌신하는 것뿐이었다."고 덧붙입니다. 그러면서 결론적으로 "그러므로 사도들의 교회에는 이런 종류의 집사들이 있었고, 우리도 그것을 본받는 것이 마땅하다."고 했습니다.

한편, 직분을 이렇게 구별하는 것은 어떤 등급이 아니라, "하나님께서 각 사람에게 나누어주신 믿음의 분량대로"(롬 12:3) 한 몸(교회)을 이루는 지체들이 지닌 서로 다른 기능을 의미합니다. 즉 바울이 말했듯이 "우리가 한 몸에 많은 지체를 가졌으나 모든 지체가 같은 기능을 가진 것이 아니니 이와 같이 우리 많은 사람이 그리스도 안에서 한 몸이 되어 서로 지체가 되[는]"(롬 12:4-5) 것입니다.

세 직분에 따른 교회의 기능

제29조에서 언급한 것처럼 교회의 직분은 공통적으로 "하나님의 이름으로 모인 거룩한 집회에서 성인과 아이 모두 교화(경건의 훈련)하기 위해" 각 기능과 역할을 수행해야 합니다. "참된 교회에는 우리 구주 예수 그리

스도에 의해 확립된 규율이 적용되어야" 하기 때문입니다. 이처럼 교회는 특별히 직분의 기능을 통해 가시적으로 드러납니다. 즉 직분의 역할과 기능이 적절하게 시행될 때("순전한 교리를 전수하고, 악덕을 개혁하고 억제하며, 가난하고 고통 받는 모든 사람을 그들의 필요에 따라 구제함") 사람들은 교회를 인식하게 되는 것입니다.

칼뱅은 "감독과 장로들은 말씀을 전파하며 성례전을 시행하는 데 전력을 다하여야 했다."[267]고 했습니다. 이것은 교회 직분의 핵심 역시 기본적으로 교회의 표식인 "말씀과 성례"라는 것을 시사합니다. 교회가 공적으로(또는 사회적으로) 드러나는 데에는 감독과 장로뿐 아니라 집사의 역할과 기능도 중요합니다. 즉 집사가 구제하는 일과 긍휼을 베푸는 일을 잘 수행할 때 교회는 사회에 가시적으로 드러나게 됩니다. 그렇게 해서 각 직분이 서로 유기적으로 연결되어 교회(가시적인 교회)가 "하나님의 이름으로 모인 거룩한 집회에서 성인과 아이 모두 교화(경건의 훈련)하[도록]" 하는 기능을 공통으로 수행하는 것입니다. 교회가 성장하면서 나중에 "부감독"(archdeacon)과 "부집사"(sub-deacon)가 생겨났는데, 새로운 기능과 역할을 수행하는 직분은 아니었습니다. "그들이 생긴 것은 교회 재산이 많이 늘어나서 보다 정확한 새로운 관리 방법이 필요했기 때문"[268]이었습니다. 그러므로 늘 말씀을 가르치는 "목사"와, 목사와 함께 교회를 치리하는(다스리는) "장로", 그리고 목사와 장로와 함께 구제와 긍휼을 베푸는 일을 통해 교회가 드러나도록 하는 "집사"가 교회에서 "각 사람에게 나누어 주신 믿음의 분량대로" 각 기능을 수행해야 합니다.

제30조

우리는 모든 참된 목사는 유일한 머리이자 유일한 군주이시며 유일한 대주교 되시는 예수 그리스도 아래 어디에서나 동일한 권위와 동등한 권세(동등권)를 가진다고 믿는다. 따라서 한 교회가 다른 교회를 다스리거나 (다른 교회) 자체의 주권에 도전하는 것은 불법이다. 그러므로 형제 사랑과 상호화합을 유지하기 위해서는 (상호간) 모든 돌봄과 주의함이 반드시 필요하다.

[증거구절]

마 18:2-4, 20:26-27; 눅 22:26; 행 6:1-6; 고후 1:24; 사 61:1; 눅 4:17-21; 엡 1:22; 골 1:18; 벧전 2:25.

프랑스 신앙고백 제30조는 교회의 직분, 특히 말씀의 직분을 중심으로 "동일한 권위와 동등한 권세"에 대해 고백하고 있습니다. 이것은 그 당시 로마 가톨릭교회의 직분과는 상당히 다른 고백입니다. 로마 가톨릭교회는 직분이 수직적일 뿐 아니라 실제로도 권위와 권한이 차등적인데, 프랑스 신앙고백에서 언급하는 직분론은 수평적이며 각 직분의 권위와 권한에 전혀 차등이 없기 때문입니다.

교회에 대한 그리스도의 절대 권위

제30조는 기본적으로 로마 가톨릭교회의 교황의 수위권과 로마 교황

청의 수위권에 반대하고 있습니다. 칼뱅은 로마 가톨릭교회에서 교회의 통일을 유지하는 가장 중요하고 유일한 길은 로마 교황청에서 분리되지 않고 복종하는 것이라고 하면서 "자기들에게는 머리가 있고, 교회의 단결은 그 머리에 달렸으며 그 머리가 없으면 교회가 산산조각이 난다."[269]고 주장했습니다. 또한 로마 가톨릭교회가 "성직 제도를 논할 때에 언제든지 출발점으로 삼는 원칙"이 바로 그것으로, "로마 교황은 (교회의 머리이신 그리스도의 대리[代理]로서) 그리스도를 대신해서 모든 교회를 주관하며, 로마 교구가 모든 다른 교구들 위에 수위권을 유지하지 않으면 교회가 잘 조직될 수 없다."는 것입니다.

이에 칼뱅은 교황의 수위권을 주장하기 위해 구약의 대제사장직을 근거로 삼을 수는 없다고 말하면서, 베드로에게 하신 그리스도의 말씀은 교회에 대한 지배권을 수립하는 의미가 아니라고 반박했습니다. 구체적으로 그는 "이 점(교황의 수위권)에 관해서 그들은 율법에 있는 대제사장직과 하나님께서 예루살렘에 설치하신 최고 재판소를 언급"하지만 "한 민족에게 유익한 일을 온 세계에 확대해야 된다는 이유는 없다."고 하면서, "이것은 한 지방을 한 사람이 다스리므로 세계도 한 사람이 다스려야 한다는 것과 같은 말"[270]이라고 설명합니다. "대제사장이 그리스도의 한 예표였다는 것을 모르는 사람은 없다. 제사장직이 옮겨졌을 때에 권리도 옮겨졌다(히 7:12). 누구에게 옮겨졌는가? …… 그리스도에게 이양되었다."는 말에서 알 수 있듯이, 구약의 대제사장직을 근거로 교회의 수위권을 주장하는 것은 오히려 예수 그리스도께 이양된 권위를 교황이 찬탈하는 것입니다. 아울러 베드로에게 하신 그리스도의 말씀은 교회에 대한 지배권을 수립하는 의미가 아니며, 마찬가지로 마태복음 16장 19절에서 "매며 푼다"는 말씀도 죄를 그대로 두거나 용서한다는 뜻으로, "복음을 선포하는 일꾼들은 사람들을 하나님과 화해시키며 동시에 이 은혜를 거부하는 사람들을 처벌하라는 명령을 받았다고 한다."[271]면서 고린도후서 5장 18절과 10장 6절에 근거하여 논박하고 있습니다.

또한 칼뱅은 교회와 그리스도의 관계에서 사람은 교회의 머리가 될 수 없다고 전제하며, 교회의 유일한 머리이신 그리스도의 지위는 결코 인간에게 양도될 수 있는 것이 아니라고 설명했습니다. 즉 소수인 열두 사도 가운데 한 사람인 베드로가 머리였다고 해서 그처럼 "소수 사이에 있는 일을 직접 세계 전체에 적용할 수는 없[으며]"[272] 이것은 "아무도 단독으로 전 세계를 지배할 능력이 없기 때문"이라고 한 것입니다. 그러므로 "교회에서는 그리스도께서 유일한 머리이시며, 우리는 모두 그의 지배 아래에서 그가 정하신 질서와 조직에 따라 서로 연합"[273]해야 합니다. "교회의 머리는 그리스도시기 때문"입니다.

> 그에게서 온몸이 각 마디를 통하여 도움을 받음으로 연결되고 결합되어 각 지체의 분량대로 역사하여 그 몸을 자라게 하며 사랑 안에서 스스로 세우느니라(엡 4:16).

결국 칼뱅이 이른 바와 같이 "그리스도께서는 머리이시며, 이 영예는 그리스도에게만 있는 것이라고 성경에 확언하였으므로, 그리스도께서 친히 자기의 대리로 임명하신 사람이 아니면 아무에게도 이 영예를 양도해서는 안되[며]", 더욱이 "이런 임명(그리스도께서 친히 자기의 대리로 임명하심)이 있었다는 것은 어느 곳에서도 읽을 수 없고, 오히려 그런 생각을 충분히 반박할 만한 구절만 많"습니다(엡 1:22, 4:15; 골 1:18, 2:10). 따라서 교회에 대한 그리스도의 권위는 절대적이라는 것을 알 수 있습니다.

칼뱅은 "그리스도께서는 승천하심으로써 우리의 눈으로 볼 수 없게 되었지만(행 1:9), 만물을 충만케 하시기 위해서 승천하셨다(엡 4:10). 그러므로 지금 교회에는 여전히 그리스도가 계시고 앞으로도 항상 계실 것"[274]이라고 했습니다. 이에 대해 그는 바울이 "그리스도께서 자신을 나타내시는 방법을 우리에게 알리고자 할 때, 그리스도께서 사용하신 봉사의 직분을 상기시킨" 것을 말하면서, "어떤 사람은 사도로, 어떤 사람은 선지자로, 어떤 사람은 복음 전하는 자로, 어떤 사람은 목사와 교사로 삼으셨으니"(엡 4:11)라는 말씀을 통해 한 머리를 중심으로 하는 것이 아니라 여러 지체로 된 것이 바로 그리스도의 몸인 교회라고 말합니다.

사도들의 군주인 베드로를 계승한 교황의 수위권 문제

칼뱅은 오직 그리스도 안에서만 하나 될 수 있다고 말합니다.

> 왜 바울은 그리스도께서 모든 사람 위에 자신의 대행자를 세우셨다고 하지 않았는가? …… 그는 그리스도께서 우리와 함께 계신다고 말한다. 어떻게? 교회를 다스리도록 세우신 사람들의 봉사에 의해서라고 하지 않는가? 바울은 하나가 되는 문제를 말하지만 그것은 하나님 안에서와 그리스도에 대한 믿음 안에서라고 한다.

이러한 언급에서 생각해 볼 수 있는 사실은 그리스도께서 그의 대행자(권위의 대리자)를 세우셔서 우리와 함께 계시는 것이 아니라, "그의 기능을 위임하신 사역자의 머리에 의해" 우리와 함께하시며 그 안에서 하나 될 수 있게 하신다는 것입니다. 즉 "우리 각 사람에게 그리스도의 선물의 분량대로 은혜를"(엡 4:7) 주셔서 "어떤 사람은 사도로, 어떤 사람은 선지자로, 어떤 사람은 복음 전하는 자로(이상 임시직), 어떤 사람은 목사와 교사로(이상 항존직) 삼으[신]"(엡 4:11) 것입니다. 그야말로 예수 그리스도를 유일한 머리로 하여, 모든 기능(특히 에베소서 4장 11절의 교직)에 선물의 분량대로 동일하게 은혜를 주셔서 그리스도의 몸인 교회를 세우셨습니다. 에베소서 4장 12절은 이를 가리켜 "이는 성도를 온전하게 하여 봉사의 일을 하게 하며 그리스도의 몸을 세우려 하심이라"고 말합니다. 이러한 원리에 따라 칼뱅은 에베소서 4장 초반부에 대해 "바울이 교회의 신성하고 영적인 통치를 그리려고 깊이 생각하였다는 것은 의심의 여지가 없다."고 하면서 "그는 목사들 사이의 단독 지배 제도를 규정하지 않았을 뿐만 아니라 그런 것이 없다고 지적한다."고 말합니다.

그러나 로마 가톨릭교회는 늘 "수위권"(首位權)에 바탕을 둔 권위를 주장해 왔습니다. 그 수위권은 기본적으로 베드로의 감독좌를 계승하는 교황뿐 아니라, 로마 교황청이 있는 로마 교구까지 이어져서 로마 교황청이 모든 교회를 관할하는 지위를 갖게 합니다. 이러한 로마 가톨릭교회의 수위권 주장에 대해 칼뱅은 "로마 교황청의 지상권이 고대에서 시작되었다는 생각에 대해서 제1차 니케아 회의의 결정보다 더 일찍 확인된 것은 찾아볼 수 없다."[275]고 했습니다. 그러나 "이 결정에서 총감독 중의 첫째 자리가 로마 감독에게 주어졌고, 그에게 인근 교구들의 교회도 보호하라고 명령"했지만 "그(로마 감독)를 모든 총감독의 머리로 세우지 않고 지도자 중의 하나로 만들었다."고 하면서, 실제로 니케아 회의는 로마 감독의 수위권을 확보해 준 첫 사례로 볼 수 없다고 여기고 있습니다. 그러므로 교황의 수위권 문제는 "자신이 사도들의 군주인 베드로의 계승자라는 주장에 근거하여, 자신이 세계 교회의 수장이며 기독교 세계의 보이지 않으시는 최고의 수장이신 그리스도의 가시적 대표자라고 주장"[276]하는 것과 관련하여 논의해야 하는 것입니다.

교회사가인 필립 샤프도 이에 대해 "교황제 옹호자들은 이 제도의 토대를 수도대주교와 총대주교의 경우처럼 단순히 교회의 관습에 두지 않고 신적인 권리에 둔다. 그리스도께서 '너는 베드로라 내가 이 반석 위에 내 교회를 세우리니'(마 16:18)라는 유명한 말씀으로 베드로에게 부여하신 특별한 지위에 교황제의 토대를 두는 것"이라고 정의합니다. 또한 "아프리카 주교 키프리아누스(Thascius Caecilius Cyprianus, 200? - 258)가 마태복음 16장의 그 구절을 순진한 의도로, 훗날 자신의 견해가 남용될 것을 의심하지 않은 채 교황제의 해석에 최초로 대입하고, 항구적인 '베드로 권좌'(cathera Petri) 사상을 이끌어낸 장본인이다. 하지만 이런 이론을 제시한 그가 동시에 주교의 동등권과 독립성을 강조했으며, 훗날에는 구체적으로 이단 세례의 유효성에 관한 교리 논쟁이 벌어졌을 때 교황 스테파누스를 과감하게 비판하고, 죽을 때까지 이 점을 줄기차게 항의했다는 점을 잊어서는 안 된다."[277]고 설명한 것에서 알 수 있듯이, 베드로 권좌라는 용어 자체는 교황 제도를 뒷받침하기 위해 탄생한 것이 아니었습니다. 무엇보다 "너는 베드로라 내가 이 반석 위에 내 교회를 세우리니"(마 16:18)라는 구절에 관한 교부들의 발언 가운데서 샤프는 라틴 교회의 대표적 신학자인 아우구스티누스의 설명을 언급합니다.

> 아우구스티누스는 초기에는 "내가 이 반석 위에 내 교회를 세우리니"라는 말씀을 베드로 개인에게 적용했으나, 후에는 이 해석을 분명히 철회하고는 "페트라"와 "페트루스"가 구분된 것을 토대로 페트라를 그리스도로 간주했다. 히에로니무스도 비록 이 단어를 히브리어와 아람

어 "게파스"에 적용하는 것은 옳지 않다고 암시하긴 했으나, 아우구스티누스와 같은 구분을 했다.[278]

이 설명을 통해 우리는 마태복음 16장 18절을 근거로 들어 베드로의 계승자로서 교황의 수위권을 주장할 수는 없다는 것을 충분히 파악할 수 있습니다.

로마 교구의 수위권 문제

"로마 교황청의 지상권이 고대에서 시작되었다는 생각에 대해서 니케아 회의의 결정보다 더 일찍 확인된 것은 찾아볼 수 없다."고 하는 칼뱅의 언급에서 우리는 교황의 수위권 문제에 앞서 로마 교구의 수위권이 잘못 이해되고 있었고, 그러한 배경에서 나중에 교황의 수위권까지 주장하게 된 것을 알 수 있습니다. 즉 로마 가톨릭교회 안에 수위권 주장이 굳건하게 고착된 것은 교황의 수위권 주장에서 분명하게 드러났지만 그 배경은 로마 교구에 대한 수위권 주장이었고, 이를 바탕으로 교황의 수위권이 강력하게 힘을 얻은 것입니다. 그런데 칼뱅은 이에 대해 이렇게 말합니다.

> 그때(니케아 회의 때)의 로마 감독 율리우스를 대신해서 비투스와 빈센티우스가 회의에 참석했었는데, 그들에게는 넷째 자리를 주었다. 만일 율리우스가 교회의 머리였다면 왜 그의 대리자들을 넷째 자리를 담당케 하였는가라고 묻고자 한다.[279]

이 글은 당시 총감독 중 첫째 자리가 늘 로마 감독에게 고정된 것이 아니며, 처음에 로마 감독에게 첫째 자리가 주어지고 인근 교구들의 교회도 보호하라고 한 것은 일시적인 회의 주재자로서 그렇게 행한 것일 뿐임을 시사해 주고 있습니다. 칼뱅은 이후 "제2차 에베소 회의에서는 (로마 교황) 레오의 사절들이 출석했음에도, 알렉산드리아 총감독 디오스코루스가 그의 당연한 권리인 것처럼 회의를 주재"[280]했으며, "회의가 개최되고 감독들이 서로 자리를 배정했을 때, 로마 교회의 대표들도 이것이 신성한 합법적인 회의인 듯 다른 사람들과 함께 자리에 앉았."고 하면서 "그들은 첫 자리를 요구하지 않고 다른 사람에게 내주었."고 했습니다. 따라서 비록 니케아 회의 때 로마 감독에게 총감독 중 첫째 자리가 주어졌지만 그것은 결코 수위권의 근거가 아니라는 것입니다.

칼뱅에 따르면 교회의 권한은 네 가지로 분류할 수 있습니다. 바로 감독 임명, 회의 소집 권한, 상소 수락 또는 재판권, 징계 명령 또는 견책으로, "모든 고대 회의들은, 감독은 각각 그곳의 대감독이 임명하라고 명령"[281] 했고, "로마 감독이 자기 감독 구역 이외의 감독을 임명하라고 한 회의는 없"었으며, "이전에는 로마 감독의 임명권이 니케아 회의의 결정에 있는 것과 같이 그 자신의 감독 구역에, 즉 로마가 있는 지방의 교회들에 한정되어 있었."고 합니다. 또한 "취임식에는 종교회의 서한을 반드시 보냈고, 이 서한에 보면 로마 감독이 어떤 점에서도 다른 감독들보다 우위에 있지 않았"습니다. "취임식이 있은 직후에 대감독들은 의례히 엄숙한 문서로 그 신앙을 고백하며 거룩한 정통적 회의들을 지지한다고 선언했"는데, "이와 같이 신앙을 표명함으로써 그들은 서로 승인을 교환했"다고 합니다. 이처럼 "다른 사람들의 신앙 고백을 듣는 동시에 자기도 고백하며 공통된 법에 복종할 의무가 있었다는 것은 확실히 (그들 서로가) 상전이 아니고 동료라는 표징이었다."고 칼뱅은 설명합니다.

이처럼 고대 교회와 회의들에서 로마 교구가 가진 권한과 특색은 결코 수위권을 주장할 만한 것이 아니었습니다. 마찬가지로 로마 교구의 감독과 다른 대감독 사이에도 신분상의 수위가 존재하지 않았습니다. 따라서 로마 교구의 수위권이나 로마 감독인 교황의 수위권 주장은 6세기 이후 그레고리우스 1세에게 주어진 "교황"(papa)이라는 호칭과 함께 서서히 형성된 것이며, 그 이전까지 기독교 안에는 그러한 명칭이나 수위권 주장이 전혀 제기되지 않았다는 것을 알 수 있습니다. 그러나 로마 가톨릭교회의 수위권 주장은 점점 확고해져서 제1차 바티칸 회의(*Concilium Vaticanum* I, 1869-1870) 제4차 회기(1870)의 "그리스도의 교회에 대한 제1 교의 법령"(*Constitutio dogmatica prima de ecclesia Christi*)은 온통 로마 교황의 수위권을 공표하고 있는 것을 볼 수 있습니다.

그러나 프랑스 신앙고백이 작성될 무렵 프랑스 지역은 로마 가톨릭과, 위그노를 포함한 개신교 진영 사이에서 로마 가톨릭의 교황에 의해서만 종교가 강제되지 않았습니다. 그보다는 황제와 지방 제후들 사이의 정치적 위상 변화에 더 민감했기 때문에 칼뱅과 같은 종교개혁 인물들을 통해 교황주의를 충분히 논박할 수 있었습니다. 이런 점에서 볼 때 당시 프랑스에는 교황주의에 대한 현실적인 온도차가 분명히 존재했음을 알 수 있습니다.

교직(목회직)의 동등성과 교회(개교회)의 동등성

앞서 설명한 로마 가톨릭의 수위권 주장에 대한 논박을 근거로 프랑스 신앙고백 제30조는 우선 "우리는 모든 참된 목사는 유일한 머리이자 유일한 군주이시며 유일한 대주교 되시는 예수 그리스도 아래 어디에서 나 동일한 권위와 동등한 권세(동등권)를 가진다"고 명백히 밝히고 있습니다. 모든 교회와 사역자(목사)의 유일한 머리이자 군주이시며 유일한 대주교 되시는 예수 그리스도의 권세를 대신하는 대리자가 있는 것이 아니라, (각 은사를 통해) 동일한 기능을 수행하는 동등한 사역자가 있을 뿐입니다. 그처럼 모든 목사가 동등한 사역자로 기능하는 것을 통해 예수 그리스도만이 교회와 참된 목사들의 머리이자 군주, 대주교로 유일하게 서게 되시는 것입니다. 따라서 이것을 넘어 머리이자 군주, 대주교의 자리를 취하는 목사는 그리스도를 밀어내고 그 자리에 서 있는 것과 같습니다. 칼뱅에 따르면, 감독(목사)들의 동등성은 "로마 감독들이 다른 감독들에게 충고했을 뿐 아니라 자신들도 충고를 받았"[282]으며, "당시의 감독들은 로마 감독에 대해서, 그가 죄를 지을 때에는 언제든지 충고하며 견책하는 자유를 행사"했고, "로마 감독 편에서도 필요한 때에는 다른 감독들에게 그 의무를 회상시키며 그 과실을 책망"했던 것에서 단적으로 드러납니다.

이 "동등성"은 교회(개교회)에도 동일하게 적용됩니다. 그래서 프랑스 신앙고백 제30조 후반부에 "한 교회가 다른 교회를 다스리거나 (다른 교회) 자체의 주권에 도전하는 것은 불법"이라고 명시한 것입니다. 또한 "그러므로 형제사랑과 상호화합을 유지하기 위해서는 (상호간) 모든 돌봄과 주의함이 반드시 필요하다."는 고백에서 알 수 있듯이 교회 사이에는 결코 높고 낮음이 없습니다. 이러한 원리에 따라 노회나 총회 등이 이른바 "상회"(上會) 또는 "상급 기관"이라고 하면서 물리적 힘이나 권세로 개별 교회를 통제하려고 하는 것은 결코 합당하지 않습니다.

제31조

교회 직원의 선출

우리는 누군가 자신의 권위를 이용하여 교회의 권세를 취하는 것은 불법이며, 다만 가능한 한, 그리고 주님께서 허용하시는 한, 모든 사람이 합법적인 선거를 통해 정당하게 인정되어야 한다고 믿는다. 여기에 예외를 명시적으로 추가하는 까닭은 교회의 존속이 훼방 받는 경우, (때때로) 하나님께서는 부패하고 황폐한 교회를 회복시키기 위해 비상적인 방법으로 사람들을 세우시기 때문이다. 그러나 그렇더라도 우리는 항상 이 규칙(합법적인 선거의 규칙)을 따라야 하며, 모든 목사와 장로, 집사는 자신의 직책에 대한 부르심의 증거를 지니고 있어야만 한다고 믿는다.

[증거구절]

행 1:21-22, 6:3-6, 14:23; 롬 10:15; 딤전 3:7; 딛 1:5; 히 5:4; 렘 23:21; 마 28:18-19; 막 16:15; 요 15:16; 행 13:2; 갈 1:15.

지금도 그렇지만, 프랑스 신앙고백이 작성되던 시기에도 교회 직원 선출을 통해 교회의 동등성과 독립성을 확인할 수 있었습니다. 프랑스 신앙고백은 공식적으로 목사, 장로, 집사를 일컬어 교회의 직원(항존직)이라고 하는데, 이것은 오늘날 장로교회의 직제와 동일합니다. 아울러 프랑스 신앙고백은 오늘날 장로교회에서 교회 직원을 선출하는 절차의 원형을 제시하고 있습니다. 이것을 통해 우리는 오늘날 개신교, 특별히 장로교회가 어떻게 신학적으로 이탈했는지도 분명하게 확인할 수 있습니다.

목사와 기타 직분의 임직

로마 가톨릭교회의 수직적이고 위계적인 직분 구조는 직분 운영에도 고스란히 반영됩니다. 즉 사역자를 선택하고 임명할 때, 신자들의 투표를 거치지 않고 교황이나 교황청의 허락 아래 사제나 주교가 임명되는 식으로 철저히 비공개로 직분을 맡기는 것입니다. 특히 칼뱅 당시에도 이미 신자(이른바 평신도)들이 이른바 고위 사제인 주교(Bishop)에 대한 선거권을 완전히 박탈당한 상황이었습니다. 그러한 상황에 대해 칼뱅은 "투표, 찬성, 서명 승낙, 기타 유사한 일이 모두 없어지고 전권이 참사회 의원들에게 이전되었다. 참사회 의원들은 마음대로 주교직을 수여하고 직접 신도들에게 소개한다. 신도들에겐 그를 검토하라는 것이 아니고 받들어 모시라는 것"[283]이라고 했습니다. 그러나 "키프리아누스는 평신도의 찬성에 의한 선거만이 하나님이 주신 권리에서 유래하는 것이라고 증거하면서, 이와 반대되는 관습은 하나님의 말씀에 배치된다는 것을 밝혔다."고 하면서, 심지어 "아주 많은 종교회의의 교령은 다른 방법을 엄중하게 금지하며, 그렇게 한 선거는 무효라고 선언한다."고 하여 칼뱅은 로마 가톨릭의 관행이 근본적으로 잘못되었음을 지적했습니다.

칼뱅은 "고대에는 일반 신도의 찬성이 없이는 아무도 성직자 회에 들어갈 수 없었"[284]으며, "그후 감독직을 제외한 다른 교직에 관해서도 일반 신자는 적격자를 선택하고 임명하는 이를 감독과 장로들에게 일임하는 것이 보통이었다."고 했습니다. 또한 "부집사가 되는 데에도 반드시 당시의 엄격한 규율 아래서 장기간의 성직자로서의 경험이 있어야 했다. 이 계급에서 시험에 통과되면 집사가 되었고, 집사로서 충실하게 행동하면 장로로 승진되었다."고 했습니다. 그러나 "신자들이 보는 데서 다년간 시험을 받지 않고서는 아무도 승진되지 못했다. 그리고 그들의 결점을 처벌하는 교회법이 많았으므로 이 대책을 등한시하지만 않으면 나쁜 장로나 집사의 출현으로 고통을 당할 필요가 없었다. 그러나 장로 임명에도 반드시 시민들의 찬성이 필요했다."고 하여, 일반적으로 대부분의 직분에 신자들의 투표와 찬성 절차가 필수였던 것을 알 수 있습니다.

말씀 사역자를 선택하는 일에는 더 신중했습니다. "적당한 듯한 사람들을 일반 신도의 합의와 승인을 얻어서 임명해야"[285] 할 뿐 아니라 "선거는 다른 목사들이 주관"하게 하여 "회중이 경박함과 악한 의도나 무질서 때문에 탈선하는 것을 막을 수" 있게 해야 했습니다. 그렇게 해서 "모든 신도들이 보는 앞에서 감독을 선정하며, 공중의 결정과 증언에 의해서 감독이 적임자임을 증명하는 것은 하나님의 권위에서 유래한 일이라고 한 키프리아누스의 주장"처럼 "유일한 머리시요, 유일한 군주이시며 유일한 대주교 되시는 예수 그리스도 아래서"의 권위로 서게 하는 것입니다.

회중주의인 재세례파의 임직

로마 가톨릭교회의 임직이 로마 교황청의 임명으로 이뤄지는 데 반해 개신교는 반드시 투표를 통해 회중의 천거나 찬성으로 임직되었습니다. 그러한 개신교 안에서도 감독과 장로가 교역자나 직분을 선택하고 다만 투표를 통해 반드시 찬성 절차를 거치는 장로교회 방식과, 전적으로 회중이 자체적으로 사역자(목사 또는 직분자)를 세우는 재세례파 방식으로 구분되었습니다. 그러므로 프랑스 신앙고백에서 다루는 장로교회와, 재세례파 같은 회중주의는 직분의 동등성 개념을 다르게 이해하고 있는 것입니다.

교회 정치 제도 가운데 "회중제"(congregationalist polity)는 국가와 교회를 분리하고자 하는 분리주의에 가까운데, 그러한 분리주의는 보통 재세례파로 대표되는 급진적 종교개혁 진영에서 주도적으로 지지해 왔습니다. 이와 같은 회중제를 채택한 교파에서는 일반적으로 개교회 목회자를 개교회 회중이 선택하며, 그 교회 회중 앞에서 안수합니다. 그렇게 세워진 임직자(officers)에게는 치리권을 행사할 권위는 부여되지 않으며, 모든 회중이 영적으로 성장하도록 돕고 섬기는 역할을 하면서 직분을 감당하는 것이 원칙입니다. 그러나 회중제를 채택한 교파(대표적으로 재세례파)는 대부분 명확한 직제나 신앙고백과 같은 신앙의 표준을 작성하지 않기 때문에 회중마다 그 특성이나 교리, 직제가 다르며 명확하고 한정적으로 정의하기가 어렵습니다. 따라서 그들에게 이러한 임직 절차는 원론적인 것이라고 할 수 있습니다.

프랑스 신앙고백에서 설명하는 임직은 기본적으로 장로제를 채택한 교파에 해당합니다. 그에 반해 재세례파 등 회중제를 채택한 교파에서 임직은 국가(의회)나 노회, 총회와 같은 상회 기구와 전혀 별개입니다.

프랑스 신앙고백에서 전제하는 임직

로마 가톨릭과 달리 프랑스 신앙고백은 교회를 통한 소명(召命)이라는 규율을 따라 사역자를 세우게 합니다. 사역자를 선택할 때 로마 가톨릭은 한 사람("사제" 또는 최종적으로 로마 교황청의 "교황")의 권위로 임명되지만, 종교개혁 진영에서는 교회 전체와 치리를 담당하는 장로들이 임명한다는 점에서 근본적으로 서로 다릅니다.

사도 바울이 디도에게 "내가 너를 그레데에 남겨둔 이유는 남은 일을 정리하고 내가 명한 대로 각 성에 장로들을 세우게 하려 함이니"(딛 1:5)라고 한 말은 얼핏 사역자의 임직이 한 사람(사도와 사도권을 계승한 자)의 권위에 있는 것처럼 보입니다. 그러나 사도행전 14장 23절에 나오는 "택하여"라는 단어가 "거수로 선거하다" 또는 "투표하다"라는 뜻으로 쓰였다는 것을 설명하면서 칼뱅은 "누가는 바울과 바나바가 각 교회에 장로를 임명했다고 한다. 그러나 동시에 그 방법에 대해서 투표를 했다고, 즉 '각 교회에서 장로들을 택하여(투표하여)'라고 기록했다. 그러므로 이 두 사도는 장로들을 '택했다'고 하지만 당시의 헬라 사람들의 선거 풍속에 따라 교회 전체가 거수로 그 소원을 표명한 것이다."[286]라고 했습니다. 한마디로 신약성경에서 "택하다"라고 사용된 헬라어는, 당시 헬라 문화에서 집정관이나 민회를 열고 새 치안관을 세울 때 사용한 단어와 같은 의미를 지니는 것입니다. 그래서 칼뱅이 키프리아누스의 주장을 인용하여 "성직자를 임명할 때에는 반드시 일반 신도들이 보고 알아야 한다는 것을 알 수 있다. 그래야만 그 임명이 모든 사람의 증거로 검토되며 공정하고 합법적인 것이 될 수 있다."고 언급한 것입니다.

칼뱅은 선거에 대해 구체적으로 "선거는 다른 목사들이 주관해야 된다고 우리는 생각한다. 그렇게 해야만 회중이 경박함과 악한 의도나 무질서 때문에 탈선하는 것을 막을 수 있다."[287]고 언급합니다. 바로 이 점에서 재세례파를 비롯한 회중제 교회와 프랑스 신앙고백에서 전제하는 장로주의 교회가 근본적으로 다른 것입니다. 일반적으로 회중제는 임직 절차와 같은 교회 정치 절차를 구체적으로 명시하지 않았습니다. 국가(정부)를 비롯한 외부의 간섭은 배제하고 개교회의 자치권을 강조하는 특성상 선거 진행이나 절차도 개교회가 마련하는 경우가 많았기 때문입니다.

그러나 프랑스 신앙고백을 바탕으로 하고 있는 장로 정치에서는 반드시 "노회"에서 파송한 임시 당회장(목사)이 선거를 진행해야 합니다. 칼뱅이 언급한 것처럼 교회가 자체적으로 선거(투표)할 경우 회중의 "경박함과 악한 의도나 무질서"가 그대로 반영될 수 있고, 그런 방식으로 임직할 경우 사역자를 성별하여 세우는 의미가 크게 퇴색될 것이기 때문입니다. 따라서 교회의 모든 회원이 거수로 투표하여 사역자를 세우더라도 보통 노회 등 교회 외부에서 그 절차를 진행하게 하는 것입니다.

한편, 프랑스 신앙고백 제31조는 교회 직원 선출에서 "비상적인 방법"을 언급하고 있습니다. 이것은 "항존직"(恒存職)이라 불리는 통상적인 교회 직원이 아니라, 에베소서 4장 11절에 나오는 사도, 선지자, 복음 전하는 자(전도자)를 말합니다. 흔히 "비상직원"이라 불리는 사역자를 일컫는 것입니다. 즉, 1세기 교회에 하나님의 부르심으로 임시로 세워진 직분이며, 교회가 조직되고 안착한 다음에는 통상적인 교회 질서를 따라 사역자들을 세웠습니다. 칼뱅은 "사도직은 특별한 직분이었고 그 자리를 더욱 현저한 표식으로 뚜렷하게 만들기 위해서는 사도가 될 사람들을 친히 주의 입으로 임명하실 필요가 있었다."[288]고 말합니다. 프랑스 신앙고백에서 말하는 "비상적인 방법"이란 바로 그런 방법으로 택함 받는 것을 말합니다. 칼뱅은 그러한 사도직에 대해 사도행전 1장 23-26절을 다루면서 "하나님의 소명"을 언급합니다.

> 그러므로 사도들이 유다의 후임자를 구했을 때에도 감히 한 사람을 확정하지 않고 두 사람을 내세워서 주께서 제비로 두 사람 중의 한 사람을 결정하시게 했다. 바울이 자기는 "사람들에게서 난 것도 아니요 사람으로 말미암은 것도 아니요 오직 예수 그리스도와 및 죽은 자 가

운데서 그리스도를 살리신 하나님 아버지로 말미암아 사도 된" 자라고 한 말도(갈 1:1, 12 참조) 이런 뜻으로 해석해야 한다. "사람으로 말미암은 것도 아니요"라는 첫 말씀은 모든 말씀 선포자들과 공통되는 것으로, 이는 하나님의 소명을 받지 않으면 아무도 이 직분을 올바르게 수행할 수 없기 때문[이다.]

"하나님의 소명"은 "비상적인 방법"으로 택함 받은 사도직뿐 아니라 교회 앞에서 합당한 질서와 절차를 따라 부르심을 입는 직분에서도 중요한 요소입니다. 그러므로 프랑스 신앙고백 제31조도 "모든 목사와 장로, 집사는 자신의 직책에 대한 부르심의 증거를 지니고 있어야만 한다."고 한 것입니다.

이때 제31조에서 말하는 "부르심의 증거"란, "비상적인 방법"이라는 표현이 전제하는 "비밀한 소명"**289** 또는 성령에 의한 내적 소명이 아니라, "교회의 공적 질서에 관련된 외형적인 엄숙한 소명"임을 알아야 합니다. 칼뱅은 내적 소명에 대해 "각 일꾼이 하나님 앞에서 스스로 아는 일이며, 교회는 증인이 될 수 없다."고 단언하면서, "그러나 우리가 제공된 직책을 받은 것은 야심이나 탐욕이나 그 밖의 이기심 때문이 아니고 진심으로 하나님을 두려워하며 교회의 덕을 세우려는 소원 때문이라는 것은 우리의 속마음이 더 잘 증거한다."고 덧붙였습니다.

교회에서 천거하고 임직하는 절차인 투표는 기본적으로 이러한 외적이고 공적인 소명의 절차입니다. 외적 소명의 근거에 대해 칼뱅은 "건전한 교리를 믿으며 생활이 거룩하고, 그들의 권위를 빼앗거나 그들의 사역에 수치가 될 만한 허물이 없는 사람이라야 한다(딤전 3:2-3; 딛 1:7-8)."**290**고 했습니다. 또한 "집사와 장로들에 대해서도 같은 요구를 한다(딤전

3:8-13)."면서 모든 교회의 직분의 부르심이 기본적으로 동일하다(로마 가톨릭처럼 사제의 부르심이 더 특별하고 차별된 것이라고 생각하지 않는다)고 말하고 있습니다. 아울러 칼뱅은 누가 어떻게 사역자가 될 수 있는지에 대해 "선택하는 의식(임직식)을 의미하는 것이 아니라 선택할 때에 갖추어야 할 종교적 경외감을 의미한다."고 말하면서 "누가는 신자들이 장로를 세웠을 때 금식하며 기도했다고 기록했다(행 14:23)."고 언급합니다. "그들은 무엇보다도 엄숙한 일을 하고 있다는 것을 깨달았기 때문에 반드시 최고의 경의와 주의를 가지고 그 일을 시도"했으며, "특히 기도에 전념했고 지혜와 분별의 영을 하나님에게 간구했다(사 11:2 참조)."고 했습니다. 우리는 이러한 칼뱅의 전제들에서 프랑스 신앙고백 제31조의 진정한 문맥을 파악할 수 있습니다.

제32조

교회의 법(규정)

우리는 또한 교회에서 감독자들(목사와 장로)을 선택하는 것이 (교회의) 모든 지체가 우리 구주 예수 그리스도의 가르침에서 빗나가지 못하도록 적절하게 다스리는 것이 어떤 것인지를 현명하게 논의하기 위한 수단이라고 믿는다. 이것은 교회에서 편의상 특별한 법(제도)을 만드는 것을 방해하는 것이 아니라, 오히려 더욱 편리하게 할 것이다.

[증거구절]
행 6:3, 14:23, 15:2, 24-28; 벧전 5:1-4; 고전 14:26, 33, 40.

제32조에서 다루고 있는 내용을 이해하기 전에 우리는 이 조항에서 언급하는 "감독"(지역순회감독, Superintendents)이라는 직무를 이해해야 합니다. 여기서 말하는 감독이란, 로마 가톨릭의 감독(주교직)처럼 전권(全權)을 행사하는 직분이 아니라 장로교 정치의 핵심인 "노회"(Presbytery)와 비슷한 기능을 감당하는 한시적 직분을 말합니다. 이러한 감독의 개념이 나중에 "노회"로 확실하게 안착한 것인데, 바로 이 노회의 기능에 의해 프랑스 신앙고백과 같이 장로주의 정체를 추구하는 개신교, 철저한 감독제를 시행하는 로마 가톨릭, 철저한 회중주의인 재세례파가 각각 특색이 달라지는 것입니다.

"감독"의 기능[291]

　1592년 스코틀랜드 의회의 의결로 스코틀랜드에서는 비로소 장로교 정치 제도의 핵심인 노회 정치가 가능해지면서 국가교회의 정치 형태로 발전하게 됩니다. 그에 반해 프랑스에서는 그러한 노회가 확립되기 전의 직제인 "지역순회감독"이 존재했습니다. 프랑스 신앙고백 제32조는 바로 지역순회감독제에 의한 교회의 법규를 언급하고 있습니다. 로마 가톨릭교회에서는 부주교(arch-deacons)나 주교의 보좌역(deans) 등이 주교관구에 속한 각 교구 사제의 삶과 행동을 감독하는, 일명 "주교의 눈" 역할을 해왔습니다. 지역순회감독제는 초기 개혁교회들이 로마 가톨릭교회에서 유래한 이런 제도를 완전히 바꾸지 않은 상태에서 치리회들이 서로 협조하는 기능을 하도록 만들어진 제도입니다. 특히 초기 제네바에서는 한두 명을 지역순회감독으로 임명하여 교구 내에 있는 여러 지교회를 정기적으로 순회하며 지도하는 임부를 부여했습니다. 즉, 그들이 교구 내에서 방문하는 여러 지교회의 담임목회자들이 신실하고 근면하게 목회 사역에 임하도록 행정권을 발휘하여 지도하게 한 것입니다.

　그러나 1559년, 프랑스에서는 지역순회감독제를 대신하는 "지역치리회"(The French Colloquy)가 조직되었습니다. 지역치리회는 1년에 2회씩 회집한 프랑스 지방대회(The Synodal Assembly)보다 좀 더 자주 모임을 가졌습니다. 그렇게 해서 지방대회가 열리지 않는 기간에 목사들이 일으키는 불법적인 지교회의 찬탈 문제를 처리할 수 있었습니다. 지방대회와 같이 지역치리회에도 그 지경(교구나 관구) 내의 목사 선출에 관여할 수 있는 권한을 갖게 하여, 지방대회(또는 지역대회)가 열리지 않는 기간의 행정 공백을 메우도록 한 것입니다. 이렇게 해서 지역순회감독 제도처럼 특정한 사람(감독)에게 위임된 권한이 점차 치리회에 옮겨지면서 로마 가톨릭교회의 감독 제도와 달리 주교나 감독이 전권을 행사하지 못하는 체제로 보완하였습니다. 즉 치리회를 구성하여 특정한 직분의 사람이 아닌 치리회를 통해 행정 문제를 처리한 것입니다.

"노회"의 기능[292]

맥그리거(Janet G. Macgregor)에 따르면, 당시 유럽의 개혁교회 중에서 현재 장로교 정치 체제와 같은 3심제의 상소(上訴) 제도를 운영하고 있는 곳은 오직 프랑스의 장로교회뿐이었습니다. 어느 지교회의 회원이 지교회의 당회(Kirk Session)에 문제를 제기했는데 그 판결에 만족할 수 없을 때는 지역대회를 주관하는 지역순회감독에게 상소할 수 있었고, 지역대회에서는 상소한 사건을 공적으로 심의하고 판결했습니다. 그러나 대회의 판결도 만족할 수 없다면, 총회로 상소하여 최종 판결을 받게 했습니다.[293] 바로 이러한 개혁교회의 상소법원 제도(The System of Reformed Ecclesiastical Appeal Courts)가 정착하여 오늘날과 같은 장로교 정치 체제를 이루게 된 것입니다.

프랑스의 교회 치리와 관련하여, 1559년 제1회 프랑스 국가대회는 "국가대회"가 치리 관련 규정을 변경할 권한을 가진다고 천명했습니다. 이것은 프랑스 국가대회가 프랑스 개혁(장로)교회의 입법권에서 최종 권위를 행사할 수 있다는 것을 보여줍니다. 1559년 프랑스 국가대회는 적어도 각 지역 또는 지방을 대표하는 목사 1명과 해당 지역 또는 지방의 지교회들의 치리회를 대표하는 장로와 집사로 구성되었고, 1571년 라 로셸 대회는 나바라의 앙리(Henry of Navarre)와 그의 가신들뿐 아니라 개신교 귀족들까지 참석하여 프랑스 개혁교회의 입법권을 행사했습니다. 그야말로 모든 치리회 대표가 함께 모인 가운데서 교회의 규정들을 발의하고 제정하는 형식이었던 것입니다. 특별히 세속권력의 수장과 관원까지 참석한 것을 보면, 애초 개신교로서 개혁을 단행하던 시기의 교회와 세속권세 또는 정부가 전혀 분리된 관계가 아니었음을 알 수 있습니다. 이러한 형식은 단순히 시대적인 정치 배경 때문이 아니라 분명한 신학적 근거에 따른 것입니다. 이 부분은 프랑스 신앙고백 제39조와 제40조에서 자세히 다루고 있습니다.

그러나 안타깝게도 프랑스의 개혁장로교회는 위그노가 몰락하면서 1571년 라 로셸 대회 이후 급격하게 쇠퇴하였습니다. 그러한 쇠퇴는 프랑스의 정치적 상황이 변하면서 로마 가톨릭에 영향을 받았기 때문입니다. 당시 프랑스의 정치 상황은 국내뿐 아니라 유럽의 국제 정세와도 맞물려 있었습니다. 특히 스페인이 강력하게 팽창하고 로마 가톨릭주의를 표방하면서 받은 영향, 로마 교구의 지속적인 정치 공세 등 프랑스는 복잡한 국면에 처해 있었습니다. 따라서 제32조에서 언급하고 있는 지역순회감독제가 노회로 온전히 정착하기가 어려웠습니다. 다만 이후 스코틀랜드의 장로교회가 정착하는 과정에서 노회 제도의 일면들을 상세하게 살펴볼 수 있기 때문에 지역순회감독의 기능이 어떻게 노회 제도로 연계되고 대체되었는지를 파악할 수 있습니다. 이를 통해 프랑스 신앙고백 제32조에서 언급하는 문구의 취지도 파악할 수 있습니다. 한마디로 지역순회감독이 맡던 행정적 기능이 노회의 기능으로 연계되었다가, 나중에는 순수하게 노회의 기능으로 대체되고 지역순회감독제는 폐지된 것입니다.

회의기구 가운데서의 교회의 법

교회의 권징과 관련하여 칼뱅은 이렇게 말했습니다.

> 권징의 첫 기초는 사적인 충고를 할 수 있는 공간을 마련하는 것이다. 즉 어느 교인이 그 의무를 기꺼이 다하지 않거나 불손한 행동을 하거나 점잖지 못한 생활을 하거나 비난받을 행동을 했을 때에, 그는 충고를 받을 용의가 있어야 한다. …… 특히 목사와 장로들이 깨어 있어서 이 일을 해야 한다. …… 만일 이런 충고를 완강하게 거부하거나 그 죄악을 계속함으로써 충고를 무시하는 태도를 보일 때에는, 그런 사람에 대해서는 증인들 앞에서 두 번째로 충고하며 그후에는 교회 재판소, 즉 '장로회'(consessus Seniorum)에 불러 공적 권위로 더욱 엄중하게 충고하라고 그리스도께서 명령하셨다.[294]

이처럼 개혁교회는 반드시 한 개인이 아니라 회(장로회)를 통해 법을 제정하고 적용(실행)하게 했습니다. 그러므로 프랑스 신앙고백 제32조에서 비록 지역순회감독의 임무와 기능을 인정하고 있더라도, 그것은 로마 가톨릭교회와 같이 한 사람의 감독(주교)이 행정을 주도한다는 의미가 아니라 반드시 회의기구를 통해 이뤄진다는 의미인 것입니다. 그런 의미에서 "교회에서 감독자들을 선택하는 것"이라며 감독을 복수로 언급한 것이고, "모든 지체가 우리 구주 예수 그리스도의 가르침에서 빗나가지 못하도록 적절하게 다스리는 것이 어떤 것인지를 현명하게 논의하기 위한 수단"이라는 문구로 회의체의 성격을 분명히 밝히고 있는 것입니다. 칼뱅은 교회에서 한 개인이 법을 집행해서는 안 된다는 견해를 일관되게 언급했습니다.

> 이 권한(장로회의 권한)은 한 사람이 잡고 마음대로 행사한 것이 아니라 장로회의 수중에 있었다. 장로회와 교회와의 관계는 시의회와 시와의 관계와 같았다.[295]

한편, 칼뱅은 고대 교회부터 한 개인이 법을 집행하지 않았다는 사실을 언급하면서 "키프리아누스는 당시에 이 권한을 행사한 사람들에 대해 언급할 때 대개 성직자 전체를 감독과 관련시켰다."고 하여 특정한 인물(로마 가톨릭의 주교)이 아니라 성직자 회가 감독의 기능을 했다고 말합니다. 또한 "그러나 다른 구절에서는, 성직자들이 다스린다는 것은 사실 심의에서 일반 신자들을 제외시킨다는 것이 아님을 밝혔다."고 하여, 1559년 프랑스 국가대회나 1571년 라 로셸 대회와 같은 성격으로 교회의 법이 제정되고 집행되었음을 알 수 있습니다. 그러나 "이 제도가 점점 원래의 상태에서 타락해서 벌써 암브로시우스 시대에는 성직자들만이 교회 재판에 참석했다."고 하는데, 칼뱅은 "공동체의 권한을 한 사람이 자기에게 옮기고 전횡의 길을 열며 교회에 속한 것을 강탈했을 뿐 아니라 그리스도의 영이 제정하신 회의를 억압하고 해산했다는 것은 심히 악한 비행이었다."[296]고 단언합니다.

우리는 프랑스 신앙고백 제32조에서 "이것은 교회에서 편의상 특별한 법(제도)을 만드는 것을 방해하는 것이 아니라, 오히려 더욱 편리하게 할 것이다"라는 문구의 의미도 이해해야 합니다. 1559년에 칼뱅이 총 35개 조로 초안한 프랑스 신앙고백 제28조에서는 "그러나 저들(지역순회감독)은 우리들의 주 예수로 말미암아 명령받는 것을 부정해서는 안 되며, 또한 그러한 일은 그렇게 하는 것이 편리할 때에는 각기 장소에 특별한 규칙이 있는 것을 방해하여서는 안 된다."[297]고 했습니다. 이 조항을 보면, 노회나 대회, 총회와 같은 장로회의 회의기구 운용은 규칙이나 정관을 제정하는 것과 같은 지교회의 자치적인 행정을 방해하려는 것이 아니라는 사실을 파악할 수 있습니다. 이와 달리 로마 가톨릭에서는 기본적으로 교회의 법률을 정하는 입법권이 교황에게 부여되며, 교황은 그 권한으로 모든 로마 가톨릭교회를 다스리고 지배하게 되어 있습니다. 따라서 로마 가톨릭의 입법권은 프랑스 신앙고백 제32조 내용과 정반대의 취지를 보이고 있는 것입니다.

한편, 우리는 극단적으로 정반대인 경우도 분별해야 합니다. 바로 개교회의 자치권을 지나치게 강조하는 재세례파입니다. 재세례파는 같은 개신교 진영이라 할지라도 장로회 제도처럼 상회 기구를 두는 것이 아니라, 철저히 개교회의 자치권을 주장합니다. 그러므로 회중 제도를 지지하는 재세례파의 기본 구조는 개교회의 문제를 항상 개교회에서 자체적으로 해결하게 하는 것입니다. 그런데 개교회의 문제를 개교회에서 자체적으로 해결하며 자체적으로만 규칙과 법을 제정할 경우, 오히려 개교회의 자치와 독립을 해칠 수도 있습니다. 즉 회중의 방종, 특정 집단 또는 개인의 일탈 때문에 사실상 교회에서 치리("모든 지체가 우리 구주 예수 그리스도의 가르침에서 빗나가지 못하도록 적절하게 다스리는 것")할 수 없는 일이 일어날 수 있는 것입니다. 아울러 각 "교회에서 편의상 특별한 법(제도)을 만드는 것"도 불가능해질 수 있습니다. 특히 교회에서 분쟁이 일어날 경우, 그것을 적절하게 판결하고 제도화하기가 어려워지게 됩니다(분쟁의 이해 당사자가 직접 관여되기 때문에). 따라서 프랑스 신앙고백 제32조에서 언급하는 지역순회감독의 기능과, 나중에 특히 스코틀랜드에서 정착한 "노회"

와 "대회", "총회"와 같은 상회 기구의 적절한 재판, 그리고 회의를 거친 입법을 통해서 개별 교회의 분쟁을 조정하고 편의를 위한 특별 제도를 제정하는 일을 확실하고 효과적으로 시행할 수 있는 것입니다.

이처럼 프랑스 신앙고백 제32조에서 언급하고 있는 교회 법규 관련 내용은 기본적으로 로마 가톨릭과 같이 수직적인 위계에서 개교회의 사안을 통제하려는 것이 아닙니다. 또한 재세례파를 비롯한 회중주의처럼 외부 간섭을 모두 배제하고 개교회 자체적으로만 모든 사안을 다루려는 것도 아닙니다. 오직 개교회의 사안을 효과적이고 명백하게 해결하고 세워가기 위한 것입니다. 즉 개교회를 가장 효과적으로 세워가기 위한 제반 사항을 교회 자체가 아닌 외부적인(객관적인) 장치를 통해 다루고자 한 것입니다. 여기서 각 "교회에서 편의상 특별한 법(제도)을 만드는 것"이란, 교회 회중이 편의상 만드는 법(제도)이라는 맥락 이전에 "모든 지체가 우리 구주 예수 그리스도의 가르침에서 빗나가지 못하도록 적절하게 다스리는"이라는 맥락을 말하는 것으로, 하나님의 법(성경의 법)에 근거하여 개교회가 온전히 서도록 객관적인 법(제도)을 제정한다는 의미입니다. 특히 이러한 맥락은 제33조 파문 조항에서 "양심의 자유"와 관련하여 살펴볼 수 있습니다.

제33조

파문

그러나 (파문과 관련하여) 우리는 하나님을 예배한다는 구실 아래 (사람들의) 양심을 속박하도록 도입한 모든 인간적 발상과 법(규칙)을 배격한다. 또한 (파문하는 경우는) 높은 자부터 낮은 자에 이르기까지 모든 자를 순종하고 화합하여 섬기는 것에 한정한다. 이 점에 관해서는 우리 구주 예수 그리스도께서 정하신 파문(권징)에서 살펴볼 수 있으며, 우리는 그것과 그 부속물에서 필요를 인식하여 그것을 기꺼이 승인하는 바다.

[증거구절]

마 15:9; 롬 16:17-18; 고전 3:11, 7:23; 갈 5:1; 마 18:15-18.

제32조에서 우리는 프랑스 신앙고백을 통해 표출된 개혁교회(장로주의 교회)의 기본적인 입법 원리와 법 집행이 "회의체"(장로회)에 의한 것임을 파악할 수 있었습니다. 회의체를 통해 개교회에 적용되는 법(제도)이 제정되고 집행(치리)되는 것은 개교회를 통제하려는 로마 가톨릭이나 철저히 개교회의 회중에 의해서 교회를 치리하는 회중주의(재세례파가 대표적)와 다른 것으로, "모든 지체가 우리 구주 예수 그리스도의 가르침에서 빗나가지 못하도록 적절하게 다스리는" 맥락에서 이뤄지는 것입니다.

이제 제33조에서는 제32조 원리를 바탕으로 하는 이유가 철저히 모든 회중을 하나님의 법에 예속시키기 위한 "양심의 자유"와 관련되었음을 다릅니다. 그러한 이유에서 한 사람 또는 소수의 목회자가 아니라 "장로회"(목사와 장로, 집사까지 포함된 회의체)에 의해 교회의 법이 제정되고 시행되게 한 것입니다.

양심의 자유

칼뱅은 어근을 통해 "양심"(conscience)을 이렇게 정의했습니다.

> 우리가 어떤 물건의 개념을 지성과 오성으로 파악할 때에 우리는 "안다"고 하며, 여기서 지식이라는 말이 생겼다. 마찬가지로 우리가 하나님의 판단을 마음으로 의식하며, 이 의식이 한 증인같이 붙어 있어서 우리가 우리의 죄를 감추는 것을 허락하지 않고 우리를 심판대 앞에서 고발할 때에 이 의식을 "양심"이라고 한다.[298]

아울러 "양심은 하나님과 인간 사이에 있는 일종의 매개물로서, 사람이 아는 것을 마음속에서 떨쳐버리지 못하게 하며 그 죄과를 인정할 때까지 추궁한다."[299]고 할 뿐 아니라 "바울도 이런 의미에서, 양심이 사람들의 증거가 되어 그 생각들이 하나님의 심판으로 혹은 송사하며 혹은 변명한다고 가르친다(롬 2:15-16)."고 했습니다.

이처럼 칼뱅은 인간에게 있는 양심을 하나님과 관련하여 설명합니다. 이에 따라 "선한 양심은 하나님을 경배하려는 활발한 열망이며 경건하고 거룩하게 살겠다는 성실한 의도라는 것을 가르친다."고 했습니다. 또한 양심이 하나님과 관련되기 때문에 하나님께서 제정하신 율법에 대해서도 "다른 사람들과는 상관없이 또는 다른 사람들을 전혀 고려하지 않고 다만 우리에게만 의무를 지울 때에 율법이 우리의 양심을 맨다."[300]고 설명합니다. 그러므로 칼뱅에게 양심은 철저히 하나님과 관련되며, 그런 만큼 "이 세상에 사람이 하나도 없더라도 나의 양심은 이 법을 지켜야 한다."는 결론이 나오는 것입니다. 또한 이러한 측면에서 "무절제한 행동을 하는 사람이 죄를 짓는다고 하는 것은 그의 형제에게 나쁜 본보기를 보이기 때문이 아니라 그의 양심이 하나님 앞에서 죄악감에 묶이기 때문"이라고 한 것입니다.

칼뱅은 고린도전서 10장 28-29절을 인용하여 양심이 진정한 자유를 누리게 되는 실질적인 예를 설명합니다. "누가 너희에게 이것이 제물이라 말하거든 알게 한 자와 및 양심을 위하여 먹지 말라"는 말씀을 통해서 "만일 신자가 미리 경고를 받고도 이런 고기를 먹는다면 그는 죄를 짓는 것이 된다. 그러나 하나님께서 명령하신 대로, 먹지 않는 것이 형제를 위해서 아무리 필요하다고 해도 먹지 않는 사람에게는 여전히 양심의 자유가 있다. 그러므로 이 법은 외면적인 행위만을 제재하고 양심의 자유는 침범하지 않는다."고 했습니다. 결국 성경의 율법은 신자들의 양심을 하나님 외에 어디에도 묶지 않으며, 그런 신자의 양심은 하나님 외에는 어디서나 자유롭다는 점을 설명해 줍니다.

인간의 제도와 법이 지니는 한계

신자의 양심에서 기본적으로 양심의 자유란, 하나님과 관련하여 하나님 외에 어디에도 예속되지 않는 것을 말합니다. 그러므로 프랑스 신앙고백 제33조에서 "우리는 하나님을 예배한다는 구실 아래 (사람들의) 양심을 속박하도록 도입한 모든 인간적 발상과 법(규칙)을 배격한다."고 한 것입니다.

프랑스 신앙고백 제33조의 이 문구는 "파문"(출교)과 관련됩니다. "모든 인간적 발상과 법(규칙)"이란 로마 가톨릭의 파문 규정을 일컫습니다. 그러나 칼뱅은 "만일 그런 법을 지키는 것 자체가 필요한 일인 듯이 우리의 양심에 짐을 지우기 위해서 정한 법이라면, 우리는 그런 짐은 불법이라고 말한다. 우리의 양심은 사람을 상대로 하지 않고 하나님을 상대로 하기 때문"[301]이라는 말을 통해 하나님만이 입법자이심을 명백히 밝히고 있습니다. 따라서 "위정자나 교회가 만든 인간의 법을 (선하고 공정한 법인 때에는) 지켜야 하지만 그 자체로는 양심을 구속하지 않는다. 법을 지켜야 한다는 의무는 그 일반적인 목적에 관련된 것이지 명령하신 내용에 있는 것이 아니기 때문"[302]이라고 한 것입니다.

이에 따라 칼뱅은 주께서 입법자의 영예를 자신만의 것으로 말씀하시는 이유를 두 가지로 설명했습니다. "첫째, 모든 의와 거룩의 완전한 표준은 하나님의 뜻에 있으며, 하나님을 알면 선한 생활을 완전히 알게 되[기]" 때문이며, "둘째로, (우리가 하나님을 바르고 합당하게 예배하는 방법을 구할 때에) 하나님만이 우리의 영혼에 대해서 권위를 가지셨고 우리는 하나님에게 순종해야 하며 하나님의 뜻을 섬겨야"[303] 하기 때문입니다. 칼뱅은 이 두 기준을 통해 인간이 제정한 모든 법을 분별해야 하며, 그렇게 해서 모든 과오를 면할 수 있다고 말합니다. 다만 인간이 만든 법이라도 마땅히 지켜야만 하는 경우에 관해서는 "(파문하는 경우는) 높은 자부터 낮은 자에 이르기까지 모든 자를 순종하고 화합하여 섬기는 것에 한정한다."는 프랑스 신앙고백 제33조 문구를 근거로 긍정할 수 있습니다. "만일 신자가 미리 경고를 받고도 이런 고기를 먹는다면 그는 죄를 짓는 것"이지만, "하나님께서 명령하신 대로, 먹지 않는 것이 형제를 위해서 아무리 필요하다고 해도 먹지 않는 사람에게는 여전히 양심의 자유가 있[는]" 것처럼 "모든 자를 순종하고 화합하여 섬기는 것에 한정"하여 적용하면서 인간이 제정하는 법을 지키도록 이해하게 될 때, "이 법은 외면적인 행위만을 제재하고 양심의 자유는 침범하지 않[음]"을 명백히 파악하고 그러한 법은 양심의 자유가 아니라 건덕을 위한 외면적인 행위로 스스로 제재하여 지킬 수 있는 것입니다.

또한 칼뱅은 갈라디아서 5장 1-12절과 골로새서 2장 16-23절 등의 말씀을 통해 "주를 어떻게 경배할 것인가 하는 데 대해서 주께서는 성실하고 충분하게 우리를 가르쳐주셨으므로, 하나님께 대한 진정한 예배법은 사람에게서 배우려고 할 것이 아니라고 하였다."[304]고 했습니다. 또한 "하나님의 사람을 그리스도 안에서 완전하게 만드는 지혜는 전부 복음에 포함"되었으므로 "우리는 하나님을 경배하기 위해서 지켜야 한다는 모든 법을 불경건한 것으로 생각해야 한다."고 하면서 예배와 관련한 로마 가톨릭의 모든 교회법을 배격했습니다. 아울러 "교회법의 목적이 다음의 두 가지 혹은 그중의 하나인 것, 즉 신자들의 성회에서는 모든 일이 적절하고 위엄 있게 행해지고, 또 인간의 공동체는 인간애와 절도의 유대로 질서를 유지해야 한다는 것을 기억한다면"[305] 불경건한 교회법과 올바른 교회 규정을 구별하는 표식을 알 수 있다고 했습니다. 결국 "법은 공공의 예절을 위해서 만든 것임을 깨달을 때, 인간의 조작으로 하나님께 대한 경배를 측정하려는 자들이 빠진 미신이 없어진다."는 것입니다.

양심의 자유에 따른 파문(출교)

칼뱅은 「기독교강요」(1559) 4권 제10장에서 입법권을 다루고 있습니다.

그중에서도 "거룩한 사물에 대한 경건한 생각을 조성하기 위해서 의식을 행할 때에 이러한 보조 수단에 의해서 우리의 경건한 마음이 고무되도록 하는 것이 예절의 한 목적"이라고 하면서, "첫째로 중요한 점은 책임자들은 훌륭하게 다스리는 법을 알아야 하고, 다스림을 받는 사람들은 하나님의 올바른 권징에 순종하는 습성이 있어야 한다는 것이다. 둘째로는, 질서 정연하게 교회를 세운 후에는 교회의 평화와 평온을 마련하라는 것이다."[306]라고 하여 질서를 위하는 것으로서 올바른 교회법을 다루고 있습니다.

이것을 바탕으로 제11장에서는 교회의 재판권과 교황 제도의 재판권 남용을 다룹니다. 특히 교회의 재판권에 대해 칼뱅은 "전적으로 도덕적 권징에 관한 것이며 …… 그러므로 이 재판권은 그 영적 제도를 유지하기 위해서 형성된 질서에 불과하다."[307]고 언급합니다. 그리고 "이 목적을 위하여 처음부터 교회에 재판소를 설립하고, 도덕적 문제에 대하여 견책을 하고 죄악을 조사하며 열쇠의 직책을 다하게 했다."고 했는데, 그러한 직책이 지니는 권한은 "마태복음 18장에서 그리스도께서 교회에 주신 열쇠에 전적으로 의존한다."[308]고 했습니다. 여기서 열쇠의 권세란 "진실로 너희에게 이르노니 무엇이든지 너희가 땅에서 매면 하늘에서도 매일 것이요 무엇이든지 땅에서 풀면 하늘에서도 풀리리라"(마 18:18)는 말씀에 근거한 "매고 푸는 권세"로, 이것은 "교회에 맡겨진 출교 규정에 관한 것"[309]이라고 했습니다.

칼뱅은 출교(또는 파문)에 관해 "교회는 출교시킨 사람에 대하여 구속력이 있다."고 했습니다. 이것은 "그를 영원한 멸망과 절망에 집어넣는다는 것이 아니라 그의 생활과 품행을 책망하며 회개하지 않으면 정죄를 받으리라고 항상 경고하기 때문"이라고 언급하면서, "교회는 공동체에 받아들이는 사람을 풀어"주는데 이것은 "예수 그리스도 안에서 교회가 연합에 참가하기 때문"이라고 말했습니다. 그러면서 "그러므로 교회의 판정을 완강하게 무시하거나 신자들의 투표에 의해서 정죄된 것을 중요시하지 않는 사람이 없도록, 주께서는 신자들에 의한 이런 판단이 주님 자신의 선고를 발표하는 것에 불과하며 신자들이 지상에서 판정하는 것은 무엇이든지 하늘에서도 그대로 인정된다고 확언하신다."는 말로 매고 푸는 권세를 설명했습니다. 마찬가지로 프랑스 신앙고백 제33조도 출교에 관하여 "이 점에 관해서는 우리 구주 예수 그리스도께서 정하신 파문(권징)에서 살펴볼 수 있으며, 우리는 그것과 그 부속물에서 필요를 인식하여 그것을 기꺼이 승인하는 바다."라고 했습니다. 칼뱅 역시 교회의 권징(주로 견책과 출교)을 언급하며 그 필요성을 설명했습니다.

> 권징은 그리스도의 교훈에 반대해서 날뛰는 사람들을 억제하며 길들이는 굴레와 같으며, 나태한 사람을 고무하는 자극과 같고, 더 깊은 타락에 빠진 사람들을 그리스도의 영의 온유함으로써 부드럽게 징벌하는 아버지의 매와 같다.[310]

칼뱅은 출교에 대해 "출교 당하는 사람들을 영원한 파멸과 멸망에 빠뜨리는 것이 아니라 그들의 품행과 생활이 비난을 받는 것을 듣고 만일 회개하지 않으면 영원한 정죄를 받으리란 것을 확신하게 만들려는 것이었다."[311]고 했습니다. 그러므로 "그가 돌아온다면 언제든지 화해와 교제의 회복이 그를 기다리고 있다. 그뿐 아니라 저주는 좀처럼 또는 결코 사용하지 않는다."고 하여, 출교는 교정 수단이지 결코 파멸을 선포하는 것이 아님을 분명하게 언급합니다. 아울러 "교회의 권징은 출교된 사람들과 친밀한 접촉을 가지는 것을 금지하지만 우리는 온갖 수단을 다해서 그들을 바른 생활로 돌이키며 교회에 돌아와서 함께 연합된 생활을 하도록 인도해야 한다."고 했습니다.

반면에 로마 가톨릭에서 출교(파문)는 최종적인 처벌과 저주의 성격이 강했습니다. 트리엔트 종교회의 제4차 회기(1546) 제1교령은 이렇게 말합니다.

> 만일 누가 가톨릭교회에서 예로부터 읽혀져 왔고 라틴어 불가타 고전본에 실려 있는 대로 이 책들 전체를 한 부분도 빠짐없이 거룩한 정전(정경)으로 받아들이지 않는다면, 그리고 앞서 언급한 전승(구약과 신약 정경 외 외경이 포함된 전승)을 고의로 업신여긴다면, 그는 파문받아야 한다.[312]

이때 파문이란 "아나테마"(anathema)로, "치유(medicinal)의 파문"이 아니라 "용서받지 못할 파문"(mortal excommunicatio)에 해당하는 저주의 파문입니다. 심지어 "자동 파문"(사실상의 파문[ipso facto excommunicatio])이라고 해서 교회법에 규정된 몇몇 죄목은 범죄에 대한 경고나 파문 절차가 생략되어 주교의 파문 선고가 없어도 범행을 저지른 사람을 자동적으로 파문할 수 있는 특이한 파문 제도까지 생겨나기도 했습니다. 이 제도는 고대 교회에 존재하지 않았던 것인데, 그만큼 로마 가톨릭의 파문은 교정 수단이기보다는 징벌과 파멸, 저주의 수단이었다는 데 근본적인 차이를 지니고 있었습니다.

THE FRENCH CONFESSION
OF FAITH 1559 & 1571

7부

성례

THE FRENCH CONFESSION
OF FAITH 1559 & 1571

제34조

성례의 시행

우리는 성례전이 말씀을 더 충분히 확신시켜주는 것, 즉 하나님의 은혜의 약속과 표가 된다고 믿는다. 이것은 매우 약하고 무지한 우리의 믿음을 돕고 위로하여 줄 수 있는 믿음의 도구로, 우리의 신앙고백에 대한 표지다. 하나님께서는 그의 성령을 통해 역사하시므로 우리에게 아무것도 헛되게 보여주지 않으신다. 그럼에도 우리는 성례전의 본체와 진리는 예수 그리스도 안에 있으며, 그에게서 분리될 경우, 연기와 그림자와 같다고 주장한다.

[증거구절]

창 17:9-10; 출 12:7, 13; 마 26:26-28, 28:19; 막 14:22-25; 눅 22:14-20; 행 2:37-38, 22:16; 롬 4:11; 고전 10:16, 11:24-25; 갈 3:27; 엡 5:26; 요 6:53, 63; 고전 5:7; 골 2:11-12, 17.

프랑스 신앙고백에서 말하는 "성례"란 "세례"와 "성찬"으로, 이 둘은 기본적으로 주께서 친히 시행하신(제정하신) 것입니다. 성경에 기록되었듯이, 주께서 친히 시행하셔서 제정된 세례와 성찬을 성례로 한다는 점에서 성례는 성경의 복음과 밀접하게 연관되어 있다는 것을 전제합니다. 반면에 로마 가톨릭의 성례는 일곱 가지(세례, 견신례, 성찬[미사], 고해성사, 종부성사, 결혼성사, 신품성사)인데, 이것은 성경이 아니라 로마 가톨릭교회의 전통에 따른 것으로 1439년 플로렌스 공의회(종교회의)에서 공식적으로 제정되었

습니다. 즉 로마 가톨릭교회의 성례관은 로마 가톨릭 공의회(종교회의)와 교회의 전통과 권위에 근거한 것입니다. 트리엔트 종교회의 제7차 회기(1547) 제1교령의 성사(De sacramentis)에 관한 서문도 "성경과 사도적 전승(전통)의 가르침과 다른 공의회들(예: 플로렌스 공의회_ 저자 주)과 교부들의 통일된 의견의 가르침을 따르면서 본 공의회는 다음과 같은 법규를 설정하고 명령하기로 하였다."[313]고 명시하고 있습니다.

"표징"으로 보는 성례

프랑스 신앙고백 제34조는 먼저 "성례전이 말씀을 더 충분히 확신시켜 주는 것, 즉 하나님의 은혜의 약속(또는 보증)과 표(tokens)"가 된다고 말합니다. "성례"를 뜻하는 라틴어 "Sacrament"는 헬라어 "뮈스테리온"을 번역한 것으로, 이 단어에 대해 칼뱅은 "비밀"이라는 뜻의 헬라어를 라틴어로 번역(불가타[Vulgata]역)하면서 "비밀이란 말을 쓰면 위대한 일을 낮추게 되는 듯해서 그 말을 피하려고 신성한 일에 관계된 '비밀'을 'Sacrament'라고 번역했다."[314]고 설명합니다. 또한 "라틴 사람들이 'Sacrament'라고 한 것을 헬라 사람들은 'mysteries'라고 했다는 것은 잘 알려진 사실"이라면서 두 단어가 전혀 다른 뜻을 지닌 것은 아니라고 말합니다. "그래서 숭고하고 영적인 사물을 경건하게 나타내는 표징들에도 이 말을 사용하게 되었다."는 것입니다.

칼뱅에 따르면 표징으로 본 성례는 "선행(先行)하는 약속이 있으며, 성례는 이 약속에 붙인 부록과 같"습니다. 아울러 "그 목적은 그 약속을 확인하고 인 치며 우리에게 더욱 분명하게 깨닫게 하며 말하자면 비준하는 것"입니다. 그러므로 약속과 관련해서 성례는 하나님 말씀과 밀접하게 연관되어 있는데, 이에 대해서도 칼뱅은 "성례는 하나님의 거룩한 말씀을 확인하기 위해서 필요하다기보다는 그 말씀에 대한 우리의 믿음을 확립하기 위해서 필요하다."[315]고 했습니다. 이어서 그는 이렇게 설명합니다.

> 하나님의 진리는 그 자체만으로 확고부동하며, 자체 이외에서 더 훌륭한 확인을 받을 수는 없다. 그러나 우리의 믿음은 연약해서, 각종 수단을 사용하여 사방으로 붙들어주고 받쳐주지 않으면 떨리고 흔들리며 비틀거리다가 결국은 무너지고 만다. 그래서 우리의 자비하신 주께서는 그 무한하신 자비로 우리의 능력에 자신을 적응시키며, 우리가 항상 땅에 붙어 기어 다니고 육에 붙어 떨어지지 않으며 영적인 일은 조금도 생각하지 않고 상상조차 하지 못하므로 하나님께서는 자신을 낮추셔서 이런 땅에 붙은 것까지 이용해서 우리를 자신에게로 인도하시며 육에 있는 우리 앞에 영적인 복의 거울을 두신다.

프랑스 신앙고백 제34조에도 이 내용이 그대로 반영되어 "이것은 매우 약하고 무지한 우리의 믿음을 돕고 위로하여 줄 수 있는 믿음의 도구로, 우리의 신앙고백에 대한 표지다. 하나님께서는 그의 성령을 통해 역사하시므로 우리에게 아무것도 헛되게 보여주지 않으신다."고 고백하는 것입니다.

"실체"로 보는 로마 가톨릭의 성례(성사)

칼뱅은 로마 가톨릭의 "축성경"(the formula of consecration, 사제가 라틴어로 소리 내어 성경구절을 읽는 것)을 이렇게 비판했습니다.

그들은 신부(사제)가 축성경을 중얼거리는 동안 신자들은 아무 뜻도 몰라도 멍하니 보고만 있으면 된다고 생각했다. 사실 그들은 신자들이 말씀에서 교리에 관한 것을 조금도 얻지 못하도록 의식적으로 노력하며, 배우지 못한 사람들 사이에서 모든 것을 라틴어로 말했다. 후에는 미신이 팽창해서, 그들은 잘 들리지도 않는 목쉰 소리로 속삭여야만 축성이 잘 된다고 믿게 되었다.[316]

이것은 "말씀을 더 충분히 확신시켜주는" 성례의 표징에서 구체적으로 말씀이 무엇을 의미하는지, 그리고 기능이 무엇인지에 대해 중요한 논점을 설명합니다. 즉, 성례가 말씀을 더 충분히 확신시켜주는 것은 단순히 말씀을 듣는 것 자체(음성 또는 소리로 들음)를 강조하는 것이 아니라 말씀을 이해하며 듣는 것을 강조하는 것으로, 그럴 때 성례가 효과적인 확신의 표징이 된다는 것입니다. 그러므로 칼뱅은 이것을 가리켜 "그것은 그 말씀을 선포할 때 보이는 표징의 뜻을 우리로 하여금 깨닫게 하는 것이다."라고 언급했습니다.

그러나 프랑스 신앙고백이 나올 당시에도 로마 가톨릭은 성례를 철저히 오용하고 있었습니다. 특히 종교개혁에 대한 반동 종교개혁(Counter Reformation or Catholic Reformation)적 성향으로 모인 트리엔트 종교회의 제7차 회기의 성사 일반에 관한 법규(*Canones de sacramentis genere*) 4, 6, 7, 8항은 다음과 같습니다.

4항 만일 누가 새로운 법의 성사들은 구원에 필요한 것이 아니라 무의미한 것이고, 이 성사들 없이 혹은 이 성사들을 받을 원의(공로적 의) 없이 오직 믿음만으로 인간은 하느님으로부터 의화(칭의) 은총을 얻을 수 있다고 주장한다면, 그는 파문받아야 한다(*anathema sit*).

6항 만일 누가 새로운 법의 성사들은 그것들이 표시하는 은총을 보유하고 있지 않다고 주장하거나, 마치 성사들은 은총의 외적 상징이거나, 신앙으로 인해 이미 받은 은총이나 의로움의 외적 표징이요, 비신자와 신자를 구분하게 하는 표시, 즉 그리스도인임을 드러내는 단순한 표시에 지나지 않기 때문에, 성사에 장애가 없는 자들에게도 은총 자체가 부여되는 것은 아니라고 주장한다면, 그는 파문받아야 한다(*anathema sit*).

7항 만일 누가 은총은 하느님께 달려 있기 때문에 이 성사들을 온당한 방법으로 받는다 하더라도 언제나 그리고 모든 이에게 은총이 주어지는 게 아니라 때때로 몇몇 사람들에게만 주어진다고 주장한다면, 그는 파문받아야 한다(*anathema sit*).

8항 만일 누가 새로운 법의 성사들로는 은총이 사효적(事效的)으로 주어지지 않고, 은총을 얻기 위해서는 하느님의 약속에 대한 믿음만으로 충분하다고 주장한다면, 그는 파문받아야 한다(*anathema sit*).[317]

이렇듯 로마 가톨릭은 프랑스 신앙고백에서 표징(表徵)으로 보는 성례관을 전혀 인정하지 않을 뿐 아니라 심지어 용서받을 수 없는 파멸인 "아나테마"의 파문에 해당한다고 규정하고 있습니다. 이러한 로마 가톨릭의 성례관은 한마디로 성례를 "실체"로 보는 관점으로, 성사 자체에 은총의 실체가 담겨 있다고 봅니다. 따라서 로마 가톨릭에서는 구원받기 위해 반드시 성례를 시행해야 하며, 이에 따라 성례를 시행하는 사제(신부)의 권위도 필연적인 것입니다.

성례의 "본체"에 대하여

프랑스 신앙고백은 성례에 대해 "하나님께서는 그의 성령을 통해 역사하시므로 우리에게 아무것도 헛되게 보여주지 않으신다."고 말합니다. 이와 관련해서 칼뱅은 "성례에 어떤 비밀한 힘이 영구히 내재해서 그 자체만으로서 믿음을 증진하거나 강화한다는 것이 아니다."[318]라며 성례를 실체로 보는 로마 가톨릭의 성례관을 명백히 부인하고 있습니다.

물론 성례 자체에 실체로서 비밀한 힘이 영구히 내재하는 것은 아니지만, 성례가 믿음을 증진하거나 강화하며 헛되이 돌아가지 않게 하려면 실제적인 요인이 반드시 필요합니다. 프랑스 신앙고백은 그것을 "하나님께서 그의 성령을 통해 역사하심"이라고 말합니다. 칼뱅은 이에 대해 "성례가 그 임무를 올바르게 수행하려면 반드시 저 내적 교사인 성령께서 오셔야 한다. 성령의 힘이 아니면 마음속에 침투하고 감정을 움직이며 우리의 영혼을 열어서 성례가 들어오게 할 수 없다."고 말합니다. 그리고 더 구체적으로 "나는 성령과 성례를 구별해서, 역사하는 힘은 전자(성령)에 있고 후자(성례)에는 그 임무만을 남긴다. 이 임무는 성령의 역사가 없으면 내용이 없고 빈약한 것이 되지만 성령이 그 속에서 역사하며 힘을 나타내실 때에는 위대한 효력을 발휘한다."고 설명합니다. 이처럼 칼뱅은 성령의 역사하는 힘이 없으면 성례는 사실상 우리에게 아무런 유익이 되지 못한다고 설명하며, 프랑스 신앙고백도 그런 의미에서 "하나님께서 그의 성령을 통해 역사하심"이라고 고백하는 것입니다.

무엇보다 프랑스 신앙고백은 "그럼에도 우리는 성례전의 본체와 진리는 예수 그리스도 안에 있으며, 그에게서 분리될 경우, 연기와 그림자와 같다고 주장한다."고 고백합니다. 칼뱅도 "사크라멘툼"(sacramentum)의 뜻과 관련하여 비슷하게 말했습니다.

> 군인이 자기의 사령관에게 충성을 맹세하는 행동이었는데, 고대인들은 사령관이 군인들을 입대시키는 행동으로 만들었다. 즉 주께서는 "사크라멘타"(사크라멘툼의 복수형_ 옮긴이)에 의해서 우리의 하나님이 되시고 우리는 그의 백성이 되리라고 약속하신다(겔 37:27; 고후 6:16).[319]

더욱이 칼뱅은 성례를 본체와 표징으로 구별하여 "모든 성례의 본체 또는 실체는 그리스도"[320]라고 하면서 "성례는 오직 그리스도 안에서만 견고성을 지니며 그를 떠나서는 성례는 아무것도 약속하지 않는다. 그러므로 의와 구원의 일부분에 지나지 않는 성례를 의와 구원의 원인이라고 유식한 주장을 하는 페트루스 롬바르두스(Petrus Lombardus, 1095-1160)의 오류는 더욱 용인할 수 없다."고 단언했습니다. 또한 "우리가 성례의 도움을 받아 그리스도에 대한 진정한 지식을 배양, 강화, 증진시키며, 그를 더욱 완전히 소유하고 그의 풍부한 은혜를 즐기게 되는 것과 정비례해서 성례가 우리들 사이에서 효과를 나타낸다."고 했는데 "그러나 그렇게 되려면 우리는 성례가 제시하는 것을 진정한 믿음으로 받아들여야 한다."고 말합니다.

그러나 이미 언급했듯이 로마 가톨릭의 트리엔트 종교회의 제7차 회기의 성사 일반에 관한 법규 7, 8항을 보면 프랑스 신앙고백과 칼뱅의 고백을 전적으로 부정하고 있습니다. 그렇게 해서 그들은 성례의 실제적인 효력이 그것을 시행하는 사제와 받는 신자의 경건과 선택에 달려 있다고 주장하는, 정반대 견해를 취하고 있는 것입니다.

사실 "우리는 성례전의 본체와 진리는 예수 그리스도 안에 있으며, 그에게서 분리될 경우, 연기와 그림자와 같다고 주장한다."는 프랑스 신앙고백 제34조 고백은 성례의 실제적인 효력이 그것을 시행하는 사제와 받는 신자의 경건과 선택에 달려 있다는 주장과 전혀 반대되지만, 아울러 불경건한 자일지라도 성례에 참여하는 것으로 어떤 유익을 받을 수 있다는 주장에도 반대하는 것입니다. 그래서 칼뱅은 "만일 우리가 육적으로 받는다면 그것(성례)은 여전히 영적이지만 그것이 우리에게는 그렇지 못하다."고 한 아우구스티누스의 말을 인용하여 성례를 그 실체인 그리스도에게서 분리한다면 무가치해진다면서 성례의 본체와 외적인 표징을 구별했습니다. 아울러 칼뱅은 "표징을 본체처럼 받는 것이 노예적인 연약함의 특색인 것과 같이 표징에 무익한 해석을 붙이는 것은 바른 길을 떠난 오류의 특색"[321]이라고 말했습니다. 그러면서 아우구스티누스가 말한 두 가지 과오, 즉 "표징을 받을 때 그것을 주신 것은 무의미한 일이었다는 태도를 취하며, 우리의 반대로 그 비밀한 뜻을 소멸시키거나 약화시킴으로써 표징이 우리에게 대해서 전혀 결실이 없게 만드는" 과오와 "우리의 마음을 보이는 표징보다 더 높이 비약시키지 않고, 그리스도만이 우리에게 주실 수 있는 유익을 표징에서 오는 것인 양 돌려버리는" 과오를 언급하여 "외적인 표징이 우리를 그리스도에게 유인해 간다면 그 도움으로 우리는 유익을 얻지만, 표징의 방향을 다른 쪽으로 돌린다면 그 가치는 부끄럽게도 완전히 말살되는 것"이라고 설명합니다.

결국 "성례는 하나님 말씀과 같은 직책, 즉 우리에게 그리스도를 제시하며 그의 안에서 하늘 은혜의 보고를 제시하는 직책을 가졌다는 것을 확정된 원칙으로 생각해야" 하며, 그렇지만 "성례는 믿음으로 받지 않으면 아무것도 아닌" 것이라는 점에서 트리엔트 종교회의의 법규와는 완전하게 다른 신앙으로 성례를 고백하는 것입니다. 그렇기 때문에 우리의 성례에서는 말씀 가운데 예수 그리스도를 정확하고 분명하게 이해하고 깨닫게 하시는 성령의 역사하심(이러한 성령의 역사는 로마 가톨릭처럼 성례를 마술과 같이 생각하는 방식이 결코 아닙니다)이 매우 중요한 것입니다.

이러한 의미에서 칼뱅은 "그리스도께서 더욱 완전하게 계시될수록 성례는 더욱 분명하게 그리스도를 우리에게 제시한다."[322]고 했습니다. 뿐만 아니라 "고대의(구약의) 성례들은 현대의 성례전들과 똑같은 목적을 위한 것이었다."[323]고 했는데, "다만 한 가지 차이점이 있다면, 고대의 성례들은 그리스도를 아직 기다리고 있었을 동안에 어렴풋이 그를 예시했고, 현재의 성례는 이미 임재하셨던 그리스도를 확증한다는 것"이라고 하여 같은 맥락과 차이를 두고 있음을 분명하게 언급했습니다. 구체적으로 "아브라함과 그의 후손들에게는 할례를(창 17:10) 명하셨고"[324] 그후 한참 뒤인 레위기 1-10장에서는 "희생과 다른 의식들이 첨가되었[으며]", 레위기 11-15장에서는 "모세의 율법에서 (여러) 결례"가 첨가되었는데, "이런 것들은 그리스도께서 오실 때까지 (구약 시대의) 유대인들의 성례"였다고 설명하고 있습니다. 그러나 이러한 구약의 성례들은 그리스도께서 오신 다음에 더욱 완전하게 계시되었으니, "세례는 우리가 깨끗하게 씻음을 받았다는 것을 우리에게 확증하며, 성만찬은 우리가 구속을 얻었다는 것을 확증하는",[325] 완전하게 계시된 신약의 성례이자 현대까지 이르는 성례인 것입니다. 그것은 "성례전의 본체와 진리는 예수 그리스도 안에" 있다는 프랑스 신앙고백 문구와 전적으로 일치하는 것으로, 그리스도께서 "물과 피로" 임하셨으니(요일 5:6), "곧 씻으며 구속하시기 위해서 오신 것"입니다. 그리고 "증언하는 이가 셋이니 성령과 물과 피라 또한 이 셋이 합하여 하나이니라"(요일 5:7-8)는 말씀처럼 "물과 피는 깨끗하게 하며 구속하는 증거"인데, 칼뱅에 따르면 "가장 중요한 증거인 성령은 이런 증거를 우리가 확신하게 만드시는" 분이며 "이 숭고한 신비는 그리스도의 거룩한 옆구리에서 물과 피가 흘러나온 때에(요 19:34) 그리스도의 십자가에서 우리에게 훌륭하게 제시되었[던]" 것입니다. 따라서 칼뱅은 아우구스티누스의 말을 인용하여 "십자가를 우리의 성례의 원천"이라고 설명하고 있습니다.

칼뱅이 「기독교강요」(1559)에서 설명한 것처럼 프랑스 신앙고백 제34조는 트리엔트 종교회의 제7차 회기의 성사 일반에 관한 법규 7, 8항뿐 아니라, 4, 6항을 포함한 로마 가톨릭 성사에 관한 견해와 법규를 전반적으로 반박하고 있습니다. 한마디로 프랑스 신앙고백 제34조는 로마 가톨릭의 성사 일반에 관한 주장 전체에 대한 종교개혁의 답변인 것입니다.

제35조

세례

우리는 모든 교회에 공통되는 두 가지 성례전만 인정한다. 먼저 우리에게 양자 됨을 증명해 주는 세례다. 세례로 우리는 그리스도의 몸에 접붙임 받고, 그의 피로 깨끗하게 씻기며, 나중에는 그의 영(성령)으로 거룩한 생명을 얻어 중생하기 때문이다. 우리는 한 번 세례를 받지만, 그것으로 우리가 받는 은혜는 우리의 전 생애로 확대되며, 예수 그리스도께서는 항상 우리의 의와 성화의 영구한 보증이 되신다. 세례식은 믿음과 회개의 의식이지만, 우리는 믿는 부모에게서 태어난 어린 영아에게도 예수 그리스도의 권위로 세례할 것을 주장한다. 하나님께서는 자녀들을 그 부모와 함께 교회의 회원으로 여기시기 때문이다.

[증거구절]

행 2:38, 22:16; 롬 6:3-5; 고전 6:11; 딛 3:5-6; 마 3:11-12; 막 16:16; 창 17:11-12; 마 19:14; 행 2:39; 고전 7:14; 골 2:11-12.

프랑스 신앙고백 제34조에서 우리는 "성례전의 본체와 진리는 예수 그리스도 안에 있으며, 그에게서 분리될 경우, 연기와 그림자와 같다."고 고백했습니다. 그리스도는 말씀을 통해 계시되며, 말씀을 통해 그리스도께서 계시되는 만큼 성례의 유익이 크다는 사실을 알았습니다. 바로 그러한 이해(앎)를 바탕으로 "세례"가 우리의 양자 됨을 증명해 주는 것도 확신할 수 있습니다.

그런데 프랑스 신앙고백이 작성된 시대에는 세례를 오해하는 경우가 많았습니다. 세례 자체를 구원과 관련한 실체이자 필연(必然)으로 보는 로마 가톨릭교회의 교리나, 그와 달리 세례 시행 자체에 아무런 표징의 의미도 두지 않고 신자의 신앙만 전적으로 강조하는 재세례파의 교리가 대표적인 경우입니다. 칼뱅과 프랑스 신앙고백은 세례에 대해 이 두 가지 오해와는 전적으로 다른 이해(바른 교리)가 무엇인지를 명확히 고백하고 있습니다.

로마 가톨릭의 세례

로마 가톨릭의 트리엔트 종교회의 제7차 회기 제1교령은 성사(성례)에 대해 "온갖 참된 의로움은 성사를 통해서 시작되고, 이미 시작된 것은 성사를 통해서 증진되며, 혹시 그 의로움을 상실한 경우에는 성사를 통해 회복된다."[326]고 했습니다. 이에 따라 로마 가톨릭의 성례는 세례와 성찬 말고도 다섯 가지(견진, 고해, 종부, 신품, 혼인성사)를 더 주장합니다. 즉 세례로 시작하여 견진으로 증진(강화)되며, 고해를 통해 회복될 뿐 아니라, 종부성사를 통해 육체의 질병이 회복되는 체계를 이루고 있는 것입니다. 한마디로 신앙의 전 과정(신앙의 시작, 증진, 회복)에 걸쳐 성사가 유효하게 시행된다고 보고 있습니다. 로마 가톨릭에서 그렇게 주장하는 것은 각 성사 자체에 그것이 표시하는 은총이 담겨 있다고 보기 때문입니다. 즉 성사에 그 성사가 나타내는 실체적인 효력이 내포되어 있다고 여기는 것입니다.

이에 따라 "세례성사"(*baptismi*)에서 사용하는 물을 "참된 자연수(自然水, *aquam veram et naturalem*)"[327]라고 부르며, 그 자체가 정결하게 하는 효력을 지닌 세례의 필수 요소라고 주장합니다. 특별히 세례는 로마 가톨릭의 일곱 가지 성례 가운데 원죄(아담의 죄) 상태를 사하는 것으로, 원죄와 관련하여 "죄의 진정한 그리고 본연의 본질을 이루는 모든 것이 제거되는 것"[328]이라고 여깁니다. 세례를 통해 죄(원죄, 곧 아담의 죄)의 진정한 그리고 본연의 본질을 이루는 모든 것이 제거되는 것에 대해, 트리엔트 종교회의 제5차 회기 원죄에 관한 교령 5항은 이렇게 언급했습니다.

> 세례를 통하여 진정으로 그리스도와 함께 죽음에 묻힌 이들, "육체를 따라 살지 않고" 낡은 인간을 벗어버리고 하느님의 모상으로 창조된 새 인간으로 갈아입음으로써 죄 없고, 흠 없고, 결백하고, 올바르고, 하느님의 사랑스러운 자녀, 즉 "하느님의 상속자로서 그리스도와 함께 상속을 받을 자"가 되어서 하늘나라에 들어가는 데에 아무런 방해거리가 없는 사람들에게는 결코 어떤 단죄도 없기에, 하느님은 거듭 태어난 이들에게서 아무것도 미워하시지 않기 때문이다.

한편, 로마 가톨릭의 교리에 따르면 신앙에서 세례성사 자체는 필연적입니다. 트리엔트 종교회의 제5차 회기의 원죄에 관한 교령 3항은 "예수 그리스도의 이 공로("당신의 피로써 우리를 하느님과 화해시키시고 '우리의 정의와 거룩함과 해방이 되신' 유일한 중개자 우리 주 예수 그리스도의 공로")가 교회의 형식에 따라 적법하게 집전된 세례성사를 통해 어른들과 아이들에게 부여된다."[329]고 보고 있습니다. 이에 따라 4항에서는 "모태에서 갓 태어난 유아들은, 비록 그들이 세례 받은 부모에게서 태어났더라도 반드시 세례를 받아야 한다."[330]고 보는 것입니다. 트리엔트 종교회의 제7차 회기의 세례성사에 관한 법규 2, 6, 7항은, "만일 누가 세례에 참된 자연수(自然水)

가 필수 요소는 아니며, 그러므로 물과 성령으로 새로 나지 않으면"이라는 우리 주 예수 그리스도의 말씀이 은유에서 나왔다고 왜곡해서 주장하거나, 세례 받은 자는 (신앙을 포기하는 경우를 제외하고는) 그가 원해서 죄를 지었을지라도 그 죄 때문에 은총 지위를 잃을 수는 없다고 주장하거나, 세례 받은 자는 세례 자체로 인해 신앙의 의무만 가질 뿐 그리스도의 법을 전부 준수할 의무를 갖는 것은 아니라고 주장하는 경우 등에 대해 파문, 그것도 용서받을 수 없는 아나테마의 파문을 받아야 한다고 규정하고 있습니다.[331]

재세례파의 세례

로마 가톨릭의 교리가 세례를 필연적인 것으로 보고 세례성사 자체, 특별히 세례성사에 사용하는 물(참된 자연수) 자체에 원죄를 정결하게 하는 효력을 필수 요소로 지녔다고 보는 것과 정반대로 재세례파는 신자의 믿음에 근거해서만 세례가 효과적이라고 보고 있습니다. 재세례파의 신앙고백인 슐라이타임 신앙고백 제1조에는 재세례파가 세례에 관하여 합의한 신앙고백이 다음과 같이 서술되어 있습니다.

> 세례는 회개와 삶의 개선을 알며 자기들의 죄가 그리스도에 의하여 참으로 제거된 줄을 믿는 사람과, 또한 예수 그리스도의 부활에서 살며 그와 같이 죽어서 같이 묻혀 그와 함께 부활하기를 바라고, 이러한 회의를 느껴서 우리에게 세례를 받고자 자발적으로 요청하는 모든 사람들에게 베풀어지는 것이다. 이것은 모든 유아세례를 배제한다. 유아세례는 교황의 최고 및 주요 치욕이다. 세례에 관해서는 사도들의

토대와 증언을 가지고 있다. 이 교리를 우리는 단순하게, 그러면서도 견고하게 그리고 확신을 가지고 견지하려 한다.[332]

로마 가톨릭의 교리와 달리 재세례파는 유아세례가 성경에 근거하지 않으며 심지어 교황에게서 기원한 조작된 미신으로, 원래의 순수한 신약 교회에서도 인정하지 않은 제도라고 주장했습니다.[333] 유아세례를 부정하는 것을 통해 재세례파는 스스로 세례 받길 원해야 하며 신앙고백과 회개 가운데서만 세례를 시행해야 한다는 것을 주장하고자 한 것입니다. 따라서 자원할 수 없고 신앙을 고백하거나 회개할 수도 없는 유아에게 세례는 전혀 합당하지 않은 것입니다. 이러한 재세례파의 교리에서 그들의 성례관을 알 수 있는데, 성례의 모든 본질은 성례 자체가 아니라 신자 자신의 믿음, 즉 회개와 신앙고백, 자원하는 마음에 있다고 보는 것입니다.

재세례파의 성례관과 세례에 대한 견해는 죄 사함과 의롭게 됨(의화 또는 칭의)의 문제를 사제의 권위나 그에 의해 시행되는 예식 자체, 그리고 신자 자신의 공로에 두는 로마 가톨릭의 견해에 반대하면서도, 중요한 본질에서 보자면 죄 사함과 의롭게 됨의 문제를 신자 자신의 믿음(신앙)에 둔다는 점에서 로마 가톨릭과 일치하기도 합니다. 즉 "세례는 회개와 삶의 개선을 알며 자기들의 죄가 그리스도에 의하여 참으로 제거된 줄을 믿는 사람과, 또한 예수 그리스도의 부활에서 살며 그와 같이 죽어서 같이 묻혀 그와 함께 부활하기를 바라고, 이러한 회의를 느껴서 우리에게 세례를 받고자 자발적으로 요청하는 모든 사람들에게 베풀어지는 것"이라는 슐라이타임 신앙고백에서 "…… 알며 …… 믿는 사람과 …… 바라고 …… 요청하는 ……"이라는 말들은 분명 인간의 자유의지를 인정하여 신자가 구원받는 원인을 (일부든 전부든 간에) 신자 자신의 믿음에 두고 있습니다. 즉 재세례파의 세례의 바탕은 철저히 구원에 대한 신자의 지식과 믿음, 의지에 근거하는 것입니다.

한편, 재세례파는 성인 세례와 신자들의 세례를 주장하는 강력한 근거로 "너희는 가서 모든 민족을 제자로 삼아 아버지와 아들과 성령의 이름으로 세례를 베풀고"(마 28:19)라는 말씀과 "믿고 세례를 받는 사람은 구원을 얻을 것이요"(막 16:16)라는 말씀을 내세웁니다. 칼뱅은 그의 「재세례파 논박」에서 이에 대해 반박했습니다.

> 터키인이든 유대인이든 어느 이교도이든 할 것 없이, 그리스도 교회 밖에 어떤 사람이 있을 때, 그를 그리스도인이 되게 하기 위해서 세례로 시작해서는 안 되며, 오히려 그에게서 세례주기 전에 그를 가르쳐야 한다. …… 사람이 세례를 통해 교회 공동체에 받아질 뿐만 아니라 세례 안에서 하나님이 그를 그의 자녀 가운데 하나로 인정한다는 증명을 갖기 때문에, 가르침(세례문답 교육)이 앞서야 하는 것은 의심의 여지가 없다. …… 그러나 그의(세례 받은 신자의) 자녀들의 경우, 그들은 그가 받은 교리에 기초하여 세례를 받는 바, 그 교리는 하나님이 자신뿐만 아니라 그의 자녀의 구주이심을 포함한다. …… 그리스도인들의 자녀들이 세례 받는 기초 교리는 그 자녀들과 관계하는 것이 아니라, 그들의 부모들 및 모든 교회와 관계한다. 따라서 자녀들에게는 그들이 이 징표를 받기 전에 그것을 이해하는 것(세례문답 교육)이 요구되지 않는다.[334]

칼뱅은 창세기 17장 7절과 21장 12절 등을 근거로 "하나님께서 아브라함에게 할례의 징표를 주시기 전에 그에게 믿음과 회개의 교리를 가르치신 것은 사실이다. 하지만 일단 그를 자신의 교회로 받아들이고 난 뒤, 그의 후손이 그런 은혜에 참여하는 것으로 정하셨다. 이런 식으로 이삭과 다른 모든 계승자들은 어려서부터 할례를 받았다."[335]고 제시합니다. 이를 통해 우리는 세례에 대한 칼뱅의 관점이 사제(또는 세례성사 자체)나 신자의 믿음이 아니라, 철저히 하나님의 언약에 있음을 알 수 있습니다. 그러한 의미에서 제35조에 "세례로 우리는 그리스도의 몸에 접붙임 받고, 그의 피로 깨끗하게 씻기며, 나중에는 그의 영(성령)으로 거룩한 생명을 얻어 중생하기 때문"이라는 문구가 설명구로 포함되어 있는 것입니다.

프랑스 신앙고백의 세례

프랑스 신앙고백 제35조는 먼저 "모든 교회에 공통되는 두 가지 성례전만 인정"한다고 합니다. 이것은 로마 가톨릭의 일곱 성례를 반대한다는 의미로, 성경에 예수께서 제정하신 것 외에 로마 가톨릭의 권위와 전통에 근거하여 제정된 다른 모든 예식(성사)을 부정한다는 고백입니다. 신앙의 전 과정(신앙의 시작, 증진, 회복)에 각 성례(신앙을 시작하기 위한 세례성사, 신앙을 증진하기 위한 견진성사, 세례 이후 죄를 용서받고 신앙을 회복하기 위한 고해성사, 병자가 회복되기 위한 종부성사 등)가 필요한 것이 아니라, 성경에 언급된 오직 두 가지 성례를 통해서 신앙의 전 과정에 은혜가 공급된다는 것입니다. 프랑스 신앙고백 제35조는 세례를 언급하면서 "우리는 한 번 세례를 받지만, 그것으로 우리가 받는 은혜는 우리의 전 생애로 확대"된다고 고백합니다. 즉 신자는 일생 동안 각 필요에 따라 여러 성례를 통해 은혜를 각각 공급받는 것이 아니라, 세례를 통해 일생 동안 은혜를 공급받는다는 증거를 얻는 것입니다.[336]

로마 가톨릭 교리는 모든 은혜의 근거를 성사(성례)로 제한합니다. 특히 트리엔트 종교회의 제6차 회기의 의화(칭의)에 관한 교령 7장은 의화의 원인을 목적인, 동력인, 공로인, 도구인, 형상인으로 분류하여 각각 하느님과 그리스도의 영광과 영원한 생명, 성령과 하나님의 자비, 독생 성자 예수 그리스도, 세례성사, 하나님의 정의라고 명하면서, 도구인인 세례성사에 의해 필연적으로 신자의 의가 부여된다고 말합니다.[337] 반면에 재세례파는 세례의 의미를 지나치게 낮추어서 세례를 통해 이뤄지는 의와 구원 등이 신자의 회개와 신앙고백과 결단에 달렸다고 정의합니다.

그에 반해 프랑스 신앙고백은 세례를 통해 일생 동안 은혜를 공급받는 증거를 얻지만 세례 예식 자체에 그러한 은혜가 종속될 만큼 필연적이라고 보지는 않습니다. 그런 점에서 로마 가톨릭의 교리와 다를 뿐 아니라, 세례로 말미암는 은혜의 원인을 신자의 믿음이 아니라 하나님의 약속과 그 표로서의 증거에 둔다는 점에서 재세례파와도 다릅니다. 그래서 프랑스 신앙고백 제35조에서 "우리에게 양자 됨을 증명해 주는 세례"라고 한 것입니다. 즉 세례를 통해 양자가 되는 원인은 궁극적으로 하나님께 있으며, 그리스도로 인해 그것이 우리에게 적용된다는 점에서 예식 자체를 실체나 원인으로 여긴다거나(로마 가톨릭의 경우) 신자의 신앙으로 한정하는 것(재세례파의 경우)을 지양하고, 오직 하나님께 모든 실체와 원인을 한정하고 있는 것입니다.

프랑스 신앙고백 제35조는 "세례식은 믿음과 회개의 의식이지만, 우리는 믿는 부모에게서 태어난 어린 영아에게도 예수 그리스도의 권위로 세례할 것을 주장한다. 하나님께서는 자녀들을 그 부모와 함께 교회의 회원으로 여기시기 때문이다."라고 합니다. 세례식이 "믿음과 회개의 의식"이라는 말은, 세례에 앞서 반드시 가르침(세례문답 교육)이 이뤄져야 함을 전제합니다. 그래서 칼뱅이 "사람이 세례를 통해 교회 공동체에 받아질 뿐만 아니라, 또한 세례 안에서 하나님이 그를 그의 자녀 가운데 하나로 인정한다는 증명을 갖기 때문에, 가르침이 앞서야 하는 것은 의심의 여지가 없다."[338]고 한 것입니다. 칼뱅은 이러한 인정 때문에 재세례파의 일부 주장에 공감하면서도, 가르침이 항상 성례보다 앞서는 것은 아니라고 했습니다. 그 단적인 예가 바로 "유아세례"입니다.

칼뱅은 「재세례파 논박」(1544)에서 "어떤 사람이 하나님에 의해 신도의 회중으로 받아들여질 때, 그에게 주어지는 구원의 약속이 그 자신을 위한 것일 뿐만 아니라 또한 그의 자녀들을 위한 것임을 주목해야 한다."[339]고 했습니다. 그러면서 "내가 …… 너와 네 후손의 하나님이 되리라"(창 17:7)는 말씀을 바탕으로 다음과 같은 부분에서 재세례파가 실수했다고(가르침, 회개, 신앙고백, 결심을 할 수 없다는 이유로 유아세례를 부정하므로) 말합니다.

> 유년 시절부터 하나님의 언약의 백성으로 받아들여지지 않은 사람은 구원의 교리에 의해 믿음과 회개로 인도될 때까지는 교회의 이방인과도 같다. 그러나 그때(인도될 때) 그의 후손 역시 동시에 교회의 가족이 된다. 이런 이유에서 신자들의 어린아이들은, 그들의 아버지들과 이루어진 이 언약 때문에, 그들의 이름으로 그들을 위해 세례를 받는다.

세례에 대한 칼뱅의 설명과 프랑스 신앙고백 제35조 후반부 문구에서 우리는 중요한 사실을 하나 이해해야 합니다. 바로 "그리스도인들의 자녀들이 세례 받는 기초 교리는 그 자녀들과 관계하는 것이 아니라, 그들의 부모들 및 모든 교회와 관계한다."[340]는 점입니다. 그리스도인 가정과 교회에서 유아세례를 주는 것은 유아에게는 언약의 자손으로 인 쳐진다는 뜻이지만, 그에 앞서 부모와 교회는 그 아이를 언약의 자손인 하나님의 자녀가 되도록(양자 됨) 가르침(바른 교리)을 통해 믿음의 신앙고백을 할 수 있게 하겠다는 엄숙한 선서와 의무를 고백하는 의미를 지니는 것입니다. 따라서 부모가 어린 자녀를 바르게 가르치지 못한다면, 교회는 자녀에게 바른 신앙을 가르치고 이에 근거한 바른 신앙을 고백하여 성인세례와 같은 세례의 효력이 실제로 이루어질 수 있도록 반드시 부모를 치리해야 합니다. 이러한 점을 바탕으로 우리 시대에 행하는 세례는 어떠한지를 살펴야 합니다.

제36조

우리는 또 다른 성례, 즉 우리 주님의 만찬이 우리가 구주 예수 그리스도와 함께 연합한 것을 증거한다고 분명하게 주장한다. 그가 우리를 위해 죽으셨을 뿐 아니라, 그는 참으로 그의 살과 피로 우리에게 (영적인) 자양분을 공급해 주시기 때문이다. 이것으로 우리는 그와 함께 행하며 그와 함께 살아가는 것이다. 그는 비록 하늘(천국)에 계시지만, 그가 세상을 심판하시러 오실 때까지 그의 영(성령)의 신비하고 불가해한 선으로 우리와 함께하시는 것으로 그는 자신의 몸과 피의 본질로 우리를 자라나게 하신다. 그러나 우리는 그것이 영적인 방법으로 이루어진다고 본다. 진리와 그 효과를 우리 자신의 헛된 망상이나 자만심으로 대체하려는 것이 아니라, 오히려 그리스도와 우리의 연합의 비밀이 지극히 높기(천상적이기) 때문이다. 그것은 우리의 모든 감각을 넘어서는 모든 자연의 이치로 하늘에 속하는 일이기 때문에, 믿음이 아니고서는 깨달을 수 없다.

[증거구절]

요 6:56-57, 17:20-23; 엡 5:30; 막 16:19; 행 1:11, 3:21; 요 6:63, 6:35; 엡 3:17.

프랑스 신앙고백 제35조에서 단 한 번 세례를 받는 것은 성화에 이르기까지 일평생의 모든 은혜의 근거가 제공된 증거라고 했는데, 성찬은 또 다른 성례로 세례와는 다른 형식과 의미를 내포합니다. 칼뱅은 다음과 같은 설명으로 성만찬의 의미를 간략하게 정의했습니다.

하나님께서는 우리를 자신의 가족으로 받아들이시고 종이 아닌 아들로 여기셨다(세례에 의해 증거되는 내용). 그러므로 하나님께서는 자녀의 일을 걱정하시는 가장 훌륭한 아버지로서 의무를 다하기 위해 우리를 평생 먹여 주신다. 또 그것만으로 만족하시지 않고 이 계속되는 너그러움을 우리가 확신할 수 있도록 담보물을 주셨다. 즉 독생자의 손을 거쳐 그의 교회에 행한 성례 영적 잔치를 주시고, 이 잔치에서 그리스도께서 자신이 생명을 주는 떡임을 확증하시며, 이 떡을 우리의 영혼이 먹음으로써 진정하고 복된 영생을 얻게 하신 것(요 6:51)[이다.]**341**

이러한 성찬은 세례와 달리 빈번하게 시행되는 성례이기도 합니다.

성만찬: 그리스도와의 연합

프랑스 신앙고백 제36조는 먼저 성찬에 대해 "우리가 구주 예수 그리스도와 함께 연합한 것을 증거한다."고 했습니다. 세례를 통해 그리스도의 몸에 접붙임을 받고 양자 되는 것처럼, 성찬을 통해 우리는 예수 그리스도와 함께 연합한 증거를 얻으며, 또한 그것을 증거한다는 뜻입니다. 그러므로 성찬에서도 본체(또는 본질)는 그리스도와 관련됩니다.

성찬의 표징은 분명 눈에 보이는 "떡"과 "포도주"입니다. 잘 알고 있듯이 그러한 표징들은 "그리스도의 살"과 "그리스도의 피", 즉 우리가 얻게 되는 보이지 않는 영적 양식을 상징적으로 나타냅니다. 따라서 성찬은 우리 영혼의 유일한 양식은 그리스도이심을 나타내며, 그것을 기억할 뿐 아니라 증거하게 하는 것입니다. 그런데 문제는 우리 영혼이 어떻게 그리스도에게서 유일한 양식을 얻고 그리스도께 참여할 수 있느냐입니다. 그것을 정확하게 이해해야 비로소 그리스도를 우리 영혼의 양식으로 나타내며, 그것을 기억하고 증거하게 될 것입니다.

칼뱅은 "그리스도와 신자가 은밀하게 연합된다는 이 신비는 본래 이해할 수 없는 것"[342]이라고 했습니다. 그리스도와 신자가 은밀하게 연합된다는 신비를 이해하는 것은 그야말로 영적인(성령의 역사를 통한) 것이며, 믿음에 속하는 것입니다. 그러한 신비를 가장 적당하게 보이도록 표증으로 주신 것이 바로 성찬의 떡과 포도주입니다. 주님께서는 그것들을 통해 십자가에서 흘린 자신의 피와 찢긴 몸을 기억하게 하셨습니다. 그러한 의미로 떡을 가지고 축복하시고 떼어 "받아서 먹으라 이것은 내 몸이니라"(마 26:26)고 말씀하셨으며, 잔을 가지고 감사 기도하시고 "너희가 다 이것을 마시라"(마 26:27)고 말씀하셨습니다. 그러므로 성찬에서 먹고 마시는 것, 그리고 먹는 떡과 마시는 포도주는 모두 "표징"이자 "증거"입니다. 더구나 예수 그리스도께서는 "만찬", 즉 "잔치"라는 표징 가운데서 그것을 주셨습니다. 한마디로 잔치에서 먹고 마심이 모두 성찬의 표징으로 사용된 것입니다. 그렇기 때문에 칼뱅은 성찬을 설명하면서 "경건한 영혼들은 이 성례에서 큰 확신과 기쁨을 얻을 수 있다. 거기서 그들은 우리가 그리스도와 한 몸이 되어 그의 것은 모두 우리의 것이라고 부를 수 있다는 증거를 얻는다."[343]고 한 것입니다.

이 연합의 특징은 우리가 그리스도와 한 몸이 되어 그에게서 얻게 되는 유익이 무엇인지를 이해하지 못하면 증거가 되지 못한다는 것입니다. "그가 우리를 위해 죽으셨을 뿐 아니라, 그는 참으로 그의 살과 피로 우리에게 (영적인) 자양분을 공급해 주시기 때문이다. 이것으로 우리는 그와 함께 행하며 그와 함께 살아가는 것이다. 그는 비록 하늘(천국)에 계시지만, 그가 세상을 심판하시러 오실 때까지 그의 영(성령)의 신비하고 불가해한 선으로 우리와 함께하시는 것으로 그는 자신의 몸과 피의 본질로 우리를 자라나게 하신다."는 프랑스 신앙고백 제36조 문구는 바로 그러한 유익을 언급합니다. 이 유익은 성만찬의 특별한 결실인 그리스도와의 연합을 통해서만 공급됩니다.

칼뱅은 성만찬을 통해 증거되는 그리스도와의 연합과 관련하여 "우리가 그리스도와 한 몸이 되어 그의 것은 모두 우리의 것이라고 부를 수 있다는 증거를 얻는다."고 하면서 이렇게 덧붙입니다.

> 그가 상속하신 영생이 우리의 것이라는 확신을 감히 가질 수 있다. 또 그가 이미 들어가신 천국은 그에게서 분리할 수 없는 것과 같이 우리에게서도 분리할 수 없으며, 그가 우리의 죄를 마치 자신의 죄인 양 지시고 우리에게서 그 책임을 면제해 주셨으므로 우리는 우리의 죄 때문에 정죄 받을 수 없다는 것을 감히 확신할 수 있다. 이것은 그리스도의 한량없는 인애로 말미암은 놀라운 교환이다.

이처럼 우리가 그리스도와 연합한다는 것은 그리스도를 아는 지식에 절대적으로 연합하는 것입니다. 이에 대해 그리스도께서는 "내 안에 거하라 나도 너희 안에 거하리라 가지가 포도나무에 붙어 있지 아니하면 스스로 열매를 맺을 수 없음같이 너희도 내 안에 있지 아니하면 그러하리라 나는 포도나무요 너희는 가지라 그가 내 안에, 내가 그 안에 거하면 사람이 열매를 많이 맺나니 나를 떠나서는 너희가 아무것도 할 수 없음이라"(요 15:4-5)고 했습니다. 그러므로 성찬에 참여하는 것은 그러한 연합의 증거일 뿐 아니라, 연합을 추구하고 거하는 의미도 포함하는 것입니다.

신자의 영혼은 이러한 표징인 떡과 포도주 없이(성만찬의 성례에 참여하지 않고) 살아갈 수 없습니다.

성만찬: 그리스도의 영적 임재

프랑스 신앙고백 제36조에서 "그는 비록 하늘(천국)에 계시지만, 그가 세상을 심판하시러 오실 때까지 그의 영(성령)의 신비하고 불가해한 선으로 우리와 함께하시는 것"이라는 문구는 성찬 가운데 그리스도께서 영적으로 임재하시는 것에 대한 고백입니다. 칼뱅은 이러한 영적 임재와 관련하여 "우리가 그리스도의 살과 피에 참여할 때, 그리스도께서는 마치 그의 생명을 우리의 뼈와 골수에까지 침투시키듯이 우리 속에 그의 생명을 부어주신다는 것을 성찬에서도 증거하시고 인을 치신다. …… 또 영적 잔치에 참석하는 모든 사람들에게 성찬이 의미하는 실재를 제시하시며 보여주신다."[344]고 했습니다.

로마 가톨릭 교리에서는 주로 성찬의 떡과 포도주가 그리스도의 몸과 피로 실체적으로 바뀌어 임재하신다(화체설[Transubstantiation])고 보지만, 개신교 진영에서는 루터의 "공재설"(Consubstantianism)을 제외하고 대부분 그리스도의 몸이 실체적으로 떡과 포도주에 함께하거나 바뀐다고 보지 않습니다. 그보다는 츠빙글리처럼 "기념설"(Commemoration, Symbolism)로 보거나, 칼뱅처럼 "영적 임재설"(Spiritual presence)로 이해합니다. 특별히 "그는 비록 하늘(천국)에 계시지만, 그가 세상을 심판하시러 오실 때까지 그의 영(성령)의 신비하고 불가해한 선으로 우리와 함께하시는 것"이라는 프랑스 신앙고백 제36조 문구는 칼뱅의 영적 임재설을 따르는 것입니다.

칼뱅은 성찬에 그리스도께서 영적으로 임재하신다는 것에 대해 "우리는 성찬에 그리스도께서 임재하신다는 것을 확신해야 하지만, 그리스도를 떡에 고착시키거나 떡 속에 포함시키거나 어떤 방법으로든지 제한해서는 안 된다."[345]고 하여, 기본적으로 화체설이나 공재설 모두 그리스도의 임재를 제한한다는 점에서 배척하고 있음을 볼 수 있습니다. 칼뱅은 이와 관련하여 두 가지를 제안했습니다. "그리스도의 하늘 영광을 감해서는 안 된다."는 것과 "인성에 합당하지 않은 것을 그리스도의 몸에 돌려서는 안 된다."는 것입니다. 그러므로 그리스도를 이 땅의 썩을 요소에 두거나 고착시키는 주장(화체설)으로 그의 영광을 감해서는 안 되며, 반대로 그리스도의 몸이 무한하다거나 편재한다는 주장(화체설과 공재설)으로 그리스도의 인성과 모순되도록 이해해서도 안 됩니다. 이 점에서 칼뱅의 설명을 바탕으로 하는 프랑스 신앙고백 제36조의 성찬에 대한 고백이 독특성이 갖게 되는 것입니다.

또한 칼뱅은 말씀 없이는 성찬이 합당하게 시행될 수 없다고 설명하면서, 로마 가톨릭의 미사(성체성사)를 거부합니다.

> 말씀이 없으면 성찬은 바르게 집행될 수 없으며 …… 우리가 성찬에서 받는 은혜에는 모두 말씀이 필요하기 때문에 …… 우리의 믿음을 강화하거나 고백을 연습하거나 의무에 대한 열의를 일으키거나 하는 이 모든 일을 위해서는 설교가 필요하다.[346]

그러면서 미사를 통한 로마 가톨릭의 성찬에 대해 이렇게 말했습니다.

> 성찬을 말없는 행사로 만드는 것은 가장 불합리한 짓이다. …… 이 신비의 뜻은 누구보다도 회중에게 설명해야 함에도 불구하고 그들(로마

가톨릭)은 회중과는 아무 상관이 없는 것같이 처리한다. 따라서 또 다른 오류(병자들에게 분배하기 위해 성별된 떡을 남겨두는 로마 가톨릭의 오류)가 생겨났다.

칼뱅은 성찬에 그리스도께서 영적으로 임재하시는 것과 관련하여 말씀(설교)의 중요성을 시사하며 "이 말씀(성찬에 대해 설명하고 이해시키는 설교자의 말씀 선포)은 듣는 사람들의 덕을 세우며, 그들로 하여금 이해하게 하고, 그들의 마음속에 박혀 떠나지 않으며, 그것이 약속하는 것을 실현함으로써 그 효력을 나타내는 산 설교라는 것을 우리는 깨달아야 한다."고 했습니다. 즉 "약속의 말씀을 낭독하고 신비의 뜻을 설명함으로써 받는 사람이 유익하게 받게 한다면, 이것이 진정한 성별"이라는 사실을 언급한 것입니다.

성만찬: 믿음으로 받음

칼뱅은 실제적인 성찬 참여와 관련하여 "우리가 그리스도의 살과 피에 참여하게 되는 것은 성령의 무한한 능력으로 되는 일이라는 것을 믿지 않는다면, 우리는 성령에 대해서 중대한 해를 가하게 된다."[347]고 하여, 신앙(믿음) 없이 성찬에 참여하는 것은 아무 유익이 되지 않을 뿐 아니라 성령께 해를 끼치는 것이라고 말합니다. 마찬가지로 프랑스 신앙고백 제36조도 "우리는 그것이 영적인 방법으로 이루어진다고 본다. 진리와 그 효과를 우리 자신의 헛된 망상이나 자만심으로 대체하려는 것이 아니라, 오히려 그리스도와 우리의 연합의 비밀이 지극히 높기(천상적이기) 때문이다."라면서 진리에 믿음이 수반되어야 한다고 고백합니다.

칼뱅은 신자들이 성령에 의해 참여하게 되는 성찬에 그리스도께서 임재하시는 참된 성격에 대해 설명하면서 "그들(화체설을 주장하는 자들)은 그리스도를 떡 속에 넣어둠으로써 육적 방법으로 먹고, 우리는 성령의 비밀한 힘이 우리와 그리스도를 결합하는 유대라고 함으로써 영적 방법으로 먹는다."[348]고 했습니다. 또한 "성찬의 신비에 있는 그리스도의 살 자체는 우리의 영원한 구원과 똑같이 영적인 것이다. 우리는 이것을 근거로 해서, 그리스도의 영을 가지지 않은 사람은 그리스도의 살을 먹을 수 없으며 그것은 맛을 모르는 사람이 포도주를 맛볼 수 없는 것과 같다고 추론한다."는 설명을 통해 성찬의 신비에 대한 이해와 유익이 오직 믿음에 근거하는 것을 분명히 말하면서 "나는 믿음의 미각이 없이 그리스도의 살을 먹을 수 있다는 생각을 부인한다. …… 사람은 믿음의 그릇에 담을 수 있는 것만큼 성찬에서 얻어갈 뿐이다."라고 했습니다.

이러한 칼뱅의 설명과 같은 맥락에서 프랑스 신앙고백 제36조도 말미에 "그것은 우리의 모든 감각을 넘어서는 모든 자연의 이치로 하늘에 속하는 일이기 때문에, 믿음이 아니고서는 깨달을 수 없다."고 고백합니다. 이 고백과 관련하여 "그러므로 누구든지 주의 떡이나 잔을 합당하지 않게 먹고 마시는 자는 주의 몸과 피에 대하여 죄를 짓는 것이니라"(고전 11:27)는 말씀과 "주의 몸을 분별하지 못하고 먹고 마시는 자는 자기의 죄를 먹고 마시는 것이니라"(고전 11:29)는 말씀을 근거로 칼뱅은 "믿음의 흔적도 없으며 사랑하겠다는 열의도 없이, 돼지같이 성찬에 뛰어드는 이런 사람들은 주의 몸을 분별하지 못하는 것이다."[349]라고 단언합니다.

제37조

주의 만찬(성찬)

전에 말했듯이 우리는 세례뿐 아니라 주의 만찬에서도 하나님께서 참으로 효과 있게 성례적 증거물(표지)을 주신다고 믿는다. 그러므로 우리는 그러한 표지에 명해진 것과 함께 그것이 우리에게 제공하는 것을 참으로 소유하며 즐거워한다. 따라서 주님의 성찬에서 깨끗함으로 잔을 채우듯이 순전한 믿음으로 나아가는 자들은 그 표지가 증거하는 것을 공급받는다. 그것은 예수 그리스도의 몸과 피로, (그리스도의) 몸과 살인 빵과 포도주는 영혼의 더 없는 식물(食物)이자 음료인 것이다.

[증거구절]
요 6:35, 40, 47-51; 고전 11:23-39.

종교개혁자들은 공통적으로 로마 가톨릭 교리의 성사론, 즉 "화체설"을 부인했습니다. 그중에서도 츠빙글리는 신자들의 믿음 가운데 그리스도께서 성례에 영적으로 임재하신다고 하면서, 성찬 제정의 말씀은 하나의 비유이며 성찬례 자체는 그리스도를 기념하는 것의 의미만 지닌다고 보았습니다. 그러나 칼뱅과 프랑스 신앙고백은 그리스도께서 츠빙글리의 기념설보다 훨씬 실재적으로 성찬에 임재한다고 고백했습니다. 즉 츠빙글리의 기념설이나 재세례파(특히 메노파[Mennonites]), 아르미니우스주의자, 소키누스주의자들이 성찬의 의의를 신앙고백으로만 인정하는 것처

럼 인간의 행동이나 반응에 주안점을 두지 않고, 하나님의 은혜로운 은사(선물)로 믿음을 강화시키기 위해 신적으로 제정된 것임을 분명히 고백하고 있습니다.

성만찬: 영적 임재의 실제

로마 가톨릭의 "화체설"은 성체성사에서 사용하는 떡과 포도주에 대한 "성체숭배"로 이어지고 메노파와 소키누스주의자는 성찬의 떡과 포도주를 지나치게 간과하는 데 반해, 프랑스 신앙고백 제37조는 "성례적 증거물(표지)"의 실제적 효과를 고백하고 있습니다.

마르틴 루터가 "공재설"을 통해 로마 가톨릭의 화체설을 변형한 것처럼 성찬을 이해한 것에 비해 그와 논쟁한 칼슈타트(Andreas Bodenstein von Karlstadt, 1486-1541)는 성찬에 사용되는 떡과 포도주에 그리스도께서 실재적으로 임재한다고 인정하지 않았으며, 성찬에서 떡과 포도주를 나누는 것은 다만 그리스도의 죽으심을 선포하는 의미만 있다고 주장했습니다. 칼슈타트는「대화집: 거룩한 그리스도의 성찬을 오용하는 데 대하여」(1524)에서 이렇게 주장했습니다.

> 그리스도의 몸은 떡에 있지 않다. 그의 피도 잔에 있지 않다. 그렇지만 우리는 그 떡을 그의 몸에 대하여 기억함으로 먹어야 한다. 왜냐하면 주께서 그의 몸을 우리를 위하여 불의한 자의 손에 내어주셨기 때문이다. 그리고 피 역시 우리를 위하여 흘리셨으므로 그의 피 흘리심을 알고 잔을 마셔야 한다. 결론적으로 그리스도의 죽으심을 깨닫고야 먹고 마시는 것이다.[350]

거의 모든 재세례파와 소키누스주의자, 아르미니우스주의자는 성찬을 그렇게 이해했습니다. 이 주장에 따르면, 성찬의 떡과 포도주는 그리스도의 몸과 피를 통한 실재적인 임재와 효과가 있는 것이 아니라 다만 그의 죽으심을 기념하거나 나타내는 의미로만 사용되는 것입니다.

그러나 칼뱅은 루터의 공재설은 물론 성찬의 떡과 포도주에 대한 그리스도의 실제적 임재를 부정하는 칼슈타트의 주장도 따르지 않으면서, 하나님은 성찬을 통해 자신이 나타내시려는 것을 실재로 우리에게 주시며 실현시키신다고 보았습니다. 성찬에 대한 이러한 견해는 사실 로마 가톨릭의 미사를 거부하는 것일 뿐 아니라, 개신교 진영의 여러 성찬론과도 구별되는 독특한 설명으로, 성찬에 대한 칼뱅의 이러한 이해가 프랑스 신앙고백 제37조에도 그대로 반영되어 있습니다.

칼뱅이 주장한 성찬에서의 그리스도의 임재는 엄격한 루터파 목사인 요아킴 베스트팔(Joachim Westphal, 1510-1574)과 벌인 논쟁에서 명백히 드러났습니다. 베스트팔이 "그리스도의 육체가 떡(빵) 가운데 실체적으로 존재하고, 비록 물리적으로 공간을 차지하지는 않더라도 편만하며, 베드로뿐 아니라 가룟 유다도 이에 참예하였다."[351]고 가르친 내용은 칼뱅이 「기독교강요」에서 반박한 스콜라 철학자들의 주장과 별반 다르지 않은 것을 볼 수 있습니다. 이러한 베스트팔의 주장에 대해 칼뱅은 이렇게 평가했습니다.

> 그(베스트팔)와의 사이에 남아 있는 논쟁점은 다음의 세 항목들이다. 첫째로 그는 성찬에서의 빵(떡)이 실체적(*substantialiter*)으로 그리스도의 몸이라고 주장한다. 둘째, 그는 그리스도가 신자들에게 그 자신의 임재를 드러내기 위해서는 비록 공간은 차지하지 않더라도(*ubique esse*,

extra locum) 그의 몸이 헤아릴 수 없을 만큼 많아서(*immensum*) 모든 곳에 존재해야 한다고 주장한다. 셋째로 그는 사물에 관해 어떤 합의가 있다 하더라도 그리스도의 말씀에는 어떤 상징도 받아들여질 수 없다고 주장한다.[352]

칼뱅은 성찬에 그리스도께서 실제적으로 임재하신다는 것에 동의하지만, 베스트팔이 주장한 세 가지 사항에는 동의하지 않은 것입니다. 칼뱅은 이렇게 주장했습니다.

> 우리는 우리 영혼에 생명을 주기 위해서 그리스도의 몸과 피가 성찬에서 우리에게 참으로 제공된다(*vere offerri*)고 주장한다. 그리고 우리는 우리가 매일의 양식으로부터 우리 몸이 양분을 얻듯이 성찬에서 우리에게 제공되는 영적인 자양분(*spirituali alimento*)을 통해서 우리의 영혼이 새로운 힘을 얻는다는 것을 어떠한 모호함도 없이 설명한다. 따라서 우리는 우리가 성찬에서 그리스도의 살과 피에 진정으로 참여한다(*vera participatio*)고 주장한다. "실체"(substance)라는 단어와 관련하여 누군가 논쟁을 제기한다면, 우리는 그리스도께서 그 육체의 실체로부터 우리의 영혼에게로 생명을 불어넣으신다고 말할 것이다. 아니, 그는 그 자신의 생명을 우리에게 불어넣으시는 것이다(*propriam in nos vitam diffundere*). 그렇지만 어떠한 실체의 전이도 일어나지는 않는다.[353]

칼뱅은 그리스도의 육체적 임재가 아니라 영적 임재를 주장하며, 아울러 그리스도의 몸을 실체적으로 입으로 취하는 것이 아님을 알게 하기 위해 "그렇지만 어떠한 실체의 전이도 일어나지 않는다."고 한 것입니다.

성만찬의 실제적 유익

칼뱅은 "그리스도의 살 그 자체에 우리를 살리는 힘이 있는 것은 아니다."[354]라고 말했습니다. 그리스도의 살 자체는 우리와 같은 죽을 육신과 다르지 않기 때문입니다. 그럼에도 "거기에는 우리에게 전달할 생명이 충만하므로 '생명을 준다'고 말하는 것은 옳다."고 말했는데, 이것은 "아버지께서 자기 속에 생명이 있음같이 아들에게도 생명을 주어 그 속에 있게 하셨[다]"(요 5:26)는 말씀에 근거한 것입니다. 더구나 그 말씀은 "그가 육신을 입고 나타나신 때에 가지신 은사들에 대해서 말씀하신 것"이기 때문에 "그의 인성에도 생명이 충만해서 그의 살과 피에 참여한 사람은 동시에 생명에 참여한다고 가르치신다."고 해석하여, 성찬에서 그리스도의 몸을 통한 실제적인 유익이 신자들에게 공급되는 것을 명백하게 말하고 있습니다. 프랑스 신앙고백 제37조에서는 이것을 "주의 만찬에서도 하나님께서 참으로 효과 있게 성례적 증거물(표지)을 주신다고 믿는다."고 표현하고 있습니다. 아울러 "그러므로 우리는 그러한 표지에 명해진 것과 함께 그것이 우리에게 제공하는 것을 참으로 소유하며 즐거워한다."고 했습니다. 즉 우리는 성찬에서 떡과 포도주를 통해 그리스도의 살과 피가 끼치는 실제적인 유익을 참으로 취하여 얻는 것입니다.

칼뱅은 성찬에 그리스도의 몸이 임재하는 것에 대해 "떡과 포도주가 신체의 생명을 유지하는 것과 같이 우리의 영혼은 그리스도의 살과 피를 양식으로 삼는다. 영혼이 그리스도에게서 참으로 영양을 얻어야만 그 표징의 유추가 적용된다. 또 이 일이 있으려면, 그리스도께서 참으로 우리와 하나가 되어 우리가 그의 살을 먹으며 그의 피를 마심으로써 기운을 얻어야 한다."[355]고 했습니다. 이러한 칼뱅의 언급은 프랑스 신앙고백 제

37조 마지막 문구에도 반영되어 "그것은 예수 그리스도의 몸과 피로, (그리스도의) 몸과 살인 빵과 포도주는 영혼의 더 없는 식물(食物)이자 음료인 것이다."라고 한 것입니다. 이 마지막 문장은 그보다 앞서 언급된 "주님의 성찬에서 깨끗함으로 잔을 채우듯이 순전한 믿음으로 나아가는 자들은 그 표지가 증거하는 것을 공급받는다."는 문장에 중요한 수식을 받고 있습니다. 즉 베스트팔의 주장처럼 불신자도 성찬에 참여해서 그리스도의 몸을 취하여 유익을 얻을 수 있는 것이 아니라 "순전한 믿음으로 나아가는 자들"이 떡(빵)과 포도주(음료)에서 몸이 얻는 것과 같은 실제적인 유익을 예수 그리스도의 몸과 피에서 얻을 수 있는 것입니다.

프랑스 신앙고백 제37조에서 말하는 "순전한 믿음"과 관련하여 칼뱅은 이렇게 언급했습니다.

> 주께서 떡을 떼는 것으로 그의 몸에 참여하는 것을 참으로 표현하신다면, 그가 참으로 그의 몸을 제시하며 보이신다는 것을 조금도 의심할 수 없다. …… 주께서 정하신 상징을 볼 때마다 참으로 거기에 상징된 본체가 있다고 생각하며 확신해야 한다는 것이다. …… 보이는 표징은 보이지 않는 것을 주신다는 확인이라는 것이 사실이라면, 우리는 몸의 상징을 받았을 때 그 몸 자체도 받았다는 것을 똑같이 확신해야 한다.[356]

여기서 알 수 있듯이 "순전한 믿음"은 그리스도의 실제적 임재에 대한 믿음으로, 아울러 그것은 그리스도에 대한 앎(지식)과 그리스도의 몸이 끼치는 유익에 대한 정확한 이해를 바탕으로 한다는 점에서 말씀(성경과 이에 근거한 설교)과 아주 긴밀하게 연관되어 있음을 알 수 있습니다.

제38조

따라서 우리는 세례에서 사용되는 물이 지극히 평범한 것이지만, 그럼에도 예수 그리스도의 피로 우리 영혼을 정결하게 씻는 것을 진실로 증거하며, 주의 만찬(성찬)에서 나눠주는 빵과 포도주는 우리에게 영적 자양분을 공급해 준다고 주장한다. 예수 그리스도의 몸(살)은 우리의 식물이고, 그의 피는 우리의 음료임을 그것들이 나타내주고 있기 때문이다. 그러므로 우리는 우리 구주 예수 그리스도께서 "이것은 내 몸이며, 이 잔은 내 피"라고 말씀하셨는데도 이러한 인(印)과 표(表)를 받지 않으려는 환상가(또는 열광주의자)들의 주장에 반대한다.

[증거구절]

행 22:16; 롬 6:3-4; 갈 3:27; 엡 5:26; 요 6:51; 고전 11:24-29; 마 26:26; 고전 11:24.

제38조에서 언급하는 환상가 또는 열광주의자란 토마스 뮌처와 칼슈타트와 같은 급진적인 종교개혁 성향의 인물과 그 일파를 말합니다. 그들은 성향이 다양하지만, 로마 가톨릭의 성체(성찬)숭배에 반대하여 성찬에 사용하는 떡과 포도주가 기념의 의미 외에 어떤 요소도 담고 있지 않다고 보는 점에서 일치합니다. 특히 칼슈타트는 초기에는 루터를 추종하였으나 나중에는 성찬의 떡과 잔(포도주)에 그리스도께서 실제적으로 임재한다는 것을 전혀 믿지 않았습니다. 프랑스 신앙고백도 그러한 성찬론을 강하게 거부하고 있습니다.

칼슈타트가 이해한 성찬

1510년 비텐베르크에서 신학박사 학위를 받은 칼슈타트의 초기 신학은 동료 교수인 루터의 영향을 받아 개혁적 성향을 띠었습니다. 칼슈타트는 그 외에도 타울러(Tauler Johannes, 1300-1361), 요한 슈타우피츠(Johann von Staupitz, 1460?-1524)의 독일 신비주의, 조반니 피코델라 미란돌라(Giovanni Pico della Mirandola, 1463-1494), 인문주의자 에라스무스(Desiderius Erasmus, 1466-1536)의 르네상스 철학 등 광범위하면서도 정리되지 않은 다양한 분야에 관심을 기울인 인물로, 1522년 무렵에는 독일 선제후의 금지 명령에도 불구하고 비텐베르크 성 교회(Castle Church)에서 성탄절 미사를 집전하여 처음으로 평신도에게 빵과 포도주 두 가지를 모두 받아먹게 했습니다.[357] 그러나 나중에 칼슈타트는 토마스 뮌처와 관계를 맺고, 1529년 무렵에는 성찬론 논쟁에 참여하고 있던 멜키오르 호프만에게 도움을 요청하기도 했습니다.[358] 그로 인해 칼슈타트는 오늘날 이른바 "급진 종교개혁"(Radical Reformation)에 중요하게 관련된 인물로 평가받고 있습니다.

한편, 초기에 칼슈타트에게 영향을 끼쳤던 루터는 나중에 칼슈타트가 성찬에 대해 주장했을 때, 성찬에 그리스도께서 어떻게 임재하시는지와 관련하여 종교개혁 진영 내부에서 발생한 논쟁들에 침묵할 것을 요청했습니다.[359] 이로 볼 때, 칼슈타트의 성찬론은 이미 상당하게 경고받고 있었음을 알 수 있습니다.

1524년에 발표한 「대화집: 거룩한 그리스도의 성찬을 오용하는 데 대하여」를 통해 칼슈타트가 성찬을 어떻게 이해하고 있는지를 단적으로 파악해 볼 수 있습니다. 「대화집」에서 칼슈타트는 이렇게 주장했습니다.

그리스도의 몸은 떡에 있지 않다. 마찬가지로 그의 피도 잔에 있지 않다. 그렇지만 우리는 그 떡을 그의 몸에 대하여 기억함으로 먹어야 한다. 왜냐하면 주께서 그의 몸을 우리를 위하여 불의한 자의 손에 내어 주셨기 때문이다. 그리고 피 역시 우리를 위하여 흘리셨으므로 그의 피 흘리심을 알고 잔을 마셔야 한다. 결론적으로 그리스도의 죽으심을 깨닫고야 먹고 마시는 것이다.[360]

즉 성찬의 떡과 포도주에는 그리스도와 관련하여 아무것도 실재하지 않으며, 다만 그리스도의 죽음을 기념하고 선포하는 의미만 상징적으로 투영되어 있다는 것입니다. 그러자 루터는 즉각 「열광주의적 영에 반대하여 스트라스부르 그리스도인에게 보내는 편지」라는 글을 통해 칼슈타트의 성찬론이 성경을 자의적으로 해석하여 성례전을 뿌리째 흔드는 심각한 주장이라고 반박했습니다.

이처럼 칼슈타트를 비롯한 급진적 종교개혁자들은 성찬의 떡과 포도주와 관련하여 그리스도께서 실제적으로 임재한다는 것을 전적으로 부인하면서, 그리스도의 희생과 관련한 전적인 믿음만이 중요하다고 주장하여 실질적으로 성찬을 무용(無用)하게 만들었습니다. 그들의 이러한 주장은 츠빙글리를 비롯한 기념론자의 주장보다 훨씬 급진적이어서 루터를 비롯한 많은 종교개혁자에게 비판을 받았으며, 칼뱅도 논문들과 특히 프랑스 신앙고백 초안(1559년판)에서 비판적으로 언급한 것입니다.

취리히 합의(1549)에서 이해하는 성찬

1549년, 칼뱅은 성찬에 관한 "취리히 합의"를 발표했습니다. 취리히 합의 6항은 "우리가 하나님의 아들과 갖는 영적 교통은 성령으로 우리 안에 거하시는 그가 모든 믿는 자들로 하여금 그 안에 있는 모든 축복을 가능하게 만드실 때 발생한다. 이것을 증명하기 위해 복음 설교가 지정되었고, 성례, 곧 거룩한 세례와 거룩한 성찬의 사용이 우리에게 위탁되었다."[361]고 했습니다. 즉 성례를 통한 영적 교통과 관련하여 먼저 말씀(복음선포)을 언급하고, 이를 바탕으로 7항에서는 이렇게 설명합니다.

> 비록 성례가 말씀이 그 자체로 우리에게 선포하는 것 외에 아무것도 의미하지 않지만, 그럼에도 불구하고 다음과 같은 사실은 매우 중요하다. 즉 그리스도의 죽음과 그의 모든 은택들을 우리의 기억으로 가져옴으로써 믿음의 훈련이 더 잘 이뤄지도록, 마치 실체(res)를 끌어오듯이 우리 감각에 보다 깊은 인상을 주는 일종의 생생한 이미지들이 우리 눈앞에 제시된다는 것과, 또한 하나님의 입이 선포하신 것이 말하자면 도장을 찍음으로써 확증되고 승인된다는 것이다.

그러나 칼뱅은 화체설이나 공재설과 같이 표징과 의미화 된 실재를 완전히 일치시키지 않고 구분하여 성찬을 이해합니다. 그럴지라도 취리히 합의 9항은 "비록 우리가 마땅히 표징과 의미 된 사실(signa et res signatae)을 구별할지라도 우리는 표지로부터 실재를 분리하지 않고 다만 제공된 약속을 믿음으로 받아들이는 한편, 오랫동안 그리스도의 참여자가 되었던 자들은 그 교통을 지속하고 갱신한다는 사실을 인정한다."[362]고 언급하여, 구별하는 것이 사실상 의미의 구별일 뿐 결코 완전히 분리하여 생각하는 것은 아님을 알 수 있습니다. 아울러 소르본느 학자들이 주장하는 것처럼 "치명적인 죄의 방해를 받지 않는 모든 자에게 은총을 선사한다."[363]고 볼 정도로 은혜가 성례에 예속된다고 보지는 않기 때문에 17항은 "결코 표징(signa)을 받는 자는 누구나 실재(res)를 소유할 정도로 하나님의 은총이 성례에 예속되어 있지 않다는 사실"을 주장하고 있습니다. "왜냐하면 표징은 버림받은 자와 선택된 자에게 공히 실행되지만, 실재는 선택된 자에게만 미치기 때문"입니다. 그러므로 성례에서 중요한 것은 말씀, 그 중에서도 약속에 대한 바라봄인 것입니다. 10항에 언급된 것처럼 "텅 빈 표징을 응시하기보다는 거기에 붙어 있는 약속을 응시하는 것이 타당하다. 그러므로 거기에 제공된 약속을 믿는 우리의 믿음이 진보하는 한, 그만큼 우리가 말하는 능력과 효력이 드러날 것"이며, "이 약속의 역할은 우리를 그리스도의 참여자로 만들어주는 믿음이라는 직접적인 방법을 통해 우리를 그리스도께 인도하는 것"입니다.

한편, 칼뱅은 1554년에 제네바에서 취리히 합의와 관계된 해설을 발표했습니다. 그 해설에서 성례(특히 성찬)를 적법하게 사용하기 위해 삼가야 할 두 가지 악습에 대해 경고했습니다. 즉 "성례의 위엄이 지나치게 높여지면, 미신이 쉽게 파고들기 때문에"[364] 피해야 하고, "다른 한편 만일 우리가 그 능력과 열매에 관해 냉랭하거나 덜 고상한 용어로 말하면, 불경스런 경멸이 즉시 침투하기 때문에" 피해야 한다는 것입니다. 여기서 성례의 위엄을 지나치게 높이는 것은 로마 가톨릭의 미사에서 단적으로 확인할 수 있고, 반대로 그 능력과 열매에 관해 냉랭한 것은 칼슈타트를 비롯한 급진적인 열광주의 진영에서 확인할 수 있습니다. 특히 후자는 얼핏 신령주의와 신비주의의 성향을 보이기 때문에 냉랭하다는 말이 어울리지 않아 보일 수 있습니다. 그러나 여기서 냉랭하다고 한 것은 그들이 성례보다 자신의 내적 상태에 역사하시는 성령님을 추구하는 쪽으로 확연히 기운다는 점에서 냉랭하다는 것입니다. 그들에게 성찬의 떡과 포도주는 기념물 말고는 아무 의미가 없으며, 오직 성례 가운데 마음에 역사하시는 성령님과 그리스도의 죽으심에 대한 고백에만 초점을 맞춥니다. 반면에 취리히 합의에서 칼뱅이 말하는 성례관은 성찬의 떡과 포도주에 그리스도께서 분명하게 영적으로 임재하시며, 그 임재는 다만 말씀(복음 선포) 안에서 역사하시는 성령님의 작용과 약속에 대한 믿음 안에서 실제로 이뤄진다[365]고 본다는 차이가 있습니다.

프랑스 신앙고백이 이해하는 성찬

프랑스 신앙고백 제38조는 먼저 "주의 만찬(성찬)에서 나눠주는 빵과 포도주는 우리에게 영적 자양분을 공급해 준다고 주장한다. 예수 그리스도의 몸(살)은 우리의 식물이고, 그의 피는 우리의 음료임을 그것들이 나타내주고 있기 때문"이라고 말합니다. 그런데 칼뱅은 취리히 합의에 대한 해설에서, 성례는 "경건한 사람들로 하여금 표징 안에서 그들에게 제시되는 축복을 다른 곳에서 찾거나 바라지 않도록 함으로써 그들을 당연히 그리스도에게로 인도한다."[366]고 말했습니다. 마찬가지로 성찬에서 사용되는 떡과 포도주(음료)는 그리스도의 표징으로 가장 적합하며, 다른 것에서 그러한 표징을 찾아서는 안 된다는 것을 생각할 수 있습니다.

또한 칼뱅은 "광야에서 우리 조상들에게 증거의 장막이 있었으니 이것은 모세에게 말씀하신 이가 명하사 그가 본 그 양식대로 만들게 하신 것이라"(행 7:44)는 스데반의 말과, "그들이 섬기는 것은 하늘에 있는 것의 모형과 그림자라 모세가 장막을 지으려 할 때에 지시하심을 얻음과 같으니 이르시되 삼가 모든 것을 산에서 네게 보이던 본을 따라 지으라 하셨느니라"(히 8:5)는 바울 사도의 말을 바탕으로 "예전에 유대인들 사이에 심각한 오류를 교정하는 최선의 방법은 보이는 장막과 짐승의 제사를 그만두게 만드는 것이 아니라 그리스도를 그들의 눈앞에 놓고 그들로 하여금 그를 바라보게 하는 것이었던 것처럼, 마찬가지로 오늘날 우리는 저 영적 원형에 집중해야 하며 공허한 볼거리에 현혹되어서는 안 된다."고 했습니다. 이처럼 표징과, 그것이 표상하는 실체를 구별할 때, "주의 만찬(성찬)에서 나눠주는 빵과 포도주는 우리에게 영적 자양분을 공급해 준다고 주장한다. 예수 그리스도의 몸(살)은 우리의 식물이고, 그의 피는 우리의 음료임을 그것들이 나타내주고 있기 때문"이라는 프랑스 신앙고백의 의미를 올바르게 이해할 수 있습니다. 즉 주의 만찬(성찬)에서 나눠주는 빵(또는 떡)과 포도주는 우리에게 영적 자양분을 공급해 주는 표징으로, 우리의 참된(영적) 식물(食物)과 음료인 그리스도의 몸과 피를 나타낸다는 것입니다. 그러나 표징과 그것이 표상하는 실체를 구별하지 못한 채 주의 만찬(성찬)에서 나눠주는 빵과 포도주를 그리스도의 몸과 흘리신 피로 생각한다면, "성체숭배"와 같은 미신적인 행태로 기울게 됩니다. 칼뱅도 그 같은 태도를 경계하면서 "우리의 마음은 땅의 것에 쏠리기 쉽기 때문에, 외적 요소들(성사 혹은 성례들)은 터무니없는 높임을 받지 않은 채로도 지나치게 많은 영향력을 갖고 우리를 자신들에게로 이끈다."[367]고 설명했습니다.

프랑스 신앙고백 제38조는 "우리는 우리 구주 예수 그리스도께서 '이것은 내 몸이며, 이 잔은 내 피'라고 말씀하셨는데도 이러한 인(印)과 표(表)를 받지 않으려는 환상가(또는 열광주의자)들의 주장에 반대한다."는 고백도 더하고 있습니다. 칼뱅은 "우리는 그리스도께서 그가 빵과 포도주라는 상징을 통해 표상하는 것을 이행하심을 인정하는 바, 그는 이렇게 우리로 하여금 그의 살을 먹고 그의 피를 마시게 함으로써 우리 영혼을 부양하신다."[368]고 했습니다. 아울러 "주님은 빵과 포도주를 취하라고 명령하신다. 동시에 주님은 그가 그의 살과 피라는 영적 양식을 주신다고 선포하신다."고 하여, 성찬의 인과 표인 떡과 포도주의 사용을 넘어 어떤 신비적 실체의 이해만 추구하는 것, 예컨대 성찬의 떡과 포도주와 관련하여 그리스도의 실제적 임재가 이뤄지는 것을 전적으로 부인하고 있습니다. 오히려 칼뱅은 칼슈타트를 비롯한 몇몇 열광주의자[369]의 견해를 배격하고 있어서 프랑스 신앙고백 제38조와 동일하게 주의 만찬(성찬)에서 나눠주는 빵과 포도주 외에는 우리에게 다른 참된 식물의 표징이 없다고 언급하고 있습니다.

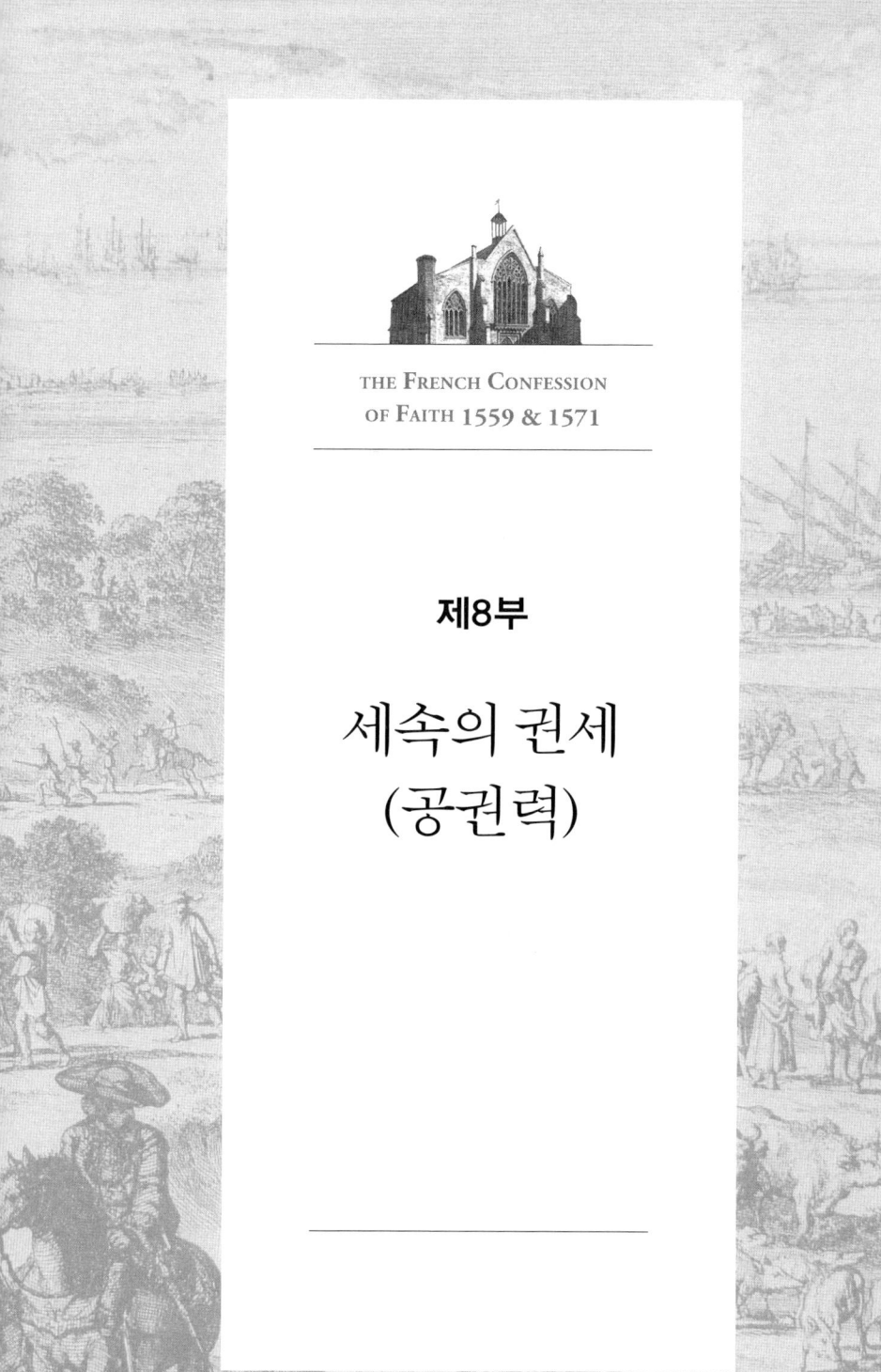

THE FRENCH CONFESSION
OF FAITH 1559 & 1571

제8부

세속의 권세
(공권력)

THE FRENCH CONFESSION
OF FAITH 1559 & 1571

제39조

관원의 권한

우리는 하나님께서 세상의 무질서와 정욕을 억제할 굴레로 세상에 세속정부와 법률을 정하셨다(세우셨다)고 믿는다. 그래서 하나님은 왕국, 연방, 공화제, 세습 또는 비세습인, 그리고 홀로일 뿐 아니라 정의의 직무와 관련하여 그것을 자신의 것이라고 주장하는 자들을 세우셨다. 그러므로 하나님께서는 다만 십계명의 제2계명만이 아니라 제1계명을 거스르는 범죄까지 억제하시기 위하여 관원들의 손에 검을 쥐어주신 것이다.

따라서 우리는 그들이 관원이기 때문만이 아니라 하나님께서 그러한 질서를 제정하셨기 때문에, 그들을 전적으로 존경하고 합당한 경의를 표해야 한다. 하나님께서는 그들이 하나님의 보좌관 또는 직원으로서 합법적이고 신성한 직무를 수행하도록 하셨다.

[증거구절]

출 18:20-21; 신 1:15-17; 잠 8:15; 롬 13:1-2; 신 16:18-20; 시 82:1-4; 렘 21:12, 22:2-3; 롬 12:3-4; 왕상 15:12; 왕하 23:1-27; 롬 13:1-2; 딤전 2:1-2; 딛 3:1; 벧전 2:13-14.

관원(또는 세속정부)과 교회의 관계에 대해 프랑스 신앙고백은 기본적으로 로마 가톨릭의 "정교일치" 방식(the unity of Church and State, 교회의 권세가 세속권세까지 아우른다는 견해)과 재세례파의 철저한 "정교분리" 방식(the separation of Church and State, 세속정부와 교회는 전혀 별개이며, 세속정부는 교회에 어떤 것도 관여해서는 안 된다는 견해) 모두와 다른 방식을 기술하고 있습니다. 프랑스 신앙고백에서는 교회와 세속정부(또는 국가)의 관계를 파악하는 것이 관건으로, 시대나 정치 원리가 아니라 철저히 성경에 근거하여 합당하게 설정된 관계를 이해합니다. 그러나 역사를 살펴보면 이러한 관계(국가와 교회의 관계)를 어떻게 설정하느냐에 따라 여러 실제적인 문제와 사건이 있었음을 알 수 있습니다.

16세기 유럽의 교회와 세속권력의 관계: 프랑스를 중심으로

16세기에 이르기까지 프랑스는 한동안 유럽의 패권을 주도하는 국가였습니다. 프랑스의 패권이 급격히 성장할 수 있었던 것은 로마 교황과 긴밀한 공생 관계를 유지했기 때문입니다. 독일 황제와 대립하고 있던 로마 교황청으로서는 프랑스 국왕에게 지지를 받고 그 국왕을 후원할 수밖에 없었던 것입니다.

그러나 프랑스 국왕 필리프 4세는 정치적 책략을 통해 프랑스에 우호적인 클레멘스 5세(Clement V, 재위: 1305-14)를 교황으로 추대하고, 1309년에는 심지어 교황청을 프랑스의 아비뇽으로 옮기는 등 막강한 권세를 행사했습니다. 그러나 결과적으로는 교황청을 두 곳으로 만든 대분열과 교황권 추락으로 이어지는 교회 권세의 몰락을 낳았고, 그러한 가운데서 비로소 교황의 보편적인 영향력에 저항하는 움직임이 움트게 되었습니다. 국제 정세가 이렇게 변화하면서 1438년 "부르주(Bourges)의 결의"(부르주 국사조칙)에서 시작된 "갈리아주의"(Gallicanism)의 분위기에 따라 로마 교황의 권세와 프랑스의 왕권을 명확히 구분하여 프랑스 교회의 독립권을 확보하게 되면서 프랑스만의 독립적인 교회(특히 위그노파)가 성립할 수 있었습니다. 바로 그런 변화들 가운데서 프랑스 신앙고백을 통한 개혁 장로교회가 세워질 수 있었습니다. 하지만 16세기에 이르기까지 그러한 프랑스의 위상과 변화는 세속군주의 신앙심과 종교적 명분과 무관하게 이뤄진 것이 아니었습니다. 오히려 국왕을 비롯한 관원과 세속영주(귀족)의 주도와 후원으로 형성된 것이기 때문에 이러한 정황들을 바탕으로 교회(영적 통치)와 관원(세속 또는 국가 통치)의 관계가 지극히 자연스럽게 신앙고백의 한 주제를 차지하게 된 것입니다.

일반적으로 교회와 국가의 관계는 로마 교황청과 세속군주(황제, 국왕, 영주)의 관계로만 이해하기 쉽습니다. 그러나 16세기 유럽에서는 그러한 관계와 별도로 이미 세속군주와 로마 교황에 의해 세워진 성직자들 사이에 관계가 형성되어 있었습니다. 특히 프랑스는 오랜 기간에 걸쳐 프랑스만의 독특한 특징인 "갈리아주의"에 따라 프랑스 독립교회가 세워질 수 있었기 때문에 개혁적 성향의 위그노들이 프랑스에서 번성할 수 있었습니다.

그러므로 프랑스 신앙고백이 작성될 당시 프랑스 상황은 교회와 세속군주 또는 관원의 관계를 설정하는 것이 지극히 당연했으며, 오히려 관원의 권세를 통해 신앙적이거나 정치적인 교회의 여러 문제를 해결할 수 있는 발판을 형성하고 있었습니다. 나중에 살펴보겠지만 그러한 배경이 형성된 것은 성경적인 신학과 무관하지 않습니다. 그러므로 프랑스 신앙고백 제39조, 제40조처럼 교회와 국가 통치의 관계를 고백하는 일은 성경적으로도 타당하고 필요한 신앙의 고백인 것입니다.

재세례파의 "정교분리" 원칙

개신교 진영에서도 주로 스위스 형제단을 중심으로 형성된 재세례파 계열은 기본적으로 로마 가톨릭교회에서 분리되는 것뿐 아니라, 세속권세(정부)와 분리되는 것까지 추구한다는 점에서 일관되게 분리주의 노선을 지향했습니다. 이것은 재세례파의 일치 신조인 슐라이타임 신앙고백 제2조 출교에 관한 조항과 제6조 위정자에 관한 조항에 분명하게 선언되어 있습니다.

먼저 슐라이타임 신앙고백 제2조는 출교에 관하여 이렇게 고백하고 있습니다.

> 출교는 주의 명령을 행하기 위하여 자신들을 주님께 맡긴 사람들로서 세례를 받고 그리스도와 한 몸이 되어 형제와 자매로 불리는 사람들이 때로 부주의하여 과오와 죄로 빗나갈 때 적용되는 것이다. 이러한 사람이 있을 때 두 번까지는 사적으로 충고를 하고, 세 번째는 마태복음 18장의 그리스도의 명령에 따라 공개적으로 징계를 하고 출교 처분한다. 그러나 이것은 마태복음 5장의 정신에 따라 떡을 떼기 전에 해서, 우리가 같은 마음과 같은 사랑으로 같은 떡을 떼어서 먹고 또 같은 잔을 마시도록 되어야 한다.

이러한 출교에 관한 고백에는 재세례파의 기본 신앙노선인 순수주의, 곧 신앙의 순수를 추구하는 특성이 그대로 투영되어 있습니다. 기본적으로 이들이 과오와 죄를 범한 교회의 회원을 내보내고 분리하는 것은 순수하고 정결한 교회를 이루기 위해서입니다. 재세례파의 정교분리 노선은 마찬가지 원리에 따라 교회의 순수함을 위해 로마 가톨릭교회뿐 아니라 세속권세까지 철저히 배제하는 것입니다.

칼뱅은 「재세례파 논박」(1544)에서 재세례파의 슐라이타임 신앙고백 제2조를 논박했습니다.

> 모든 논쟁거리는 그들이 다음과 같이 생각하는 데에 있다. 곧 이 제도가 제대로 된 상태에 있지 않거나 합당하게 시행되지 않는 곳은 어디든지 교회가 존재하지 않으며, 거기서 그리스도인이 성찬을 받는 것도 위법이라고 보는 것이다. …… 그리하여 그들은 출교에 합당한 자들을 추방하지 않기에 그런 오염된 곳에 참여하지 않겠다는 구실을 내세우면서, 하나님의 교리가 순전히 전파되고 있는 교회들에서도 스스로를 분리한다.[370]

이러한 신조에 따라 재세례파는 독특한 분리주의 노선으로 향하는 것인데, 이에 대해 칼뱅은 "반대로 우리는 이 규례가 교회에 없다는 것이 불완전이요 잘못된 오점이라고 고백한다. 그럼에도 불구하고 우리는 그것을 교회로 여전히 인정하고, 이 교회 공동체를 고집하며, 사인(私人, 또는 개인)이 그것에서 분리하는 것을 합당치 않다고 주장한다."고 논박했습니다. 칼뱅은 "알곡과 가라지의 교회"(*corpus mixtum*)라는 개념을 통해 이것을 설명하면서 신앙의 순수를 위한 재세례파의 분리주의 노선은 명백히 성경에 부합하지 않는다고 논박했습니다.

> 주 예수께서 교회를 깨끗하게 하사 티나 흠이 없게 하기 위해서 그의 피를 흘리셨다고 기록된 것(엡 5:26)은 당장에 교회가 모든 오점에서

깨끗하다는 것을 의미하지 않는다. 오히려 교회는 이 세상에서는 결코 도달하지 못할 이 목표를 향해서 나아가면서 나날이 성장하고 발육한다. …… 이 더러움에 관한 한, 비록 우리가 세상에서 가장 잘 조직된 교회를 가지고 있다 하더라도, 그럼에도 불구하고 우리는 우리 주님이 그의 은총으로 우리 죄를 제거하사 우리를 씻는 일이 날마다 필요함을 피할 수 없다. …… 우리 주님이 말씀하신 것, 즉 우리가 잡초들을 모두 뽑아낸다면 동시에 좋은 씨를 잃어버릴까 두려우므로 세상 끝까지 많은 잡초들을 참고 놓아 둘 필요가 있다는 것을 마음에 두자(마 13:25, 29).[371]

한편 슐라이타임 신앙고백 제6조 위정자에 관한 조항은 이렇게 고백하고 있습니다.

무기는 그리스도의 완전 밖에서 하나님이 제정하신 것이다. 무력은 악한 자를 벌하며 죽이지만 선한 자를 지키며 보호한다. 법률에서 무력은 악한 자의 벌과 사형을 위하여 제정되었고 세상의 위정자들이 사용하도록 제정된 것이다. 그러므로 그리스도인의 완전에 있어서는 범죄 한 사람의 육신을 죽이지 않고 단순히 더 죄를 짓지 않게 경고하고 명령하기 위하여 다만 출교 처분을 하는 것이다. 그런데 이것을 하나님의 뜻으로 인정하지 않는 많은 사람들은, 그리스도인이 선한 사람을 보호하기 위해서, 혹은 사랑을 위하여 악한 자에 대항하는 무력을 사용해야 할 것인지를 질문하고 있다. 우리의 대답은 다음과 같이 일치한다. 그리스도는 자기의 마음이 온유하고 겸손해서 우리의 영혼이 쉼을 얻을 것이므로 자기를 배우도록 명령하셨다. 또 그리스도는 음행하다가 잡힌 이방 여자에게 자기 아버지의 법에 따라 돌을 던지지 말고 (아버지가 나에게 명령하신 대로 내가 행한다고 말씀하시면서) 죄를 더 짓지 말도록 자비와 용서와 경고를 주라고 하셨다. 출교의 규정에 따라 우리도 이러한 태도를 취해야 한다. 둘째로, 불신자들이 피차에 갖는 세상의 논쟁과 투쟁에 대해 그리스도인이 선고(宣告)를 해야 하는지, 또 무력에 관한 질문이 있을 수 있다. 이에 대한 우리의 합의된 대답은 다음과 같다. 그리스도는 유산 문제에 있어서 형제와 형제 사이에 끼어 결정을 내리시거나 재판을 하시지 않고 그런 일을 거부하셨다. 그러므로 우리도 그와 같이 해야 한다. 셋째로 무력에 관한 질문으로서, 이러한 모양으로 해서 선출된 어떤 위정자가 있다면 그가 위정자일 수 있겠느냐? 그 대답은 다음과 같다. 그들이 그리스도를 왕으로 삼으려 했으나 그는 피하고 그것을 자기 아버지가 주선하신 것으로 보지 않았다. 이렇게 우리도 그가 하신 것처럼 하며 그를 따르고 어둠 가운데서 걷지 말아야 할 것이다. 왜냐하면 그가 친히 말씀하시기를 나를 따라 오려는 사람은 자기를 부인하고 자기 십자가를 지고 나를 따르라고 하셨다. 또한 그는 무기의 힘을 쓰는 것을 금하시면서 말씀하시기를 세상의 왕들은 그것을 쓰지만 너희들은 그렇게 해서는 안 된다고 하셨다. 바울도 하나님이 미리 아신 사람을 또한 예정하셔서 자기 아들의 형상에 일치되게 하셨다고 말하였다. 베드로도 또한 그리스도는 고난을 받으시고(지배하시지 않고) 우리가 그의 발자취를 따르도록 우리에게 모범을 남기셨다고 말하였다. 마지막으로, 이런 점들 때문에 그리스도인이 위정자로서 봉사하는 것은 합당하지 않다고 판단될 수 있다. 정부의 위정자는 육을 따르며, 그리스도인 위정자는 성령을 따른다. 그들의 집과 거주는 이 세상에 있고, 그리스도인의 시민권은 하늘에 있다. 그들의 충돌과 전쟁의 무기는 육적이고 다만 육에 대항하는 것뿐이지만, 그리스도인의 무기는 영적이며 악마의 요새에 대항한다. 세상적인 적은 철동(鐵銅)으로 무장하지만, 그리스도인은 하나님의 무장과 진리와 의와 평화와 신앙과 구원과 하나님의 말씀으로 무장한다. 요는 우리를 향한 그리스도의 마음처럼 그리스도의 몸의 회원들의 마음도 모든 것에 있어서 그를 통하여 그렇게 되어야 하며 그 몸을 파괴한 분열이 없도록 해야 한다. 모든 왕국이 그 자체에 대항할 때 그 왕국은 파괴될 것이다. 그리스도 이후에 이제 그에게 대하여 기록된 대로 그의 회원들도 그렇게 되어야 하는데, 그것은 그의 몸이 완전하게 그리고 연합되어서 자체의 발전과 육성이 이룩되게 하기 위함이다.

칼뱅은 이러한 슐라이타임 신앙고백 제6조에 대해 "우리는 그리스도교와, 사법적 지위 및 세속권세자가 양립할 수 없는 것인지 고려해 보아야 한다. 그리하여 하나를 선택하기 위해서 다른 하나를 거절해야 하는지 말이다."[372]라고 논박하여, 슐라이타임 신앙고백에서 말하는 취지가 그리스도교와, 사법적 지위 및 세속권세자가 양립할 수 없다는 것임을 간파하고 있습니다. 그러나 칼뱅은 양립할 수 있다고 제시하면서 "검의 직무나 세속의 권세자의 직무를 수행하는 것이 신자들의 소명에 모순되는지 아닌지"[373]를 물으며 구약의 사사들과 다윗, 히스기야, 요시야와 같은 이스라엘의 왕들과 다니엘과 같은 선지자들의 예를 언급하는데 "다윗에 대해 보면, 그의 통치는 하나님에 의해 승인되었을 뿐만 아니라 매우 영예로운 칭호로 칭송되었고 장식되었다. 같은 이유로 그의 계승자들도 마찬가지의 말을 들었다."고 말합니다. 또한 "흔히 도덕법이라고 부르는 것에 대해서, 우리가 옛날 사람들이 가졌던 것과 다른 생활 규칙을 갖는다고 말하는 것은 잘못된 견해"라고 하면서, "모세의 율법이 함축하고 있는 것을 주의 깊게 고려해 보고 그리고 서로를 대조하여 비교할 때, 우리 주 예수의 의도가 무언가를 첨가하는 것이 아니라, 랍비들이 그릇된 설명으로 왜곡한 율법을 온전히 참되게 이해시키는 것이었음을 알게 된다."고 언급합니다. 그러므로 칼뱅에 따르면 "진정한 영적 의(justice spirituelle)에 대해서, 다시 말해 신자가 선량한 양심으로 행하여 자신의 소명과 다른 모든 일에 있어 하나님 앞에 온전하게 되는 일에 대해서는, 모세의 율법에 명백하고 완전한 선포가 있는 바, 우리가 옳은 길을 따라 가고자 한다면 단지 그것에 매달리기만 하면 된다(모세의 율법을 그대로 따르기만 하면 된다)."는 것입니다.

칼뱅은 여러 성경적 증거와, 예수 그리스도의 신분과 관련된 구절들을 통해 재세례파의 슐라이타임 신앙고백 제6조를 논박하면서 최종적으로 재세례파의 그러한 논거가 이원론적이라고 지적했습니다. 칼뱅은 재세례파들이 "위정자들의 통치는 육을 따르는 것이고, 그리스도인들의 그것은 영을 따르는 것이다."[374]라고 한 말과 "위정자들의 거주는 이 세상에서 영구하며, 그리스도인들의 그것은 천국에서 그러하다."고 한 말을 인용하여 다음과 같이 반박했습니다.

> 군주들의 거주는 세상에서 영원하다는 그들의 진술에 관하여서는, 다윗이 얼마나 자주 그들을 논박하고 있는가? …… 하나님은 다니엘에게 페르시아 왕의 궁정에서 지상 통치의 직무를 수행하라고 명령하신다(단 12:9, 13). 그에게 계시되었던 것들을 기다리며, 궁극적으로는 부활의 날을 기다리면서 말이다. …… 모세는, 비록 여기 아래서는 백

성들의 세속 통치권을 가졌지만, 그래도 희망과 소망 가운데서 하늘에 그의 거주를 갖고 있었다. 그러므로 나는 재세례파의 면전에 모세, 다윗, 히스기야, 요시야, 요셉, 다니엘, 그리고 이스라엘의 모든 왕들과 사사들을 제시하는데 …… 그것은 이들이 이 세상에서 검의 직무를 가졌기 때문에 하나님의 왕국에서 추방되었는지 아닌지의 문제이다. 그들(재세례파)이 모든 군주들의 마음 씀이 이 세상에 속한 것이라고 말하는 것에 대해서, 이사야는 그가 지상의 왕들이 예수 그리스도의 영적인 하늘나라가 지탱하도록 도울 것이라고 약속하면서 그들의 반대 입장에 선다(사 60:3).[375]

뿐만 아니라 "바울도 하나님을 경외하며 거룩하고 평화롭게 살기 위해 높은 지위에 있는 사람들을 위해 기도하라고 권면하면서(딤전 2:2) 역시 같은 말을 하고" 있는데, "여기서 그는 위정자들의 주된 목적이 …… 그들 나라에서 하나님이 섬김과 영광을 받으시며 각 사람이 선하고 정직한 삶을 영위하도록 이끄는 것임을 지적한다."고 말합니다. 따라서 칼뱅은 이 문제에 대해 "하나님이 그토록 인정한 위정자들의 소명을 정죄하기 위하여 재세례파가 얼마나 그릇되고 왜곡된 주장을 폈는지를 알게 된다."고 말했습니다.[376]

프랑스 신앙고백에서 말하는 교회와 세속 권력의 관계

로마 가톨릭의 정교일치 교회론과 재세례파의 철저한 정교분리 교회론과 달리, 프랑스 신앙고백 제39조는 "우리는 하나님께서 세상의 무질서와 정욕을 억제할 굴레로 세상에 세속정부와 법률을 정하셨다(세우셨다)고 믿는다."고 고백하고 있습니다. 로마 가톨릭처럼 교회 권세가 세속에도 동일한 지배권을 갖는다거나 재세례파처럼 세속권세는 교회와 아무런 상관이 없다는 것이 아니라, 세상의 무질서와 정욕을 억제하도록 하나님께서 세속권세를 정하셨다(세우셨다)는 것입니다.

이러한 권세들과 관련하여 칼뱅은 「기독교강요」 최종판(1559) 3권 제19장에서 기독교인의 자유에 관해 "사람들이 원하는 대로 우리의 양심이 법과 규칙에 얽매인다면(갈 5:14), 양심은 확실히 자유를 잃은 것이다."³⁷⁷라고 설명합니다. 그리고 이것을 바탕으로 "그러므로 우리는 이 돌에 걸려 넘어지지 않도록, 먼저 사람에게는 이중의 통치가 있다는 것을 생각해야 한다. 하나는 영적인 통치로서 여기서 양심이 경건과 하나님을 경외하는 일을 배우며, 다른 하나는 사회적인 통치로서 여기서는 인간으로서 또 시민으로서 사람 사이에 유지해야 할 여러 가지 의무를 배운다."고 하여, 기본적으로 이 둘을 구별하되 각 역할 가운데서 이중으로 자리하고 있다고 말합니다.

또한 "우리가 구별한 것과 같이, 이 둘은 항상 각각 별도로 검토해야 한다. 한 쪽을 고찰할 때에는 다른 쪽은 염두에 두지 않아야 한다. 이를테면 사람에게는 두 세계가 있으며, 두 세계가 각자 다른 임금과 다른 법률의 권위 하에 있다."고 말합니다. 그러면서 "이런 차이가 있기 때문에, 우리는 영적 자유에 대한 복음의 교훈을 사회질서에 잘못 적용해서는 안 된다. 그리스도인들은 하나님 앞에서 양심의 자유를 얻었다고 해서, 외부적인 통치에 관해서 인간 사회의 법에 복종할 필요가 없는 것이 아니다. 그리스도인들은 영적으로 자유롭다고 해서 모든 육적 예속으로부터 해방된 것은 아니다."라고도 했는데, 재세례파의 성경 적용이 바로 이러한 예입니다.

또한 프랑스 신앙고백 제39조는 "하나님께서는 다만 십계명의 제2계명만이 아니라 제1계명을 거스르는 범죄까지 억제하시기 위하여 관원들의 손에 검을 쥐어주신 것이다."라고 했습니다. 그런데 여기서는 영적인 통치와 사회적인 통치를 서로 구별할 것이 아니라, 이 둘을 연결하여 논의해야 합니다. 칼뱅은 「기독교강요」(1559) 4권 제20장에서 국가 통치에 대해 다루고 있습니다.

> 굳세게 서서 "종의 멍에"를 메지 말라고(갈 5:1) 우리에게 명령하는 사도가 다른 곳(고전 7:21)에서는 종들에 대해서 그 입장을 염려하지 말라고 하니, 이것은 국민 생활에서의 노예 상태와 영적 자유가 완전히 공존할 수 있기 때문이 아니고 무엇인가?[378]

그러한 바탕 가운데서 칼뱅은 "경건을 제일의 관심사로 삼지 않으면 원만하게 정부를 수립할 수 없으며, 하나님의 권리를 무시하고 사람의 일만을 돌보는 법률은 앞과 뒤가 서로 뒤바뀐 것임을 모든 학자가 인정했다."[379]고 말하면서 "모든 철학자들이 종교를 가장 중요시하며 이 일에 대한 모든 민족의 관찰이 보편적으로 일치하기 때문에, 만일 그리스도인인 군주들이나 집권자들이 이 일에 마음을 쓰지 않는다면 그들은 자기의 태만을 부끄러워해야 한다."[380]고 했습니다. "이런 의무들은 하나님께서 그들에게 명령하신 것"이며, "그들은 마땅히 자기가 대표하는 하나님과, 또 그들에게 은혜를 주셔서 주권을 가지게 하신 하나님의 영광을 보호하며 선양하는 데 힘써야" 하기 때문입니다. 이처럼 칼뱅은 "이스라엘에 왕이 없었던 것"(삿 21:25)이라는 말을 십계명의 첫 돌판에 있던 계명과 관련한 의무를 수행하는 집권자가 없었다는 뜻으로 해석하여 신앙과 관련한 집권자의 역할을 강조했습니다. 그리고 프랑스 신앙고백에도 그러한 칼뱅의 언급이 반영된 것입니다.

이러한 이해를 통해 우리는 프랑스 신앙고백 제39조 나머지 문장인 "따라서 우리는 그들이 관원이기 때문만이 아니라 하나님께서 그러한 질서를 제정하셨기 때문에, 그들을 전적으로 존경하고 합당한 경의를 표해야 한다. 하나님께서는 그들이 하나님의 보좌관 또는 직원으로서 합법적이고 신성한 직무를 수행하도록 하셨다."는 고백에 전적으로 공감할 수 있습니다. 칼뱅이 인용한 성경 구절에서도 파악할 수 있듯이 이 고백은 결코 16세기의 국제·사회적 정세를 배경으로 작성된 것이 아니라, 오직 성경(*sola scriptura*)이라는 신앙 원리를 근거로 작성되었기 때문에 더 바르게 이해하고 공감해야 할 것입니다.

제40조

관원에 대한 복종

그러므로 우리는 그들(관원)의 법률과 규칙에 따르며, 세금, 조세, 그 밖의 의무를 수행하고, 비록 그들이 불신자라 할지라도 하나님의 주권과 통치가 침해 받지 않는 한 자율적이고 기꺼운 마음으로 복종하는 멍에를 메야 한다. 따라서 우리는 그러한 권세를 거부하고 개인의 재산을 몰수하여 사회의 것으로 만들며 정의의 방책(법과 질서)을 전복시키려는 사람들의 모든 행동을 반대한다.

[증거구절]

마 17:24-27; 막 12:17; 행 4:17-20, 5:29.

프랑스 신앙고백 조항들과 당시 종교·정치적 배경을 살펴보면, 신앙 문제가 오늘날처럼 세속 통치와 분명하게 나뉘어 있지 않고, 오히려 당시 사회 및 문화와 긴밀히 연동되어 있는 것을 알 수 있습니다. 프랑스 신앙고백 제40조에서는 그러한 이해를 바탕으로 이들이 배격하고자 한 무리에 대해서도 살펴볼 것입니다.[381]

국가의 통치 의무(임무)

칼뱅은 「기독교강요」(1559) 4권 제20장에서 이렇게 말했습니다.

영적 통치는 지상에 있는 우리 안에 이미 하나님의 나라를 시작하게 만들며, 이 죽을 덧없는 생명 속에서 영원불멸의 복락을 어느 정도 예상할 수 있게 한다. 그러나 국가 통치에 지정된 목적은, 우리가 사람들과 함께 사는 동안 하나님께 대한 외적인 예배를 존중하고 보호하고, 건전한 교리와 교회의 지위를 수호하며, 우리를 사회생활에 적응시키며, 우리의 행위를 사회 정의와 일치하도록 인도하며, 우리가 서로 화해하게 하며, 전반적인 평화와 평온을 증진하는 것이다.[382]

칼뱅의 이러한 언급에서 우리는 국가 통치의 기능이 기본적으로 국민을 지배하거나 군림하는 것이 아니라 보호하는 것임을 생각하게 됩니다. 아울러 기독교 신앙에서 국가 통치를 인정(집권자의 지위가 하나님에게서 기원한다고 인정)하고 그 목적을 언급하는 것은, 하나님께서 분명하게 그 기능을 다하도록 위임하신다는 의미 때문임도 생각할 수 있습니다.

당시 프랑스는 영국과 100년 동안 치른 전쟁(1337-1453)으로 거의 파탄 지경에 이르렀었습니다. 그러나 그러한 상황은 역설적으로 강력한 군주정치를 회복할 수 있는 발판이 되었습니다. 특히 루이 11세(Louis XI, 재위: 1461-1483)는 봉건귀족을 물리치고 왕권을 확립했으며, 그의 아들 샤를 8세(Charles VIII, 재위: 1483-1498)는 선왕이 확립한 중앙집권화를 바탕으로 이탈리아를 원정하고 견제하여 종교개혁 시대의 발판을 확보할 수 있었습니다. 1516년에는 프랑스 국왕이 교황과 "볼로냐 협약"을 맺고 프랑스 국왕에 의한 프랑스 성직 임명과 성직자 징세, 교회 법정 등에 대한 왕권 강화를 이뤄내어 로마 가톨릭의 절대적인 통치를 벗어나 종교개혁의 정치적·사회적 발판을 마련할 수 있었습니다.[383] 프랑스 종교개혁은 곧이어 로마 가톨릭을 지지하는 세력과 개신교파 사이의, 어쩌면 불가피했을 종교전쟁을 일으켰습니다. 그러므로 프랑스 신앙고백이 작성되던 시기에 (성경에서 언급하는) "국가의 통치 임무"는 보편적인 논의 주제였고, 그러한 논의에서 칼뱅은 국가의 통치가 하나님에게서 기원할 뿐 아니라, 하나님께서 위임하신 분명한 목적과 임무가 있다고 주장한 것입니다. 국가 통치의 목적과 임무에 대해 칼뱅은 집권자의 지위가 하나님께서 정하신 것이며, 그 임무도 하나님께서 원하시는 바에 따라 사회와 종교에 이르기까지 전반적(하나님의 피조세계 전반)이라고 설명했습니다.

> 인간 사회에서 정부가 하는 일은 빵과 물과 태양과 공기가 하는 일 못지않게 중요하다. …… 사람들이 호흡하고 먹고 마시며 따뜻하도록 하는 이런 모든 활동을 포함한 생활 방도를 마련할 뿐 아니라 그 이상의 일을 한다. 우상 숭배, 하나님의 이름에 대한 모독, 하나님의 진리에 대한 훼방 그리고 그밖에 종교에 대한 공공연한 방해가 대중에게 발생하거나 만연하지 않도록 하고, 치안을 유지하며, 시민의 재산을 보호하고, 인간 상호간의 선한 교제를 가능하게 하며, 정직과 겸양의 덕을 보존[한다.]

이러한 배경 가운데 프랑스 신앙고백 제40조는 "우리는 그들(관원)의 법률과 규칙에 따르며, 세금, 조세, 그 밖의 의무를 수행하고, 비록 그들이 불신자라 할지라도 하나님의 주권과 통치가 침해 받지 않는 한 자율적이고 기꺼운 마음으로 복종하는 멍에를 메야 한다."고 고백하는 것입니다.

국가의 통치에 대한 두 견해: 로마 가톨릭과 급진 개혁파

일반적으로 로마 가톨릭교회의 수장은 교황으로, "로마 가톨릭교회"라는 범 세계교회를 표방하는 로마 가톨릭의 특성상, 로마제국에서 시작되는 제국 통솔과 관련하여 황제와는 늘 정치적으로 긴장된 관계를 맺어 왔습니다. 그러나 이단 및 십자군과 같은 복잡한 문제들을 협의하기 위해 소집한 "공의회"(*Conciliorum*)에 당연히 제후와 세속 권력이 참여했으며, 16세기 트리엔트 종교회의(공의회)가 있기 전인 13세기의 세 차례 보편 공의회(1215년 4차 라테란 공의회, 1245년 1차 리옹 공의회, 1274년 2차 리옹 공의회)에서도 통상 공의회를 실질적으로 지배하는 교황보다 세속 권력이 우위에 있었습니다.[384] 더구나 13세기 세 차례 보편 공의회가 열리던 시기의 유럽 국제 정세를 살펴보면, 1198년 이후 독일은 왕권을 둘러싼 투쟁이 한창이고 이후에는 영국과 프랑스의 분쟁(백년전쟁)으로 혼란스러운 상황이었습니다. 그럼에도 교황이 주재하는 공의회에서 카타리파를 비호하던 프랑스 툴루즈의 라이문두스 백작의 실각이 승인되고, 독일의 왕권 쟁탈에서는 교황이 세운 호엔슈타우펜 왕가의 프리드리히 2세가 왕위에 오르는 등 세속군주에 대한 교황의 영향력은 여전히 중요했습니다. 그리하여 2차 리옹 공의회(1274)와 비엔 공의회(1311-2) 사이에 교황 보니파키우스 8세(Bonifacius Ⅷ, 재위: 1294-1303)가 세속권세에 대한 교황의 위세를 현저히 강화하기 위해 "우남상탐"[385]을 교령으로 공표한 것입니다.

이처럼 로마 가톨릭교회에서는 기본적으로 황제 및 세속 국가의 통치보다 로마 가톨릭교회의 수장인 교황의 통치가 우위에 있다고 보았으며, 다만 현실에서는 정치·외교적인 여러 상황 가운데 중세 초기와 같은 성속 일치가 깨져 세속권세와 계속 투쟁하는 국면에 있었던 것입니다.

그러나 "우남상탐"으로 현저히 강화된 교황의 위세는 교황 보니파키우스 8세가 프랑스의 재상 기욤 드 노가레(Guillaume de Nogaret, 1260-1313)에게 포로로 붙잡히는가 하면, 1304-1305년의 교황선거(Conclave)에서 친프랑스 성향의 보르도 대주교인 베르트랑 드 고트를 신임 교황(교황 클레멘스 5세)으로 선출시켜 1309년에는 로마 교황청이 아닌 프랑스 아비뇽에 새로운 교황청을 정하고 향후 70년간 "아비뇽 유수"를 시작하는 등, 세속 통치의 영향력에 굴복하게 되었습니다. 그러한 변화들 속에서 점차 프랑스의 자치권과 로마 가톨릭교회의 영향력과 별개로 프랑스 국가교회가 형태를 갖출 수 있었던 것입니다.

한편, 프랑스를 비롯한 독일 등 유럽 지역에서 로마 가톨릭교회의 수장인 교황권의 위세와 장악력이 점차 약화되면서 재세례파를 비롯한 급진 개혁파가 대두하기 시작했습니다. 급진 개혁파는 교회와 국가의 관계를 로마 가톨릭교회와 다른 국가들의 관계와 전혀 다른 방식으로 이해했습니다. 그들이 이해한 내용은 재세례파의 일치신조인 슐라이타임 신앙고백 제6조에 명백하게 드러나 있습니다. 특히 슐라이타임 신앙고백 제6조 가운데 "그리스도인이 위정자로서 봉사하는 것은 합당하지 않다고 판단될 수 있다. 정부의 위정자는 육을 따르며 그리스도인 위정자는 성령을 따른다. 그들의 집과 거주는 이 세상에 있고 그리스도인의 시민권은 하늘에 있다."는 문구에서 교회의 통치(치리권)와 국가의 통치(통치권)를 명백히 구분하는 것을 볼 수 있습니다. 로마 가톨릭이 세속 통치와 어떤 식으로든 영향을 주고받는 관계였던 것과 정반대로 재세례파는 국가와 교회를 전혀 별개의 것으로 구분한 것입니다. 또한 재세례파처럼 교회의 통치와 국가의 통치를 전혀 별개로 구분하는 것은 국가가 사용하는 어떠한 무력도 용인하지 않는 "평화주의"와도 연계됩니다. 특히 국가의 통치는 교회 통치에 절대로 관여하거나 물리력을 사용할 수 없다고 보는 것입니다.

이처럼 국가의 통치에 대한 견해는 크게 적극적으로 관여하여 우위에 있어야 한다고 보는 로마 가톨릭의 견해와, 전혀 별개로 보고 아무런 관련성도 두지 않으려는 재세례파 등 급진 종교개혁 세력의 견해로 분류할 수 있습니다. 이러한 양극의 견해 사이에는 루터를 비롯한 종교개혁 진영처럼 교회와 국가의 통치가 각 임무 가운데서 긴밀히 연관되되 로마 가톨릭처럼 우위를 점하려 하는 것이 아니라 각 역할과 기능이 병립하는 것으로 이해하는 견해가 있습니다.

특히 로마 가톨릭교회와 세속 통치가 경쟁하는 가운데서 로마 가톨릭 교회 내에서는 공의회(*Conciliorum Oecumenicorum*)의 권위가 교황보다 우위에 있다고 보는 "공의회 우위설"이 대두되었습니다. 14세기의 파도바의 마르실리우스는 그의 저서 「평화의 수호자」(1324)에서 교회의 백성은 국가의 백성이기도 하기 때문에, 국가의 통치권력(관원)은 공의회를 소집하고 재가할 수 있어야 한다는 국가 교회적인 주장으로 공의회 우위설이 본격적으로 대두될 수 있는 이론적 근거를 제시했습니다.[386] 그러한 주장을 근거로 한 공의회 우위설은 교황직의 분열과 쇠퇴를 배경으로 실질적인 영향을 끼치게 된 것입니다.

루터는 1520년에 마침내 독일의 개신교회에 "독일 땅에서의 자유로운 그리스도교적 공의회"라는 명칭의 공의회 소집을 제기했습니다. 여기서 "자유로운"이라는 표현은 교황의 통제를 벗어나 소집된 공의회를 뜻하며, "그리스도교적"이라는 표현은 교회의 고위성직자뿐 아니라 독일의 기독교적 귀족인 "제후"도 참석하여 모두의 유일한 권위인 성경에만 의지하여 의결하는 공의회를 뜻합니다.[387] 이런 변화들 가운데 로마 가톨릭교회에서도 1545-1563년에 트리엔트 종교회의(공의회)가 소집된 것입니다.

프랑스 신앙고백은 트리엔트 종교회의의 소집 방식이 아닌 마르틴 루터의 소집 방식을 지지합니다. 트리엔트 종교회의의 소집은 여전히 교황의 소집권을 공식적으로 천명하는 가운데 진행된 것이기 때문입니다.

국가의 통치에 충실함

칼뱅은 이미 「기독교강요」(1559)에서 정부의 주요 임무를 언급하면서 재판장에 대한 구절(출 22:8)과 "신들의 모임"(시 82:1, 6)이라는 표현을 근거로 "그들(재판장, 즉 집권자들)이 하나님의 위임과 권위를 받았으며, 전적으로 하나님의 대표, 이를테면 대리자로서 행동한다는 뜻"[388]이라고 하여 정부의 지위는 그들에게 부여된 일을 통해 하나님을 섬기는 것이라고 밝히고 있습니다. 프랑스 신앙고백도 집권자(관원)에 대한 칼뱅의 이해를 바탕으로 "그러므로 우리는 그들(관원)의 법률과 규칙에 따르며, 세금, 조세, 그 밖의 의무를 수행하고, 비록 그들이 불신자라 할지라도 하나님의 주권과 통치가 침해 받지 않는 한 자율적이고 기꺼운 마음으로 복종하는 멍에를 메야 한다."고 한 것입니다. 특히 신앙을 근거로 그들(국가의 통치, 집권자)을 부인하거나 배척할 수 없음을 명백히 밝히는 것입니다.

마찬가지로 칼뱅은 "다윗이 모든 군왕들과 관원들은 하나님의 아들에게 입 맞추라고 권고했을 때(시 2:12), 그는 그들이 그 권위를 버리고 사생활로 돌아가라고 하지 않고 그들이 받은 권력을 그리스도에게 바쳐 그리스도만이 모든 사람 위에 군림하시게 하라고 하였다. 마찬가지로, 이사야는 열왕이 교회의 양부가 되며 왕비들이 교회의 유모가 될 것이라고 약속했을 때(사 49:23), 그들의 영예를 빼앗지 않고 도리어 고귀한 칭호를 주어 하나님의 경건한 경배자들의 수호자로 삼았다."³⁸⁹라고 하여 이에 대한 성경적 근거를 규명하였습니다. 이처럼 집권자의 권위는 하나님의 대리자로서 직무에 부여된 것³⁹⁰이기 때문에 국민(또는 시민)인 신자는 당연히 그들이 행할 직무 수행(하나님의 공의를 실현하는 일꾼이 해야 할 직무 수행)에 "복종하는 멍에를 메야 한다."는 것입니다.

한편, 프랑스 신앙고백의 마지막 고백에는 "따라서 우리는 그러한 권세를 거부하고 개인의 재산을 몰수하여 사회의 것으로 만들며 정의의 방책(법과 질서)을 전복시키려는 사람들의 모든 행동을 반대한다."는 문구가 있습니다. 이것은 누누이 언급한 재세례파처럼 정부(국가)와 교회를 전혀 별개로 다루어 집권자의 정당한 임무 수행도 거절하는 주장뿐 아니라, 토마스 뮌처나 츠비카우 예언자들(the Zwickau Prophets)과 같은 급진주의 그룹이 보여준 사회구조 개혁처럼 기존 사회질서를 거부하고 재편하려는 움직임, 예컨대 농민전쟁 같은 사건에도 반대하는 것입니다. 아울러 멜키오르 호프만이 천년왕국적 종말론을 배경으로 구현했던 2년간의 혁명적 신정정치 체제와 일부다처제, 그리고 사유재산을 부정하는 과격하고 파격적인 공동체 생활 같은 것³⁹¹에 대해서도 총체적으로 반대하는 고백인 것입니다.

사실 프랑스 신앙고백이 작성된 후로도 프랑스와 유럽 전역의 역사에서 세속권세자들의 영향과 역할은 지대했습니다. 1520년에 소집된 "독일 땅에서의 자유로운 그리스도교적 공의회(종교회의)"처럼 율법의 두 번째 돌판에 속하는 사안뿐 아니라 첫 번째 돌판에 속하는 사안까지도 세속권세(관원)에서 논의한 것은 세속정부와 교회의 긴밀한 연관성을 단적으로 시사하는 역사적 사례³⁹²라고 할 수 있습니다. 프랑스 신앙고백이 마지막 제40조에서 관원에 대한 복종을 고백하는 것도 동일한 맥락과 사례를 따르는 것입니다. 세속정부와 교회(기독교 신앙의 전체적인 맥락)의 그러한 관계 설정은 1647년에 작성된 웨스트민스터 신앙고백 제20장의 국가와 공직자에 대한 고백에서도 동일하게 계승되어 있습니다.

현대사회는 지극히 다양한 가치와 문화가 병립하면서 그러한 다양성이 인정되는 사회 구조이기 때문에, 기본적으로 대부분 "정교분리"를 표방하고 있습니다. 특히 프랑스 사회는 프랑스 대혁명(1789-1794)까지 거슬러 오르는 긴 역사를 거치는 동안 헌법상 비우호적인 정교분리 원칙을 고수하고 있는데다, 군주정이 들어서는 것을 방지하기 위한 공화주의(republicanism)도 추구했습니다. 그러한 분위기에서는 기본적으로 교회와 세속정부가 전혀 별개의 영역으로 다뤄지게 됩니다. 그러나 그처럼 정교분리를 추구한 것은 18세기부터 일어난 비교적 최근의 경향이며, 무엇보다 성경에서는 하나님의 대리자가 해야 할 임무를 수행하는 역할로서 국가 또는 정부의 집권자에게 칼(강제력)이 허락된 것을 볼 수 있습니다. 그러므로 칼뱅은 "하나님의 법이 모든 그리스도인에게 살인하지 말라고 금지하며(출 20:13; 신 5:17; 마5:21), 하나님의 거룩한 산(교회)에는 해됨도 없고 상함도 없으리라고 예언했다면(사 11:9, 65:25), 어떻게 집권자들은 경건하면서도 동시에 피를 흘리는 자가 될 수 있겠는가 하는 점"[393]에 관하여 "집권자가 벌을 주는 것은 자기의 마음대로 하는 일이 아니라 하나님의 공평을 실시하는 것임을 깨닫는다면 우리는 이 문제에 구애되지 않을 것이다. 주의 율법은 살인을 금한다. 그러나 살인자는 벌을 받아야 하기 때문에 입법자이신 하나님께서는 그의 일꾼들에게 칼을 주어 모든 살인자를 치게 하신다."[394]고 설명한 것입니다.

한국 사회도 그동안 헌법상 교회와 국가는 정교분리를 표방했지만, 현실에서는 정권(일제, 미군정, 군사독재 정부 등)과 긴밀한 관계를 설정해 왔습니다. 그러면서 국가에 대한 의무, 즉 납세의 의무 등에서는 헌법상 원칙을 근거로 비과세의 혜택을 누려왔습니다. 그러나 프랑스 신앙고백에서 고백하는 성경 원리에 따르면 그렇게 하는 것은 오히려 하나님의 대리자로서 정당하게 임무를 수행하는 집권자에게 복종하지 않는 것(납세의 의무 등 공적인 복종의 의무는 다하지 않으면서 사적인 유익만 취하는 의미의 불복종)으로서, 그들을 세우신 하나님께도 불순종하는 실례가 되는 것입니다.

 이처럼 성경을 따라 하나님께 순종하는 신앙이란, 때로는 당장 손해를 입는 것으로 생각될 수 있는 일에도 성경과 그 원리에 따라서 행해야 하는 의미에서 "그들(관원)의 법률과 규칙에 따르며, 세금, 조세, 그 밖의 의무를 수행하고, 비록 그들이 불신자라 할지라도 하나님의 주권과 통치가 침해 받지 않는 한 자율적이고 기꺼운 마음으로 복종하는 멍에를 맬 수 있어야" 하는 것입니다.

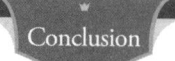

책을 묶으며

작금에 거의 모든 개신교단, 특히 장로교단에서 종교개혁 500주년이 되는 올해를 기념하며 뜻 깊은 행사들을 하기 위해 노력하고 있다. 이때 "기념"(記念)이라는 말은 "뜻 깊은 인물이나 그의 일, 또는 중요한 사건 등을 잊지 않고 마음에 간직하여 되새기는 것"을 말한다. 따라서 무언가를 기념하기 위해서는 반드시 그 대상을 명확하게 정의하고 이해하는 일을 바탕으로 해야 한다.

해마다 개신교에서 기념하는 "종교개혁"은 얼핏 대상이 분명해 보이지만, 사실 그 대상의 지역과 시기가 지나치게 광범위하다는 점에서 종종 무리가 따르는 경우를 볼 수 있다. 그래서 보통 마르틴 루터(Martin Luther, 1483-1546)를 종교개혁의 선봉장으로 삼아 그가 비텐베르크 성 교회문에 95개조 반박문을 붙인 사건을 중심으로 기념하고 있는 실정이다. 그러나 당시 루터에게는 종교개혁 의지가 뚜렷하지 않았을 뿐 아니라, 그보다 앞서 왈도(Peter Waldo, 1140-1205), 위클리프(John Wycliffe, 1320-1384)와 같은 인물들이 오히려 개혁 의지와 태도를 분명히 보여준 점으로 볼 때, 굳이 루터만 기념할 이유는 없다.

이처럼 특정한 인물을 중심으로 종교개혁을 기념하는 것은 매우 취약하다. 그 사실을 인정하고 종교개혁을 정의하기로 하면, 그때부터는 유럽 전역에 걸쳐 수많은 인물은 물론 시기적으로도 최소한 16세기 전체를 이해해야 하는 광범위한 조사가 요구된다. 그러한 조사와 이해를 통해 우리는 적어도 인물이나 시대, 지역에 국한된 사건들이 아니라 개혁하려고 한 신학의 실제적인 내용과 의미 속에서 비로소 종교개혁을 이해하고 기념해야 한다는 결론에 다다를 것이다.

그렇다면 16세기 유럽 전역에 걸쳐 상당히 긴 기간 동안 이뤄진 종교 개혁에서 중요하게 개혁된 신학의 내용은 무엇인가? 기본적으로 이신 칭의(以信稱義)라고 불리는 "칭의"(Justification)를 비롯하여 사제주의를 논박하는 "만인제사장주의"(Priesthood of All Believers), 성찬에서의 "화체설"(transubstantiation) 부인 등 신학적 내용이 많지만, 가장 근본적인 종교개혁의 내적 원리는 "성경"에 있어서 "오직 성경"(*sola scriptura*)의 원리와 "전체 성경"(*tota scriptura*)의 원리일 것이다. 특별히 개혁된 신학(신앙)의 본질과 관련하여 로마 가톨릭과 가장 기초적이고 본질적으로 다른 점이 바로 이러한 "성경"에 대한 이해다.

로마 가톨릭의 교회론이 철저히 조직교회와 교직의 위계에 근거한 반면, 이를 개혁한 교회들에서 정립한 교회론은 철저히 성경에 근거하여 교회가 존재하고 분별된다는 신학적 원리를 담고 있다. 따라서 개신교, 그 가운데서도 장로교회의 신학에서 말하는 교회의 표지는 늘 성경과 성례, 권징(치리)이며, 그 모든 표지의 바탕이 바로 성경이다.

무엇보다 개신교의 성경관은 오직 성경이 교회와 신앙의 유일한 원리와 규범을 이루며, 그러한 원리와 규범은 신약 또는 구약에 한정되는 것이 아니라 구약과 신약 전체 성경에서 나타난다고 말한다. 그리고 모든 개신교의 신학과 조직(교회)은 이러한 성경관을 바탕으로 성립하는 것이다. 이 점 때문에 로마 가톨릭의 사제주의를 반대하면서도 반(反)교직주의를 지향하기 쉬운 만인제사장주의를 보완하는 개신교의 독특한 직제(職制)가 성립한다. 즉, 개혁된 교회들에서 로마 가톨릭과 같이 사제를 중심으로 하는 교회론을 배격하는 근거는 만인제사장주의지만, 그것은 교직(敎職)의 직분을 불신하거나 부정하는 것이 아니라 강조하는 근거가 된다. 반면 재세례파를 중심으로 하는 진영에서는 만인제사장주의와 신앙을 지나치게(편중되게) 강조했기 때문에 직제에서 가르치는 직분인 "목사"를 부정하는 분위기가 팽배했다. 그러한 재세례파 신학의 영향으로 오늘날 "평신도신학"이 강조되는 것을 볼 수 있다. 현대 장로교회들에서도 유행하고 있는 프로그램도 대부분 만인제사장주의에 대한 재세례파의 편중된 이해를 바탕으로 하는 경우가 상당히 많다. 반면 프랑스 신앙고백은 로마 가톨릭뿐 아니라, 흔히 간과되고 있는 재세례파를 비롯한 급진 종교개혁 진영의 오류와도 구별되는 독특한 바탕을 잘 보여주고 있다.

프랑스 신앙고백의 기본적인 바탕은 1647년에 작성된 웨스트민스터 신앙고백과 상당히 유사하다. 그런 점에서 장로교회의 신앙고백은 전반적으로 칼뱅의 신학을 바탕으로 그 심도와 영역이 더 깊어지는 방향으로 심화되어왔다고 할 수 있다. 그러나 안타깝게도 웨스트민스터 신앙고백이 작성된 이후로는 그러한 바탕과 심도가 현격하게 변질(수정과 확장)되었을 뿐이다. 따라서 원숙하기 시작하는 종교개혁의 내용을 담고 있는 프랑스 신앙고백과 더 이상 원숙함을 찾기 어려운 실정인 웨스트민스터 신앙고백은 종교개혁의 취지와 맥락을 이해하는 괄호 역할을 하기에 충분하며, 그런 만큼 우리는 적어도 그러한 괄호 안에서 개혁된 시대를 바라볼 수 있을 것이다.

아무쪼록 미약한 필자의 이 해설서가 그러한 종교개혁의 출발선을 바르게 이해할 수 있는 유익한 도구가 되기를 바란다.

THE FRENCH CONFESSION
OF FAITH 1559 & 1571

부록

프랑스
신앙고백
전문

프랑스 신앙고백
The French Confession of Faith (1559 & 1571)

1부 · 하나님과 그분의 계시

제1조 하나님: 우리는 하나님께서 한 분이시며, 영적이시고, 영원하시며, 보이지 않으시고, 불변하시며, 무한하시고, 우리의 이해를 초월하시며, 말로 다 형용할 수 없으시고, 전능한 단 하나의 단순한 본질을 가지신 분이시며, 가장 지혜로우시고, 가장 선하시고, 가장 정의로우시고, 가장 자비로우신 분이라는 믿음을 고백한다.

제2조 계시: 하나님께서는 사람들에게 자기 자신을 다음과 같이 계시하셨다. 첫째는 그분이 행하신 일들과 창조, 만물의 보존과 통치를 통해서, 둘째는 더 분명하게 그분의 말씀을 통해서다. 처음에는 직접 말씀하셨으나 나중에는 우리가 성경이라 부르는 책들에 (그것을) 기록하게 하셨다.

제3조 성경: 성경은 구약과 신약의 정경으로 구성되어 있다. 구약에는 모세의 오경인 창세기, 출애굽기, 레위기, 민수기, 신명기가 있고, 여호수아, 사사기, 룻기, 사무엘상, 사무엘하, 열왕기상, 열왕기하, 역대지략이라고도 불리는 역대기상, 역대기하, 에스라가 있으며, 느헤미야, 에스겔, 욥기, 시편, 잠언 혹은 솔로몬의 격언, 전도서, 솔로몬의 노래가 있고, 이사야, 예레미야, 예레미야의 애가, 에스겔, 다니엘, 호세아, 요엘, 아모스, 오바댜, 요나, 미가, 나훔, 하박국, 스바냐, 학개, 스가랴, 말라기가 있다. 신약에는 마태복음, 마가복음, 누가복음, 요한복음, 누가의 둘째 책 혹은 사도행전, 로마인들에게 보낸 편지, 고린도인들에

게 보낸 첫째 편지, 고린도인들에게 보낸 둘째 편지, 갈라디아인들에게 보낸 편지, 에베소인들에게 보낸 편지, 빌립보인들에게 보낸 편지, 골로새인들에게 보낸 편지, 데살로니가인들에게 보낸 첫째 편지, 데살로니가인들에게 보낸 둘째 편지, 디모데에게 보낸 첫째 편지, 디모데에게 보낸 둘째 편지, 디도에게 보낸 편지, 빌레몬에게 보낸 편지, 히브리인들에게 보낸 편지, 야고보의 편지, 베드로의 첫째 편지, 베드로의 둘째 편지, 요한의 첫째 편지, 요한의 둘째 편지, 요한의 셋째 편지, 유다의 편지, 요한계시록이 있다.

제4조 믿음의 규칙: 우리는 이 책들이 정경으로서 우리 신앙의 확실한 규범이라는 것을 안다. 그것은 의견 일치나 교회의 합의보다는 성령의 증거와 내적 조명에 의한 것이다. 성령께서는 아무리 유용할지라도 어떠한 신앙 조항도 찾아낼 수 없는 교회의 다른 문서들(외경, 위경)과 정경을 구별할 수 있게 하신다.

제5조 성경의 권위: 우리는 성경에 있는 교리가 하나님께 왔으며, 성경의 권위는 다만 하나님께 받은 것이지 사람에게 받은 것이 아님을 믿는다. 성경이 모든 진리의 척도이며 하나님을 예배하는 일과 우리를 구원하는 일에 필요한 모든 것을 담고 있는 만큼 사람이나 천사라 할지라도 (성경에 있는) 교리에 첨부하거나 삭제하거나, 성경을 고치는 것은 전혀 신중하지 못한 것이다. 따라서 고전, 관습, 다수, 사람의 지혜, 판단, 선포, 칙령, 포고, 회의, 환상, 이적 등 어떠한 권위도 성경의 여러 책을 반대할 수 없으며, 모든 것은 오직 성경에 일치되도록 검토되고 규정되며 개혁되어야 한다. 그러므로 우리가 세 가지 신조, 즉 사도 신조, 니케아 신조, 아타나시우스 신조를 고백하는 것은 이 신조들이 하나님의 말씀과 매우 일치하기 때문이다.

제6조 삼위일체: 성경의 책들은 앞서 고백한 대로 하나의 간결한 신성으로 존재하시며 삼위(三位)의 본질이신 성부, 성자, 성령께서 계심을 가르친다. 성부께서는 만물의 최초 원인이시자 원리이시며 기원이시다. 성자께서는 성부의 말씀이시며 영원한 지혜이시다. 성령께서는 성부의 덕(德)과 힘, 효력이시다. 성자께서는 성부에게서 영원히 출생하셨고, 성령께서는 성부와 성자에게서 영원히 나오셨다. 이 삼위는 혼동되지 않고 구별되지만 서로 분리되지 않고 동일한 본질을 가지며 똑같이 영원하고 능력이 있다. 이 점에서 우리는 네 고대회의에서 결의한 것을 (그대로) 받으며, 힐라리우스, 아타나시우스, 키릴로스와 같은 교부들이 배척한 모든 종파와 이단을 배격한다.

제7조 창조, 하나님의 사역: 하나님은 세 위격의 동시적 사역을 통해 그의 능력과 지혜, 그리고 불가해(不可解)한 선으로 만물을 창조하셨다. 하늘과 땅과 그 안에 있는 모든 것뿐 아니라 보이지 않는 영들까지 창조하셨는데, 그중 어떤 것은 타락하여 멸망하였고 어떤 것은 여전히 순종하고 있다. 타락한 천사들은 악으로 부패되어 모든 선의 원수가 되었고 결국 모든 교회의 원수가 되었다. 거룩한 천사들은 하나님의 은혜로 보존되어서 하나님의 이름을 영화롭게 하며, 하나님이 선택하신 생명들이 구원받도록 돕는 사역자가 되었다.

제8조 하나님의 통치: 우리는 하나님께서 만물을 창조하셨을 뿐만 아니라 주관하시고 지도하시며, 그의 주권적인 의지로 세상에서 생기는 모든 일을 처리하시고 정비하심을 믿는다. 그러나 그가 악을 지으신 분이라든지, 죄책이 그에게 전가된다고는 믿지 않는다. 그의 뜻은 모든 정의와 공의의 최상의 무오한 척도이기 때문이다. 그러나 우리는 마귀들과 (죄 많은) 사악한 사람들이 범하며 (그에 대한) 죄책을 지게 되는 악이 선으로 바뀌도록 그가 모든 것을 주관하심을 믿는다. 우리는 우리에게 숨겨진 비밀들 앞에 겸손히 머리를 숙이고 우리가 이해할 수 없는 것에 지나친 의문을 품지 않고, 다만 우리의 평화와 안녕을 위해 성경이 우리에게 가르치는 것들을 알려고 할 뿐이다. 하나님은 모든 것을 자신에게 복종하게 하시며 성부로서 관심을 가지고 우리를 지켜보셔서 그의 뜻이 없이는 우리의 머리털 하나도 떨어지지 않게 하시기 때문이다. 그리고 그는 마귀와 우리의 모든 원수를 신속히 제압하셔서 자신의 허락 없이 우리를 해칠 수 없도록 하신다.

2부 · 사람과 그의 죄

제9조 인간의 타락: 우리는 사람이 하나님의 형상으로 순전하고 완전하게 창조된 것과, 자신의 죄 때문에 그가 받은 은혜에서 떨어져 나가고, 의와 모든 선한 것의 근원이신 하나님에게서 스스로 멀어지고, 그의 본성이 전적으로 부패되었음을 믿는다. 사람은 이해력이 어두워지고 마음이 부패하였으며, 무결성을 완전히 잃어버렸다. 비록 여전히 선과 악을 구별할 수 있다 하더라도 사람이 가졌던 빛은 어둠이 되었기 때문에 그의 지성과 이성으로는 도무지 하나님을 찾을 수 없게 되었다. 또한 스스로 이런저런 행동을 할 만한 의지를 가지고 있을 때에도 항상 죄에 붙잡혀 있기 때문에, 선을 행할 자유로운 욕구를 갖지 못한다. 그가 (선을 행할 만한) 무언가를 가졌다고 한다면, 그것은 하나님의 은혜

로운 선물이다.

제10조 원죄: 우리는 아담의 후손이 모두 원죄에 매여 있으며, 그것은 유전적인 악이어서 펠라기우스파가 선언한 단순한 모방이 아님을 믿으며, 그들(펠라기우스파)의 오류를 미워한다. 또 이 죄(원죄)가 어떻게 이 사람에게서 저 사람에게로 전해지는지 물을 필요가 없다고 생각한다. 하나님이 아담에게 주신 것은 아담에 대한 것만이 아니라 그의 모든 후손에 대한 것이기 때문이다. 그 결과 우리는 모든 좋은 은사를 빼앗겼고 그(아담)와 함께 죄와 비참의 상태로 떨어졌다.

제11조 원죄의 영향: 우리는 이 원죄가 참으로 죄이며, 어머니의 자궁에서 태어나기 전인 태아를 포함한 모든 사람에게 해악을 끼치기에 충분하며, 하나님도 그렇게 여기신다고 믿는다. 세례를 받은 후에도 그러한 부패는 여전히 죄로 있지만, 하나님의 자녀들에 대해서는 (그러한) 부패가 정죄되지 않는다. (그들에게는) 하나님의 풍성한 은혜와 절대적인 자비가 있기 때문이다. 아울러 하나님의 종으로 선택받고 그러한 부패에 저항할지라도, 이 세상에서는 여전히 약점과 불법함으로 부패된 채로 있다.

3부 · 예수 그리스도

제12조: 우리는 모든 사람이 이 정죄와 보편적 부패에 빠져 있음을 믿는다. 그러나 하나님이 영원하고 불변하는 선택의 의논에 따라 택자들의 공로(일함)를 고려하지 않으시고, 예수 그리스도 안에서 그의 선하심과 자비로 그들을 죄악과 비참한 처지에서 떠나게 하셨음을 믿는다. 그들에게 그의 공의를 설명해 보이시고, 그의 자비의 지극히 영광스러움을 드러내시며, 그렇지 않은 여타의 사람(불택자, 유기자)들은 동일한 부패와 정죄 아래 남겨두셨음을 믿는다. 하나님이 세상을 창조하시기 전에 예수 그리스도 안에서 확정하신 불변한 목적에 따라 분별하시기까지, (택자들은) 다른 자들(유기자들)보다 더 나은 자들이 아니었다. 누구도 자신의 선행으로는 이러한 보상을 얻을 수 없다. 하나님께서 우리 마음에 은사와 그의 은혜를 넣어주시지 않으시는 한, 우리의 본성은 스스로 어떤 선한 동기나 생각 또는 효과도 보여줄 수 없기 때문이다.

제13조: 우리는 구주 예수 그리스도 안에서 구원받기 위해 지금 우리에게 필요

한 모든 것이 제공되고 전달되었다고 믿는다. 그는 하나님에 의해 우리의 지혜와 의와 성화, 그리고 구원이 되셨다. 만일 우리가 그리스도를 떠난다면, 우리의 유일한 피난처이신 성부 하나님의 자비를 포기하는 것과 같다.

제14조 그리스도의 신성: 우리는 예수 그리스도께서 지혜이시며 성부 하나님의 영원하신 아들이심을 믿는다. 우리의 인성을 취하시고, 한 인격(Person) 안에 하나님과 사람이 있으시며, 우리와 같은 사람으로서 실제로 몸과 마음에 고난을 당하실 수 있고, 모든 점에서 우리와 같이 되신 분이지만 죄에 대해서는 전혀 예외이심을 믿는다. 비록 육적으로는 아브라함과 다윗의 후손이시지만, 예수 그리스도께서는 가장 축복된 처녀에게서 비밀스럽고 불가해한 성령의 능력으로 잉태되셨다. 그러므로 우리는 지난 시절에 교회를 어지럽히던 모든 이단에 진실로 반대하며, 특별히 세르베투스의 악마적인 망상에 반대한다. 그는 우리 구주 예수 그리스도를 망상적인 신(神) 개념으로 이해하여 그를 만물의 발상(idea)이나 양식(pattern)이라고 주장하는가 하면, 하나님의 아들이라는 것은 비유(figurative) 혹은 모조(counterfeit)라 불렀다. 요컨대 그는 창조된 것이 아닌 세 요소로 채워진 몸을 가진 분이라고 주장하여 그(그리스도)의 본성(신성과 인성)을 섞어버리거나 깨뜨려버렸다.

제15조 그리스도의 본성의 연합과 구별: 우리는 한 인격, 곧 구주 예수 그리스도 안에 두 본성(신성과 인성)이 실질적이고도 분리되지 않게 결합되어 있음을 믿는다. 또한 그럼에도 각 본성은 본래적 성격을 분명히 지니고 있으며, 이 연합으로 신성이 그 속성을 그대로 지닌 채 피조물이 아닌 무한하고 무소부재(無所不在)한 존재로 남아 있음을 믿는다. 그의 인성(人性)은 유한하고, 인성으로서 형태와 한계, 속성을 가지고 있다. 죽음에서 부활하셨을 때 구주 예수 그리스도의 몸은 영생을 얻었지만, 그것(몸의 참된 본성)은 결코 제거되지 않았다.

4부 · 구원 사역

제16조 그리스도의 죽으심: 우리는 하나님께서 그의 아들을 세상에 보내셔서 우리에게 무한한 사랑과 헤아릴 수 없는 선을 보여주시고, 그의 모든 의를 완전히 성취하시며, 우리에게 영원한 생명을 가져다주시기 위해, 그(예수 그리스도)를 죽으시기까지 내어주시고 다시 죽음에서 높이셨음(부활케 하심)을 믿는다.

제17조 그리스도의 죽으심의 효과들: 우리는 오직 예수 그리스도께서 십자가 위에 달리신 희생만이 우리를 하나님과 화목하게 하고 그가 보시기에 의롭다 여겨지게 한다는 것을 믿는다. 그가 우리 죄를 용서하시고 그의 무덤에 덮어버리지 않는 한 우리가 하나님께 용납될 수 없을 뿐 아니라 그의 자녀가 될 수 없기 때문(양자 됨)이다. 예수 그리스도께서 우리를 온전하고 완벽하게 씻어주셨고, 그의 죽으심으로 우리에게 선고된 모든 죄가 전부 충족된 것으로 인정받았다. 그 외에 어떤 수단이나 방책도 우리를 (죄에서) 풀어내지 못한다.

제18조 우리의 의, 그리스도: 우리는 우리의 모든 의가 죄의 탕감에 근거하며, 다윗이 말한 대로(시 32:2) 우리의 유일한 기쁨도 그 사실에 근거함을 믿는다. 그러므로 우리는 하나님 앞에서 다른 방법으로 달리 의롭게 될 수 있다고 생각하는 사람들의 모든 방법에 반대하며, 어떠한 덕이나 공로도 내세우지 않고, 우리의 모든 죄를 가려주는 동시에 하나님 앞에서 은혜와 선의를 볼 수 있도록 우리에게 전가해 주신 예수 그리스도의 순종에만 전적으로 의지한다. 참으로 우리는 이 토대가 아닌 다른 데서는 결코 안식을 찾을 수 없으며, 반드시 우리의 죄책 가운데서 동요하고 불안해지게 된다. 우리가 예수 그리스도 안에서 사랑을 받을 만한 좋은 토대에 서도록 인도되지 않으면 결코 하나님과 화평할 수 없기 때문이다. 우리 자신은 마땅히 그에게 미움받을 수밖에 없다.

제19조 우리의 중보자, 그리스도: 우리는 이러한 방편(그리스도의 중보직)으로만 하나님 자신을 우리에게 아버지로 나타내시는 것을 확신하고, 그(하나님)를 부를 (기도할) 자유와 특권을 갖는다고 믿는다. 이 중보자 말고는 하나님에게 접근할 수 있는 다른 길이 없기 때문이다. 그리고 그의 이름으로 기도 응답을 듣기 위해서는 우리의 머리 되시는 그를 붙잡아 그에게서 우리의 생명을 얻어야만 한다.

제20조 우리 구원의 진리: 우리는 "그가 우리의 구원을 위해 고난받으셨으므로 누구든지 그를 믿으면 멸망치 않으리라"(요 3:16)고 기록된 대로 오직 믿음으로 의롭게 되는 것을 믿는다. 아울러 이것은 그 약속들을 받을 때 하나님의 말씀으로 받았음을 확신하면서 그 약속들의 효과를 받아들이며, 주님이 직접 말씀하신 확실한 것들을 우리가 의심 없이 즐거워하는 방법 외에는 없다. 이렇듯 믿음을 통한 우리의 의는 하나님께서 선언하시고, 자신의 사랑을 우리에게 입증하신 하나님의 자애로운 약속(언약)에 달린 것이다.

제21조 변치 않는 은혜인 믿음: 우리는 성령의 은밀한 은혜로 우리 안에 불붙는 믿음을 조명받았다. 이것은 하나님을 기쁘시게 하도록 사람들에게 주신 고마운 특별한 은사이므로, 그러한 믿음을 갖는다고 자랑할 것이 아니며, 다만 자신이 다른 사람보다 우선권을 받은 것을 하나님께 더욱 감사해야 한다. 믿음은 선택된 사람들에게만 주어져 (그들을) 바른 길로 인도할 뿐 아니라, 그들이 끝까지 믿음을 지속하도록 한다. 하나님은 믿음을 시작하시면 결국 완전하게 끝마치시기 때문이다.

제22조 믿음의 효과: 우리는 이 믿음으로 새 생명을 갖고 다시 태어났지만, (여전히) 본성은 죄 아래 노예의 신분으로 있다고 믿는다. 더 정확히 말하자면, 우리는 하나님께서 우리에게 자신의 성령을 주실 것이라는, 복음이 우리에게 주는 그 약속을 받음으로 거룩하게, 그리고 하나님에 대한 두려움에서 믿음으로 살아갈 은혜를 받는다. 이 믿음은 거룩한 생활을 못하게 우리를 방해하거나 경건을 열망하지 못하게 하는 것이 아니라, 오히려 우리 안에서 반드시 모든 선한 일을 낳는다. 비록 하나님께서 우리의 구원을 달성하기 위해 일하시며 우리를 개혁하고 중생케 하셔서 우리가 그 일을 기쁘게 잘 할 수 있게 하시지만, 최종적으로 그러한 우리의 고백에도 불구하고 우리가 행하는 선한 일들은 그의 영(성령)에게서 나온 것이다. 그것(우리가 행하는 선한 일들)은 우리의 의로 돌려지는 것이 아니며, 우리를 하나님의 자녀 되게 하기 위한 공로가 될 수 있는 것도 아니다. 우리가 예수 그리스도의 속량에 의지하지 않는다면, 우리의 양심은 언제나 평안하지 못하고 의심하며 동요할 것이기 때문이다.

제23조 율법의 기원: 우리는 그리스도께서 육신을 입고 오셨을 때, 율법의 모든 예식이 끝났음을 믿는다. 그러나 이제 사용되지 않을지라도 그 예식들이 나타내고자 하는 실체와 진리는 그리스도의 인격 안에 깃들어 항상 충족된다. 더구나 우리는 삶의 올바른 질서와 복음의 약속들을 확인하기 위해서 율법과 예언자들의 도움을 받아야만 한다.

제24조 우리의 유일한 변호자, 그리스도: 우리는 죽은 성도를 위해 기도드리는 사람들의 발상은 부적절하며, 그것은 올바르게 기도하지 못하게 하려는 사탄의 끈질긴 요구라고 믿는다. 예수 그리스도께서 우리의 유일한 변호자가 되시며, 개인적으로 기도드릴 때 그의 이름으로 아버지에게 나아가도록 우리에게 명하셨고, 하나님께서 그의 말씀으로 우리에게 가르치신 기도의 본과 일치되지 않

으면 올바른 기도가 아니기 때문이다. 또한 우리는 사람이 하나님 앞에서 자신들을 구속할 수 있었다고 생각하는 모든 잘못된 방법을 거부한다. 예수 그리스도의 희생과 고난을 무시하는 것이기 때문이다. 끝으로, 우리는 연옥이 동일한 데에서 나온 속임수라고 보며, 수도원 서약, 성지 순례, 성직자의 결혼 금지, 육식 금지, 특정 성일(聖日: 부활절, 성탄절 등)을 지키는 의식들, 고해, 면죄부, 그리고 은혜와 구원을 얻게 해준다고 할 만한 그 밖의 모든 것을 거부한다. 우리가 이러한 것들을 거부하는 것은 그것들에 부착되어 있는 (미혹의 요소인) 공로적인 견해들 때문만이 아니라, 그것들이 양심에 메우는 멍에이기 때문이다.

5부 · 교회의 본질

제25조 교회에 필요한 목사: 이제 우리는 복음을 통해서 그리스도께 동참했으므로, 그리스도의 권위로 세워진 교회의 질서는 신성하게 유지되어야 한다. 그러므로 목사 없이 교회는 존속할 수 없다. 목사의 직임은 무리를 지도하는 것으로, 정식으로 청빙되어서 그 직책을 충실하게 수행할 때 우리는 마땅히 그를 명예롭게 대하고 존경하는 마음으로 (그의 말을) 들어야 한다. 하나님께서는 이러한 방편이나 하위 수단에 매이지 않으시지만, 다만 이러한 방법으로 우리를 다스리시는 것을 좋게 여기신다. 이러한 이유로 우리는 거짓말로 말씀 설교와 성례전 시행을 완전히 폐지하고자 하는 모든 환상가를 혐오한다.

제26조 공적 예배의 유지: 따라서 우리는 하나님의 성도의 모임에서 스스로 떠나 개인적인 간구를 드리는 것은 위법이라고 믿는다. 모두 연합하여 교회의 공동체성을 유지해야 한다. 신앙이 진정으로 성숙해지려 할 때마다 이것이 모든 기본이 되는 것으로, 하나님께서 교회의 참된 제도를 세우신 곳은 어디든지, 비록 관원들의 법령이 이러한 교회의 제도에 반(反)한다 할지라도 예수 그리스도의 멍에와 공적인 가르침에 자신을 복종시켜야 한다. 성도와 함께하지 않고 다른 곳으로 향하는 것은, 매우 비뚤어진 행동이며 멸망의 재앙에 참여하는 것이기 때문이다.

제27조 교회의 정의: 그럼에도 우리는 참된 교회와 거짓 교회를 신중하고 조심스럽게 구별해야 한다고 믿는다. "교회"라는 명칭이 매우 남용되고 있기 때문이다. 그리하여 우리는 하나님 말씀대로 교회란 그의 말씀과 그 말씀이 가르치는

순수한 교리에 순종하는 일에 하나가 된 믿는 자들의 회집(會集)이라고 부른다. 성도는 그 말씀 안에서 전 생애에 걸쳐 성숙하고 발전해야 할 사람으로, 그들은 날마다 하나님을 두려워하는 가운데 거룩하게 성숙하고 더 멀리 발전한다. (그러나) 그들은 그 모든 노력에도 불구하고, 죄를 용서받기 위해 하나님의 은혜를 요청해야만 한다. (또한) 그럼에도 우리는 성도들 가운데 위선자와 하나님을 멸시하는 악한 자가 있을 수 있지만, 그들의 패악이 교회의 이름(명성)을 가릴 수 없음을 믿는다.

제28조 교황주의에 대한 반대: 이 신앙 가운데서 우리는 하나님 말씀을 받아들이지 않거나, 그것(하나님의 말씀)에 복종할 것을 고백하지 않거나, 성례전을 사용하지 않는 경우, 제대로 말하자면, 그것을 교회라고 판단할 수 없음을 선언(protest)한다. 그러므로 교황주의의 회집을 정죄하는 까닭은, 그곳에서는 하나님의 순수한 말씀이 추방되었고 성례전은 부패되었으며, 거짓된 것으로 변했거나 파괴되었고, 모든 종류의 미신과 유행하는 우상들이 가득하기 때문이다. 그리하여 우리는 이러한 회집에 참여하여 그런 행동들에 동참하고 그들과 교제하는 사람들은 모두 그리스도의 몸에서 자신을 분리시키고 단절하는 것이라고 주장한다. 그러나 그럼에도 교황주의의 교회에도 교회의 흔적이 남아 있고, 세례의 효과와 실체가 남아 있으며, 또한 세례의 효과가 집례자에게 달린 것이 아니므로, 우리는 그 교회에서 세례 받은 사람들이 다시 세례 받을 필요는 없음을 고백한다. 다만, 그 성례의 시행에 섞여 있는 부패 때문에 양심의 오염 없이 그러한 교회의 세례에 자신의 아이를 계속 참여시킬 수는 없다.

6부 · 교회의 기구(조직)

제29조 교회의 직원: 우리는 참된 교회에는 우리 구주 예수 그리스도에 의해 확립된 규율이 적용되어야 한다고 믿는다. 즉 그러한 교회에 목사, 장로, 집사가 있는 까닭은 순전한 교리를 전수하고, 악덕을 개혁하고 억제하며, 가난하고 고통 받는 모든 사람을 그들의 필요에 따라 구제하고, 하나님의 이름으로 모인 거룩한 집회에서 성인과 아이 모두 교화(경건의 훈련)하기 위해서다.

제30조: 우리는 모든 참된 목사는 유일한 머리이자 유일한 군주이시며 유일한 대주교 되시는 예수 그리스도 아래 어디에서나 동일한 권위와 동등한 권세(동등

권)를 가진다고 믿는다. 따라서 한 교회가 다른 교회를 다스리거나 (다른 교회) 자체의 주권에 도전하는 것은 불법이다. 그러므로 형제사랑과 상호화합을 유지하기 위해서는 (상호간) 모든 돌봄과 주의함이 반드시 필요하다.

제31조 교회 직원의 선출: 우리는 누군가 자신의 권위를 이용하여 교회의 권세를 취하는 것은 불법이며, 다만 가능한 한, 그리고 주님께서 허용하시는 한, 모든 사람이 합법적인 선거를 통해 정당하게 인정되어야 한다고 믿는다. 여기에 예외를 명시적으로 추가하는 까닭은 교회의 존속이 훼방 받는 경우, (때때로) 하나님께서는 부패하고 황폐한 교회를 회복시키기 위해 비상적인 방법으로 사람들을 세우시기 때문이다. 그러나 그렇더라도 우리는 항상 이 규칙(합법적인 선거의 규칙)을 따라야 하며, 모든 목사와 장로, 집사는 자신의 직책에 대한 부르심의 증거를 지니고 있어야만 한다고 믿는다.

제32조 교회의 법(규정): 우리는 또한 교회에서 감독자들(목사와 장로)을 선택하는 것이 (교회의) 모든 지체가 우리 구주 예수 그리스도의 가르침에서 빗나가지 못하도록 적절하게 다스리는 것이 어떤 것인지를 현명하게 논의하기 위한 수단이라고 믿는다. 이것은 교회에서 편의상 특별한 법(제도)을 만드는 것을 방해하는 것이 아니라, 오히려 더욱 편리하게 할 것이다.

제33조 파문: 그러나 (파문과 관련하여) 우리는 하나님을 예배한다는 구실 아래 (사람들의) 양심을 속박하도록 도입한 모든 인간적 발상과 법(규칙)을 배격한다. 또한 (파문하는 경우는) 높은 자부터 낮은 자에 이르기까지 모든 자를 순종하고 화합하여 섬기는 것에 한정한다. 이 점에 관해서는 우리 구주 예수 그리스도께서 정하신 파문(권징)에서 살펴볼 수 있으며, 우리는 그것과 그 부속물에서 필요를 인식하여 그것을 기꺼이 승인하는 바다.

7부 · 성례

제34조 성례의 시행: 우리는 성례전이 말씀을 더 충분히 확신시켜주는 것, 즉 하나님의 은혜의 약속과 표가 된다고 믿는다. 이것은 매우 약하고 무지한 우리의 믿음을 돕고 위로하여 줄 수 있는 믿음의 도구로, 우리의 신앙고백에 대한 표지다. 하나님께서는 그의 성령을 통해 역사하시므로 우리에게 아무것도 헛되게

보여주지 않으신다. 그럼에도 우리는 성례전의 본체와 진리는 예수 그리스도 안에 있으며, 그에게서 분리될 경우, 연기와 그림자와 같다고 주장한다.

제35조 세례: 우리는 모든 교회에 공통되는 두 가지 성례전만 인정한다. 먼저 우리에게 양자 됨을 증명해 주는 세례다. 세례로 우리는 그리스도의 몸에 접붙임 받고, 그의 피로 깨끗하게 씻기며, 나중에는 그의 영(성령)으로 거룩한 생명을 얻어 중생하기 때문이다. 우리는 한 번 세례를 받지만, 그것으로 우리가 받는 은혜는 우리의 전 생애로 확대되며, 예수 그리스도께서는 항상 우리의 의와 성화의 영구한 보증이 되신다. 세례식은 믿음과 회개의 의식이지만, 우리는 믿는 부모에게서 태어난 어린 영아에게도 예수 그리스도의 권위로 세례할 것을 주장한다. 하나님께서는 자녀들을 그 부모와 함께 교회의 회원으로 여기시기 때문이다.

제36조: 우리는 또 다른 성례, 즉 우리 주님의 만찬이 우리가 구주 예수 그리스도와 함께 연합한 것을 증거한다고 분명하게 주장한다. 그가 우리를 위해 죽으셨을 뿐 아니라, 그는 참으로 그의 살과 피로 우리에게 (영적인) 자양분을 공급해 주시기 때문이다. 이것으로 우리는 그와 함께 행하며 그와 함께 살아가는 것이다. 그는 비록 하늘(천국)에 계시지만, 그가 세상을 심판하시러 오실 때까지 그의 영(성령)의 신비하고 불가해한 선으로 우리와 함께하시는 것으로 그는 자신의 몸과 피의 본질로 우리를 자라나게 하신다. 그러나 우리는 그것이 영적인 방법으로 이루어진다고 본다. 진리와 그 효과를 우리 자신의 헛된 망상이나 자만심으로 대체하려는 것이 아니라, 오히려 그리스도와 우리의 연합의 비밀이 지극히 높기(천상적이기) 때문이다. 그것은 우리의 모든 감각을 넘어서는 모든 자연의 이치로 하늘에 속하는 일이기 때문에, 믿음이 아니고서는 깨달을 수 없다.

제37조 주의 만찬(성찬): 전에 말했듯이 우리는 세례뿐 아니라 주의 만찬에서도 하나님께서 참으로 효과 있게 성례적 증거물(표지)을 주신다고 믿는다. 그러므로 우리는 그러한 표지에 명해진 것과 함께 그것이 우리에게 제공하는 것을 참으로 소유하며 즐거워한다. 따라서 주님의 성찬에서 깨끗함으로 잔을 채우듯이 순전한 믿음으로 나아가는 자들은 그 표지가 증거하는 것을 공급받는다. 그것은 예수 그리스도의 몸과 피로, (그리스도의) 몸과 살인 빵과 포도주는 영혼의 더 없는 식물(食物)이자 음료인 것이다.

제38조: 따라서 우리는 세례에서 사용되는 물이 지극히 평범한 것이지만, 그럼에도 예수 그리스도의 피로 우리 영혼을 정결하게 씻는 것을 진실로 증거하며, 주의 만찬(성찬)에서 나눠주는 빵과 포도주는 우리에게 영적 자양분을 공급해 준다고 주장한다. 예수 그리스도의 몸(살)은 우리의 식물이고, 그의 피는 우리의 음료임을 그것들이 나타내주고 있기 때문이다. 그러므로 우리는 우리 구주 예수 그리스도께서 "이것은 내 몸이며, 이 잔은 내 피"라고 말씀하셨는데도 이러한 인(印)과 표(表)를 받지 않으려는 환상가(또는 열광주의자)들의 주장에 반대한다.

8부 · 세속의 권세(공권력)

제39조 관원의 권한: 우리는 하나님께서 세상의 무질서와 정욕을 억제할 굴레로 세상에 세속정부와 법률을 정하셨다(세우셨다)고 믿는다. 그래서 하나님은 왕국, 연방, 공화제, 세습 또는 비세습인, 그리고 홀로일 뿐 아니라 정의의 직무와 관련하여 그것을 자신의 것이라고 주장하는 자들을 세우셨다. 그러므로 하나님께서는 다만 십계명의 제2계명만이 아니라 제1계명을 거스르는 범죄까지 억제하시기 위하여 관원들의 손에 검을 쥐어주신 것이다.

따라서 우리는 그들이 관원이기 때문만이 아니라 하나님께서 그러한 질서를 제정하셨기 때문에, 그들을 전적으로 존경하고 합당한 경의를 표해야 한다. 하나님께서는 그들이 하나님의 보좌관 또는 직원으로서 합법적이고 신성한 직무를 수행하도록 하셨다.

제40조 관원에 대한 복종: 그러므로 우리는 그들(관원)의 법률과 규칙에 따르며, 세금, 조세, 그 밖의 의무를 수행하고, 비록 그들이 불신자라 할지라도 하나님의 주권과 통치가 침해 받지 않는 한 자율적이고 기꺼운 마음으로 복종하는 멍에를 메야 한다. 따라서 우리는 그러한 권세를 거부하고 개인의 재산을 몰수하여 사회의 것으로 만들며 정의의 방책(법과 질서)을 전복시키려는 사람들의 모든 행동을 반대한다.

미주

1 프랑스의 첫 개혁교회 총회에서 제네바에 대표단을 파견했을 때, 원래 받은 초안은 35조였으나 제1회 프랑스 총회에서 공표된 것은 40조로 교정된 것이었다. 이후 라 로셀 고백서는 40개 조의 문구를 약간 수정하여 사용하고, 증거본문들을 폭넓게 첨부해 두었다. 그러나 칼뱅의 초안 자체는 35조였다.
2 참조 http://kcm.kr/dic_view.php?nid=20034
3 프랑스 신앙고백은 1559년에 장 칼뱅이 초안한 것으로, 1571년에 프랑스 라 로셀에서 공식적으로 승인될 당시에는 칼뱅의 제자 샤데우어가 일부 변형하였다. 구성도 조금 변형된 것으로 보이지만 그 의도나 내용은 다르지 않다. 이와 관련하여 본 해설서에서는 전반적으로 1559년에 초안된 35개 조본과 제1회 프랑스 총회에서 공표된 40개 조의 고백서, 그리고 1571년판 항목들을 참조하여 프랑스 신앙고백이 담고 있는 의미들을 함께 살펴볼 것이다. 그러나 기본적인 본문은 『John Quick's Synodicon』, Vol. I(1692)을 바탕으로 하였다.
4 이러한 대(大) 제목은 1571년 라 로셀 고백서의 분류 형식이다.
5 하나님의 본질의 단순성이라는 부분은 로마 가톨릭 신학의 대표 인물 토마스 아퀴나스가 아우구스티누스와 미묘하게 다른 견해를 보이는 부분이다. 아우구스티누스가 하나님의 본질을 참으로, 또 최고로 단순하다고 설명하는 데 비해 아퀴나스는 하나님의 본질이 전적으로 단순하지는 않다고 설명한다. 아퀴나스가 그처럼 하나님의 본질이 복잡하다고 언급하는 근거는 그의 피조세계(물질계)의 복잡성 때문이다. 프랑스 신앙고백은 이 두 견해 가운데 아우구스티누스의 신학을 지지하는 것으로 해석된다. 토마스 아퀴나스, 『신학대전』, Vol. I (바오로딸, 2014)을 참조하라.
6 본문은 1559년 제1회 총회본으로, 되도록 칼뱅의 초안에 가까운 시대의 것을 사용했다.
7 증거구절은 1571년판 고백서에 첨부된 것이다(이후 동일).
8 『신학대전』, Vol. I, p. 233.
9 이런 점에서 아퀴나스를 바탕으로 하는 로마 가톨릭 신학은 다분히 스콜라주의적인 특색을 보인다.
10 아우구스티누스, 『삼위일체론』, 크리스천다이제스트, 1993, pp. 201-2.
11 김진수, 김기수, 『존 칼뱅의 신학논문』, 생명의말씀사, 1991, p. 581.

12 그러나 하나님의 권위로 세워진 사람들을 어떻게 대해야 하는지와 관련해서도 바른 자세가 요구된다. 이에 대해서는 제 29, 30, 31, 39, 40조에서 구체적으로 살펴볼 것이다.

13 교황 보니파키우스 8세가 1302년 발표한 교서로, 이 교서의 요지에는 로마 가톨릭교회, 로마 교황, 그리고 그 교회의 머리에 굴복하지 않는 자는 결코 구원을 받지 못한다는 내용이 담겨 있다. 이것은 당시 교황권과 황제 또는 왕권의 대립과 마찰이 어떠했는지를 단적으로 방증해 준다.

14 장 칼뱅, 「기독교강요 1536」, 크리스천다이제스트, 2008, p. 357.

15 앞의 책, p. 357

16 클라우스 샤츠의 「보편공의회사」(분도출판사, 2005), p. 160 이하를 참조하라.

17 G. 알베리고 외, 「보편 공의회 문헌집」 제3권, 가톨릭출판사, 2006, p. 663.

18 트리엔트 공의회의 서두 "성령 안에서 합법적으로 소집되었으며, 사도좌로부터 파견된 세 분의 교황 전권 대사들이 주재하는 거룩하고 세계적이며 보편적인 본 트리엔트 공의회"라는 문구는 단순한 수식어가 아니라 로마 가톨릭교회(공의회 포함)가 무오하다고 보는 근거를 내포한다. 이에 비해 개신교회 및 총회의 승인이나 공표는 프랑스 신앙고백에서 볼 수 있듯이 "성령 안에서 합법적으로 소집되었으며"와 같은 문구를 쓰지 않는다. "프랑스에 산재하여 교황주의의 우상 예배를 폐지시킨 여러 교회가 일치하여 작정한 바" 또는 "우리의 구주 예수 그리스도의 복음의 순수성을 지키며 살기를 원하는 프랑스인들은……"과 같이 신적 권위가 아니라 분명하고 구체적인 목적과 취지를 밝히고 있다. 따라서 오늘날 개신교 총회에서 사용하는 "성(聖) 총회"라는 용어는 로마 가톨릭적인 표현이라고 할 수 있다.

19 「기독교강요 1536」, p. 359.

20 앞의 책, pp. 361-2.

21 공식 명칭은 "공의회"(*Conciliorum*)이지만, 여기서부터는 로마 가톨릭으로 변질되기 전인 기독교회사 초창기의 공의회들(니케아 공의회, 콘스탄티노플 공의회 등)과 구별하기 위해 "종교회의"라고 부르기로 한다.

22 「보편 공의회 문헌집」 제3권, pp. 663-4.

23 1559년 프랑스 신앙고백 초안에는 성경 목록이 언급되어 있지 않지만, 1571년 프랑스 신앙고백에서는 성경 목록이 언급되어 있다. 아마도 1546년 트리엔트 종교회의에서 선언한 정경 목록(외경을 포함한)을 거부한다는 의미로 추가된 것으로 보인다.

24 윌리엄 R. 에스텝의 「르네상스와 종교개혁」(그리심, 2002), p. 446을 참조하라.

25 발도파가 재세례파에 끼친 영향과 상관성에 대해서는 도널드 F. 던바의 「신자들의 교회」(대장간, 2015), pp. 71-89를 참조하라.

26 예수 그리스도의 신성과 거룩하심을 지나치게 옹호하는 견해로, 성육신하신 예수 그리스도의 육체는 우리와 같은 죄성을 지닌 것이 아니라 하늘의 신성을 간직한 육체라는 개념이다.

27 로마서 5장 12-21절에 따르면 인류의 첫 대표인 "아담"(אדם, 사람이라는 뜻)은 "오실 자(그리스도)의 모형"(14절)이며, 그리스도께서는 순종하심으로 의롭다 칭함을 얻을 백성의 대표가 되신다(19절).

28 칼뱅은 1536년 초판 「기독교강요」 헌사에서 재세례파를 언급하면서 "그(사탄)는 재세례파들

과 괴상한 악한들을 통해서 불일치와 교리적 논쟁을 불러일으킴으로써 진리를 희석시키고 마침내는 말살하려 했던 것"이라고 말한다. 「기독교강요 1536」, p. 64을 참조하라.
29 R. L. 해리스의 「성경의 영감과 정경성」(개혁주의신행협회, 1978), pp. 185-6을 참조하라.
30 장 칼뱅, 「기독교강요」(최종판) 1권, 한국출판사, 2000, pp. 157-8.
31 John T. Mcneill과 Ford Lewis Battles가 번역한 1559년판 「기독교강요」 1권 제7장의 각주 3에 따르면, 개신교 진영 내 코케이우스(Johannes Cocceius, 1603-1669)와 같은 인물들이 이미 성경보다 교회의 권위가 우월하다는 주장을 변호하고 있었다. 이것은 칼뱅 당시 성경의 정경성에 대한 개신교적 관점이 이미 상당히 오염되어 있었음을 시사해 준다. 「기독교강요」(최종판) 1권, p. 166을 참조하라.
32 앞의 책, p. 161.
33 클라우스 샤츠, 「보편공의회사」, 분도출판사, 2005, p. 221.
34 앞의 책, p. 226.
35 앞의 책, p. 226.
36 「기독교강요」(최종판) 1권, p. 159.
37 사도가 아닌 자들이 은사나 능력을 보인 경우가 성경에 지극히 드물게 등장하기도 한다. 그러나 그런 은사와 능력이 그들에게 사도권과 같은 특별한 권위를 부여하지는 않으며, 속사도 교부나 교부들 가운데 그런 예외의 인물에 관심을 기울여 그들의 기록에 권위를 부여한 예는 없다. 그런 점에서 성령의 은사와 능력은 사도적 권위를 입증하는 제한적인 성격 가운데서 일어난 것이다.
38 「기독교강요」(최종판) 1권, p. 162.
39 앞의 책, p. 125.
40 "내적 계시"라고 할 때, 한 가지 구별해야 할 것이 있다. 즉, "내적 계시"란 종교심 가운데서 우리가 스스로 느끼는 어떤 의식이나 감정 상태가 아니라, 하나님(성령)의 특별한 내적 조명 또는 계시를 말한다는 것이다. 전자는 일반계시 또는 자연계시에 더 가깝다. 그런 점에서 흔히 계시(직통계시)라고 생각하는 것은 대부분 종교심으로서의 자연계시 또는 일반계시이며, 많은 것이 오류에 싸여 있다.
41 불완전한 신비적 경험과 환상은 있었을지 몰라도 성경으로 기록될 만큼 특별한 계시는 전혀 없었다. 그렇기 때문에 흔히 "중간기"라고 말하는 말라기 이후 예수 탄생 전까지인 400년 동안에는 공식적인 하나님의 계시가 없었다.
42 유대인들은 이미 BC 400년경부터 확정적인 구약 목록을 지니고 있었다.
43 실제로 칼뱅은 「자유파 논박」(1545)이라는 글에서 그들의 사상을 강하게 경계했다. 박건택 편역의 「칼뱅 작품 선집」 5권(총신대학교출판부, 1998)을 참조하라.
44 앞의 책, pp. 262-3.
45 앞의 책, p. 233.
46 1907년 평양 장대재교회에서 소집된 대한예수교장로회 제1회 노회(독노회) 시 신경과 규칙을 정식 채용할 때의 서언을 보면, "대한예수교장로회에서 이 아래 기록한 몇 가지 종목을 목사와 강도사와 장로와 집사로 하여금 승인할 신조로 삼을 때에 대한예수교장로회를 설립

한 모(母) 교회의 교리적 표준을 버리려 함이 아니요, 오히려 찬성함이니"라는 문구도 조선의 장로교회가 장로교회들의 역사와 교리적 전통을 계승한다는 것이지, 그와 별도로 시작된다는 것을 말하는 것이 아니라는 깊은 의미가 있다.

47 「죤 칼뱅의 신학논문」, p. 581.
48 서철원, 「교리사」, 총신대학교출판부, 2002, p. 89.
49 앞의 책, p. 243.
50 「기독교강요」(최종판) 1권, p. 230.
51 마니교의 오류는 약 7세기 이후 거의 사라졌다가 12세기 중세 유럽의 카타리파에서 다시 나타났다. 중세 바울파와 보고밀파가 합쳐져 형성된 영지주의적 카타리파 역시 선악이원론을 바탕으로 악한 물질세계를 벗어나는 이상을 지닌 도피적 신앙관을 중세 유럽에 널리 퍼뜨렸다.
52 「기독교강요 1536」, p. 125.
53 앞의 책, p. 126.
54 「교리사」, p. 198.
55 앞의 책, p. 221.
56 삼위일체의 각 위격 간 관계 및 본질에 대한 이러한 오해에서 이후의 모든 인간적인 예수 그리스도론이나 불완전한 구원관, 이성적·철학적 신비주의의 이론적 바탕이 마련되었다.
57 성경에 더욱 부합한다는 뜻에서의 정통(正統)신학.
58 「칼뱅 작품 선집」5권, pp. 262-3을 참조하라.
59 앞의 책, p. 262.
60 앞의 책, p. 272.
61 앞의 책, p. 273.
62 그러나 그런 주장은 이미 칼뱅 시대에도 횡행했다. 이에 대해 칼뱅은 "그들에게 있어 그것은 하나의 생각으로서, 사람들이 더 이상 문제 삼지 않을 경우, 사라져 없어진다."고 언급하고 있다. 앞의 책, p. 273.
63 「죤 칼뱅의 신학논문」, p. 582.
64 「칼뱅 작품 선집」5권, pp. 367-8.
65 앞의 책, p. 369.
66 이러한 오해에 대한 변론이 잘 드러나 있는 것이 바로 1536년판 「기독교강요」 헌사다.
67 악에 대해서는 하나님의 주권적인 주관하심이 작용하지 못하므로, 결국 하나님의 주권과 주관하심은 제한적인 것이 된다. 이러한 비판은 곧 하나님의 전능성, 전지성, 무한성과 같은 속성에도 동일하게 적용될 수 있다.
68 「칼뱅 작품 선집」5권, 서론, xxxiii.
69 칼뱅이 그처럼 반박한 것은, 그들이 로마 가톨릭도 공유하고 인정하는 기본적인 교리에서도 이탈하여 더 자유롭게 괴변을 펼쳤기 때문이다. 자유파와 재세례파의 특징인 자의적 성경 해석과 영적 신비주의 양상은 그만큼 다양하고 많은 사상을 퍼뜨리고 있었다. 그렇기 때문에 실질적으로는 로마 가톨릭주의보다 훨씬 심각한 사상으로, 그에 반박하고 대처하는

것이 시급하게 요구되었던 것이다.
70 1559년판 문구.
71 「기독교강요」(최종판) 1권, p. 99.
72 앞의 책, p. 100.
73 앞의 책, pp. 99-100.
74 앞의 책, p. 100.
75 칼뱅은 이러한 상태와 관련하여 "인간이 자신에 대하여 알지 못하고 곧 자신의 재능에 만족하고, 자신의 비참한 처지를 알지 못하거나 잊어버리고 있는 한, 자신에 대하여 만족하지 않을 사람이 이 세상에 어디 있겠는가?"(「기독교강요」(최종판) 1권, p. 100)라고 했다. 자신에 대하여 가장 만족할 수 있었던 아담(첫 사람)이 하나님을 찾지 않고 스스로 타락한 것과 대조하여, 하나님의 뜻과 의지 가운데서 첫 사람의 타락조차 궁극적인 선을 이루시기 위해 사용하신 것(제8조 "그는 마귀들과 사악한 사람들이 범하며 죄책을 지게 되는 악을 선으로 바뀌도록 모든 것을 주관하심")을 생각하게 한다.
76 이와 관련하여 칼뱅은 "우리는 우리 자신의 죄악들을 생각할 때 하나님의 선하신 일들을 생각하게 된다."(「기독교강요」(최종판) 1권, p. 100)고 했다. 아담도 자신의 죄악을 생각하면서 선하신 하나님을 생각하고 사모하게 된 것이다. 바로 이러한 점에서 첫 사람 아담은 "선악을 알게 하는 나무"와 "생명나무" 가운데서 "하나님을 아는 지식"과 "구원의 지식"(생명나무가 예표하는 그리스도)을 취해야 했던 것이다.
77 「기독교강요」(최종판) 1권, p. 99.
78 「IVP 신학사전」(아가페, 2001), p. 1069-72을 참조하라.
79 서요한, 「종교개혁사」, 그리심, 2013, p. 383.
80 「IVP 신학사전」, p. 1070.
81 「기독교강요」(최종판) 1권, p. 125.
82 교회론과 관련하여 한 가지 오해가 있다. 교회가 주후 1세기에서야 시작되었다고 생각하는 것이다. 그러한 오해는 "기독교회"라는 호칭에서 비롯되었다고 할 수 있는데, 사실 교회란 하나님의 택자들을 말하는 것으로, 창조 이후 항상 있어온 개념이다.
83 사실 이 교령을 발표한 트리엔트 종교회의는 전체 로마 가톨릭교회를 대표할 만큼 많은 대표가 참석한 것이 아니라 교황과 몇몇 주교의 회합이었다. 어찌됐든 지금까지 로마 가톨릭의 공식적인 종교회의로 인정된다.
84 김영규, 「조직신학 편람」Ⅱ-3, pp. 36-7(미간행).
85 루이스 벌코프, 「조직신학」상, 크리스천다이제스트, 2000, pp. 450-1.
86 앞의 책, p. 451.
87 「조직신학 편람」Ⅱ-3, p. 37.
88 앞의 책, p. 38.
89 「기독교강요」(최종판) 2권, p. 17.
90 존 머레이, 「조직신학」Ⅱ, 크리스천다이제스트, 1991, p. 92.
91 「기독교강요」(최종판) 2권, p. 14.

92 앞의 책, p. 16.
93 앞의 책, p. 18.
94 아우구스티누스, 「신국론」제11-18권, 분도출판사, 2004, p. 1263.
95 펠라기우스와 달리 아우구스티누스는 자신이 젊은 시절에 빠졌던 마니교가 그처럼 선의 결핍을 주장했고, 자신도 한때 그에 동의했다고 고백한다. 앞의 책, p. 77.
96 「기독교강요」(최종판) 2권, p. 20.
97 「조직신학 편람」II-3, pp. 38-9을 참조하라.
98 존 머레이, 「조직신학」II, p. 93을 참조하라.
99 「보편 공의회 문헌집」제3권, p. 667.
100 박건택, 「칼뱅 작품 선집」VI, 총신대학교출판부, 2010, pp. 152-3.
101 「칼뱅 작품 선집」VI, p. 153.
102 앞의 책, p. 156.
103 트리엔트 교령에서는 세례 때 주어지는 그리스도의 은총으로 원죄 상태가 사해지며, 정욕과 죄의 불씨가 남아 있는 것은 본래적이고 실재적인 죄가 아니라 죄로 기울게 만들기 때문에 죄가 되는 것일 뿐이라고 하여 죄를 생각하는 것 자체(정욕)를 죄로 보지 않는다. 죄에 대한 이러한 이해는 "또 간음하지 말라 하였다는 것을 너희가 들었으나 나는 너희에게 이르노니 음욕을 품고 여자를 보는 자마다 마음에 이미 간음하였느니라."(마 5:27-28)는 말씀과 상충한다.
104 「칼뱅 작품 선집」VI, p. 157.
105 로마 가톨릭 신앙에서 "의화"라고 불리는 용어는 우리의 "칭의"에 해당하는 것이다. 칭의(稱義)의 의(義)와 달리 "의화"(義化)의 의는 실재적으로 부여된 의의 어감이 더 강하다. 이 용어는 제11조 설명에서 언급된 트리엔트 교령(제5차 제1교령 5항)의 의도가 다분히 반영된 것이라고 할 수 있다.
106 이후 트리엔트 회의 교령은 「보편 공의회 문헌집」제3권, p. 671 이하를 참조하라.
107 트리엔트 교령 제7장에서 이와 관련된 언급을 볼 수 있지만, 프랑스 신앙고백 제12조와는 근본적으로 다르며 미흡하게 언급되어 있을 뿐이다.
108 「칼뱅 작품 선집」VI, pp. 162-3.
109 앞의 책, p. 165.
110 앞의 책, pp. 165-6.
111 「기독교강요」(최종판) 2권, p. 147.
112 앞의 책, pp. 147-8.
113 16세기 전반, 유럽 하층민의 문화와 종교에 대해서는 카를로 진즈부르그의 「치즈와 구더기」(문학과지성사, 2001)를 참조하라.
114 「칼뱅 작품 선집」VII, p. 414.
115 앞의 책, pp. 419-21.
116 앞의 책, p. 415.
117 앞의 책, pp. 419-20.

118 앞의 책, p. 420.
119 앞의 책, p. 423.
120 앞의 책, p. 420.
121 앞의 책, p. 425.
122 「기독교강요」(최종판) 2권, p. 320.
123 앞의 책, p. 327.
124 앞의 책, p. 316.
125 앞의 책, pp. 316-7.
126 앞의 책, p. 317.
127 앞의 책, pp. 316-9을 참조하라.
128 서철원, 「교리사」, 총신대학교출판부, 2003, p. 366.
129 박일민, 「개혁교회의 신조」, 성광문화사, 1998, pp. 208-9.
130 「존 칼뱅의 신학논문」, p. 585.
131 「개혁교회의 신조」, p. 209.
132 루이스 벌코프, 「조직신학」하, 크리스천다이제스트, 2000, pp. 995-6.
133 「개혁교회의 신조」, p. 210.
134 「칼뱅 작품 선집」Ⅴ, p. 176.
135 앞의 책, pp. 177-8.
136 앞의 책, p. 178.
137 「기독교강요」(최종판) 2권, p. 349.
138 앞의 책, p. 363.
139 「보편 공의회 문헌집」제3권, p. 671.
140 「기독교강요」(최종판) 2권, p. 363.
141 「칼뱅 작품 선집」Ⅵ, p. 165.
142 「기독교강요」(최종판) 3권, p. 117.
143 앞의 책, pp. 118-9.
144 앞의 책, p. 146.
145 이장식 편, 「신조사」Ⅱ, 컨콜디아사, 1980, pp. 31-32.
146 「기독교강요」(최종판) 4권, p. 389.
147 앞의 책, p. 390.
148 앞의 책, p. 375.
149 앞의 책, p. 379.
150 앞의 책, p. 418.
151 서철원, 「교리사」, p. 461.
152 앞의 책, p. 467.
153 앞의 책, p. 474.
154 아돌프 마르틴 리터 외, 「교회와 신학의 역사 원전 Ⅱ: 중세교회」, 한국신학연구소, 2010,

p. 527.
155 앞의 책, p. 526.
156 서철원, 「교리사」, p. 486.
157 「기독교강요」(최종판) 2권, p. 137.
158 장 칼뱅, 「기독교강요 1536」, p. 192.
159 「보편 공의회 문헌집」제3권, p. 684. 여기서 언급한, 트리엔트 종교회의에서 파문하도록 한 규정들은 전반적으로 종교개혁 진영에서 주장하는 논지를 단죄하는 것이다. 프랑스 신앙고백과 재세례주의에서 언급하는 성례관과 구원의 신앙에 대한 견해를 파문에 해당하는 큰 죄로 단정하는 것이다. 특히 트리엔트 교령에서 단정하고 있는 파문은 심각한 범죄가 아니어서 징벌을 통해 교정을 유도하는 "엑스코뮤니카티오"(*excommunicatio*)가 아니라, 이단으로 정죄하는 최후 수단의 파문인 "아나테마"(*anathema*)라는 점에서 개신교 신학과 전혀 다른 것임을 파악할 수 있다.
160 홍지훈, 「마르틴 루터와 아나뱁티즘」, 한들출판사, 2000, p. 121.
161 앞의 책, p. 123.
162 앞의 책, pp. 124-5.
163 장 칼뱅, 「기독교강요 1536」, p. 192.
164 앞의 책, p. 193.
165 앞의 책, p. 194.
166 앞의 책, p. 214.
167 「보편 공의회 문헌집」제3권, p. 660.
168 앞의 책, p. 671.
169 「기독교강요」(최종판) 3권, p. 18.
170 앞의 책, p. 21.
171 앞의 책, p. 19.
172 김진수, 김기수, 「존 칼뱅의 신학논문」, p. 587.
173 「기독교강요」(최종판) 3권, p. 53.
174 박건택, 「칼뱅의 자유론」, 솔로몬, 2003, p. 107.
175 「기독교강요」(최종판) 3권, p. 55.
176 앞의 책, p. 68.
177 앞의 책, p. 69.
178 김진수, 김기수, 「존 칼뱅의 신학논문」, p. 587.
179 이후 자유파 사상에 대한 전체적인 내용은 박건택의 「칼뱅 작품 선집」 V 을 참조하였다. p. 269.
180 앞의 책, p. 277.
181 앞의 책, p. 287.
182 앞의 책, p. 288.
183 앞의 책, p. 291.

184 김진수, 김기수, 「존 칼뱅의 신학논문」, p. 587.
185 「기독교강요」(최종판) 3권, p. 71.
186 앞의 책, p. 72.
187 앞의 책, p. 193.
188 앞의 책, p. 194.
189 앞의 책, p. 195.
190 앞의 책, p. 199.
191 「보편 공의회 문헌집」제3권, p. 733.
192 앞의 책, p. 732.
193 로뢰인 뵈트너, 「로마 가톨릭 사상 평가」, CLC, 1992, p. 238.
194 「보편 공의회 문헌집」제3권, p. 695.
195 「기독교강요」(최종판) 4권, p. 343.
196 앞의 책, p. 353.
197 앞의 책, p. 356.
198 앞의 책, p. 363.
199 앞의 책, p. 368.
200 앞의 책, p. 369.
201 「기독교강요」(최종판) 2권, p. 149.
202 앞의 책, p. 150.
203 앞의 책, p. 157.
204 앞의 책, p. 158.
205 앞의 책, pp. 160-1.
206 앞의 책, p. 163.
207 앞의 책, p. 160.
208 앞의 책, p. 164.
209 앞의 책, p. 165.
210 「보편 공의회 문헌집」제3권, p. 671.
211 박건택, 「칼뱅 작품 선집」제6권, p. 162.
212 「보편 공의회 문헌집」제3권, p. 672.
213 박건택, 「칼뱅 작품 선집」Ⅵ, p. 168.
214 박건택, 「칼뱅 작품 선집」Ⅲ, p. 381.
215 박건택, 「칼뱅 작품 선집」Ⅵ, p. 388.
216 앞의 책, p. 386.
217 앞의 책, p. 387.
218 앞의 책, pp. 387-8.
219 로뢰인 뵈트너, 「로마 가톨릭 사상 평가」, p. 307.
220 앞의 책, p. 303-4을 참조하라.

221 「보편 공의회 문헌집」제3권, p. 774.
222 「기독교강요」(최종판) 3권, p. 147.
223 앞의 책, p. 148.
224 로레인 뵈트너의 「로마 가톨릭 사상 평가」, p. 43을 참조하라.
225 「보편 공의회 문헌집」제3권, p. 662을 참조하라.
226 박건택, 「칼뱅 작품 선집」V, p. 117.
227 앞의 책, p. 132.
228 앞의 책, p. 137.
229 앞의 책, pp. 137-8.
230 「보편 공의회 문헌집」제3권, pp. 663-4.
231 「기독교강요」(최종판) 4권, p. 16.
232 앞의 책, p. 19.
233 앞의 책, p. 20.
234 「칼뱅 작품 선집」V, p. 137.
235 코넬리우스 딕의 「아나뱁티스트 역사」(대장간, 2013), pp. 92-96을 참조하라.
236 박건택, 「종교개혁 사상 선집」, 솔로몬, 2003, p. 198.
237 「보편 공의회 문헌집」제3권, p. 695.
238 앞의 책, p. 697.
239 앞의 책, p. 734.
240 「칼뱅 작품 선집」Ⅲ, p. 117.
241 「기독교강요」(최종판) 4권, p. 10.
242 앞의 책, p. 11.
243 앞의 책, p. 13.
244 앞의 책, p. 9.
245 박건택, 「칼뱅 작품 선집」Ⅳ, p. 59-63을 참조하라.
246 「기독교강요」(최종판) 4권, p. 20.
247 앞의 책, p. 21.
248 앞의 책, p. 19.
249 앞의 책, pp. 19-20.
250 앞의 책, p. 22.
251 「보편 공의회 문헌집」제3권, p. 695.
252 「기독교강요」(최종판) 4권, p. 21.
253 앞의 책, p. 21.
254 앞의 책, p. 53.
255 앞의 책, p. 54.
256 「신조사」Ⅱ, p. 31.
257 「기독교강요」(최종판) 4권, p. 56.

258 앞의 책, p. 57.
259 앞의 책, p. 58.
260 앞의 책, p. 19.
261 앞의 책, p. 45.
262 여기까지는 교회의 임시직(사도시대 초기의 직분)에 대한 언급이다. 「기독교강요」4권, p. 64을 참조하라.
263 앞의 책, p. 62.
264 앞의 책, p. 63.
265 앞의 책, p. 68.
266 앞의 책, p. 69.
267 앞의 책, p. 81.
268 앞의 책, p. 83.
269 앞의 책, p. 122.
270 앞의 책, p. 123.
271 앞의 책, p. 124.
272 앞의 책, p. 129.
273 앞의 책, P. 130.
274 앞의 책, P. 131.
275 앞의 책, p. 142.
276 필립 샤프, 「교회사 전집 3권: 니케아 시대와 이후의 기독교」, 크리스천다이제스트, 2004, p. 282.
277 앞의 책, p. 284.
278 앞의 책, p. 285.
279 「기독교강요」(최종판) 4권, p. 142.
280 앞의 책, p. 143.
281 앞의 책, p. 148.
282 앞의 책, p. 149.
283 앞의 책, p. 100.
284 앞의 책, p. 88.
285 앞의 책, p. 74.
286 앞의 책, p. 74.
287 앞의 책, p. 74-5.
288 앞의 책, p. 72.
289 앞의 책, p. 70.
290 앞의 책, p. 71.
291 자넷 G. 맥그레고의 「장로교 정치제도 형성사」(도서출판 솔로몬, 1997), p. 72-7을 참조하라.
292 앞의 책, pp. 122-6을 참조하라.

293 앞의 책, p. 119.
294 『기독교강요』(최종판) 4권, p. 282.
295 앞의 책, p. 266.
296 앞의 책, p. 267.
297 『존 칼뱅의 신학논문』, p. 591.
298 『기독교강요』(최종판) 4권, p. 222.
299 앞의 책, p. 223.
300 앞의 책, pp. 223-4.
301 앞의 책, p. 224.
302 앞의 책, p. 225.
303 앞의 책, p. 227.
304 앞의 책, p. 228.
305 앞의 책, p. 250.
306 앞의 책, pp. 250-1.
307 앞의 책, p. 259.
308 앞의 책, p. 260.
309 앞의 책, p. 262.
310 앞의 책, p. 282.
311 앞의 책, p. 290.
312 『보편 공의회 문헌집』제3권, p. 664.
313 앞의 책, p. 684.
314 『기독교강요』(최종판) 4권, p. 342.
315 앞의 책, p. 343.
316 앞의 책, pp. 343-4.
317 『보편 공의회 문헌집』제3권, p. 684-5.
318 『기독교강요』(최종판) 4권, p. 349.
319 앞의 책, p. 354.
320 앞의 책, p. 357.
321 앞의 책, p. 358.
322 앞의 책, p. 364.
323 앞의 책, p. 363.
324 앞의 책, p. 362.
325 앞의 책, p. 364.
326 『보편 공의회 문헌집』제3권, p. 684.
327 트리엔트 종교회의 제7차 회기의 세례성사에 관한 법규 2항에 언급된 명칭.
328 『보편 공의회 문헌집』제3권, p. 667. 그러나 세례 이후에도 견진성사를 통한 의로움의 증진이 필요하고, 세례 이후의 죄(시험을 위해 남겨진 "사욕편정"[邪慾偏情])에 대해서는 고해

성사가 필요하다.
329 앞의 책, p. 666.
330 이러한 견해는 앞서 말한 세례의 필연성을 근거로 하며, 재세례파는 이를 전면 부인하는 반면 칼뱅은 필연성으로서가 아니라 성례적 표징으로서 자녀에게 세례를 주어야 함을 지지한다는 차이가 있다. 그러므로 칼뱅과 프랑스 신앙고백에서는 세례가 필연적인 것은 아닐지라도 은혜언약의 표징이므로 반드시 시행하게 한 것이다. 그러나 만약 그러한 표징이 시행되지 못했을지라도 언약 자체의 효력은 여전히 유효하다고 본다. 반면에 로마 가톨릭이 말하는 세례의 필연성은 절대적인 것으로, 은혜언약의 실체적 효력이 세례성사에 내재해 있다고 본다.
331 「보편 공의회 문헌집」제3권, p. 685을 참조하라.
332 「신조사」II, pp. 31-2.
333 「칼뱅 작품 선집」V, p. 105.
334 앞의 책, pp. 106-8.
335 앞의 책, p. 109.
336 물론 또 하나의 성례인 "성찬"에서도 공급받는 은혜가 있지만, 기본적인 은혜의 근거는 세례에 있다. 반면 로마 가톨릭의 교리에서는 나머지 여섯 가지 성례가 각각 다른 용도로서 은혜를 공급한다.
337 「보편 공의회 문헌집」제3권, p. 673을 참조하라.
338 「칼뱅 작품 선집」V, p. 106.
339 앞의 책, p. 107.
340 앞의 책, pp. 107-8.
341 「기독교강요」(최종판) 4권, p. 445.
342 앞의 책, p. 446.
343 앞의 책, p. 447.
344 앞의 책, p. 456.
345 앞의 책, p. 467.
346 앞의 책, p. 505.
347 앞의 책, pp. 492-3.
348 앞의 책, p. 493.
349 앞의 책, p. 506.
350 「마르틴 루터와 아나뱁티즘」, pp. 158-9에서 재인용하였다.
351 필립 샤프, 「교회사 전집 8권」, p. 565.
352 앞의 책, p. 563.
353 앞의 책, pp. 563-4.
354 「기독교강요」(최종판) 4권, p. 454.
355 앞의 책, p. 455.
356 앞의 책, p. 456.

357 카터 린드버그, 「종교개혁과 신학자들」, CLC, 2012, p. 581.
358 앞의 책, p. 583.
359 앞의 책, p. 582.
360 「마르틴 루터와 아나뱁티즘」, pp. 158-9.
361 「칼뱅 작품 선집」Ⅶ, p. 552.
362 앞의 책, p. 553.
363 앞의 책, p. 556.
364 앞의 책, p. 580.
365 그러나 또한 칼뱅은 "성례가 상징하는(표상하는) 영적 축복의 효력이 성례의 사용 없이도 신자들에게 주어진다."고 하며, 아울러 "성례에서 받은 유익이, 마치 성례가 하나님의 은혜를 바로 그 순간에만 가져다주거나 하는 듯이, 외적으로 취하는 시간에 국한되어서는 안 된다."고 했다. 이러한 언급들에서도 성례의 두 가지 폐단(지나치게 높여지거나 불경스럽게 되는 폐단)에 대한 반론과 대처를 볼 수 있다.
366 앞의 책, p. 589.
367 앞의 책, pp. 586-7.
368 앞의 책, p. 604.
369 비록 학자들에 따라 열광주의자를 구체적으로 다르게 분류하지만, 초기 재세례주의자 대부분은 열광주의적 성향을 가진 자들이었고, 뮌처, 멜키오르 호프만 등 급진적 재세례주의자를 일컬어 열광주의자라고 부른다.
370 「칼뱅 작품 선집」Ⅴ, p. 117.
371 앞의 책, pp. 119-20.
372 앞의 책, p. 139.
373 앞의 책, p. 140.
374 앞의 책, p. 154.
375 앞의 책, pp. 155-6.
376 앞의 책, p. 156.
377 「기독교강요」(최종판) 3권, p. 408.
378 「기독교강요」(최종판) 4권, p. 602.
379 앞의 책, pp. 610-11.
380 앞의 책, p. 611.
381 프랑스 신앙고백 제40조 내용은, 개신교 신앙과 세속권세의 유기적인 관계가 단순히 정교분리가 이뤄지기 전까지 과도기적인 신앙노선이라는 고백이 아니라, 명백히 신학적(성경적) 근거를 갖는 일관된 신앙 내용임을 드러낸다.
382 앞의 책, p. 603.
383 「종교 개혁사」, pp. 378-80을 참조하라.
384 「보편 공의회사」, pp. 137-48을 참조하라.
385 "구원을 받으려면 모든 인간은 반드시 로마 교황에게 복종할 필요가 있다."고 선언한 교령

386 앞의 책, p. 160.
387 앞의 책, p. 217.
388 「기독교강요」(최종판) 4권, p. 605.
389 앞의 책, p. 606.
390 이러한 이해는, 세속권세에 대한 순복이 단순히 국민으로서 신자에게 일방적으로 요구되는 것이 아니라는 사실을 전제한다. 즉 세속권세는 법과 시행에 있어서 철저히 성경이 제시한 조건과 원리에 충실해야 하며, 바로 그럴 때 그들에게 보장된 합법적 권위와 권세가 신자들의 순복을 일으킨다는 것이다.
391 이러한 행동들은 사실 20세기 종말론적 이단 종교단체들에게서 전형적으로 나타나는 것이다. 뮌스터(Munster)의 제2예루살렘 운동(1533-35)의 실상을 구체적으로 살펴보면 종말론적 단체들이 답습하는 행동 유형을 고스란히 볼 수 있다.
392 이러한 역사적 사례에서 웨스트민스터 총회의 소집을 이해할 수 있다. 즉 두 사례 모두 세속정부에서 신앙 문제와 관련한 회의를 소집한 것이다. 그러므로 현대와 같이 정교분리만 천명하며 신앙상의 문제에 정부가 전혀 상관하지 않게 되어 있는 것은 정부도 성경에 따라 합법적으로 그 기능을 수행해야 한다는 것을 외면하는 것이면서, 합법적(성경적)으로 승인된 관원에게 순종하고 존경해야 한다는 신자들의 의무의 근거를 약화시켜 오히려 충성을 어렵게 한다는 신학적 의미를 내포한다.
393 「기독교강요」(최종판) 4권, p. 612.
394 앞의 책, p. 613.